भारत में सामाजिक आंदोलन

द्वितीय संस्करण

भारत में सामाजिक आंदोलन

संबंधित साहित्य की एक समीक्षा

घनश्याम शाह

SAGE | bhasha

Los Angeles | London | New Delhi
Singapore | Washington DC | Melbourne

First published in 2009 by

SAGE | bhasha

SAGE Publications India Pvt Ltd
B1/I-1 Mohan Cooperative Industrial Area
Mathura Road, New Delhi 110 044, India
www.sagepub.in

SAGE Publications Inc
2455 Teller Road
Thousand Oaks, California 91320, USA

SAGE Publications Ltd
1 Oliver's Yard, 55 City Road
London EC1Y 1SP, United Kingdom

SAGE Publications Asia-Pacific Pte Ltd
3 Church Street
#10-04 Samsung Hub
Singapore 049483

Published by SAGE Publications India Pvt Ltd, printed at Chaman Enterprises, New Delhi.

ISBN: 978-93-515-0600-3 (PB)

Name of translator: Hari Krishan Rawat

श्री ठाकोरभाई शाह को समर्पित

विषय सूची

द्वितीय और परिवर्द्धित संस्करण की भूमिका
(Preface to the Second and Enlarged Edition)

मुझे प्रसन्नता है कि विभिन्न विषयों के अध्यापकों, विद्यार्थियों और शोधकर्त्ताओं से इस पुस्तक के प्रति व्यापक प्रतिक्रिया मिली। दो से अधिक वर्षों से पूर्व श्री तेजेश्वर सिंह ने मुझे इसके नये संस्करण का सुझाव दिया था जिसे मैंने संशोधन करने और अद्यतन बनाने के साथ स्वीकार कर लिया। जब मैं पुस्तक में संशोधन का कार्य कर रहा था, मैंने बहुधा सम्पूर्ण पुस्तक के पुनर्लेखन जैसा अनुभव किया क्योंकि सामाजिक आंदोलन और सामाजिक रूपान्तरण से संबंधित मेरी स्वयं की सैद्धान्तिक परिकल्पना में सन् 1990 से काफी परिवर्तन आ गया है, किन्तु तब इसका परिणाम सर्वथा एक नई पुस्तक होता जो निश्चित समय और मेरी अन्य प्रतिबद्धताओं के साथ संभव नहीं हो पाता। फिर भी, मैंने महिलाओं के आंदोलनों से संबंधित अध्याय का पूर्णत: पुनर्लेखन किया है और मानव अधिकारों और पर्यावरणात्मक आंदोलन पर एक नया अध्याय जोड़ा है। मुझे आशा है कि पाठकगण इसे उपयोगी पायेंगे।

एन.आई.ए.एस. (नीदरलैंड इंस्टिट्यूट फॉर एडवान्सड स्टडी इन द ह्यूमैनिटीज एंड सोशल साइन्सेज) बाजेनार, द नीदरलैंड, द्वारा प्रदान की गई अध्येतावृत्ति के कारण मुझे प्रेरक पर्यावरण और सुविधाएं प्राप्त हुईं जिसने मुझे इस संशोधन कार्य को पूरा करने में सहायता की। मैं संस्थान और इसके पुस्तकालयाध्यक्ष हैरिअट डी मैन द्वारा दिये गये सहयोग के लिये उन्हें धन्यवाद देता हूं। मैं जया दलाल को भी उनके सतर्क और विचारशील सम्पादन कार्य के लिये धन्यवाद देता हूं।

किन्तु श्री तेजेश्वर सिंह के सौम्य आग्रह और निरन्तर स्मरणों के बिना मैं इस कार्य को पूरा नहीं कर पाता। मैं उमा चक्रवर्ती, मैरी जॉन, के.आर. नैयर, वीर्जीनिस जा, शरित के. भौमिक और शीथरम्म ककराला को भी धन्यवाद देता हूं जिन्होंने इस पुस्तक के विभिन्न अध्यायों को लिखने में मुझे सहायता दी है। हर समय की भांति कल्पना ने न केवल मेरी मन:स्थिति को धैर्य से सहा, अपितु मेरे विचारों के साथ सहमति भी प्रकट की जब मैं विभिन्न अध्ययनों को पढ़ता और इस पुस्तक का संशोधन करता था।

प्रथम संस्करण की भूमिका
(Preface of the First Edition)

यह मोनोग्राफ भारत में सामाजिक आंदोलन संबंधी साहित्य की जांच-पड़ताल के उद्देश्य से लिखा गया है। इंडियन काउन्सल ऑफ सोशल साइन्स रिसर्च (आई.सी.एस.एस.आर.) की सलाहकार समिति ने राजनीति विज्ञान में शोध सर्वेक्षण के द्वितीय दौर हेतु इस कार्य को मुझे सौंपा। इस कवायद का प्रयोजन विस्तृत प्रवृत्तियों को आंकने का रहा है; अर्थात् सामाजिक समूहों, भौगोलिक क्षेत्रों और कालों, सैद्धान्तिक विचार-विनिमयों, उपागमों, प्रमुख निष्कर्षों के संदर्भ में विषय का विवरण देना और इसमें रही कमियों को बताने का है ताकि आई.सी.एस.एस.आर. शोध के लिये धन उपलब्ध कराने की वरीयताओं के विषय में निर्णय ले सके। इस प्रकार की पड़ताल विद्वानों के लिये अपने अध्ययनों की योजनाएं बनाने और दोहराव से बचने में भी उपयोगी सिद्ध हो सकती है।

'सामाजिक आंदोलन' केवल राजनीतिक विज्ञान से संबंधित विषय नहीं है। वास्तव में, कई भिन्न कारणों से, राजनीतिक विज्ञान ने कुल मिलाकर इस विषय की उपेक्षा की है। एक व्यक्ति जो राज्य, राजनीतिक शक्ति और समाज में संघर्ष की प्रकृति को समझना चाहता है, उसे सामाजिक संरचना, सामाजिक प्रक्रियाओं, संस्कृति, आर्थिक संरचना और इन सभी के बीच के संबंधों का अध्ययन करना ही पड़ेगा। स्वतंत्रता के बाद के कुछ सामाजिक आंदोलनों में उपनिवेशी काल के पूर्वचरित विद्यमान हैं, और उन्हें उन आंदोलनों से अलग नहीं किया जा सकता जो पिछली शताब्दी या बीसवीं सदी के प्रारंभ में हुए थे। ऐतिहासिक अध्ययन वर्तमान की हमारी समझ को समृद्ध बनाते हैं। अत: 'सामाजिक आंदोलन' संबंधी किसी अध्ययन को पृथक शैक्षिक विषय की सीमाओं में नहीं बांधा जा सकता है। इस प्रकार के अध्ययन को एक 'अन्तरविषयी उपागम' जैसा कि अकादमिक लोग समझते हैं, से अधिक होने की जरूरत है, फिर भी इसे 'अ-विषयी' होना चाहिये ताकि किसी एक अथवा दूसरे विषय के भार से बचा जा सके। यह सही है कि सामाजिक आंदोलन संबंधी साहित्य की समीक्षा करते समय मैं

राजनीतिक विज्ञान से नाता नहीं तोड़ पाया हूं, फिर भी मैंने अपने आपको केवल राजनीतिक विज्ञानियों द्वारा किये गये अध्ययनों तक सीमित नहीं रखा है।

जब मैंने यह अध्ययन शुरू किया, मेरे सामने दो प्रश्न उपस्थित हुए। क्या मुझे अपने अध्ययन को केवल स्वतंत्रता के बाद के काल के समकालीन आंदोलनों तक सीमित रखना चाहिये? क्या मुझे सामाजिक स्तृत या वर्गों, जो आंदोलनों में प्रतिभागी रहे हैं, पर बिना ध्यान दिये केवल 'जन' आंदोलनों को ही अपना अध्ययन का क्षेत्र बनाना चाहिये? प्रथम, वर्तमान को अर्थपूर्ण ढंग से समझने के लिये, एक व्यक्ति को विगत को समझना जरूरी है, किन्तु समय और संसाधनों की बाध्यताओं के कारण एक व्यक्ति को एक सीमा-रेखा खींचना भी जरूरी होता है। अत:, मैंने ब्रिटिश राज की स्थापना के बाद से हुए 'सामाजिक आंदोलनों' के अध्ययनों की समीक्षा करने का निर्णय लिया। पुन:, ऊपर लिखी बाध्यताओं के कारण, मैं सामाजिक-धार्मिक और स्वतंत्रता आंदोलनों पर पर्याप्त रूप से विचार नहीं कर पाया। मेरी सफाई इस बारे में यह है कि सामाजिक-धार्मिक आंदोलन किसी समय विशेष में राज्य शक्ति को बहुत कम प्रभावित करते हैं। जहां तक स्वतंत्रता आंदोलन का प्रश्न है, इससे संबंधित अनेक अध्ययन हैं और एक अध्येता के लिये उन सभी की समीक्षा करना एक कठिन कार्य है। यही नहीं, स्वतंत्रता आंदोलन से संबंधित अनेक अध्ययन जन समूह पर विचार करने की अपेक्षा निर्णय-प्रक्रिया और अभिजन की क्रिया से संबंधित हैं। द्वितीय, मेरा विश्वास है कि अधिकांश सामाजिक आंदोलन, प्रधानत: यद्यपि हमेशा नहीं, एक अथवा दूसरे वर्ग या सामाजिक तबके तक सीमित रहे हैं। इनमें से अनेक अध्ययन वर्ग/स्तृत-विशिष्ट हैं जैसे कृषकों, स्त्रियों और दलितों के आंदोलन। अत: मैंने उन सभी को एक साथ मिलाने अथवा उन्हें विषय-वार जमाने की अपेक्षा साहित्य में जिस प्रकार वे पाये गये, उसके आधार पर वर्गीकृत करने का निर्णय लिया। विषयवार व्यवस्थित करना न केवल पेचीदा है, अपितु समस्यात्मक भी है जब एक व्यक्ति वास्तव में इन अध्ययनों पर विचार करता है। तब संभव है कि कई अध्ययनों की अवहेलना कर दी जाती है जो अन्यथा रुचिकर और सूचनात्मक हों।

मैंने समिति द्वारा की गई अपेक्षा की बनिस्पत एक वृहत् क्षेत्र की पड़ताल की है। आंशिक रूप से यह इसलिये है कि मैंने जब कार्य प्रारम्भ किया, तब मैंने विभिन्न प्रकार के आंदोलनों के समग्र प्रतिमान को समझने और सामाजिक बदलाव में रुचि रखने वाले सक्रियतावादियों (एक्टिविस्ट) और 'प्रतिबद्ध' विद्वानों द्वारा सीख लेकर विभिन्न समूहों और वर्गों, उनकी उग्रता, उनकी क्रियाओं, विभिन्न कालों के आंदोलनों की क्षमताओं और सीमाओं को समझने की आशा की थी। मैं अभी भी यथार्थ की जटिलताओं को पूर्णत: समझने का भरसक प्रयास कर रहा हूं। अत: मैंने उपसंहार वाले अध्याय में इस पहलू का विश्लेषण करने हेतु अपने प्रलोभन पर अंकुश लगाये रखा। मैं सामाजिक आंदोलनों के बारे में निकाले गये सामान्यीकरणों के बारे में अपने आप को पूरी तरह आश्वस्त अनुभव नहीं करता हूं। अपने स्वयं से और दूसरों से इस विषय पर विचार-विनिमय की जरूरत है। वर्तमान प्रयास अगले कार्य के लिये एक ठोस पृष्ठभूमि प्रदान कर सकता है।

इस कार्यभार के बिना, संभवत: मैं भारत में हुए सामाजिक आंदोलनों से संबंधित इतने सारे अध्ययनों को नहीं पढ़ पाता। मैं आई.सी.एस.एस.आर. का कृतज्ञ हूं जिसने मुझे यह अवसर दिया और इस अध्ययन को पूरा करने में मेरी बेहद देरी को मेरे साथ सहन किया तथा मुझे इसके प्रकाशन की स्वीकृति दी। एमस्टर्डम विश्वविद्यालय के सेन्टर फार एशियन स्टडीज (कासा) ने मेरे वहां जुलाई-अगस्त, 1988 में विजिटिंग फैलो के रूप में रहने के दौरान सौहार्दपूर्ण वातावरण और आवश्यक सुविधाएं प्रदान कीं जिसके कारण मैं पांडुलिपि में संशोधन कर पाया। मैं कासा और इसके निदेशक, मेरे दोस्त जेन ब्रीमैन के प्रति धन्यवाद ज्ञापित करता हूं। मैं सेन्टर फॉर सोशल स्टडीज, सूरत तथा अन्य स्थानों के अनेक मित्रों और सहयोगियों का भी आभारी हूं जिन्होंने कई संदर्भ सुझाये, मेरी पाण्डुलिपि को पूरा या कुछ भाग को पढ़ा और स्पष्ट टिप्पणियां की। इन लोगों में ए.आर. देसाई, डी.एल. सेठ, जेन ब्रीमैन, डी.एन. धनागरे, डेविड हार्डिमैन, विभूति पटेल, प्रदीप कुमार बोस, नीरा देसाई, पारिता हैन स्ट्रिफकर्क, रखाहारी चटर्जी, एस.पी. पुनलेकर, सुधीर चंद्रा, भागीरथ शाह और बाबू भाई देसाई का नाम विशेष उल्लेखनीय है। मेरी पत्नी कल्पना ने न केवल इसे पढ़ा और महिलाओं के आंदोलन संबंधी अध्ययन पर टिप्पणियां कीं और बहुत उपयोगी सुझाव दिये हैं, अपितु मेरी मनोदशा और सनकीपन को बरदाशत भी किया। एम.आर. मक और हिना शाह पुस्तकें, जर्नल्स और ग्रंथ-सूची संबंधी ब्यौरे उपलब्ध करवाने में मेरे हमेशा मददगार रहे हैं। के.एम. भवसार ने पूरी तन्मयता और सावधानी से पुस्तक की पांडुलिपि के कई प्रारूपों को टाइप और पुनर्टाइप किया है। अनुपम प्रुथी ने पुस्तक के सम्पादन में मेरी मदद की है। यह सत्य है कि इस अध्ययन की शैली और निर्णय संबंधी कमजोरियां और भूलें अकेले मेरी हैं।

मेरे मित्र, एक पूर्व गांधीवादी ठाकोरभाई शाह, जो तीन दशक तक, 1940 के दशक से लेकर 1960 के दशक तक, कांग्रेस सेवा दल में सक्रिय रहे, स्कूल के भीतर और बाहर मेरे विकास-काल के दौरान, वे मेरे मार्गदर्शक रहे हैं। वे बाद में मार्क्सवादी-ट्रोटस्किष्ट बन गये और बुर्जुआई राजनीति को तिलांजलि दे दी। उन्होंने बड़ौदा में और इसके आसपास काफी संख्या में कामगार वर्ग के आंदोलन किये। मैं उनकी ऊर्जा, उत्पीड़ित वर्ग के प्रति प्रतिबद्धता और विकल्पों की निरंतर खोज की तारीफ करता हूं। हालांकि मैं कई मुद्दों पर उनसे असहमति रखता हूं, वे तथा इसी प्रकार के अन्य समर्पित सक्रियकार्यकर्त्ता मुझे प्रेरित करते रहे हैं और सिद्धान्त और व्यवहार को समन्वय करने के लिये मुझे सतत् याद दिलाते रहते हैं। मैं यह पुस्तक श्री ठाकोरभाई को पूर्ण श्रद्धा और विश्वास के साथ समर्पित करता हूं।

1

आमुख
(Introduction)

पिछले तीन दशकों में भारत में सामाजिक आंदोलनों पर अनेक अध्ययन हुए हैं, यद्यपि कई अन्य क्षेत्रों और आंदोलनों की घटनाओं की अपेक्षा इनकी संख्या बहुत कम है। अधिकांश अध्ययन अभी हाल के हैं जो 1960 के दशक के मध्य के बाद प्रकाशित हुए। अधिकांश अध्ययन इतिहासकारों, समाजशास्त्रियों, राजनीतिक कार्यकर्त्ताओं या पत्रकारों द्वारा किये गये हैं। सामान्यत: राजनीतिक वैज्ञानिकों द्वारा अभी कुछ वर्षों पूर्व तक इस विषय की उपेक्षा की गई है। इतिहासकारों ने एक लम्बी अवधि तक राजनीतिक इतिहास पर अपने आप को केन्द्रित रखा है जो मुख्यत: शासकों और श्रेष्ठिजनों तक सीमित था। ब्रिटिश इतिहासकारों, जिनके पदचिह्नों का भारतीय इतिहासकारों ने अनुसरण किया, चाहे वह ठीक या गलत था, ने अपने अध्ययनों में भारत की छायाई पृष्ठभूमि में इतिहास के रंगमंच पर ब्रिटिश लोगों के क्रियाकलापों को नायकों के रूप में प्रस्तुत किया (स्ट्रोक्स, 1959)। इस परिदृश्य में सामाजिक इतिहास की उत्पत्ति बहुत बाद में हुई और एक लम्बे समय तक इसका क्षेत्र, उन व्यक्तियों के इतिहास तक सीमित रहा जिनका राजनीति से प्रत्यक्ष-अप्रत्यक्ष से कोई सरोकार नहीं था। ये अध्ययन अधिकांशत: सरकार की नीतियों, शैक्षणिक एवं सांस्कृतिक इतिहास, सामाजिक सुधार आंदोलनों, मध्यम वर्ग का विकास जैसे मुद्दों तक सीमित थे (भट्टाचार्य, 1982)। अभी हाल ही सामाजिक इतिहासकारों ने सामान्यत: सामाजिक आंदोलनों और विशेषत: कृषक आंदोलनों पर अत्यधिक प्रेरणास्पद अध्ययन किये हैं। समाजशास्त्र अपेक्षाकृत एक नया विषय है। यद्यपि, प्रथम पीढ़ी के लोगों ने परम्परा-आधुनिकता की वैचारिक संरचना (पैराडाइम) तक ही अपने आपको सीमित रखा है। अधिकांश समाजशास्त्रियों के अध्ययन नातेदारी, जाति और गांवों के अध्ययनों से संबंधित रहे हैं। सामाजिक आंदोलनों में उनकी रुचि मुख्यत: संस्कृतिकरण और सामाजिक-धार्मिक सुधार आंदोलनों तक केन्द्रित रही जिसमें उन्होंने राजनीतिक आयामों की अपने विषय से परे जाकर तब तक उपेक्षा की जब तक सन् 1960 के दशक के अन्त में राजनीति के समाजशास्त्र का उदय नहीं हो गया। राजनीतिक विज्ञान अभी

भी पीछे चल रहा है। द *इंडियन जर्नल ऑफ पॉलिटिकल साइंस* में आंदोलनों पर केवल दस लेख छपे हैं जिसमें से 370 लेख 1965 और 1978 के बीच के हैं। वर्ष 1857 और 1979 के बीच भारतीय विश्वविद्यालयों द्वारा स्वीकार किये गये राजनीतिक विज्ञान के 906 शोध प्रबंधों में केवल 15 शोध प्रबंध ही आंदोलनों से संबंधित हैं।[1] वर्ष 1980 और 1990 तक भी इस स्थिति में कोई विशेष परिवर्तन नहीं हुआ। इंडियन काउन्सल ऑफ सोशल साइन्स रिसर्च (आई.सी.एस.एस.आर., 1990) द्वारा प्रवर्तित राजनीतिक विज्ञान में हुए शोध की प्रथम प्रवृत्ति रिपोर्ट (1971) में इस विषय को ही साहित्य की समीक्षा हेतु सम्मिलित नहीं किया गया। सन् 1969 और 1994-95 के बीच की अवधि में आई.सी.एस.एस.आर. द्वारा इतिहास, राजनीति विज्ञान, समाजशास्त्र और मानवशास्त्र विषयों के अंतर्गत 672 शोध योजनाओं को प्रवर्तित किया गया, इसमें से केवल 17 योजनाएं (3 प्रतिशत से भी कम) सामाजिक आंदोलनों से संबंधित थीं (आई.सी.एस.एस.आर., 1990)।

सामान्य रूप में, सामाजिक आंदोलनों के बारे में कुछ न कहते हुए भी, यहां तक कि वे आंदोलन जिनका प्रत्यक्षत: राजनीतिक चरित्र रहा है जो स्पष्टत: सरकार के विरुद्ध किये गये हैं, उन्हें भी भारतीय राजनीतिक वैज्ञानिकों ने मोटे रूप में अपने शैक्षणिक विषय के क्षेत्र से परे रखा है। भारत में राजनीतिक विज्ञान मुख्यत: कार्यकारी, विधायी, दलों और चुनावों जैसी राजनीतिक संस्थाओं के अध्ययन तक सीमित रहा है। आम जनता की राजनीति उनकी आकांक्षाओं और मांगों, उनकी समस्याओं को मुखर करना तथा औपचारिक संस्थात्मक ढांचे से बाहर उनकी मांगों की कार्यप्रणाली की अधिकांशत: राजनीतिक विज्ञान के विद्वानों द्वारा उपेक्षा की गई है। तथापि, विकास संबंधी नीतियां और जनकल्याण संबंधी योजनाएं, उनका कार्यान्वयन, आदि भारतीय राजनीतिक विज्ञान के शिक्षण और शोध कार्यक्रम का हिस्सा हैं। किन्तु, इन नीतियों के निर्माण की प्रक्रियाओं की अपेक्षा उनका ध्यान मुख्यत: योजनाओं के उद्देश्यों और सरकर की भूमिका, और उनके मूल्यांकन पर अधिक केन्द्रित है। उदाहरणार्थ, भूमि संबंधी नीति को उससे संबंधित उन संघर्षों का बिना विश्लेषण किये पढ़ाया जाता है जिनके कारण राज्य और राजनीतिक दलों को इस नीति को अपनाने के लिये बाध्य होना पड़ा है। श्रीमती इन्दिरा गांधी की 'गरीबी हटाओ' की नीति का विश्लेषण 1960 के दशक के ग्रामीण और नगरीय गरीबों द्वारा किये गये ढेर सारे संघर्षों (आंदोलनों) के संदर्भ में नहीं किया जाता है। बहुधा यह भुला दिया जाता है कि आम जनता की राजनीति को बिना समझे राज्य को पूरी तरह से नहीं समझा जा सकता है। दलित वर्ग के दृष्टिकोणों, विश्वासों, आकांक्षाओं और विचारों का अध्ययन हमें अपनी संकल्पनाओं को परिभाषित और पुनर्परिभाषित करने और पाठ्य पुस्तक आधारित ज्ञान पर प्रश्न करने में हमारी मदद कर सकता है।

इस विधा को अपनाने का एक बड़ा कारण भारतीय राजनीति विज्ञान की विरासत है। यद्यपि इस विषय के औपचारिक स्वरूप की विरासत पश्चिमी रही है, तथापि राजनीति की अवधारणा जिस पर प्रमुख बुद्धिजनों द्वारा लिखा गया है, वह सभी स्थानों पर समान है, यह सांस्कृतिक सीमाओं को लांघती है। राजनीति को समझने, विश्लेषण करने और सैद्धान्तीकरण करने का बौद्धिक कार्य उतना ही पुराना है जितना की सामूहिक जीवन के गठन की विधा है

जब विधि-विधान, नियम और अधिनियम, सत्ता का विभाजन, संसाधनों का वितरण तथा शासन करने हेतु औपचारिक संस्थाओं के अस्तित्व का विकास हुआ था। गीता और महाभारत राजनीति के शोध-प्रबंध हैं। इन ग्रंथों में शासकों और नागरिक गणों के कर्त्तव्यों और दायित्वों का विस्तृत विवेचन किया गया है। कौटिल्य का अर्थशास्त्र भी राजनीतिक संहिता का एक प्रलेखित ग्रंथ है। सुकरात और प्लेटो की कृतियां बहुप्रसिद्ध हैं और इन्हें हमारे देश में राजनीतिक विज्ञान के विद्यार्थियों को व्यापक रूप से पढ़ाया जाता है। किन्तु, ये सभी ग्रंथ मुख्यत: शासकों की राजनीतिक और धार्मिक सत्ता तक सीमित हैं। राजनीति का इस प्रकार का अवधारणीकरण आधुनिक शिक्षा व्यवस्था में एक शैक्षिक विषय के रूप में राजनीतिक विज्ञान के अध्यापन और शोध के विषय क्षेत्र के निर्माण में एक प्रमुख विमर्श के रूप में छाया हुआ है (शाह, 2001)।

इसके पूर्व, ब्रिटिश परम्परा के प्रभाव के फलस्वरूप भारत में राजनीति विज्ञान राजनीतिक दर्शनशास्त्र, औपचारिक सरकारी संस्थाओं और अन्तर्राष्ट्रीय संबंधों के अध्ययन तक परिसीमित था। संस्थाओं के काम करने सहित आनुभविक अध्ययनों का उद्भव अभी हाल ही हुआ है, अर्थात् यह उद्भव 1950 के दशक के बाद में व्यवहारात्मक सम्प्रदाय, जिसका विकास अमेरिका में हुआ है, से प्रभावित रहा है। विज्ञानवादी आधारित विश्लेषण तथा क्यों के प्रश्न को विस्मृत कर दिया गया।

द्वितीय, राजनीति विज्ञानियों द्वारा अपनाई गई राजनीति की अवधारणा, जो अमेरिकी और ब्रिटिश परम्पराओं से प्रभावित रही है, काफी संकीर्ण है। यह अवधारणा एक ऐसी राजनीतिक व्यवस्था तक सीमित है जिसके प्रकार्य नियम बनाना, नियम लागू करना और न्याय करना मात्र है (अल्मोंड एवं कोलमेन, 1960)।

कई राजनीतिक वैज्ञानिकों के लिये, 'राजनीति' का अर्थ समाज में किसे, क्या, कब और कैसे मिलता है (लासवैल और कपालन, 1950)। दूसरों के लिये, राजनीति की परिभाषा, 'मूल्यों का आधिकारिक रूप में आबँटन' करना है। 'अधिकारिता' के अर्थ को स्पष्ट करते हुए डेविड ईस्टन बताते हैं कि एक नीति तब स्पष्ट रूप में आधिकारिक होती है जब यह भावना उपस्थित होती है कि इस नीति का निश्चित तौर पर पालन किया जाना चाहिये या पालन किया जाना आवश्यक है ... कि नीतियां चाहे वे औपचारिक या प्रभावशाली हों, उन्हें बाध्यकारी स्वीकार किया जाता है (1953: 76)। अत: ये परिभाषाएं सरकार और राज्य के प्रकार्यों या शासक वर्ग अथवा अभिजनों की राजनीति तक राजनीति के अध्ययन को परिभाषित करती हैं। इसलिये कोई आश्चर्य नहीं कि अमेरिका और ब्रिटेन के कुछ विश्वविद्यालयों में 'राजनीति' या 'राजनीति विज्ञान' के विभागों के स्थान पर 'सरकार' या 'सार्वजनिक कानून' और भारत में 'नागरिकशास्त्र और प्रशासन' या 'लोक प्रशासन' के विभाग हैं। ये परिभाषाएं राजनीति के अध्ययन को सरकार और राज्य के प्रकार्यों तक परिमित करती हैं।

तृतीय, यह धन्यवाद का विषय है कि द्वितीय विश्वयुद्ध के बाद की उदारवादी विचारधारा और संरचनात्मक-प्रकार्यात्मक उपागम के वर्चस्व के कारण सामाजिक विज्ञान साहित्य में संघर्ष और परिवर्तन की अपेक्षा संतुलन और सामंजस्य पर अधिक जोर दिया गया।

राजनीति विज्ञान, यद्यपि मुख्यत: सत्ता और संघर्ष से संबंधित विषय है, फिर भी इसमें सामाजिक परिवर्तन हेतु समाजगत संघर्ष जैसे मुद्दों पर शोध नहीं हुआ है (सत्यमूर्ति, 1987)। राजनीति वैज्ञानिकों की मुख्यत: रुचि, जनता और शासकों के बीच के संघर्षों की अपेक्षा सत्ता अभिजनों के बीच होने वाले आंतरिक संघर्षों के अध्ययन में ही अधिक रही है। उनके अनुसार, समाजगत संघर्षों का समाधान सरकार और राजनीतिक संस्थाओं द्वारा किया जाना आवश्यक है। उनका चिन्ता का क्षेत्र तब शुरू हो जाता है जब संघर्ष सरकार के राजनीतिक घेरे में प्रवेश कर जाता है। उनकी दृष्टि में, संघर्ष के कारणों की अपेक्षा संघर्ष का समाधान अधिक महत्वपूर्ण है। अधिकांश राजनीतिक विज्ञानी अपनी विचारधारा की दृष्टि से उदारवादी हैं और भारत की स्वतंत्रता के लगभग दो दशकों तक उन्होंने भारत के संविधान को परमपावन माना है। उन्हें अभी तक विश्वास है कि विद्यमान राजनीतिक संस्थाएं सभी सामाजिक संघर्षों का समाधान कर सकती हैं (अय्यर, 1966)। इन संघर्षों के समाधान के अगणित संवैधानिक साधन हैं। व्यक्तियों को सीधी कार्यवाही करने की अपेक्षा विविध संवैधानिक विधियों की खोज करनी चाहिए। किसी 'खतरनाक स्थिति' में भी जिसमें संघर्ष की स्थिति का समाधान करने में संवैधानिक व्यवस्था असफल हो जाती है, उदारवादी राजनीतिक वैज्ञानिक सामाजिक विवेक के रास्ते को अपनाते हुए, सामाजिक संघर्षों के समाधान के लिये अधिक तर्क संगत और अधिक मानवीय तरीकों की खोज करने में विश्वास करते हैं (वही, 33)। उनका विश्वास है कि लोगों को आज्ञाकारिता की आदत विकसित करनी चाहिये और सत्ता का सम्मान करना चाहिये। प्रजातंत्र तब समाप्त हो जाता है जब सत्ता आम जनता के हाथ में चली जाती है। राजनीतिक वैज्ञानिक यह सलाह देते रहते हैं कि जनता पर अंकुश होना आवश्यक है (श्रीनिवासन, 1966)। यह सही है कि वे तब हतप्रभ हो जाते हैं जब वे यह देखते हैं कि समाज में फैले असंतोष के साथ तालमेल बिठाने में राजनीतिक संस्थाएं अधिकाधिक रूप में असफल हो जाती हैं। उदारवादी और रेडिकल दोनों प्रकार के राजनीतिक वैज्ञानिकों का एक छोटा सा भाग इस विषय की इस संकुचित परिभाषा को स्वीकार नहीं करता है। उन्होंने उदारवादी और मार्क्सवादी ढांचों के परे जाकर सामाजिक रूपान्तरण को अधिक अच्छे ढंग से समझने के लिये सामाजिक आंदोलनों के क्षेत्र की खोजबीन शुरू कर दी है।

यह पुस्तक भारत में सामाजिक आंदोलनों का कोई शोध अध्ययन और विश्लेषण नहीं है, अपितु यह इससे संबंधित साहित्य की समीक्षा मात्र है। अत: इस लेख (पुस्तक) के लिखने में सबसे कठिन पहेली जिसने मुझे बहुधा चकरा दिया, वह यह रही है कि किस अध्ययन को सम्मिलित किया जाये और किसे नहीं? 'सामाजिक आंदोलन' की कोई ऐसी एक निश्चित परिभाषा नहीं है जो सभी विषयों के विद्वानों को या किसी एक विषय के भी सभी विद्वानों को मान्य हो। 'प्रजातंत्र', 'जनता', 'लोकप्रिय', 'समानता' जैसे कई अनेक पदों (शब्दों) के साथ 'आंदोलन' पद (शब्द) का बहुधा विभिन्न सामाजिक आंदोलनकारियों, राजनीतिक नेताओं और विद्वानों, जिन्होंने 'आंदोलनों' पर लिखा है, विभिन्न रूप में प्रयोग किया है। कुछ विद्वानों ने 'आंदोलन' के पद का प्रयोग 'संगठन' या 'संघ' के पदों के

अदल-बदल के रूप में किया है। कुछेक व्यक्ति इस पद का प्रयोग किसी ऐतिहासिक प्रवृत्ति या झुकाव के लिये करते हैं। राजनीतिक नेताओं और सामाजिक सुधारकों द्वारा अपने कार्यकलापों को 'आंदोलन' कहना, एक फैशन बन गया है, यद्यपि उनके कार्यकलाप एक दर्जन से भी कम लोगों को लेकर किसी संगठन के निर्माण तक सीमित होते हैं। कुछ व्यक्ति जन मुद्दों की प्रेस विज्ञप्तियां देकर आंदोलनों कि शुरुआत करने की बात करते हैं। टी.डी. वेल्डन के स्मरणीय वर्गीकरण का प्रयोग करते हुए 'आंदोलन' का पद कई अन्य शब्दों की भांति एक 'हुर्रा शब्द' बन गया है (वेल्डन, 1955)।

'सामाजिक आंदोलन' का पद यूरोपीय भाषाओं में उन्नीसवी शताब्दी के प्रारंभिक वर्षों में प्रचलन में आया। यह सामाजिक उथल-पुथल का समय था। राजनीतिक नेतागणों और लेखकों जिन्होंने इस पद का प्रयोग किया, वे शोषित वर्गों के उत्थान के प्रति चिन्तित थे और मूल्य व्यवस्था के साथ-साथ संस्थाओं और या सम्पत्ति संबंधों को बदलकर एक नये समाज की रचना करना चाहते थे। उनका वैचारिक दृष्टिकोण उनकी परिभाषा में झलकता है। तथापि, 1950 के प्रारंभ से विभिन्न विद्वानों ने सामाजिक आंदोलनों की अवधारणा की सारगर्भित परिभाषाएं देने का प्रयास किया है। रुडाल्फ हेबरले (1951, 1968), नील स्मेल्सर (1963) और जॉन विल्सन (1973) की कृतियां इस संदर्भ में महत्वपूर्ण हैं, यद्यपि इनमें से प्रत्येक की परिभाषा उलझी हुई है। पॉल विल्किनसन ने 'सामाजिक आंदोलन' की निम्नलिखित एक कार्यवाहक अवधारणा प्रस्तुत की है—

> एक सामाजिक आंदोलन किसी भी दिशा और साधन, यहां तक की हिंसात्मक असंवैधानिक साधन द्वारा, क्रांति या 'यूटोपियन' (आदर्श लोक) समुदाय स्थापित करने के रूप में, परिवर्तन लाने का एक संकल्पित सामूहिक प्रयास है। अतः सामाजिक आंदोलन स्पष्टतः ऐतिहासिक आंदोलनों, प्रवृत्तियों और झुकावों से भिन्न होते हैं। फिर भी, इस बात पर ध्यान दिया जाना महत्वपूर्ण है कि इस प्रकार की प्रवृत्तियां और झुकाव तथा मानवीय व्यवहार के अचेतन या अतार्किक कारकों का प्रभाव सामाजिक आंदोलन का विश्लेषण और स्पष्ट करने में काफी महत्वपूर्ण हो सकते हैं।
>
> एक सामाजिक आंदोलन में न्यूनतम मात्रा में संगठन होना आवश्यक है। यह संगठन एक ढीले-ढाले, अनौपचारिक या आंशिक मात्रा से लेकर अत्यधिक संस्थानीकृत और नौकरशाहीकृत आंदोलन या कॉर्पोरेट समूह के रूप में हो सकता है। वास्तव में, यह बताया गया है कि सामाजिक आंदोलन संबंधी अधिकांश साहित्य प्राकृतिक इतिहास, आंदोलन विकास के प्रतिरूपों (मॉडल्स) या सिद्धांतों से संबंधित हैं। ऐसे मॉडल्स आंदोलन की संरचना और संगठन में होने वाले परिवर्तनों का आभास देने का प्रयास करते हैं। ये परिवर्तन प्रारंभिक सामाजिक असंतोष और उत्तेजना की स्थिति तथा करिश्माई नेतृत्व के उभार से लेकर सत्ता को हथियाने के क्रांतिकारी आंदोलन का रूप ले सकते हैं।
>
> एक सामाजिक आंदोलन की परिवर्तन और इसके संगठन के उद्देश्यों के प्रति प्रतिबद्धता चेतन संकल्प शक्ति, आंदोलन के उद्देश्यों और विश्वासों के प्रति आदर्शात्मक प्रतिबद्धता और सदस्यों तथा अनुसरणकर्त्ताओं की सक्रिय सहभागिता पर आधारित होती है। संकल्पशीलता और आदर्शात्मक प्रतिबद्धता के रूप में सामाजिक आंदोलन का इस प्रकार का विशिष्ट चित्रण इस क्षेत्र

के अग्रणी विद्वानों द्वारा लगभग सर्वसम्मति से स्वीकार किया गया है। उदाहरणार्थ, हेबरले ने इन विश्वास-व्यवस्थाओं को ऐसे लोगों की सामूहिक इच्छा की अभिव्यक्ति माना है जो इन्हें स्वीकार करते हैं। वे इस बात पर जोर देते हैं कि यह संकल्पशीलता का तत्व ही है जो विश्वासों को सामाजिक रूप में प्रभावक बनाता है। सामूहिक रूप से काम करने वाली चेतना संकल्पशीलता सामाजिक आंदोलनों में विचारधाराओं के मूर्तरूप को प्रस्तुत करती हैं। (1971: 27)

उपरोक्त कार्यवाहक अवधारणा कोई संक्षिप्त परिभाषा प्रस्तुत करने का दावा नहीं करती। यह अत्यंत विस्तृत है जिसमें संस्थाओं की सीमाओं के अन्तर्गत (जैसे चुनावों में मत देना या स्मरण पत्र देना) संवैधानिक साधनों के द्वारा सामूहिक कार्यकलापों के साथ-साथ हिंसात्मक अतिरिक्त संस्थात्मक सामूहिक कार्यकलापों द्वारा किसी भी दिशा में परिवर्तन लाने को सम्मिलित किया जाता है। 'न्यूनतम मात्रा में संगठन' का होना एक समस्या है। निश्चित तौर पर यह कहना बड़ा कठिन है कि यह 'न्यूनतम मात्रा' कितनी हो। एक व्यक्ति को इस विषय पर भी आश्चर्य हो सकता है कि सामाजिक आंदोलन की शुरुआत क्या प्रतिबद्ध सदस्यों के द्वारा किसी संगठन की स्थापना के साथ होती है या जैसे-जैसे आंदोलन आगे बढ़ता है संगठन समय के साथ धीरे-धीरे विकसित होता जाता है। इस प्रकार की परिभाषा में उपद्रव और विरोध को सम्मिलित नहीं किया जा सकता जिनमें शुरुआत में कोई संगठन नहीं होता है। विल्किनसन की कार्यवाहक अवधारणा की ये कठिनाइयां होते हुए भी इसका स्वतः शोध का अपना मूल्य है। यहां यह कहना उचित होगा कि भारत में सामाजिक आंदोलनों के अध्ययनों में भारतीय संदर्भ में अवधारणा को परिभाषित करने के अभी कोई व्यवस्थित प्रयास नहीं हुए हैं (चन्द्रा, 1977)। यह कहने की जरूरत नहीं है कि कई अन्य अवधारणाओं की भांति, 'सामाजिक आंदोलन' के पद (टर्म) का जो अर्थ सहभागियों द्वारा लगाया गया है, वह सामयिक और सांस्कृतिक संदर्भों से आलोड़ित है।

उद्देश्य, विचारधारा, कार्यक्रम, नेतृत्व और संगठन सामाजिक आंदोलनों के महत्वपूर्ण निर्मायक घटक हैं।[2] ये अन्तर्निभर हैं जो एक-दूसरे को प्रभावित करते हैं। फिर भी रणजीत गुहा की चेतावनी पर ध्यान दिया जाना जरूरी है। उन्होंने कहा है कि यद्यपि ये निर्मायक तत्व तथाकथित स्वतः स्फूर्त विद्रोह सहित, सभी प्रकार के आंदोलनों या बगावतों में मिलते हैं, तथापि असंरचित से लेकर पूर्णतः संगठित आंदोलनों में इनके रूप भिन्न होते हैं। उन्होंने कुछ इतिहासकारों के इस विचार को चुनौती दी है, जिन्होंने यह मत व्यक्त किया है कि कृषक विद्रोह स्वतः स्फूर्त होते हैं और इनमें राजनीतिक चेतना और संगठन का अभाव होता है। इस प्रकार के विद्रोहों में न तो नेतृत्व का और न ही उद्देश्य का, न ही एक कार्यक्रम के कुछ रूढ़तत्वों का अभाव होता है, फिर भी ये सभी विशेषताएं बीसवीं शताब्दी के ऐतिहासिक दृष्टि से अधिक उन्नत आंदोलनों की परिपक्वता और परिष्कृत रूप की तुलना में उनके समकक्ष कहीं नहीं ठहर पाती हैं (1983a: 10)।

मैं भली-भांति यह जानता हूं कि यदि मैं इस लेख में एक सुनिश्चित परिभाषा का प्रयोग करता हूं, तो मैं अपने आपको कई कठिनाइयों में उलझा देता हूं। यह परिभाषा मैंने 1970 के दशक में हुए विशिष्ट सामूहिक क्रिया के विश्लेषण करने हेतु निर्मित की थी, जिसमें मैंने कुछ

अध्ययनों को सम्मिलित और कुछेक को इस परिभाषा से बाहर रखा है। मेरा यह प्रयास मुझे बहुत दिलचस्प, भली-भांति प्रलेखित और विश्लेषणात्मक अध्ययनों को त्याग करने के लिये मजबूर कर सकता है। यह प्रयास न केवल भारत के सामाजिक आंदोलनों को, अपितु विभिन्न सैद्धान्तिक परिप्रेक्ष्यों के साथ-साथ एक समयावधि में हुए परिवर्तनों को समझने के लिये हानिकर होगा। चूंकि इस लेख का उद्देश्य न तो मेरे द्वारा संकलित आनुभविक तथ्यों को विश्लेषित करने का है और न ही इसका लक्ष्य सामाजिक आंदोलनों पर कोई सैद्धांतिक लेख लिखने का है। यह लेख व्यावहारिक होना चाहिए और इसमें एक विस्तृत अवधारणा के प्रयोग किये जाने की जरूरत है जिसमें सामाजिक आंदोलनों संबंधी विभिन्न प्रकार के अध्ययनों को सम्मिलित किया गया है। फिर भी, हमारे सैद्धांतिक उपकरण और समय-सीमा की अड़चनें इस बात के लिये बाध्य करती हैं कि हम अपने क्षेत्र का सीमांकन करें और उसमें कुछ प्रकार की सामूहिक क्रिया को सम्मिलित करें और कुछ को इस लेख के दायरे से बाहर रखें।

इस लेख में उन अध्ययनों पर ध्यान दिया गया है जिनमें असंस्थागत संवैधानिक या संविधानेत्तर सामूहिक राजनीतिक क्रियाओं का विश्लेषण किया गया है जो सामाजिक और राजनीतिक परिवर्तन हेतु नागरिक और राजनीतिक समाज को प्रभावित करती हैं। सामूहिक क्रियाएं, जो प्रस्थिति में परिवर्तन और सामाजिक गतिशीलता को प्राप्त करने हेतु की गई हैं, उन्हें इनसे अलग रखा गया है। वे क्रियाएं जो कानून रूप में स्वीकृत हैं और जिन्हें सम्पूर्ण समाज को या समाज के किसी हिस्से को किसी समय विशेष पर बांधने वाली क्रियाओं के रूप में व्यापक रूप में स्वीकार किया गया है (जॉनसन, 1966: 21) संस्थागत क्रियाएं होती हैं। ऐसी क्रियाओं में विभाजन, समर्थन, चुनाव में मत देना, प्रचार करना तथा न्यायालयों में कानूनी लड़ाइयां लड़ने को सम्मिलित किया जाता है। फिर भी, कभी-कभी इन विधियों के साथ अन्य सामूहिक क्रियाओं को भी सम्मिलित कर उन्हें दांवपेच के रूप में प्रयोग किया जाता है। ऐसे मामलों में, ऐसी क्रियाओं को हम सामाजिक आंदोलन का हिस्सा मानते हुए उन्हें इस लेख के क्षेत्र में सम्मिलित करेंगे। कभी-कभी, प्रभु समूहों और राज्य की प्रभुसत्ता, निर्देशों और आदेशों के पालन में बाधा डालने की क्रियाओं को सामाजिक आंदोलन मान लिया जाता है। बाधा डालना निश्चित तौर पर विरोध की ही एक अभिव्यक्ति है। किन्तु जब तक ऐसी क्रियाएं व्यक्तिगत स्तर पर होती हैं और सामूहिक क्रिया का रूप धारण नहीं करतीं, यह आंदोलन नहीं है (स्कॉट, 1985; गुहा, 1998)। प्रस्तुत अध्ययन व्यक्तियों के किसी समूह द्वारा सत्ता के विरुद्ध की गई प्रत्यक्ष कार्यवाही तक सीमित है। डेविड बायले के शब्दों में, यह 'गैर-कानूनी जन विरोध है' (1962)। 'गैर-कानूनी' शब्द कई प्रश्नों को जन्म देता है। यह कानून और संविधान की व्याख्या का विषय है। एक विशिष्ट क्रिया (कार्यवाही) को उन व्यक्तियों द्वारा गैर-कानूनी ठहराया जा सकता है जो सत्ता में है और जो यथास्थिति का समर्थन करते हैं किन्तु उसी क्रिया (कार्यवाही) को उन व्यक्तियों द्वारा कानून सम्मत बताया जा सकता है जो सामाजिक परिवर्तन लाना चाहते हैं। रजनी कोठारी ने 'प्रत्यक्ष कार्यवाही' को इस प्रकार परिभाषित किया है, ''यह संविधानेत्तर राजनीतिक विधि है जो समूह क्रिया का रूप ले लेती है

(और) यह सत्तासीन सरकार के विरुद्ध किसी राजनीतिक परिवर्तन लाने के उद्देश्य से की गई होती है" (1960: 27)। 'संविधानेत्तर' शब्द परिप्रेक्ष्य का विषय है। कोठारी की 'राजनीतिक परिवर्तन' की 1960 की अवधारणा संकीर्ण है जो सरकार के परिवर्तन तक सीमित है। (उसके बाद से उन्होंने इस अवधारणा में परिवर्तन कर दिया है।) हमारा विश्वास है कि राजनीतिक शक्ति केवल सरकार तक सीमित नहीं होती; यह समाज के कई स्तरों में बंटी होती है। वे सभी व्यक्ति जो 'राजनीतिक परिवर्तन' के लिये प्रयास करते हैं, वे केवल सरकार के विरुद्ध ही संघर्ष नहीं करते हैं। व्यक्तियों की सामाजिक कार्यवाही (क्रिया) कई स्तरों—प्रबल संस्कृति, जाति, वर्ग और विचारधारा के विरुद्ध होती है।

अ-संस्थानीकृत सामूहिक क्रिया के कई रूप हो सकते हैं, जैसे विरोध, उपद्रव, हड़ताल, सत्याग्रह, घेराव, दंगे आदि। यदि हम पूर्वोक्त उल्लिखित परिभाषा का अनुसरण करें, तब विरोधों और उपद्रवों को सही रूप में सामाजिक आंदोलन नहीं कहा जा सकता। किन्तु बहुधा, एक सामाजिक आंदोलन एक समयावधि में विकसित होता है और इसकी शुरुआत किसी विशिष्ट मामले को लेकर विरोध प्रदर्शन या उपद्रव से होती है। शुरुआत में ऐसे प्रदर्शनों का कोई 'संगठन' और परिवर्तन संबंधी कोई 'विचारधारा' नहीं होती। उदाहरणार्थ, जब गुजरात में एक इंजीनियरिंग कॉलेज के विद्यार्थियों ने भोजनशाला के बिल के प्रति विरोध प्रदर्शित किया, तब यह उनकी एक अपेक्षाकृत स्वत: स्फूर्त क्रिया थी। किन्तु, इसी विरोध प्रदर्शन ने बाद में गुजरात में सन् 1974 में 'नव निर्माण आंदोलन' का रूप ग्रहण कर लिया (शाह, 1977)। यही नहीं, एक विशिष्ट सामूहिक क्रिया कुछ विद्वानों के लिये मात्र एक विरोध प्रदर्शन हो सकता है, जबकि दूसरों के लिये यह एक आंदोलन होता है। यह विश्लेषण और परिप्रेक्ष्य के स्तर पर निर्भर करता है। उदाहरणार्थ, 1950 के दशक में भाषाई प्रान्तों के निर्माण की मांग को लेकर समाज के एक वर्ग द्वारा की गई सामूहिक क्रिया को कुछ लोगों द्वारा एक 'विरोध प्रदर्शन' माना गया और कुछ के द्वारा यह एक 'आंदोलन' मात्र था। इन्हीं विद्वानों ने बाद में 'विरोध प्रदर्शन' को 'आंदोलन' माना। इस लेख में, हम विरोध प्रदर्शन, उपद्रव हड़ताल आदि को एक 'आंदोलन' या अधिक सुस्पष्ट रूप में, समाज के किसी विशिष्ट वर्ग या संस्तर (Strata) द्वारा किए गए सामाजिक आंदोलन का एक अंग मान कर चलते हैं। दंगों के अध्ययनों को हम इस अध्ययन से पूरी तौर पर बाहर नहीं रखते हैं। कुछ विद्वानों द्वारा कुछ सामाजिक कार्यवाहियों को 'दंगों' का नाम दिया गया है, किन्तु बहुधा वे चल रहे आंदोलनों का हिस्सा नहीं होते। इसका एक महत्वपूर्ण उदाहरण सरकार की भू-नीति के विरोध में उन्नीसवीं शताब्दी के अंत में किये गये तथाकथित 'दक्षिणी दंगों' का है। इस लेख में ऐसे आंदोलनों के अध्ययनों को सम्मिलित किया गया है, क्योंकि वे महाराष्ट्र के वृहद् कृषक आंदोलनों का हिस्सा रहे हैं।

बहुधा, राजनीतिक वैज्ञानिक और समाजशास्त्री 'सामाजिक' और 'राजनीतिक' आंदोलनों के बीच अन्तर नहीं करते हैं। समाजशास्त्री मानते हैं कि सामाजिक आंदोलनों में उन आंदोलनों को भी सम्मिलित किया जाता है जिनका स्पष्ट उद्देश्य राजनीतिक परिवर्तन लाना

होता है और यह सही भी है। सामाजिक आंदोलन संबंधी दो ग्रन्थ (1978), जिनका सम्पादन एम.एस.ए. राव ने किया है, उनमें ऐसे दो अध्ययनों को सम्मिलित किया गया है—(1) नक्सलवादी आंदोलन जिसका उद्देश्य राज्य सत्ता को हथियाना है और (2) उच्च प्रस्थिति प्राप्त करने हेतु पिछड़ी जाति का आंदोलन। रोडल्फ हेबरले (1951) कहते हैं कि सभी आंदोलनों के राजनीतिक निहितार्थ होते हैं, चाहे उनके सदस्य राजनीतिक शक्ति प्राप्त करने की कोशिश नहीं करते हैं। राजनीतिक वैज्ञानिक भी 'सामाजिक आंदोलन' शब्द का प्रयोग करने से परहेज नहीं करते हैं। विल्किनसन की सामाजिक आंदोलन संबंधी पुस्तक, जो 'राजनीतिक विज्ञान की अवधारणा' की शृंखला के तहत प्रकाशित हुई है, इस दृष्टिकोण का एक उदाहरण है। यहां यह लिखा जा सकता है कि प्रवृत्ति प्रतिवेदन संबंधी राजनीति विज्ञान की समिति (आई.सी.एस.एस.आर. द्वारा निर्मित) ने इस अध्ययन को 'सामाजिक आंदोलन' के तहत करवाया है। यह राजनीति विज्ञान के अपने विषय के प्रति दृष्टिकोण का संकेत देती है।

आजकल सामाजिक वैज्ञानिकों और आंदोलनकर्त्ताओं के बीच वर्तमान विचार-विमर्श में 'नव सामाजिक आंदोलन' का मुहावरा प्रचलित हो गया है। कुछ लोग इस पद (टर्म) का प्रयोग ऐसे आंदोलनों के लिये करते हैं जो उनकी दृष्टि में नये हैं, जैसे नारी (महिला) आंदोलन, पर्यावरण आंदोलन, पहचान आंदोलन और शांति आंदोलन आदि। कुछ लोगों का कहना है कि नये आंदोलन 'उत्तर-आधुनिक' समाज के मुद्दों के परिणाम हैं (सिंह, 2001)। ये आंदोलन वर्ग आधारित नहीं है, ये आर्थिक मुद्दों को भी नहीं उठाते हैं और न ही ये राज्य की सत्ता से संबंधित हैं। ये ऐसे मानवीय मुद्दों को उठाते हैं जो सभी वर्गों से संबंधित हैं। इस अर्थ में, 'नव सामाजिक आंदोलन' सामाजिक हैं, न कि राजनीतिक। अतः ये जटिल एवं समस्यात्मक हैं। एक व्यक्ति ये प्रश्न पूछ सकता है—पश्चिम की भांति भारतीय समाज किस सीमा तक उत्तर-आधुनिक है? क्या पूर्व-आधुनिक समाज में पहचान के लिये कोई संघर्ष नहीं था? क्या पर्यावरण आंदोलनों, नारी आंदोलनों, दलित आंदोलनों में आर्थिक तत्व निहित नहीं होता? क्या वे राज्य के साथ मुठभेड़ नहीं करते? यह मानते हुए कि वैश्विक पूंजीवाद में वर्गों की प्रकृति और वर्ग संबंधों में बदलाव आ गया है, क्या प्रबल विचारधारा और शक्ति के प्रति लोगों के बोध में वर्गों (या आर्थिक संस्तर) की सार्थकता नहीं रह गई है?

नव सामाजिक आंदोलनों की वैचारिक संरचना (पैराडाइम) के तहत आंद्रे गुण्डर फ्रैंक और मार्ता फून्ट्स (1987) ने सामाजिक और राजनीतिक आंदोलनों में अन्तर प्रदर्शित किया है। इनके अनुसार, सामाजिक आंदोलन राज्य सत्ता के लिये प्रयास नहीं करते हैं। सामाजिक आंदोलन 'राज्य सत्ता की अपेक्षा स्वायत्तता की अधिक मांग' करते हैं। सामाजिक और राजनीतिक सत्ता में अन्तर होता है। राजनीतिक सत्ता केवल राज्य में निहित होती है। इन लेखकों के अनुसार, सामाजिक आंदोलनों का उद्देश्य सामाजिक रूपान्तरण होता है। इन आंदोलनों के सहभागी लोग सामाजिक न्याय प्राप्त करने के लिये प्रयत्नशील होते हैं। यह विचार जटिल है। यह सही है कि समाज और राज्य और इसलिये सामाजिक और राजनीतिक सत्ता, दोनों एक ही और समान नहीं है। किन्तु, वर्तमान विश्व में सामाजिक सत्ता और राजनीतिक सत्ता में भेद करने का तात्पर्य वास्तविकता के महत्व को कम आंकना और

राजनीतिक प्रकियाओं की जटिलताओं की अवहेलना करना है। राजनीति केवल राजनीतिक दलों में निहित नहीं होती। लेखकों ने ऐसे आंदोलनों के राजनीतिक निहितार्थों की अवहेलना की है जो न्याय और अन्याय की भावना से जुड़े मुद्‌दों से संबंधित हैं। धनागरे और जॉन (1988) ने ठीक ही कहा है कि फ्रैंक और फून्ट्स 'सामाजिक क्षेत्र के वि-राजनीतिकरण' की प्रक्रिया के प्रति प्रतिबद्ध हैं। हम मानते हैं कि सामाजिक रूपान्तरण (श्रम और सम्पत्ति संबंधों में बदलाव) और न्याय तथा अधिकारों के लिये राजनीतिक सत्ता को हथियाने या प्रभावित करने की जरूरत पड़ती, यद्यपि यह इसका तत्काल कार्यक्रम नहीं होता है। अतः वर्तमान संदर्भ में, 'सामाजिक' और 'राजनीतिक' आंदोलनों में फर्क केवल अर्थगत है।

सामान्यतः, सामाजिक आंदोलनों संबंधी अध्ययनों में मोटे रूप में विश्लेषण के लिये या तो मार्क्सवाद या मार्क्सवादी उपागम का प्रयोग किया गया है। फिर भी, सभी अध्ययनों को तीन कारणों से किसी एक उपागम में वर्गीकृत नहीं किया जा सकता है। प्रथम, कई विद्वान किसी विशिष्ट आंदोलन का किसी पूर्वविचारित सैद्धान्तिक उपागम के लिहाज से अध्ययन नहीं करते हैं। उनके पास सिद्धान्तों की कमी होती है। द्वितीय, जब वे अनुभवजन्य स्थितियों का अध्ययन करते हैं, तब बहुधा वे दो उपागमों के बीच अदला-बदली करते देखे गये हैं। तृतीय, प्रत्येक सैद्धान्तिक उपागम में भिन्नताएं होती हैं। ऐसे विद्वान जो मार्क्सवादी उपागम का अनुसरण करते हैं, उनकी रुचि मुख्यतः समाज में क्रांतिकारी परिवर्तन लाने में होती है, वे समाजवादी व्यवस्था स्थापित करना चाहते हैं। इन विद्वानों के अनुसार, सामाजिक आंदोलन समाज की अर्थव्यवस्था में निहित होते हैं और श्रमिक वर्गों के बीच विरोध हित वर्ग-आधारित समाज में निहित होते हैं जो विरोधाभासों को जन्म देते हैं।

धनी लोग अपने वर्चस्व को बनाये रखने हेतु शोषित वर्गों को नियंत्रित करने के लिये राज्य के साथ-साथ अन्य संस्थाओं, जैसे धर्म, शिक्षा, जन संचार की अवपीड़नकारी शक्ति का प्रयोग करते हैं। शोषित वर्ग प्रतिरोध, विरोध प्रदर्शन और कभी-कभी विद्रोह कर बैठता है और धनी वर्गों के वर्चस्व के विरोध में संगठित और सामूहिक कार्यवाही के लिये बाध्य हो जाता है। उनके ये प्रयास सत्तासीन प्रभु वर्गों को उखाड़कर क्रांतिकारी राजनीतिक परिवर्तन लाने के लिये होते हैं। यद्यपि, मार्क्सवादियों की दृष्टि में, उनके अध्ययनों के लिये विरोधी आर्थिक हितों के ढांचागत कारण मुख्य होते हैं, तथापि अनेक मार्क्सवादी विद्वानों ने आजकल नृजातिक, धार्मिक तथा अन्य सांस्कृतिक कारकों पर भी ध्यान देना शुरू कर दिया है। इनमें से कुछेक ने शोषित वर्गों की चेतना की प्रकृति को विश्लेषण करना शुरू कर दिया है। अनेक 'रूढ़िवादी' मार्क्सवादी विचारकों के अनुसार, समान वर्ग के सदस्यों के न केवल साझा हित (अन्य वर्गों से भिन्न) होते हैं, अपितु समाज में उनकी स्थिति के संबंध में उनकी समान चेतना और समान हित भी होते हैं। इसी के कारण, ये लोग शासक वर्गों और राज्य के प्रति सामूहिक कार्यवाही कर पाते हैं। किन्तु इनमें से कुछ विद्वानों ने आजकल उत्पादन के साधनों के स्वामित्व पर आधारित 'वर्ग' और 'वर्ग संबंध' की धारणा पर पुनर्विचार करना शुरू कर दिया है। समुदाय की भांति, वर्ग एक जटिल घटना है। यह सहभागियों की अपनी पहचान की धारणा, उनके

हितों के बोध और एक विशिष्ट ऐतिहासिक संयोग के अन्तर्गत प्रभु समूहों के साथ घुली-मिली होती है (चन्द्रावकर, 1998)।

सैद्धान्तिक और पद्धतिशास्त्रीय मसलों पर मार्क्सवादी विद्वानों में बहस हो रही है। अभी हाल ही इतिहासकारों का एक समूह, जो अ-मार्क्सवादी नहीं है और जो 'पददलित (दलित) अध्ययन' समूह के नाम से जाना जाता है, ने 'इतिहास को नीचे से' अध्ययन करना शुरू किया है। ये लोग आम जनता के इतिहास की अवहेलना करने के लिये 'पारम्परिक' मार्क्सवादी इतिहासकारों की इस आधार पर आलोचना करते हैं कि जैसे दलित वर्गों (सबआल्टर्न क्लास) का अपना कोई इतिहास नहीं है और वे पूर्णतः उन्नत वर्गों या अभिजनों पर अपने संगठन और मार्गदर्शन के लिये निर्भर रहते हैं। यह कहा गया है कि पारम्परिक मार्क्सवादी विद्वानों ने सांस्कृतिक कारकों को कोई महत्व नहीं दिया है और उन्होंने वर्ग चेतना को रैखिक विकास के रूप में देखा [गुहा, 1983 (a), 1983 (b); चटर्जी, 1983, 1985; हार्डिमैन, 1987]। इसके विपरीत, दलित अध्ययन इतिहासकारों की अन्य मार्क्सवादी विद्वानों द्वारा कटु आलोचना इस बिना पर की गई है कि उन्होंने संरचनात्मक कारकों की अवहेलना की है और 'चेतना' को संरचनात्मक विरोधाभासों से स्वतंत्र माना है। उन्हें हीगलवादी 'आदर्शवादी' होने के लिये दोषी माना है (चोपड़ा, 1982; अलम, 1983; सिंह, एवं अन्य 1984; गुप्ता, 1985)। बहस के अन्य मुद्दे ये हैं—क्या दल और श्रमिक संगठन क्रांतिकारी आंदोलन शुरू करने के लिये सक्षम हैं? क्या कृषकों को वर्गों में विभाजित किया जा सकता है? कृषकों के कौन से वर्ग में क्रांतिकारी आंदोलन करने की अधिक संभावना है? क्या 'हरावल (अग्रणी वर्ग)' सैद्धान्तिक और आनुभविक रूप में एक सार्थक श्रेणी है? अ-मार्क्सवादी विद्वान मार्क्सवादी अध्ययनों पर 'लघुकरण', 'यांत्रिक' और आर्थिक कारकों के 'अति-निर्णायक' होने का दोषारोपण करते हैं।

सामाजिक आंदोलनों के विश्लेषण करने के अपने उपागमों में अ-मार्क्सवादी विद्वानों में भी भारी अन्तर पाया जाता है। सामाजिक या राजनीतिक परिवर्तन की आवश्यकता संबंधी वैचारिक स्थितियों और आंदोलनों में उनकी भूमिका में अन्तर होता है। विलियम कोर्नहाउज़र (1959, 1968), रॉबर्ट निस्बेट (1953), एडवर्ड शील्स (1982) तथा अन्य व्यक्तियों ने यह तर्क प्रस्तुत किया है कि जन आंदोलन जन समाजों की उपज होते हैं जो अतिवादी और प्रजातंत्र विरोधी होते हैं। ये विचारक राजनीति में आम जनता को रोजमर्रा में भाग लेने से बाहर करने के पक्षधर हैं जो सरकार के कुशल संचालन में बाधा उत्पन्न करती हैं। ऐसे भारतीय विद्वान जिन्होंने विदेशी शासन से स्वतंत्र होने के लिये आंदोलनों को ठीक माना है, वे ही उत्तर-स्वतंत्रता काल के आंदोलनों को ठीक नहीं मानते हैं। ये विद्वान इन आंदोलनों को 'सभ्य समाज' के लिये 'खतरनाक' और 'दुष्प्रकार्यात्मक' बताकर इनकी पूर्णतः भर्त्सना करते हैं। यद्यपि कुछ अन्य विद्वान राजनीतिक और आर्थिक संरचना में क्रांतिकारी परिवर्तन के पक्षधर नहीं हैं। ये लोग ऐसा राजनीतिक परिवर्तन चाहते हैं जो केवल सरकार और राजनीतिक संस्थाओं में परिवर्तन तक सीमित हो। कुछेक 'क्रांतिकारी' परिवर्तन की भी बात करते हैं किन्तु वे मार्क्सवादी विद्वानों से वर्ग विश्लेषण के मामले में भिन्नता रखते हैं। ये लोग मूल्य

व्यवस्थाओं, राजनीतिक संस्थाओं और संस्कृति पर जोर देते हैं। आंदोलनों के अपने विश्लेषण में, कुछ लोग कारणों के जानने में रुचि नहीं रखते। कुछ अन्य लोग आंदोलनों के लिये उत्तरदायी कारणों पर जोर देने में भिन्नता रखते हैं। कुछ लोग व्यक्तिगत मनोवैज्ञानिक विशेषताओं पर जोर देते हैं, कुछ अभिजन शक्ति संघर्ष और उनके जोड़-तोड़ को महत्व देते हैं और कुछ अन्य लोग आर्थिक कारकों की अपेक्षा सांस्कृतिक कारकों की महत्ता पर जोर देते हैं। सन 1960 के दशक के मध्य में, राजनीतिक वैज्ञानिकों के एक समूह ने अपने आपको इस प्रश्न में उलझाये रखा कि भारत में इतने अप्रत्याशित स्तर पर हिंसा के विस्फोट के क्या कारण है? (अय्यर, 1966)। इन लोगों ने आंदोलनों को अस्वीकार किया है। इनमें से एक ने यह तर्क दिया कि एक व्यक्ति यह समझ सकता है, चाहे वह उनके कारकों को न्यायोचित न माने जिसके कारण एक पराधीन देश के लोग उन सभी वस्तुओं पर हमला करते हैं और उन्हें नष्ट करने का प्रयास करते हैं जो विदेशी शासन की एक प्रतीक या एक अभिव्यक्ति हैं। किन्तु यह बड़ा आश्चर्य है कि लोग अभी तक उसी रूप में व्यवहार कर रहे हैं जैसे वे अभी भी पराधीन देश, जो विदेशियों द्वारा शासित है, में रह रहे हैं (फड़के, 1966: 52)। ये लोग विरोधी दलों, नेताओं और श्रमिक संगठनों को इसके लिये दोषी मानते हैं कि ये जनता को प्रत्यक्ष कार्यवाही के लिये भड़काते हैं (अय्यर, 1966; श्रीनिवासन, 1966)।

मार्क्सवादियों सहित कुछ विद्वान, यह दावा करते हैं कि भारतीय संस्कृति और सभ्यता में इसके 'बहुरैखिक चरित्र' और 'बहु-व्यापक संस्तरण' के कारण, जन आंदोलन या प्रदर्शन व्यर्थ हैं। ब्राह्मणवादी विचारधारा तथा संस्तरणात्मक सामाजिक व्यवस्था के कारण शोषित वर्गों के लोग आज्ञापरायण, विनम्र और भाग्यवादी बन गये हैं (मूर, 1967; चन्द्रा, 1977; बद्रीनाथ, 1977)।[3] इस प्रकार के दावों का दूसरे विद्वानों ने खण्डन किया है जो शोषित वर्गों द्वारा पूर्व और स्वतन्त्रता प्राप्ति के बाद भारत में किये गये अनेक आंदोलनों का उदाहरण देते हैं (गफ़, 1974; थापर, 1977; दामले, 1977; धनागरे, 1983)। कुछेक ने स्वतन्त्रता के बाद के आंदोलनों और उपद्रवों की व्याख्या करते हुए कहा है कि ये 'परम्परा' और 'आधुनिकता' के बीच द्वन्द्व का परिणाम हैं। इन लोगों के अनुसार, भारत में संसदीय प्रजातंत्र का प्रत्यारोपण किया गया है जहां स्वैच्छिक प्रयासों की कोई परम्परा नहीं रही है। लोगों में सत्ता के प्रति उभयभावी दृष्टिकोण उत्पन्न हो गया है। ये लोग राजनीतिक सत्ता द्वारा प्रदान की गई सुविधाओं का फायदा तो उठाते हैं किन्तु साथ ही इसे वैधता प्रदान नहीं करते। मौरिस-जोन्स ने कहा है कि, 'स्वतंत्रता के बाद भी सरकार में तो विश्वास प्रकट किया गया, किन्तु साथ ही इसमें मीनमेख निकाले गए और इसका दुरुपयोग किया गया। एक व्यक्ति जो एक ओर सरकार के कामकाज को देख रहा है, दूसरी ओर दूसरे ही क्षण, वही व्यक्ति प्रदर्शन में भाग लेता हुआ इस सीमा तक हिंसा में सहभागिक बन जाता है जो किसी भी सरकार को चलाने को असंभव बना देती हैं' (1964)। यह एक ओर पारम्परिक मूल्यों और दृष्टिकोणों तथा दूसरी ओर आधुनिक संस्थाओं के बीच संघर्ष का परिणाम होती है।

वे विद्वान जो राजनीतिक विकास के सिद्धान्त का अनुसरण करते हैं, मानते हैं कि वर्तमान राजनीतिक संस्थाएं बढ़ती हुई आकांक्षाओं की पर्याप्त मात्रा में पूर्ति नहीं कर पाती हैं

क्योंकि ये अनन्य और अक्षम हैं। जैसे-जैसे राजनीतिक अस्थिरता और अव्यवस्था दोनों के बीच फासला बढ़ता जाता है, यह स्थिति जन आक्रोश को बढ़ा देती है। (हटिंगटन, 1968; जॉनसन, 1966)। रजनी कोठारी मानते हैं कि भारत की 'वर्तमान संसदीय प्रजातंत्र' के संदर्भ में 'प्रत्यक्ष कार्यवाही' अपरिहार्य है।

> शासक और शासित लोगों के बीच हताशा का सामान्य वातावरण, संचार की ज्ञात धाराओं की अप्रभावशीलता, व्यक्ति का अलगाव और आणवीकरण, कठोर अनुशासन और निरंतर संघर्ष की स्थिति की प्रवृत्ति (जो कुछ समय तक प्रच्छन्न और दबी हुई हो सकती है)—ये सभी बातें स्व-शासन के आदर्श को अधिकाधिक दूर की कौड़ी बना देती हैं और संसदीय सरकार को एक अस्थिर राजनीतिक संगठन के रूप में बदल देती हैं। (1960: 26-27)

डेविड बायले (1962) दावा करते हैं कि जन आंदोलनों की संसदीय प्रकार की सरकार में कुछ 'प्रकार्यात्मक उपयोगिता' भी है। वे कहते हैं कि स्वतंत्रता के पूर्व और बाद में, लोगों की एक वृहद् संख्या ने यह अनुभव किया है कि शिकायतों, निराशाओं और भूलों (वास्तविक या बनावटी) को सुधारने के संस्थागत साधन अपर्याप्त रहे हैं। सन् 1960 में कोठारी ने सभी प्रकार की 'प्रत्यक्ष कार्यवाही' को न्यायोचित नहीं माना है। किसी भी कार्यवाही को तभी वांछनीय कहा जा सकता है जब वर्तमान राजनीतिक संगठन की अपेक्षा प्रत्यक्ष कार्यवाही में संलग्न समूह वांछित राजनीतिक परिवर्तन के लिये राजनीतिक स्वतंत्रता के अधिक अवसर देता है (1960: 28)। कोठारी और बायले अपने विमर्श को ऐसी प्रत्यक्ष कार्यवाही तक सीमित रखते हैं जो सरकार के विरोध में की गई है। इन विद्वानों ने सामाजिक-आर्थिक वर्चस्व और समाज की शक्ति-संरचना के विरोध में की गई प्रत्यक्ष कार्यवाही या आंदोलन पर विचार नहीं किया है। ए.आर. देसाई (1965) ने कोठारी और बायले के विचारों के विपक्ष में अपने विचार व्यक्त करते हुए कहा है कि इन लोगों के प्रत्यक्ष कार्यवाही पर विचार 'औपचारिक स्तर तक सीमित है और समस्या के समझने में कोई मौलिक सूत्र प्रस्तुत नहीं करते हैं।' देसाई दावा करते हैं—

> एक राजनीतिक संस्थागत युक्ति के रूप में संसदीय प्रकार की सरकार लोगों के प्रजातांत्रिक मूर्त अधिकारों को जारी रखने या विस्तारित करने हेतु अपर्याप्त सिद्ध हुई है। सरकार का इस प्रकार का स्वरूप एक खोल के रूप में कार्य करता है जिसमें पूंजी की सत्ता अपने आपको बनाये रखती है, लोगों के अवसरों को बाधित या कम करती है ताकि वे समाज की प्रक्रिया में सचेतन रूप में भाग न ले सकें, या अधिकाधिक रूप में अपने आपको ऐसी तानाशाही में बदल देती है जहां पूंजी अपनी कुछ प्रजातंत्रीय दावों और नियमों को खुले, निष्ठुर तानाशाही तरीकों के द्वारा त्याग देती है। जन आंदोलन तब तक चलते रहते हैं जब तक उन देशों में लोग पूंजी के नियमों को समाप्त नहीं कर देते हैं, जहां यह अभी तक विद्यमान है। ये आंदोलन नौकरशाही निरंकुश राजनीतिक शासन के विरोध में भी जारी रहते हैं जहां पूंजी के नियम समाप्त हो गये हैं, किन्तु जहां कुछ विशिष्ट ऐतिहासिक परिस्थितियों—स्टालिनवादी नौकरशाही, आतंकवादी राजनीतिक प्रणालियां उत्पन्न हो गई हैं। ये आंदोलन और विरोध तब तक जारी रहेंगे जब तक वास्तविक प्रजातांत्रिक अधिकारों को प्राप्त करने और प्रयोग करने हेतु पर्याप्त राजनीतिक संस्थागत रूपों को हासिल नहीं कर लिया जाता है। (1965: 323)

प्रो. देसाई (1986) अपनी बात को दोहराते हुए कहते हैं कि लोगों के नागरिक और प्रजातांत्रिक अधिकारों को संविधान में सुरक्षा प्रदान नहीं की गई है। परिणामतः इनकी सुरक्षा के लिये आंदोलनों में बढ़ोतरी हुई है।

1980 के दशक में, रजनी कोठारी (1984, 1986) ने कहा था कि भारत में 'प्रजातंत्र' भ्रष्टाचार, अपराधीकरण, दमन और बड़ी संख्या में लोगों को भयभीत करने का एक खेल का मैदान बन गया है। राज्य की 'सामाजिक बदलाव' की भूमिका का अवमूल्यन हो गया है। नव-उदारवादी अर्थव्यवस्था, जिसे प्रथम युद्ध के बाद थोपा गया, में इसका महत्व और अधिक कम हुआ है। लोगों ने विभिन्न संघर्षों के द्वारा अपने अधिकारों को जताना शुरू कर दिया।

> वायु में असंतोष और नैराश्य छाया हुआ है, जो अभी भी काफी फैला हुआ, खंडित और असंगठित है। किन्तु अधिकारों के प्रति चेतना बढ़ती जा रही है जो राजनीतिक रूप में अनुभव और राजनीतिक रूप में ही अभिव्यक्त की जा रही है और अधिकांशतः राज्य को इसका लक्ष्य बनाया जा रहा है। जब कभी लामबन्दी के साधन उपलब्ध हो जाते हैं, इस चेतना को अभिव्यक्ति मिल जाती है। बहुधा यह अभिव्यक्ति भारी असुविधा के विरोध में ऐसे हितों के समूहन के विरोध में होती है जो इतनी शक्तिशाली और आत्मतुष्ट होती है कि वह अपनी सुविधाओं को नहीं छोड़ती (या सहभागी बन जाती है) है। निचले स्तर पर यह समाज के पैराडिम (वैचारिक ढांचे) के विरुद्ध चेतना होती है जो कि उन निर्बल और निस्सहाय लोगों के दुखों की संकल्पित उपेक्षा पर आधारित होती है जो पैराडिम के स्वयं के तर्क के द्वारा भुखमरी के कगार पर धकेल दिये जाते हैं। (कोठारी, 1984: 218)

कोठारी यह अनुभव करते हैं कि तृणमूल स्तर पर वृहत् लामबन्दी आवश्यक और अभीष्ट दोनों है। वे जोरदार ढंग से कहते हैं कि—

> यह उदारवादी राज्यतंत्र की पारम्परिक अधिसंरचना में शून्य की स्थिति है जिसमें यह आशा की जाती है कि शक्तिशाली प्रवृत्तियों के होते हुए भी यह मानवीय बनी रहे। ये वास्तविक प्रति-प्रवृत्तियां न तो दल व्यवस्था में, न ही चुनावी राजनीति और राज्य शक्ति में तथा न ही मजदूर संगठनों के पारम्परिक आर्थिक क्षेत्र जिसमें तथाकथित सम्पन्न और विपन्न के बीच विशिष्ट रूप में विरोध प्रकट किया जाता है, में पाई जाती हैं। इनके स्थान पर प्रति-कार्यवाही का एक नया कार्यक्षेत्र, बराबर की प्रवृत्तियां, प्रति-सांस्कृतिक आंदोलन और अधिक सामान्य रूप में विचार और क्रिया के विद्यमान पैराडिम की एक प्रति-चुनौती उभर रही है। (1986: 214)

अमेरिकी विद्वानों (गुर्र, 1970) द्वारा विकसित 'सापेक्षिक वंचन' के सिद्धान्त ने भी प्रदर्शनों और जन आंदोलनों के कुछ अध्ययनों को निर्देशित किया है। इस सिद्धान्त की सीमाओं का कई भारतीय विद्वानों ने उल्लेख किया है। एम.एस.ए. राव ने कहा है कि सापेक्षिक वंचन आवश्यक तो है, किन्तु यह विरोधी आंदोलनों के लिये एक यथेष्ठ शर्त नहीं है। वे कहते हैं, 'सहभागियों से एक यथेष्ठ स्तर की समझ और चिन्तन की अपेक्षा की जाती है और वे सुविधा सम्पन्न और सुविधा वंचित लोगों की सामाजिक और सांस्कृतिक दशाओं के बीच के विरोध को देखने और अनुभव के योग्य होने चाहिये और साथ ही उन्हें इस बात का भी

अहसास होना चाहिए कि इस स्थिति के लिये कुछ किया जाना संभव है' (1979: 27)। प्रो. शाह कहते हैं कि सापेक्षित वंचन का सिद्धान्त सहभागियों की चेतना और वैचारिक पक्ष के महत्व की अवहेलना करता है। यह सिद्धान्त प्रदर्शनों और आंदोलनों को तो स्पष्ट करता है, किन्तु क्रांतिकारी आंदोलनों का विश्लेषण नहीं करता। यह जरूरी नहीं है कि विरोध-प्रदर्शन किसी आंदोलन का रूप धारण ही कर ले। टी.के. ऊम्मन (1977) भी कहते हैं कि वंचन सिद्धान्तकार आंदोलनों को निरन्तर प्रवाहित परिवर्तन की प्रक्रियाओं की अपेक्षा 'अस्थाई विपथगमन' के रूप में देखते हैं। यही नहीं ये लोग वंचन के स्रोतों पर कोई ध्यान नहीं देते हैं। गर्र की दृष्टि में, 'वंचन' मुख्यत: मनोवैज्ञानिक होता है, अत: वे सामाजिक-आर्थिक संरचना पर कोई ध्यान नहीं देते जो कि वंचन का स्रोत होता है।

1970 के दशक के जिन अध्ययनों ने वैचारिक ताने-बाने को प्रस्तुत किया, उनमें मुख्यत: सामाजिक आंदोलनों के प्रकारों को दर्शाया गया है। आंदोलनों के वर्गीकरण के आधार, उनके उद्देश्य या परिवर्तन की गुणात्मकता, जो वे लाना चाहते हैं, रहे हैं। शाह (1977) ने आंदोलनों को विद्रोह, बगावत, सुधार और क्रांति में वर्गीकृत किया है जिनका उद्देश्य राजनीतिक व्यवस्था में परिवर्तन लाना होता है। सुधार संबंधी आंदोलन प्रत्यक्ष तौर पर राजनीतिक व्यवस्था को चुनौती नहीं देते। ये व्यवस्था के हिस्सों के बीच के आपसी संबंधों में परिवर्तन लाने के प्रयास मात्र होते हैं ताकि उन्हें अधिक कुशल, उत्तरदायी और कार्य योग्य बनाया जा सके। एक विद्रोह राजनीतिक सत्ता को चुनौती होती है। एक बगावत विद्यमान सत्ता पर एक प्रहार होता है जिसका उद्देश्य सत्ता हथियाना नहीं होता। क्रांति में, समाज का एक भाग या कई भाग मिलकर न केवल स्थापित सरकार और शासन प्रणाली अपितु सामाजिक-आर्थिक संरचना, जो उसे बनाये रखती है, को उखाड़-फैंकने और उसके स्थान पर एक एक वैकल्पिक सामाजिक व्यवस्था स्थापित करने हेतु एक संगठित संघर्ष करते हैं।

पार्थ मुखर्जी (1977) की दृष्टि में, सामाजिक आंदोलन संचयी, वैकल्पिक और रूपान्तरकारी होते हैं। संचयी परिवर्तन किसी संरचना और व्यवस्था के भीतर होने वाले परिवर्तन हैं। एम.एस.ए. राव (1978) ने भी न्यूनाधिक रूप में इसी प्रकार का वर्गीकरण किया है—सुधारवादी, रूपान्तरकारी और क्रांतिकारी। तथापि, टी.के. ऊम्मन मानते हैं कि आंदोलनों में न तो विद्यमान व्यवस्था को पूर्णत: उखाड़-फैंकने की शक्ति होती है और न ही वे पारम्परिक संरचना को पूर्णत: बेदखल कर सकते हैं। अत: मूलत: सामाजिक आंदोलन पुरातन और नवीन मूल्यों और संरचनाओं के सम्मिलन के लिये एक मंच प्रदान करते हैं (1977: 16)। इनका वर्गीकरण आंदोलन की रचनाकरण की प्रक्रिया, जीवन-शैली और सामाजिक आंदोलनों की अव्यवस्थाओं से संबंधित हैं। उनके अनुसार, आंदोलन करिश्माई, वैचारिक और संगठनात्मक प्रकार के होते हैं।

ये सभी वर्गीकरण, यद्यपि उपयोगी हैं, आंदोलनों की गत्यात्मकता को स्पष्ट नहीं कर पाते हैं जो कि समय के साथ उनमें परिवर्तन लाते हैं। ये वर्गीकरण उन आंदोलनों पर ध्यान नहीं देते जिनके उद्देश्यों में आंदोलन के विकास के दौरान परिवर्तन आते हैं। कुछ आंदोलनों के व्यवस्था को बनाये रखने या उसके रद्दोबदल के संदर्भ में उद्देश्य स्पष्ट नहीं होते हैं। यही

नहीं, आंदोलन के नेताओं के प्रकट उद्देश्यों और सैद्धान्तीकरण तथा संघर्ष और भाग लेने के उनके स्वयं के उद्देश्य के प्रति विभिन्न स्तर पर सहभागियों के बोध में हर समय समानता नहीं होती है। डेविड बायले (1962) ने 'अवपीड़क जन विरोध' को कानूनी और गैर कानूनी विरोधों में बांटा है। इनके प्रत्येक वर्ग को पुनः हिंसक और अहिंसक विरोध के दो उप-भागों में बांटा है। कुछ लोगों ने आंदोलनों को त्रणमूल स्तरीय (लघु) और वृहद् आंदोलनों में विभाजित किया है। सामाजिक आंदोलनों को मुद्दों के आधार पर भी वर्गीकृत किया गया है जिनके सहारे सहभागियों को आंदोलन के लिये उकसाया जाता है। कुछ आंदोलन 'जंगली', 'नागरिक अधिकार', 'अस्पृश्यता-विरोधी', 'भाषाई', 'राष्ट्रवादी' और इसी प्रकार के अन्य आंदोलनों के रूप में जाने जाते हैं। कुछ अन्य लोगों ने आंदोलनों का वर्गीकरण सहभागियों के आधार पर किया है, जैसे कृषक, जनजातीय, विद्यार्थी, महिला, दलित आंदोलन आदि। कई मामलों में आंदोलनों के मुद्दों और सहभागियों में एक प्रकार की साम्यता होती है। इस पुस्तक के पूर्व संस्करण में, सुविधा की दृष्टि से, हमने सामाजिक आंदोलनों को सहभागियों तथा सन्निहित मुद्दों की सामाजिक-आर्थिक विशेषताओं के आधार पर निम्नलिखित आठ प्रकारों में वर्गीकृत किया था—

1. कृषक आंदोलन;
2. जनजातीय आंदोलन;
3. दलित आंदोलन;
4. पिछड़ी जाति आंदोलन;
5. महिलाओं के आंदोलन;
6. औद्योगिक कामगार वर्ग आंदोलन;
7. विद्यार्थी आंदोलन; और
8. मध्यम वर्ग आंदोलन।

अब इस सूची में हम एक और आंदोलन को जोड़ते हैं, वह है—'मानवीय अधिकार और पर्यावरणवादी आंदोलन'। ये आंदोलन कुछ मुद्दों के आसपास आधारित हैं और इनका सैद्धान्तीकरण सभी सामाजिक और आर्थिक समूहों को समेटने का दावा करता है। यह सत्य है कि इन आंदोलनों का नेतृत्व आजकल के समय में मध्यम वर्ग से आ रहा है, तथापि ये नेतागण मुख्यतः वंचित वर्गों और समुदायों को प्रभावित करने वाले मुद्दों को उठाते हैं। आंदोलनों के उपरोक्त वर्ग सर्वांगीण नहीं हैं और इनमें कुछ अन्य प्रकार के आंदोलन छूट गये हैं। हम यह जानते हैं कि यहां जो वर्गीकरण प्रस्तुत किया गया है, वह पूर्णतः संतोषजनक नहीं है क्योंकि कई आंदोलनों में सहभागियों की संख्या भिन्न होती है। वे सभी विभिन्न आर्थिक स्तरों, वर्गों या कई सामाजिक समूहों से होते हैं। यदि जनजातियों द्वारा किसी विशिष्ट आंदोलन में पारिस्थितिकी का मुद्दा उठाया जाता है और आंदोलन के सहभागियों की संख्या अत्यधिक होती है, हमने ऐसे आंदोलन को जनजातीय आंदोलन की श्रेणी/वर्ग में वर्गीकृत किया है। किन्तु यदि कोई मुद्दा प्रबुद्ध वर्ग के द्वारा उठाया गया है और इस आंदोलन के बहुसंख्यक

लोग मध्यम वर्गीय हैं, चाहे वह मुद्दा सभी स्तरों के लोगों को किसी न किसी रूप में प्रभावित करता है, जैसे भाषाई प्रान्तों का आंदोलन, तब इस आंदोलन को मध्यम वर्ग के आंदोलन के रूप में वर्गीकृत किया गया है। इसी प्रकार, सामाजिक और आर्थिक स्थिति—किसी विशिष्ट सामाजिक समूह के साथ जुड़ने की व्यक्तिपरक पहचान, ये दोनों हमेशा साथ-साथ नहीं चलते। उदाहरणार्थ, पिछड़ी जातियों के लोग जो कृषक भी हैं और कभी-कभी इन लोगों को ऐसे मुद्दों पर आंदोलित किया जाता है जो उनकी प्रस्थिति और पहचान से संबंधित होते हैं।

यही बात जनजातीय लोगों पर भी लागू होती है। ऐसी स्थिति में, ऐसे मुद्दे जिनके आधार पर सहभागियों को आंदोलित किया जाता है, वे हमें आंदोलन को किसी एक या दूसरी श्रेणी/वर्ग में वर्गीकृत करने के लिये प्रेरित करते हैं। यह बात हमें स्थिति की जटिलता और वर्गीकरण के साथ-साथ सैद्धांतीकरण की सीमाओं की याद दिलाती है।

टिप्पणियाँ

1. इसमें 1975 और 1978 के बीच की अवधि को सम्मिलित नहीं किया गया है। यह सूचना इस ग्रंथ पर आधारित है—*सोश्यल साइन्सेस : ए बिब्लियोग्राफी ऑफ डॉक्टरल डिसर्टेशन अक्सेप्टेड बाई इन्डियन यूनिवर्सिटीज 1857-1957* (यूनिवर्सिटी ग्रान्ट्स कमीशन, 1980अ); *बिब्लियोग्राफी ऑफ डॉक्टरल डिसर्टेशन्स,* 1970-75 (यू.जी.सी. 1980ब); और *बिब्लियोग्राफी ऑफ डॉक्टरल डिसर्टेशन, 1979-80* (एसोसिएशन ऑफ इन्डियन यूनिवर्सिटीज, 1980)।
2. अमेरिका में कुछ विद्वानों ने सामाजिक आंदोलनों का सैद्धान्तीकरण 'तार्किक चयन सिद्धान्त' के तहत 'संसाधन लामबन्दी' मॉडल के रूप में किया है। यह कुछ उद्यमियों की एक तार्किक क्रिया है जो अपने आप पहल करते हैं, क्रिया-विधियों और संरचनाओं का विकास करते हैं, लामबन्दी की लागत और लाभों का आकलन करते हैं। यह संसाधन उपलब्धता, अधिमान्य संरचनाओं के पूर्व-विद्यमान संगठन और लोगों की मांगों को पूरा करने के उद्यमीय प्रयासों के बीच एक अन्तर्क्रिया मॉडल है (मैक्कार्थी एवं जैड, 1987; रूल 1989)।
3. तथापि यह कहना एक अतिसरलीकरण ही होगा कि प्रतापचन्द्र भारतीय समाज को स्थिर मानते हैं। उन्होंने 'विरोध प्रदर्शन' और 'असहमति प्रकट करना' की अवधारणाओं को भारतीय समाज पर लागू करने के बारे में प्रश्न उठाये हैं। उन्होंने कहा है कि ''हमें पुरातन भारत में असहमति, विरोध या सुधार संबंधी किसी आंदोलन के कोई साक्ष्य इसलिये नहीं मिलते क्योंकि हम उस संस्कृति में किसी भी बौद्धिक रूप में स्पष्ट, अखंडित संरचनाएं, सत्य, वैचारिक समरूपताओं के एकाधिकारों का दावा या इनमें से किसी के लिये प्रत्यक्ष या अप्रत्यक्ष मांग का अभाव पाते हैं।''

ग्रंथ-सूची

Aiyar, S.P. (ed.). 1966. *The Politics of Mass Violence in India.* Bombay: Manaktalas.

Alam, Javeed. 1983. 'Peasantry, Politics and Historiography: Critique of New Trend in Relation to Marxism'. *Social Scientist*, 11(2), February.

Almond, G. and Coleman, J. 1960. *The Politics of the Developing Areas*. Princeton, NJ: Princeton University Press.

Association of Indian Universities. 1980. *Bibliography of Doctoral Dissertation, 1979–80*. New Delhi: Association of Indian Universities.

Badrinath, C. 1977. 'Dissent, Protest and Social Reform: The Historical Context'. In *Dessent, Protest and Reform in Indian Civilization*. Edited by S.C. Malik. Simla: Indian Institute of Advanced Study.

Bayley, David H. 1962. 'The Pedagogy of Democracy: Coercive Public Protest in India'. *The American Political Science Review*, 56(3), September.

—. 1963. 'Violent Public Protest in India: 1990–1960'. *Indian Journal of Political Science*, 24(4), October-December.

—. 1969. 'Public Protest and the Political Process in India'. *Pacific Affairs*, 42(1), Spring.

Bhattacharya, S. 1982. 'Paradigms Lost: Notes on Social History in India'. *Economic and Political Weekly*, 17(14–16), April,

Chandavarkar, Rajnarayan. 1998. *Imperial Power and Popular Politics: Class, Resistance and the State in India*. 1850-1950. Cambridge: Cambridge University Press.

Chandra, Pratap. 1977. 'Study of Ideological Discord in Ancient India: Search for a Suitable Model'. In *Dissent, Protest and Reform in Indian Civilization*. Edited by S.C. Malik. Simla: Indian Institute of Advanced Study.

Chatterjee, Partha. 1983. 'Peasants, Politics and Historiography: A Response'. *Social Scientist*, 11(5), May.

—. 1985. 'Models of Power: Some Clarifications'. *Social Scientist*, 13(2) February.

Chavan, Y.B. 1962. *Direct Action and Parliamentary Democracy*. Ahmedabad: The Harold Laski Institute of Political Science.

Chopra, Suneet. 1982. 'Missing Correct Perspective'. *Social Scientist*, 10(8), August.

Cohen, Jean L. 1983. 'Rethinking Social Movements'. *Berkeley Journal of Sociology*, 28.

Coser, Lewis A. 1956. *The Functions of Social Conflict*. Glencoe, Ill.: Free Press.

Dahrendorf, Ralf. 1959. *Class and Class Conflict in Industrial Society*. Standford: Stanford University Press.

Damle, Y.B. 1977. 'Protest, Dissent and Social Reform: A Conceptual Note'. In *Dissent, Protest and Reform in Indian Civilization*. Edited by S.C. Malik. Simla: Indian Institute of Advanced Study.

Desai, A.R. 1965. 'Public Protest and Parliamentary Democracy'. In *Studies in Indian Democracy*. Edited by S.P. Ajyar and R. Srinivasan. Bombay: Allied Publishers.

—. (ed.). 1986. *Violation of Democratic Rights in India*. Bombay: Popular Prakashan.

Dhanagare, D. 1983. *Peasant Movements in India*, 1920-50. Delhi: Oxford University Press.

Dhanagare, D. and John, J. 1988. 'Cyclical Movement towards the "Eternal"—"Nine Theses on Social Movements": A Critique'. *Economic and Political Weekly*, 33(21), May 21.

Easton, David. 1953. *The Political System: An Inquiry into the State of Political Science*. New York: Alfred Knopf.

Frank, Andre Gunder and Funtes, Marta. 1987. 'Nine Theses on Social Movements'. *Economic and Political Weekly*, 32(35), August 29.

Funchs, Martin and Linkenbach, Antje. 2002. 'Social Movement'. In *Sociology and Social Anthropology*. Edited by Veena Das. Delhi: Oxford University Press.

Gore, M.S. 1997. 'Social Movement and the Paradigm of Functional Analysis'. In *Social Transformation in India*. Vol. I. Edited by Ghanshyam Shah. Jaipur: Rawat Publications.

Gough, Kathleen. 1974. 'Indian Peasant Uprising'. *Economic and Political Weekly*, 9(32-34), Special Number, August.

Guha, Ranajit. 1983a. *Elementary Aspects of Peasant Insurgency in Colonial India*. Delhi: Oxford University Press.

—. 1983. 'The Prose of Counter-Insurgency'. In *Subaltern Studies II*. Edited by Ranajit Guha. Delhi: Oxford University Press.

Guha, Ramchandra. 1989. *The Unquiet Wood, Ecological Change and Peasant Resistance in the Himalaya*. Delhi: Oxford University Press.

Gupta, Dipankar. 1985. 'On Altering the Ego in Peasant History: Paradoxes of the Ethnic Opinion'. *Peasant Studies*, 13(1), Fall.

Gurr, T.R. 1970. *Why Men Rebel*. Princeton, NJ: Princeton University Press.

Gusfield, Joseph. 1970. *Peasant, Reform and Revolt: A Reader in Social Movements*. New York: John Wiley and Sons.

Hardiman, David. 1987. *The Coming of the Devi: Adivasi Assertion in Western India*. Delhi: Oxford University Press.

Heberle, Rudolf. 1951. *Social Movements: An Introduction to Political Sociology*. New York: Appleton Century Crafts.

—. 1968. 'Types and Functions of Social Movement'. In *International Encyclopaedia of the Social Sciences*. New York: Collier Macmillan.

Huntington, Samuel. 1968. *Political Order in Changing Societies*. New Haven: Yale University Press.

ICSSR. 1990. *Research Projects*, 1969–88. Delhi: ICSSR.

—. n.d. *Research Projects*, 1988–89 to 1994–95. Delhi: ICSSR.

Johnson, Chalmers. 1966. *Revolutionary Change*. Boston: Little Brown.

Kornhauser, William. 1959. *The Politics of Mass Society*. Glencoe, Ill.: Free Press.

—. 1968. 'Mass Society'. In *International Encyclopaedia of Social Sciences*. Vol. 9. Edited by David Shills. New York: The Macmillan Company.

Kothari, Rajni. 1960. 'Direct Action: A Pattern of Political Behaviour'. *Quest*, 24, January–March.

—. 1984. 'The Non-Party Political Process'. *Economic and Political Weekly*, 19(5), February 4.

—. 1986. 'Masses, Classes and the State'. *Economic and Political Weekly*, 21(5), February 4.

Lasswell, Harold D. and Kaplan, Abraham. 1950. *Power and Society: A Framework for Political Inquiry*. New Haven: Yale University Press.

McCarthy, John D. and Zaid, Mayer N. 1987. 'Resource Mobilization and Social Movements: A Partial Theory'. In *Social Movements in an Organizational Society: Collected Essays*. Edited by John D. McCarthy and Mayer N. Zaid. New Brunswick: Transaction Books.

Moore, Barrington, Jr. 1967. *Social Origins of Dictatorship and Democracy*. London: Allen Lane.

Morries-Jones, W.H. 1964. *The Government and Politics of India*. London: Hutchinson University Library.

Mukherji, Partha. 1977. 'Social Movement and Social Change: To a Conceptual Clarification and Theoretical Framework'. *Sociological Bulletin*, 26(1).

Nisbet, Robert. 1953. *The Quest for Community*. New York: Oxford University Press.

Oberschall, Anthony. 1973. *Social Conflict and Social Movements*. Englewood Cliffs: Prentice-Hall.

O'Hanlon, Rosalind. 1988. 'Recovering the Subject, Subaltern Studies and Histories of Resistance in Colonial South Asia'. *Modern Asian Studies*, 22(1), February.

Oommen, T.K. 1972. *Charisma, Stability and Change: An Analysis of Bhoodan-Gramdan Movement in India*. New Delhi: Thomson Press.

—. 1977. 'Sociological Issues in the Analysis of Social Movements in Independent India'. *Sociological Bulletin*, 16(1).

Pandey, G. 1975. 'Mobilisation in a Mass Movement: Congress "Propaganda" in the United Provinces (India)'. *Modern Asian Studies*, 9(2).

Phadke, U.D. 1966. 'The Historical Background of Mass Violence in India'. In *The Politics of Mass Violence in India*. Edited by S.P. Aiyar. Bombay: Manaktalas.

Rao, Gamji Rameshwara. 1972. 'The Worker Predisposition to Protest and Actual Protest'. *Indian Journal of Industrial Relations*, 8(2).

Roa, M.S.A. 1979. 'Conceptual Problems in the Study of Social Movements'. In *Social Movements in India*. Vol. I. Edited by M.S.A. Rao. Delhi: Manohar.

Rule, James B. 1989. 'Rationality and Non-rationality in Militant Collective Action'. *Sociological Theory*, 7.

Rush, Garry and Serge, Denisoff R. 1971. *Social and Political Movements*. New York: Appleton Century Crafts.

Sathyamurthy, T.V. 1987. 'Contemporary European Scholarship on Political and Social Change in South Asia: An Essay in the Sociology of Knowledge'. *Economic and Political Weekly*, 22(11), March 14.

Scott, James. 1985. *Weapons of the Weak: Everyday Forms of Peasant Resistance*. New Haven: Yale University Press.

Shah, Ghanshyam. 1977. *Protest Movements in Two Indian States*. Delhi: Ajanta Publishers.

—. 1979. 'Direct Action in India: A Study of Gujarat and Bihar Agitations'. *Contributions to Asian Studies*, 14.

—. 2001. 'Political Science in India: A Discipline and Intellectual Pursuit'. *Indian Journal of Political Science*, 62(1), March.

Sheth, D.L. 1984. 'Grass-Roots Political Initiative'. *Economic and Political Weekly*, 19(6), February 11.

Sheth, N.R. 1971. 'Management of Industrial Conflict'. *Indian Management*, 10(9).

Shils, Edward. 1982. 'The Political Class in the Age of Mass Society: Collectivistic Liberalism and Social Democracy'. In *Does Who Governs Matter? Elite Circulation of Contemporary Societies*. Edited by M. Czudnowski. De Kalb: Northern Illinois University Press.

Singh, Rajendra. 2001. *Social Movements, Old and New: A Post-modernist Critique*. New Delhi: Sage Publications.

Singh, Sangeeta, Dutta, Pradeep Kumar, Pati Biswamoy Barik, Radhakanta, Chopra, Radhika, Dutta, Partha and Prasad, Sanjay. 1984. 'Subaltern Studies II: A Review Article'. *Social Scientist*, 12(10), October.

Smelser, Neil. 1963. *The Theory of Collective Behaviour*. New York: Free Press.

Srinivasan , R. 1966. Democracy and the Revolt of the Masses'. In *The Politics of Mass Violence in India*. Edited by S.P. Aiyar. Bombay: Manaktalas.

Stokes, Eric. 1959. *The English Utilitarians and India*. Oxford: Oxford University Press.

Thapar, Romila. 1977. 'Ethics, Religion and Social Protest in the First Millennium B.C. in Northern India'. In *Dissent, Protest and Reform in Indian Civilization*. Edited by S.C. Malik. Simla: Indian Institute of Advanced Study.

Tilly, Charles, 1978. *From Mobilization to Revolution*. Reading: Addison-Wesley.

University Grants Commission. 1980a. *Social Sciences: A Bibliography of Doctoral Dissertations Accepted by Indian University, 1857–1970*. New Delhi: University Grants Commission.

—. 1980b. *Bibliography of Doctoral Dissertations, 1970–75*. New Delhi: University Grants Commission.

Weber, Max. 1947. *The Theory of Social and Economic Organisation*. Glencoe, Ill.: Free Press.

Weldon, T.D. 1955. *The Vocabulary of Politics*. London: Penguin Books.

Wilkinson, Paul. 1971. *Social Movements*. London: Pall Mall.

Wilson, John. 1973. *Introduction to Social Movements*. New York: Basic Books.

2

कृषक आंदोलन
(Peasant Movements)

स्वतंत्रता के पांच दशकों के बाद भी लगभग 63 प्रतिशत जनसंख्या अपने जीवनयापन के लिये अभी तक कृषि पर निर्भर है, यद्यपि औद्योगिक विकास काफी हुआ है। कृषीय संरचना में सामन्तवादी और अर्द्ध-सामन्तवादी से पूंजीवादी संरचना में परिवर्तन हुआ है। 1960 के दशक से कृषीय उत्पादन अधिकाधिक रूप में बाजारोन्मुख होता गया है। ग्रामीण क्षेत्रों में गैर-खेतिहर आर्थिक कार्यकलापों का काफी विस्तार हुआ है। इस प्रक्रिया में, न केवल ग्राम्य-नगरीय भेद धुंधला पड़ता गया, अपितु वर्गों/स्तरों और चेतना के संदर्भ में भी कृषक समाज की प्रकृति में काफी परिवर्तन आया है।

वे लोग जो मुख्यत: कृषि पर निर्भर हैं, उनमें भूमि के स्वामित्व के साथ उनके संबंधों के आधार पर भेद किया जाता है, जैसे अनुपस्थित भूस्वामी, पर्यवेक्षी खेतिहर, मालिक-जोतदार, बंटाईदार, किरायेदार और भूमिहीन मजदूर। स्थानीय बोली में, ये लोग किसान या खेदूत कहलाते हैं। पश्चिमी विद्वता जो धन्यवाद की पात्र है, के प्रभाववश अंग्रेजी में छपे हुए अकादमिक साहित्य में 'किसान' शब्द का बहुधा कृषक (Peasant) के रूप में अनुवाद किया गया है। 'पेज़ॅन्ट' शब्द अस्पष्ट है और भिन्न लेखकों द्वारा भिन्न रूप में प्रयोग किया गया है। यही नहीं, एक ही लेखक ने अपने भिन्न अध्ययनों में इसे भिन्न रूप में प्रयोग किया है।[1] एक ओर, यह शब्द उन खेतिहरों के लिये प्रयोग किया गया है जो समरूपी हैं, जिनके पास छोटा सा खेत है जिस पर मुख्यत: परिवार के सभी सदस्यों की सहायता से खेती की जाती है, दूसरी ओर उन लोगों का वर्ग है जिसमें भूमिहीन मजदूरों के साथ-साथ पर्यवेक्षी खेतिहर लोगों को सम्मिलित किया जाता है जो भूमि पर निर्भर हैं।[2] खेतिहर मजदूरों और कृषकों (पेज़ॅन्ट्री) को एक ही वर्ग में रखना कई समस्याओं को जन्म देना है। वर्तमान भारत में एक खेतिहर मजदूर सामान्यत: किसी एक ही मालिक के साथ बंधा नहीं होता, जैसे कि हम पूर्व-पूंजीवादी कृषि-व्यवस्था में उपनिवेशी और पूर्व-उपनिवेशी काल में देखते हैं। पूंजीवादी कृषि-व्यवस्था

में, अधिकांश मजदूर न तो बंधे हुए हैं और न ही वे बंधक हैं। खेतिहर मजदूरों के सर्वहाराकरण की प्रक्रिया पिछले कुछ दशकों में बढ़ी है और वे लोग श्रम मजदूरी पर अधिक निर्भर हैं जबकि वे नियोक्ताओं के साथ उनके अतिरिक्त-आर्थिक संबंध को खो देते हैं जो उनके कार्य और जीवन की दशाओं को निर्धारित करते हैं' (कानन, 1988: 12)।

किन्तु, हम लघु और सीमान्त कृषकों को, जो खेतिहर मजदूरों के रूप में काम करते हैं, कहां रखते हैं? और उन खेतिहर मजदूरों के बारे में हमें क्या कहना है जो सर्वहारा नहीं बनते है? यह न केवल अत्यंत बोझिल कार्य है, अपितु यांत्रिक और अतिसरलीकरण भी होगा कि हम उपनिवेशी काल के खेतिहर मजदूरों को कृषक (पेज़ेन्ट) मानें और स्वतंत्रता के बाद के कृषकों को सर्वहारा मानें, यही नहीं चूंकि यह लेख लामबंदीकरण (mobilisation) से सम्बन्धित है, मजदूरों को कई कृषिहर संघर्षों (आंदोलनों) में अन्य कृषकों के साथ लामबंद किया जाता है। इरफान हबीब (1983) कहते हैं कि खेतिहर मजदूरों का इतिहास कृषक इतिहास का एक हिस्सा है। अभी तक अधिकांश अध्ययनों में उन्हें कृषकों का हिस्सा माना गया है। हम 'कृषक' (पेज़ेन्ट्री) शब्द का प्रयोग हमारे दृढ़ विश्वास की अपेक्षा अपनी सुविधा के लिये व्यापक अर्थों में इसलिये करते हैं ताकि हम अधिसंख्य अध्ययनों में इसे सम्मिलित कर सकें। वास्तव में, हम 'कृषक' (पेज़ेन्ट) शब्द का प्रयोग करना नहीं चाहते जो कि उपमहाद्वीप में कृषिहर संबंधों के विश्लेषण में बहुत उपयोगी नहीं है। सन् 1980 के दशक के मध्य से कुछ विद्वानों ने 'कृषक' (पेज़ेन्ट) के स्थान पर 'किसान' (फार्मर) शब्द का प्रयोग शुरू कर दिया है। कृषकों (पेज़ेन्ट) को सामुदायिक उत्पादकों और बीजों के खरीदारों के रूप में उनका बाजार में लेन-देन करने के रूप पहचाना जाता है (बायर्स, 1994)।

भारत में कृषक आंदोलनों संबंधी अधिकांश अध्ययनों का प्रकाशन 1970 के मध्य दशक के बाद हुआ है। चीनी क्रांति एवं लेटिन अमेरिकी देशों में हुए शृंखलाबद्ध खेतिहर आंदोलनों ने पश्चिमी राजनीतिक समाजशास्त्रियों और मानवशास्त्रियों को कृषक आंदोलनों का अध्ययन करने हेतु प्रेरित किया (वूल्फ, 1966)। भारत में एक ओर इस प्रकार के बौद्धिक प्रयास और दूसरी ओर 1960 के दशक के अंत में नक्सलवादी आंदोलन ने भारतीय विद्वानों को विभिन्न कृषक आंदोलनों के अध्ययन के लिये प्रेरणा प्रदान की। बैरिंगटन मूर (जूनियर) ने अपने प्रख्यात ग्रंथ—*सोश्यल ऑरिजिन्स ऑफ डिक्टेटरशिप एण्ड डेमोक्रेसी: लॉर्ड एण्ड पेजेन्ट इन द मेकिंग ऑफ द मॉडर्न वर्ड,* (1967) में भारतीय कृषकों में क्रांतिकारी संभावना की तलाश की है। वे कहते है कि जमींदारों के उच्च वर्गों तथा कृषकों ने बुर्जुआई ऐसी क्रांतियां उत्पन्न करने में महती भूमिका अदा की है जिनके द्वारा इंग्लैंड और फ्रांस में पूंजीवादी समाजों की, जर्मनी और इटली में फासीवाद की तथा कृषक क्रांतियों ने रूस और चीन में साम्यवाद की स्थापना की है। किन्तु पूर्व-आधुनिक भारत में कृषक विद्रोह 'अपेक्षाकृत छुटपुट और पूर्णतः अप्रभावकारी रहे हैं, जहां आधुनिकीकरण ने कृषकों को, कम से कम चीन में, एक लम्बे समय तक गरीबी की ओर ढकेल दिया' (मूर, 1967: 202)। मूर की दृष्टि में, भारतीय कृषक पारम्परिक रूप में विनयशील और निष्क्रिय हैं।

एरिक स्ट्रोक्स (1978) भी लिखते हैं कि कृषक विद्रोह 'भारतीय इतिहास में आश्चर्यजनक रूप में अनुपस्थित रहे हैं।' इस स्थिति के लिये भारतीय सामाजिक संरचना की कुछ विशिष्टताओं जैसे जाति व्यवस्था और गांव की संरचना को उत्तरदायी माना जाता है। मूर कहते हैं कि—

> विस्तृत क्षेत्र में खेती करना, आंशिक रूप में खेती पर मुगल कर और आंशिक रूप में कृषक समाज की विशिष्ट संरचना, जो कि जाति-व्यवस्था के आधार पर निर्मित थी, के कारण उत्साहहीन और अकुशल थी। जाति सभी सामाजिक क्रियाकलापों तथा ग्राम समुदाय स्तर पर जन्म से लेकर मृत्यु के उपरान्त तक के जीवन को अक्षरश: आधार प्रदान करती थी, जिसके कारण केन्द्रीय सरकार लगभग अनावश्यक थी। अत: कृषक विरोध यहां चीन की भांति विशाल कृषक विद्रोह का रूप धारण करने की कम संभावना थी। (1967: 315)

जाति-व्यवस्था में, जाति-व्यवस्था के प्रति व्यक्तिगत कर्त्तव्य को समाज में उसके अधिकारों के रूप में महत्व नहीं दिया जाता था। निचली जातियों को सामाजिक व्यवस्था में अपनी प्रस्थिति को स्वीकार करना सिखाया जाता था ताकि वह धार्मिक संस्कारों और कर्मकाण्डों द्वारा अगले जीवन में अच्छा स्थान प्राप्त कर सके। निचली जातियों के नेताओं को अपनी जाति के 'मजदूरों की मजदूरी से कमीशन के साथ-साथ जाति नियमों का उल्लंघन करने पर जुर्माना मिलता था' (वही: 337)। जाति के संबंध में उसका अध्ययन और निष्कर्ष आनुभविक की अपेक्षा ग्रंथ आधारित अधिक था। फिर भी, अनेक विद्वानों द्वारा मूर को बहुधा गलत रूप में उद्धरित करने और उसके कथनों का गलत अर्थ लगाया जाता है। उन्होंने यह कहीं नहीं कहा है कि भारत में शासक वर्ग के विरोध में कहीं विस्तृत और प्रभावक कृषक विद्रोह नहीं था। अत: उन्होंने खेतिहर लोगों में क्रांतिकारी संभावना को कहीं विवाद का विषय नहीं बनाया है। ऐसा प्रतीत होता है कि वे यह कहना चाहते हैं कि किसी विशिष्ट वर्ग की क्रांतिकारी क्षमता एक विशिष्ट समय पर किसी समाज में शक्ति संबंधों की संरचना और वर्ग गठबंधनों पर निर्भर करती है।

तथापि, कैथलिन गफ़ (1974), ए.आर. देसाई (1979), डी.एन. धनागरे (1983), रणजीत गुहा (1983a) तथा अन्य विद्वानों ने भारतीय कृषकों की 'निष्क्रिय' और 'विनीत' चरित्र संबंधी मूर की धारणा को चुनौती दी है। ये लोग कहते हैं कि इतिहासकारों ने ब्रिटिश शासन के पहले और उनके काल में हुए कई कृषक विद्रोहों की अनदेखी की है। कैथलीन गफ कहती हैं कि वर्तमान भारत के प्रत्येक राज्य में पिछली दो शताब्दियों में कृषक विद्रोह एक सामान्य घटना रही है। उन्होंने ऐसे 77 विद्रोह की गणना प्रस्तुत की है—

> शायद इनमें से सबसे छोटे विद्रोह में कई हजार कृषकों ने भाग लिया या उसका समर्थन किया है। लगभग 30 विद्रोहों ने कई दसियों हजार लोगों को और लगभग 12 ने कई सौ हजारों को प्रभावित किया है। इन विद्रोहों में 1857-58 का 'भारतीय सैन्य विद्रोह' भी सम्मिलित है जिसमें कृषकों के अनेक संगठनों ने संघर्ष किया या पांच लाख वर्ग मील से अधिक क्षेत्र में विस्तृत ब्रिटिश शासन को तहस-नहस करने के लिये कुछ न कुछ कार्य किया (1974: 1319)।

कृषक विद्रोह में बाधा पैदा करने वाली जाति की भूमिका संबंधी मूर के विचारों से वे असहमति प्रकट करती हैं। वे कहती हैं कि कई आंदोलनों का नेतृत्व निचली जाति के हिन्दुओं द्वारा किया गया है। अतः यह कहना अतिसरल है कि 'कठिन समय में जाति-व्यवस्था ने गंभीर रूप में कृषक विद्रोह में बाधा उत्पन्न की है' (वही)।

ए.आर. देसाई ने भी कहा है कि 'ब्रिटिश काल में और उसके बाद सम्पूर्ण भारतीय ग्रामीण परिदृश्य विरोध, विद्रोह और वृहत स्तर पर संघर्षों से भरा रहा है जिसमें सैकड़ों गांवों ने भाग लिया और जो कई वर्षों तक चला' (1979: xii)। रणजीत गुहा (1983a) कहते हैं कि विभिन्न प्रकार और मात्रा में कृषिहर गड़बड़ ब्रिटिश शासन के प्रथम तीन चौथाई काल, अर्थात् 19वीं शताब्दी के अन्त तक छाई रही है। 117 वर्षों में ज्ञात 110 विद्रोहों के कम उदाहरण देखने को मिलते हैं। विरोध के स्वरूपों में अवश्य भिन्नता रही है।[3] धनागरे कहते हैं कि मूर के निष्कर्ष—

> किसी व्यवस्थित सिद्धान्त पर आधारित नहीं हैं, अपितु ये भारतीय कृषकों और समाज के बारे में फैली हुई कुछ रूढ़िबद्ध धारणाओं का मात्र- और उसके अनुभवपरक सामान्यीकरण प्रश्नों के घेरे में हैं। अत: भारतीय कृषकों के बारे में भारत के विभिन्न कृषक प्रतिरोध आंदोलनों और विद्रोहों के अधिक विस्तृत सर्वेक्षण के प्रकाश में उनकी धारणाओं पर पुनर्विचार किये जाने की आवश्यकता है। (1983: 5)

यह प्रश्न कि क्या जाति-व्यवस्था या हिन्दू धर्म एक ऐसी बाधा है जो शोषित और गरीब कृषकों को शोषकों के विरुद्ध संघर्ष करने से उन्हें संगठित होने से रोकता है, इस विषय पर काफी बहस हुई है तथा कई विद्वानों द्वारा इस विषय की आनुभविक आधार पर गवेषणा भी की गई है। यह मानते हुए कि भारत में अनेक कृषक विद्रोह हुए हैं, इस पर गवेषणा अभी की जानी बाकी है कि भारतीय कृषक वह सब कुछ क्यों नहीं प्राप्त कर सके जो चीनी और यूरोपीय कृषकों ने प्राप्त किया है। क्या यह चीनी या यूरोपीय कृषकों की अधिक क्रांतिकारी क्षमता के कारण हो पाया? या यह उन कारकों के कारण संभव हुआ जो कृषक समाज से संबंधित नहीं थे, जिन्होंने चीनी और यूरोपीय कृषकों को अपने उद्देश्यों को प्राप्त करने में सहायता की है।

अखिल भारतीय एवं प्रादेशिक अध्ययन

कुछ विद्वानों द्वारा ब्रिटिश शासनकाल और स्वतंत्रता के उत्तरार्ध का एक अखिल भारतीय चित्र प्रस्तुत करने का प्रयास किया गया है। कैथलिन गफ़, एक ऐसी ही समाजशास्त्री हैं जिन्होंने सर्वप्रथम 1974 में लिखे अपने एक लेख में कृषक विद्रोहों का एक परिदृश्य प्रस्तुत किया है। इसी अनुक्रम में, इतिहासकार सुनील सेन (1982) ने उन्नीसवीं और बीसवीं सदी के कृषक आंदोलनों का एक विहंगम चित्र प्रस्तुत करने का प्रयास किया है। ए.आर. देसाई के दो संग्रह ग्रन्थों का (1979 और 1986) कृषक अध्ययनों के क्षेत्र में महत्वपूर्ण योगदान है। इनमें से एक में स्वतंत्रता के पूर्वार्द्ध और दूसरे में उत्तरार्द्ध काल का वर्णन किया गया है। धनागरे (1983), एरिक स्ट्रोक्स (1978) तथा अन्य कई विद्वानों के अध्ययनों में उपनिवेशी काल के कृषक

आंदोलनों के अत्यंत रुचिकर एवं मूल्यवान वैयक्तिक अध्ययन दिये गये हैं। इन अध्ययनों में कई सैद्धान्तिक मुद्दों का विवेचन किया गया है। हम इन अध्ययनों का अपने विवेचन में यथास्थान उल्लेख करेंगे।

सामाजिक आंदोलन संबंधी साहित्य में, बिहार, बंगाल, आंध्र प्रदेश और मलाबार जैसे कुछ प्रदेशों पर कई अध्ययन उपलब्ध हैं। इन अध्ययनों में विशिष्ट आंदोलनों के साथ-साथ एक दशक से लेकर एक शताब्दी और इससे भी अधिक अवधि का ऐतिहासिक लेखा-जोखा देने वाले वैयक्तिक अध्ययन सम्मिलित हैं। कुछ आंदोलनों, जैसे बिहार और बंगाल में इंडिगो आंदोलन (मिश्रा, 1968; क्लिंग, 1977; मित्तर, 1978; नटराजन, 1979b), मलाबार और केरल में मोपला आंदोलन (गोपालन, 1921; दले, 1975; हार्डग्रेव, 1977; चौधरी, 1979a; हिचकॉक, 1983; वुड, 1992), बंगाल में तेभागा आंदोलन (धनागरे, 1976; सरकार, 1979; कस्टर्स, 1987), आंध्र प्रदेश में तेलंगाना आंदोलन (राव, 1972; धनागरे, 1974; इलियट, 1974; पवेर, 1981), पश्चिमी बंगाल, आंध्र प्रदेश और बिहार में नक्सलवादी आंदोलन (दासगुप्ता, 1974; घोष, 1974; एस. बनर्जी, 1980; 2002; सेनगुप्ता, 1983; गुप्ता, 1993) पर अच्छा शोध कार्य हुआ है। सुमान्ता बनर्जी के अध्ययन पश्चिमी बंगाल और आंध्र प्रदेश में श्रीकाकुलम के नक्सलवादी आंदोलनों के अध्ययनों से काफी साम्यता रखते हैं जिनमें भारतीय साम्यवादी दल (मार्क्सवादी लेनिनवादी) [सी.पी.आई. (एम.एल.)] की विचारधाराओं, योजनाओं और व्यूहरचनाओं, उनके नेताओं द्वारा गरीब कृषकों की लामबन्दी तथा उनके वाम दलों के साथ संबंधों का विवेचन किया गया है (2002)।

कृषक संघर्षों का विभिन्न परिप्रेक्ष्यों से ऐतिहासिक विश्लेषण कई व्यक्तियों द्वारा किया गया है, जैसे पश्चिमी बंगाल संबंधी अध्ययन बी.बी. चौधरी (1973a, 1973b), कविराज (1972), सुनील सेन (1972) द्वारा; बिहार संबंधी अध्ययन अरविंद दास (1983) और हैनिंघम (1982) द्वारा; आंध्र के अध्ययन एन.जी. रंगा और एस. सरस्वती (1979); केरल के अध्ययन नम्बूदरीपाद (1943), ऊम्मन (1985) और कानन (1988) द्वारा। देश के विभिन्न भागों के स्वतंत्रता के पूर्व और बाद की अवधि में हुए विभिन्न कृषक संबंधी ब्योरेवार अनेक वैयक्तिक अध्ययन अब उपलब्ध हैं। इनमें कृषक आंदोलन के ये अध्ययन सम्मिलित हैं—माजिद हयात सिद्दकी (1978), कपिल कुमार (1984) और पॉल ब्रास (1980) द्वारा उत्तर प्रदेश के अध्ययन; बरियर (1967), एस. गिल (1980) और शर्मा (2000) द्वारा पंजाब के अध्ययन; राम पांडे (1974), पुष्पेन्द्र सुराणा (1983), राम (1986) और शर्मा (1990) द्वारा राजस्थान के अध्ययन; डेविड हार्डिमैन (1981a), घनश्याम शाह (1974), श्रीरिन मेहता (1984) और जेन ब्रीमैन (1974, 1985) द्वारा गुजरात; जी. पारूलेकर (1975), गेल ओमवेट (1973) और अशोक उपाध्याय (1979, 1980) द्वारा महाराष्ट्र के अध्ययन; विनोद दास (1985) और सदाशिबा प्रधान (1986) द्वारा उड़ीसा के अध्ययन। तथापि, यहां इस बात पर ध्यान दिया जाना चाहिए कि उत्तर-पूर्वी राज्यों जैसे असम, नागालैंड, मणिपुर, मिजोरम, त्रिपुरा और मध्य प्रदेश तथा उड़ीसा के कृषक आंदोलनों संबंधी अध्ययन

अति न्यून और कम विशद हैं। इन क्षेत्रों पर विशेष ध्यान दिये जाने की जरूरत है। व्यापक रूप में, प्रादेशिक आंदोलनों पर विशद दृष्टिकोण का अभाव नजर आता है, फिर भी, धनागरे (1983), पीटर कस्टर्स (1987), रॉय (1992) और दीपांकर गुप्ता (1997) के अध्ययनों को एक अच्छी शुरुआत कहा जा सकता है।

उपलब्ध साहित्य से यह उद्घाटित होता है कि कृषक आंदोलन स्वतन्त्रता के पूर्व और बाद की अवधि में व्यापक रूप में हुए हैं। आंदोलनों की तीव्रता और प्रकृति में अन्तर रहा है और कुछ क्षेत्रों में कृषक आंदोलनों की अच्छी परम्परा रही है। कैथलीन गफ लिखती हैं—

> ब्रिटिश शासन के समय से ही बंगाल ग्रामीण और नगरीय दोनों प्रकार के विद्रोहों का केन्द्र रहा है। कुछ जिले, जैसे बांग्लादेश के म्येनसिंह, दीनाजपुर, रंगपुर और पबना तथा बिहार और पश्चिमी बंगाल के संथाल प्रदेश में निरन्तर कृषक आंदोलन होते रहे हैं और अभी भी होते रहते हैं। आंध्र प्रदेश और केरल राज्य के जनजातीय क्षेत्रों में विद्रोह की एक लम्बी परम्परा रही है। पहाड़ी क्षेत्रों जहां जनजातीय और अन्य अल्पसंख्यक लोग अपेक्षाकृत स्वतन्त्र हैं, उनमें नृजातिक एकता और रणनीतिक कुशलता है और जो पहाड़ी क्षेत्र गुरिल्ला लड़ाई के लिये उपयुक्त हैं, वे क्षेत्र कृषक आंदोलनों के लिये विशेष रूप में सहायक होते हैं। किन्तु ये आंदोलन घनी आबादी के मैदानी क्षेत्रों जैसे तंजुवर में भी हुए हैं जहां कठोर लगान, जमीन की भूख, भूमिहीन मजदूर और बेरोजगारी व्यापक रूप में फैली हुई है (1974: 1406)।

आंद्रे बेतई (1974) के अनुसार, अधिकांश खेतिहर विद्रोहों के क्षेत्र मुख्यत: चावल पैदा करने वाले प्रदेश रहे हैं। इन प्रदेशों में न केवल खेतिहर मजदूरों का अनुपात घना है अपितु जमीन का असमान विभाजन भी हुआ है। यह विभाजन न खेत को जोतने वाले, जो या तो किरायेदार या मालिक हैं, के बीच है। इन प्राक्कल्पनाओं पर शोध किये जाने की आवश्यकता है।

वर्गीकरण

भारत के कृषक आंदोलनों को सामान्यत: पूर्व-ब्रिटिश, ब्रिटिश या उपनिवेशी और स्वतंत्रता के बाद के काल को नक्सलवादी-पूर्व और नक्सलवादी बाद के कालों या हरित क्रांति के पूर्व और बाद के कालों में विभाजित किया जाता है (देसाई, 1986)। बाद के कालों को पुन: आपातकाल के पूर्व और बाद के काल में विभाजित किया गया है (बालगोपाल, 1988)। ऊमन ने लिखा है कि कुछ आंदोलन ऐसे भी रहे हैं जिनमें राजनीतिक सत्ता में परिवर्तन होने के बाद भी निरंतरता बनी हुई है। ये ऐसे आंदोलन हैं जिनकी शुरुआत स्वतंत्रता के पूर्व के काल में हुई थी किन्तु जो आज भी चल रहे हैं। यह बात अलग है कि इनके लक्ष्यों में परिवर्तन आ गया है। यह वर्गीकरण समय-अवधि पर आधारित है क्योंकि यह माना जाता है कि विभिन्न कालों में खेतिहर रचना में परिवर्तन आया है। ए.आर. देसाई (1986) ने उपनिवेशी भारत के ब्रिटिश क्षेत्र को रैयतवारी क्षेत्रों में, राजा-महाराजाओं के सत्ताधीन क्षेत्र को जमींदारी क्षेत्रों में और जनजातीय क्षेत्रों में विभाजित किया है। इन क्षेत्रों में आंदोलनों की भिन्न विशेषताएं रही

है। इनमें भिन्न मुद्दों को उठाया गया है तथा इनमें कृषकों और जनजातियों के भिन्न वर्गों ने भाग लिया है। देसाई उपनिवेशी काल के आंदोलनों को 'कृषक आंदोलन' और स्वतंत्रता के बाद के काल के आंदोलनों को 'खेतिहर आंदोलन' कहना पसंद करते हैं। 'खेतिहर आंदोलन' की अवस्था का मंतव्य यह प्रकट करने के लिये किया गया है कि इस काल के आंदोलनों में न केवल कृषकों ने अपितु अन्य लोगों ने भी भाग लिया है। उन्होंने स्वतन्त्रता के बाद के कृषक आंदोलनों को पुन: दो वर्गों में विभाजित किया है। वे आंदोलन जो उभरती हुई नव मालिकाना वर्गों द्वारा शुरू किये गये, उनमें सम्पन्न किसान, मध्य वर्गीय कृषक मालिकों का बड़ा वर्ग तथा कारगर भूस्वामी आते हैं और ऐसे आन्दोलन जिनकी शुरुआत खेतिहर गरीबों के विभिन्न वर्गों द्वारा की गई, उनमें खेतिहर सर्वहारा वर्ग की केन्द्रीय भूमिका रही है (वही: XIX)। गेल ओमवेट ने आंदोलनों को पुराने और नये दो वर्गों में विभाजित किया है। पुरानों को उन्होंने कृषक (Peasant) आंदोलन और नये को 'किसान' (Farmer) आंदोलन कहा है। इस संबंध में अधिक विवरण बाद में दिया जायेगा।

समयावधि और मुद्दों को लेकर विभिन्न विद्वानों ने भिन्न वर्गीकरण योजनाएं प्रयोग की हैं। तथापि, राजा-महाराजाओं के अधीन या उपनिवेशी काल में ब्रिटिश क्षेत्र में, सम्पूर्ण भारत में कोई एक समान कृषिहर संरचना नहीं रही है। इसी प्रकार, स्वतन्त्रता के बाद के भारत में, यद्यपि केन्द्रीय राजनीतिक सत्ता और पूंजीवादी उत्पादन प्रणाली मुख्य प्रेरणा स्रोत रही है, फिर भी खेतिहर संरचना सम्पूर्ण भारत में कोई एक एकीकृत प्रतिमान को जन्म नहीं दे पाई। बिहार, उड़ीसा और उत्तर प्रदेश की अपेक्षा गुजरात, महाराष्ट्र और पंजाब में अधिक गहन और व्यापक पूंजीवादी कृषि व्यवस्था विकसित हुई है। अपने-अपने सैद्धांतिक ढांचों के अनुसार भी वर्गीकरण की योजनाओं में भिन्नता रही है। कैथलीन गफ़ (1974) ने कृषक आंदोलनों को उनके लक्ष्यों, विचारधाराओं और संगठन की विधियों के आधार पर विभाजित किया है। उनके अनुसार, कृषक विद्रोह पांच प्रकार के हैं—

1. ब्रिटिश लोगों को बाहर निकालने के लिये बगावत और पुराने शासकों और सामाजिक संबंधों की पुनर्स्थापना।
2. नवीन प्रकार की सरकार के अधीन किसी नृजातीय समूह या क्षेत्र की स्वतन्त्रता के लिये किये गये धार्मिक आंदोलन।
3. सामाजिक डाकाजनी।
4. सामूहिक न्याय प्राप्त करने के विचार से आतंककारी बदला लेना।
5. विशिष्ट शिकायतों के समाधान हेतु जन आंदोलन।

यह वर्गीकरण यद्यपि उपयोगी है, तथापि यह संतोषजनक नहीं है। यह आंदोलन भाग लेने वाले कृषकों के वर्गों और लक्ष्यों को प्राप्त करने हेतु अपनाई गई योजनाओं की अपेक्षा विद्रोहों के ऊपरी लक्ष्यों पर आधारित है। इनमें कुछ उन महत्वपूर्ण कृषक आंदोलनों की भी उपेक्षा की गई है जो किसी न किसी प्रकार राष्ट्रीय आंदोलन से जुड़े रहे हैं।

के.पी. कानन ने ग्रामीण मजदूर आंदोलनों, जो वर्ग आधार पर विकसित हो रहे थे, की ऐतिहासिक प्रक्रिया को तीन अवस्थाओं में विभाजित किया है। ये अवस्थाएं हैं—

1. जाति या धार्मिक पहचान और चेतना पर आधारित विरोध आंदोलन, किन्तु ऐसे आंदोलन मूलत: नवीन उभरती हुई पूंजीवादी उत्पादन प्रणाली की प्रतिक्रिया स्वरूप उत्पन्न होते हैं, अत: ये दमनात्मक सामाजिक और सांस्कृतिक प्रथाओं का विरोध करते हैं।
2. ऐसे धर्मनिरपेक्षवादी (लौकिक) आंदोलन जिनकी उत्पत्ति श्रेणी (1) के आंदोलनों से होती है, किन्तु जिनमें जाति पहचान और चेतना को अस्वीकार और 'विवेकसम्मतता' और मानव के भ्रातृत्वभाव को स्वीकार किया जाता है।
3. उग्र राजनीतिक चेतना द्वारा उत्पन्न राष्ट्रीय आंदोलन जिसके बीज श्रेणी (2) में होते हैं। ये 'वर्ग चेतना' और वर्ग-आधारित आंदोलनों में बदल जाते हैं (1988: 90)।

कानन को इस बात की जानकारी है कि ये श्रेणियां एक-दूसरे में घुली-मिली हैं। यद्यपि यह वर्गीकरण महत्वपूर्ण है, फिर भी एक व्यक्ति को यह आश्चर्य हो सकता है कि आंदोलनकारियों के लिये 'वर्ग चेतना' और वर्ग-आधारित आंदोलनों को उभारने में यह वर्गीकरण कैसे उपयोगी है। पुष्पेन्द्र सुराणा (1983) ने कृषक आंदोलनों को आठ प्रकारों में विभाजित किया है जो मुख्यत: कुछ मुद्दों पर आधारित हैं जैसे, किसी विशिष्ट प्रकार की फसल हेतु बलात् खेती, सूदखोरों द्वारा शोषण, कीमतों में वृद्धि, बाहरी हमलावरों, या राजवंश के विरोध में किये गये आंदोलन। इस प्रकार के वर्गीकरण की सीमाएं स्पष्ट हैं क्योंकि कई विद्रोहों में बहुधा एक से अधिक मुद्दे सन्निहित होते हैं।

रणजीत गुहा ने अपनी पुस्तक *एलिमेन्ट्री आस्पेक्ट्स ऑफ पैज़ेन्ट इन्सरजेन्सी इन कोलॉनिअर इंडिया* (1983a) में कृषक आंदोलनों को देखने का एक भिन्न तरीका अपनाया है। उन्होंने कृषकों की बगावत को विद्रोह हेतु कृषक चेतना के परिप्रेक्ष्य से देखा है। उन्होंने कृषकों की जनजातीय चेतना में निहित संरचनात्मक विशेषताएं बताई हैं, यथा प्रतिवाद, एकजुटता, संचरणता, प्रादेशिकता आदि। यह हमें यह समझने में सहायता कर सकती है कि कृषक क्यों और कैसे बगावत करते हैं। गुहा तथा अन्य विद्वानों ने आंदोलनों को श्रेणियों में विभाजित करने के पक्ष में नहीं हैं। जिनमें अधिक निरंकुशता का तत्व विद्यमान होता है। सामाजिक यथार्थताएं अत्यन्त जटिल होती हैं, उन्हें कृत्रिम रूप से विभाजित करना भ्रामक होता है। यद्यपि यह जटिल यथार्थ को समझने का एक अच्छा रास्ता है, किन्तु यह समस्या रहित नहीं है, फिर भी ऐसे प्रयास प्रशंसनीय हैं।

मुद्दे

ब्रिटिश अधिकारियों और इतिहासकारों की कुछ विद्रोहों को साम्प्रदायिक दंगे या केवल लूटपाट बताने की प्रवृत्ति रही है। उन्नीसवीं सदी का मोपला विद्रोह और 1920 के दशक के

प्रारंभिक वर्षों में मलाबार और 1930 के दशक में बंगाल के वहाबी और फरीदी विद्रोहों को जमींदारों और काश्तकारों के बीच आर्थिक हितों के संघर्षों की अपेक्षा इन्हें मुख्यत: हिन्दू-मुस्लिम साम्प्रदायिक दंगों के रूप में केवल इसलिये प्रचारित किया गया क्योंकि ये दो समूह दो भिन्न समुदायों से संबंधित थे। मुइनुद्दीन अहमद खान द्वारा अध्ययन किए गए फरीदी (या फराजी) आंदोलन (1965) में बताया गया है कि पिछली शताब्दी में मुसलमान कृषकों की सभी पीड़ाओं का कारण हिन्दू समुदाय द्वारा उनका उत्पीड़न किया जाना है। इस स्कूल के अनुसार फराजी विद्रोह मुसलमान कृषकों का 'अ-मुस्लिम जमींदारों' के विरुद्ध साम्प्रदायिक विस्फोट था। स्टेफेन डेले द्वारा मलाबार के मोपलाओं के विद्रोह के अध्ययन में भी इसी विचारधारा का प्रयोग किया गया। उनके अनुसार, मोपलाओं की मुख्य प्रेरणा आर्थिक पीड़ाएं नहीं थीं, अपितु अपने धर्म की रक्षा में बलिदान कर स्वर्ग प्राप्त करने की भावना थी (वुड, 1992)। कोनार्ड वुड यद्यपि डेले से सहमति नहीं रखते और स्पष्ट करते हैं कि किस प्रकार मलाबार में धार्मिक ताने-बाने और संबंधों ने विद्रोहों को भड़काने में योगदान किया है। वे बताते हैं कि इस्लाम ने अपर्याप्त संचार और छितरे हुए घरों वाले क्षेत्र में एकजुटता उत्पन्न की है। मस्जिदों ने सबको एक स्थान पर इकट्ठा करने में मदद की है (1992)। इन तर्कों का दूसरे व्यक्तियों ने प्रतिवाद किया है। यह कहा गया कि यद्यपि धर्म की कृषकों की लामबंदी करने में महत्वपूर्ण भूमिका होती है, फिर भी विद्रोहों की धर्म केन्द्रित व्याख्या करना और आंतरिक सामाजिक विभेदों एवं सामाजिक-आर्थिक कारकों की अवहेलना करना कृषक समाज का घोर मिथ्या निरूपण है। मोपला विद्रोहों के धनागरे (1983), आरनोल्ड (1979a), पन्नीकर (1979) नम्बूदरीपाद (1943) द्वारा किये गये अध्ययन बताते हैं कि ये विद्रोह मुख्यत: भूस्वामियों और काश्तकारों के बीच के खेतिहर संघर्षों से संबंधित हैं, यद्यपि यह संयोग ही है कि भूस्वामी हिन्दू और काश्तकार मुस्लिम हैं। इसके अतिरिक्त इस बात को भी ध्यान में रखना चाहिये कि मोपला विद्रोह के कुछ नेता हिन्दू भी थे। पन्नीकर कहते हैं—

> विद्रोह के दौरान पूर्णत: साम्प्रदायिक दरार कभी रही है, इसे स्वीकार नहीं किया जा सकता। कई गांवों में मोप्पिलाओं ने बाहर से आने वाले विद्रोहियों से हिन्दुओं की रक्षा की है। मोप्पिलाओं द्वारा हिन्दुओं को बचाने के कई व्यक्तिगत उदाहरण हैं। पोन्नानी में हिन्दुओं और मोप्पिलाओं ने एक साथ मिलकर विद्रोहियों को समझाकर तनूर से जाने के लिये कहा। यहां तक इरनाद में, सघन विद्रोह के बीच में भी, हिन्दू और मुस्लिम लोग साथ-साथ शांति से रहे... सन् 1921 के विद्रोह की, वास्तव में, साम्प्रदायिक रूप में विवेचना नहीं की जा सकती। इसके विपरीत, खेतिहर लोगों की आर्थिक दशाओं, विद्रोही कार्यकलापों के प्रतिमानों और झगड़ों में भाग लेने वाले लोगों की पृष्ठभूमि में यह कहना उचित होगा कि विद्रोह 19वीं शताब्दी के खेतिहर आंदोलनों की ही एक पुनरावृत्ति थी। (1979: 623)

नरहारी कविराज ने भी पिछली सदी में बंगाल में हुए वहाबी और फराजी आंदोलनों के बारे में यही बात कही है। वे कहते हैं—

> एक बात स्पष्ट है कि न तो बारसत का आंदोलन और न ही फराजी (फरादी) उपद्रव साम्प्रदायिक उत्तेजना के उदाहरण हैं। ये निश्चित रूप में हिन्दू कट्टरवादिता के विरोध में मुस्लिम कट्टरवादिता के उदाहरण नहीं थे। हमले के लक्ष्य जमींदार थे। इनमें से अधिकांश लोग हिन्दू समुदाय के थे। इसके साथ ही, मुस्लिम जमींदारों को जिनकी संख्या बहुत कम थी, को नहीं बख्शा गया। यूरोपीय मालिकों जो कि सबसे अधिक दमनकारी थे, उन पर बिना सोच-विचार के हमले किये गये। आंदोलन की अवधि के पूरे समय, इसका खेतिहर पक्ष साम्प्रदायिक नजरिये पर हावी रहा। प्रारंभ से अंत तक, आंदोलन का चरित्र मुख्यत: खेतिहर था। (1972: 110-11)

यह सही है कि इन विद्वानों ने समुदाय पर आधारित सरल व्याख्या को नकारा है, किन्तु इन लोगों ने यह भी स्वीकार किया है कि आंदोलनों में धार्मिक अधिस्वर विद्यमान रहा है (आरनोल्ड, 1979a; वुड, 1992)। हार्डग्रेव (1977) ने आंदोलनों के कई कारकों पर जोर दिया है जैसे खेतिहर असंतोष, इस्लाम को संभावित खतरा, कांग्रेस-खिलाफत आंदोलन, भड़काऊ अखबारी खबरें तथा सरकारी अफसरों और पुलिस की उत्तेजक कार्यवाही। इन सभी ज्वलंतकारी बातों ने मिल कर मलाबार में 1921 में मोपला विद्रोह को जन्म दिया।

फिर भी, पार्थ चट्टर्जी (1982, 1983, 1986) कहते हैं कि बंगाल में कृषक समुदाय धर्म के आधार पर संगठित था। सदस्यों में साम्प्रदायिक अधिकारों और साम्प्रदायिक एकजुटता के प्रति चेतना थी। इस प्रकार के समुदाय में 'प्रत्येक सदस्य एक कड़ी के रूप में व्यवहार करता है, वह अपने आपको समुदाय का मालिक या स्वामी समझता है' (1982)। राजनीतिक शक्ति सम्पूर्ण सामूहिकता की सत्ता के रूप में संगठित होती है। चट्टर्जी 'शक्ति की साम्प्रदायिक विधि' की अवधारणा का प्रयोग साम्प्रदायिक एकता और खेतिहर समुदाय का राजनीतिक स्वायत्त चरित्र जहां विभेद अधिक तीव्र नहीं होते, को स्पष्ट करने हेतु प्रयोग करते हैं। उनके अनुसार शक्ति की साम्प्रदायिक विधि वहां विद्यमान रहती है जहां व्यक्तिगत या विभागीय अधिकार, हकदारी, कर्त्तव्यों का आबँटन सम्पूर्ण सामाजिक सामूहिकता की सत्ता, अर्थात् समुदाय के आधार पर होती है। पूर्वी बंगाल का कृषक समुदाय, जो कि भूस्वामियों, सूदखोरों और नगरीय व्यापारी वर्ग द्वारा संचालित रहा है, के बीच संघर्ष ने 1926 और 1935 के बीच दंगों को जन्म दिया है। इन दंगों में—

> जिस विचारधारा ने खेतिहर लोगों की विभिन्न सामूहिक क्रियाओं की रचना की और उसे अर्थ दिया, वह मूलत: धार्मिक थी। कृषक चेतना की मूल प्रकृति, खेतिहर लोगों के सामूहिक और सक्रिय मस्तिष्क में, प्रकृति और मानव के संबंध में सम्पूर्ण विश्वासों के पुंज के एकीकरण के साथ तालमेल का आभास देती हुई धार्मिक है। ऐसे समुदाय को धर्म, एक प्रत्ययाश्रित तर्क, एक ज्ञान-मीमांसा के साथ-साथ राजनीतिक आचारशास्त्र सहित, आचार के व्यावहारिक नियमाचार प्रदान करता है। जब वह समुदाय राजनीतिक रूप में व्यवहार करता है, तब विशिष्ट क्रियाओं के सांकेतिक अर्थ, उनके महत्व को, धार्मिक अर्थ में खोजा जाना चाहिये (1982: 31)।

डेविड हार्डिमैन, पार्थ के विचारों को स्पष्ट करते हुए लिखते हैं कि 'समुदाय का अर्थ सामाजिक समूह से नहीं है (1992a)। यह सामाजिक चेतना का एक स्वरूप है। यह चेतना उन लोगों के प्रति विरोध के संबंधों में विद्यमान रहती है जो उस समुदाय के नहीं हैं।'

डेविड हार्डिमैन के अनुसार, समुदाय की सीमाएं—

> संदर्भ और परिस्थितियों के अनुसार खिसकती और बदलती रहती हैं। अतः सूदखोरों और कृषकों के बीच संघर्ष के समय 'कृषक समुदाय' में उन सभी व्यक्तियों को सम्मिलित किया जाता है जिनका सूदखोरों द्वारा शोषण किया जाता है। तदनन्तर, उसी क्षेत्र में, जमींदार कृषकों के प्रभु वर्ग (वह श्रेणी जो जाति या जातियों के समूहों के अनुरूप होती है) और कृषक मजदूरों (ये लोग अधीनस्थ जातियों और बहिष्कृत जातियों के समूहों से संबंधित होते हैं) के बीच संघर्ष हो सकता है। (वही: 9-10)

इस प्रकार का सैद्धान्तीकरण उन विद्वानों के लिये एक महत्वपूर्ण और आवश्यक चेतावनी है जो प्रत्येक वस्तु को सरल आर्थिक कारकों में बदल देते हैं। विभिन्न स्थान और समय संदर्भों में समुदाय और वर्ग/आर्थिक हितों संबंधी विचार के बारे में इन विद्वानों द्वारा प्रस्तुत किये गये विचारों से और अधिक खोज किये जाने की आवश्यकता है। धर्म को प्राथमिकता देते हुए दूसरी ओर झुकने की एक प्रवृत्ति है। तथापि, एक लम्बे समयाकाल में, जैसे-जैसे उत्पादन की विधि में परिवर्तन आता है, एक धार्मिक समुदाय में साम्प्रदायिक एकजुटता को कम करते हुए वर्ग विभिन्नताएं उत्पन्न हो जाती हैं। जावेद अलम एक अवधारणात्मक योजना के रूप में 'शक्ति की विधि' के बारे में प्रश्न खड़ा करते हैं। 'इस अवधारणीकरण में आधारभूत भूल इस विचार से उत्पन्न होती है कि विकास की ऐतिहासिक व्यवस्था से तत्वों का अनुरक्षण पूंजीवादी रूपान्तरण की अवधि में राजनीतिक शक्ति के निर्माण की वही महत्ता हो सकती है जैसी कि पूंजीवाद की शुरुआत के पहले रहती है' (1983: 51)।

कई व्यक्तियों द्वारा यह कहा गया है कि कृषकों ने दमन और शोषण के खिलाफ तब विद्रोह किया जब उनकी आर्थिक दशा खराब होती गई। इन परिवर्तनों को तीन शीर्षकों में वर्गीकृत किया जा सकता है—

1. मूल्य-वृद्धि, अकाल आदि के कारण उनकी आर्थिक दशा का बिगड़ना।
2. संरचनात्मक परिवर्तन, जिसके कारण कृषकों के शोषण में बढ़ोतरी होती है, परिणामतः उनकी दशा बिगड़ती है।
3. कृषकों की अपनी दशा में सुधार लाने हेतु बढ़ती हुई आकांक्षाएं।

स्वतंत्रता के पूर्व और बाद में हुए कृषकों संबंधी अध्ययनों में इस बात को उजागर किया गया है कि जब कभी किसी समय विशेष पर कृषकों ने विद्रोह किया है, उस समय उनकी दशाएं बिगड़ रही थीं। सन् 1875 के मराठा आंदोलन के बारे में एल. नटराजन अपने अध्ययन में बताते हैं कि—

> इस बीच कृषकों की हालत दिन प्रतिदिन तीव्र गति से गिरती जा रही थी। कपास के दाम जो साठ के दशक में अमेरिकी गृह युद्ध के समय आसमान छू रहे थे, वे तेजी से नीचे गिर गये। इसी के साथ अन्य खेती के मूल्य भी तेजी से नीचे गिरने लगे। यह एक सामान्य कृषि मंदी थी। किसानों की नकद आय को भारी झटका लगा। (1979a: 162)

माज़िद हयाद सिद्दकी (1978) के अनुसार, काश्तकारों और खेतिहर मजदूरों द्वारा खाये जाने वाले हल्के अनाजों के मूल्यों में वृद्धि भी उत्तरी भारत के 1918-22 की अवधि में हुए खेतिहर असंतोष का एक अन्तर्निहित कारक रहा है। कपिल कुमार ने भी कहा है कि 'अवध के ग्रामीण समाज में, विशेषकर युद्ध की अवधि में उत्पन्न हुए तनावों का एक अन्य कारक आवश्यक वस्तुओं के मूल्यों में वृद्धि रहा है' (1984: 58)। गुजरात में खेड़ा के कृषकों ने सन् 1918 के सत्याग्रह में, प्रथम विश्व युद्ध की अवधि में, उनकी बिगड़ती हुई दशा के कारण भाग लिया। 1917 में खरीफ की फसल खराब हो गई थी तथा मजदूरों की मजदूरी में वृद्धि होने सहित कई वस्तुओं के भाव बढ़ गये थे (हार्डिमैन, 1981a)। आंध्र प्रदेश और पश्चिमी बंगाल में तेलंगाना (1946-51) और तेभागा (1946-47) के आंदोलनों का एक महत्वपूर्ण कारक वहां के बिगड़ते हुए हालात थे (एस. बनर्जी, 1980; धनागरे, 1983)। इस शताब्दी के 1960 और 1970 के दशकों में खेतिहर मजदूरों और काश्तकारों द्वारा किये गये कई श्रृंखलाबद्ध विद्रोहों का आंशिक कारण आवश्यक वस्तुओं के मूल्यों में वृद्धि था।

फिर भी, कुछ विद्वान यह सोचते हैं कि ऊंचे मूल्यों तथा कृषक आंदोलनों के बीच कोई महत्वपूर्ण सह-संबंध नहीं है; अधिकाधिक रूप में इन दोनों के बीच संबंध को 'अत्यंत सामान्य रूप में स्थापित' किया जा सकता है (हैनिनघम, 1982; ओमन, 1985)। वास्तव में, सुनील सेन इससे भी आगे बढ़ कर कहते हैं कि ऐसे साक्ष्य उपलब्ध हैं जो बताते हैं कि गांवों में रहने वाले कृषक बहुधा तब आंदोलन करते हैं जब स्थिति उनके पक्ष में होती है; वे कठिनतः ही उस समय आंदोलन करते हैं जब वे अत्यधिक तंगहाली में होते हैं (1982 : 242)। फिर भी, हैनिनघम सुनील सेन के विचारों से सहमति प्रकट नहीं करते। उन्होंने 'सरल सोच वाले आर्थिक निर्धारणवाद' के प्रति चेतावनी दी है और कृषक आंदोलनों का समारंभ करने और उन्हें बनाये रखने संबंधी संगठन के हस्तक्षेप और विचारधारा पर जोर दिया है। वे कहते हैं कि—

> यदि अभाव या वंचना अपने आप में विद्रोह का पर्याप्त कारण है, तब भारत का आधुनिक इतिहास निरन्तर संघर्षों से भरा हुआ होना चाहिये जबकि हम यहां एक लम्बे समय तक सापेक्षिक रूप में शांति देखते हैं। यह शांति बीच-बीच में छोटी-मोटी जनप्रिय उत्तेजना या किन्हीं विशिष्ट मुद्दों पर थोड़े समय तक चले आंदोलनों से टूट जाती है। आर्थिक वंचना के अतिरिक्त, दबे-कुचले समूहों का राजनीतिक क्रिया के रूप में उभार शारीरिक शक्ति के कार्यकलापों के लिये उपयुक्त अवसर और उनकी चेतना के रूप में एक नैतिक औचित्यता के स्पष्टीकरण हेतु उपयुक्त अवसर की आवश्यकता पड़ती है। (वहीं: 152-53)

बालगोपाल (1988) ने भी कृषक आंदोलनों संबंधी स्वतंत्रता के बाद के उन अध्ययनों की आलोचना की है जो तथाकथित 'वस्तुपरक दशाओं' पर आवश्यकता से अधिक जोर देते हैं और जो कृषकों को संगठित करने में राजनीतिक दलों के हस्तक्षेप और व्यक्तिपरक चेतना की अवहेलना करते हैं।

18वीं और 19वीं शताब्दी में ग्रामीण भारत में अकाल बहुधा नियमित रूप से पड़ा करते थे और कुछ सीमा तक स्वतन्त्रता के बाद भी यही क्रम चल रहा है, यद्यपि आजकल इसे

'अकाल' न कह कर 'सूखा' कहा जाता है। गरीब लोग अकाल से मिलती-जुलती दशाओं में रहते हैं क्योंकि उनके पास ऐसी भोज्य सामग्री खरीदने के लिये पैसे नहीं होते जो कि कभी-कभी बहुत कम और महंगी होती है। कुछ विद्वानों का मत है कि भारतीय कृषक सत्ता के विरोध में उस समय भी विद्रोह नहीं करते जबकि उनकी जिन्दगी दांव पर लगी होती है। एन.जी. रंगा और स्वामी सहजानन्द ने कहा है—

> हमारे लोगों की राजनीतिक क्षमता के बारे में यह एक दुखद टिप्पणी है कि वृहत् लोगों के भीषण दुखों और अधिसंख्य मजदूरों तथा कृषकों की मृत्यु, तथा हैजे और अन्य महामारियों के फैलने, भूख से ग्रसित होने और भयावह वस्तुओं (जिसमें नरभक्षण भी सम्मिलित है) के सेवन जैसी घटनाओं के उपरान्त भी किसी भी व्यक्ति या संगठन द्वारा इस प्रकार की अमानवीय स्थितियों के विरोध में वास्तविक और प्रभावक जन आंदोलन नहीं किया जाता है। (1979: 48)

बंगाल के 1943-44 के अकाल का विश्लेषण करते हुए पॉल ग्रीनऔ (1982) लिखते हैं कि भूस्वामियों और खेतिहर मजदूरों के बीच एक प्रकार की 'पारस्परिकता' होती है। भूस्वामी संकट के समय गरीब की सहायता करना अपना नैतिक कर्त्तव्य समझते हैं। किन्तु, इस प्रकार के संबंध अकाल के समय टूट जाते हैं। भूख से ग्रसित कृषक अपने 'विनीत' स्वभाव के कारण विद्रोह नहीं करते। अभी हाल के वर्षों में कुछ विद्वानों ने 'पारस्परिकता' पर आधारित तर्कों को चुनौती दी है। तथापि, कृषक आंदोलन संबंधी अनेक अध्ययनों में यह बताया गया है कि ग्रामीण असंतोष और गड़बड़ियों के लिये अकाल एक महत्वपूर्ण कारक रहा है (कुमार, 1984; कस्टर्स, 1987)। 'अकाल रैयतों और श्रमिकों के बीच विभाजन की खाई को गहरी बनाने का काम करते हैं। इस प्रकार का विभाजन उनके पृथक वर्ग हितों को प्रकट करते हैं। अकाल की स्थिति में, स्त्रियों सहित खेतिहर मजदूर तथा अन्य दलित वर्ग सामूहिक कार्यवाही के लिये एक-दूसरे से जुड़ जाते हैं जो बहुधा एक दंगे का रूप ले लेता है। यद्यपि, इतिहासकार और समाज वैज्ञानिक अकाल को एक कारक मानते हैं, तथापि इन लोगों को अधिक विस्तृत रूप में कृषक आंदोलन में इसकी भूमिका को खोजना बाकी है। डेविड आरनोल्ड के अकाल पर लिखे लेख में अकाल की स्थिति में कृषकों की सामूहिक कार्यवाही पर विचार किया गया है। अकाल के शुरुआती दिनों में गरीब कृषकों और श्रमिकों ने धनाढ्य ग्रामीणों, सूदखोरों और व्यापारियों के विरुद्ध छोटे-छोटे समूहों में सामूहिक कार्यवाही में भाग लिया। किन्तु, जैसे-जैसे सूखे की स्थिति बढ़ती गई और अकाल का प्रभाव व्यापक रूप में फैलने लगे, दलित सामूहिकता इस सीमा तक टूटना शुरू हो गई। कि हिंसा और बदले की भावना व्यक्तिगत निराशा, कुंठा और हताशा की अभिव्यक्ति में नहीं परिणित हो गई' (1984: 90)।

बेगार, वेथ या *वैथी* (अर्थात् बलात श्रम) की प्रथा स्वतंत्रता तक व्यापक रूप में प्रचलित थी। यह अभी भी प्रचलित है, किन्तु अब इसके रूप भिन्न हैं। 1897 और 1941 के बीच राजस्थान में हुए विभिन्न कृषक आंदोलनों की चर्चा करते हुए सुराणा हमें बताते हैं कि ऊंची जातियों के लोगों सहित कृषकों द्वारा मेवाड़ के शासकों के लिये *बेगार* की जाती थी।

खेतिहर श्रमिकों और नीची जातियों के लोगों द्वारा सभी प्रकार के कार्य किये जाते थे। इन कार्यों में शासक परिवार के लिये पानी लाना, मकान, सड़कें, बांध बनाना, लड़ाई के दौरान और बाद में मृतक और जख्मी सैनिकों को अपने स्थान पर पहुंचाना आदि सम्मिलित थे।

> जो लोग बेगार करते थे, उन्हें बहुधा मारा जाता था, पर्याप्त भोजन नहीं दिया जाता था, जो स्त्रियां बेगार करती थीं, उनकी बेइज्जती और उत्पीड़न किया जाता था। ऐसे लोगों के लिये खराब मौसम का कोई विचार नहीं था और काम करने की कोई निश्चित सीमा नहीं थी। इन लोगों की निजी गाड़ियों और जानवरों को एक स्थान से दूसरे स्थान पर सामान लाने-ले जाने के लिये मुफ्त में प्रयोग किया जाता था। इस व्यवस्था के साथ इस प्रकार के इतने भयंकर अत्याचार जुड़े हुए थे कि कभी-कभी काम करने के दौरान कुछ व्यक्ति काल के ग्रास बन जाते थे। (सुराणा, 1983: 33-34)

वी. रघवहिआ आंध्र प्रदेश के 1922-23 के कृषक आंदोलन के तात्कालिक कारण बताते हुए लिखते हैं कि इसका प्रमुख कारण आंध्र संस्थान के जनजातीय लोगों से नर्सिपटनम से चितपल्ली तक सड़क के किनारे और नीची पहाड़ियों पर घने जंगल के निर्माण में मुफ्त बलात् श्रम लिया जाना था (सुराणा, 1979)।

अवध में 1919-22 के कृषक आंदोलन के दौरान, कृषकों ने यह प्रतिज्ञा ली कि वे बिना मजदूरी के मुफ्त श्रमिक के रूप में कार्य नहीं करेंगे और जिन लोगों ने इस शपथ का उल्लंघन किया उन्हें सामाजिक बहिष्कार भुगतना पड़ा। तेलंगाना के गरीब कृषकों और मजदूरों ने बेगार प्रथा के विरुद्ध विद्रोह किया (राम, 1973)। गुजरात में बनासकांठा के गरीब राजपूतों ने 1950 के दशक के प्रारंभिक वर्षों में बलात् श्रम के विरोध में आंदोलन किया (शाह, 1975)। यह प्रथा पूर्वी भारत में भी चलती रही है। जिसके विरोध में 1960 के दशक में कृषकों ने लड़ाई लड़ी। यह आंदोलन लोकप्रिय रूप में नक्सलवादी आंदोलन के नाम से जाना जाता है (मुखर्जी, 1979; एस. बनर्जी, 1980; टी. बनर्जी, 1980)।

भूस्वामियों अथवा शासकों ने राजशाही परिवारों के खर्चों को पूरा करने के लिये कृषकों पर कई प्रकार के कर लगा रखे थे। ये कर प्रथानुगत थे और जब कभी अधिक धन की जरूरत पड़ती थी तो नये करों को ईज़ाद किया जाता था। उनकी जरूरतें कई प्रकार की थीं जिनमें अनेक प्रकार की सनकी जरूरतें भी सम्मिलित थीं। उत्तर प्रदेश के एक जिले में भूस्वामी ने 'ग्रामोफौनिंग' नाम का एक उपकर लगाया जो उसके लड़के की 'ग्रामोफोन' खरीदने की इच्छा की पूर्ति करने के लिये था। एक तालुकदार ने 'पकवान' उपकर के रूप में कृषकों से तब पैसा वसूला जब उसकी बीवी के पैर में जहरीला फोड़ा हो गया। इस प्रकार के मनमाने कर भी अवध विद्रोह (कुमार, 1984) और 1897 तथा 1915 के बीच मेवाड़ के कृषक आंदोलनों (सुराणा, 1983) के सहायक कारक रहे हैं। निज़ाम द्वारा लगाये गये अतिशय कर तेलंगाना आंदोलन का एक प्रमुख कारण रहा है। करों के अतिरिक्त, भूस्वामियों द्वारा भूमि के किराये में बढ़ोत्तरी भी राजस्थान, उत्तर प्रदेश (सिद्दकी, 1978; सुराणा, 1983; कुमार, 1984) और उन्नीसवीं शताब्दी के प्रारंभिक वर्षों में आंध्र प्रदेश के कुछ भागों में (रंगा और सारस्वत, 1979) कृषक आंदोलनों के कारण रहे हैं। साहूकारों, भूस्वामियों अथवा सरकारी अफसरों

द्वारा काश्तकारों की बेदखली पिछली शताब्दी की व्यापक उत्तेजनाओं का एक कारण रही है। 1870 के दशक में, ईस्ट इंडिया कम्पनी द्वारा भूराजस्व एकत्रित करने हेतु भूमि की नीलामी करने के परिणामस्वरूप बिहार और बंगाल में सरकारी अफसर और व्यापारी लोग जमीनों के मालिक बन गये। नये मालिकों ने किराया बढ़ा दिया और अधिक किराया वसूल करने के लिये उन्होंने काश्तकारों को बेदखल कर दिया। 1857 के व्यापक विद्रोह का कारण ब्रिटिश अफसरों और साहूकारों के बीच की सांठगांठ थी जिसने नगरीय व्यापारियों-सूदखोरों को भूमि को हड़पने के लिये उकसाया। एस.बी. चौधरी लिखते हैं—

> भूमि की सार्वजनिक बिक्री ने न केवल साधारण जन को अपनी जमीन से बेदखल कर दिया, अपितु इसने देश के कुलीन वर्ग को समाप्त कर दिया और ब्रिटिश सिविल कानून के शिकार दोनों ही आदेश 1857-58 के क्रांतिकारी काल में इस साझा प्रयास में एकमत थे कि जो कुछ उन्होंने खोया है, उसे पुनः प्राप्त किया जाये। (1957: 21)

वे आगे लिखते हैं 'अपने धर्म के बारे में ग्रामीण वर्गों और भूस्वामियों को इतना डर नहीं था कि जो उन्हें विद्रोह करने के लिए उत्तेजित करता। यह अपनी जमीन और पुश्तैनी जोत में उनके अधिकारों और हितों का प्रश्न था जिसने उन्हें इस खतरे की सीमा तक उत्तेजित किया' (चौधरी, 1965: 136)।

ऐरिक स्ट्रोक्स (1978) ने उत्तर प्रदेश के सहारनपुर और मुजफ्फरनगर जिलों के अपने अध्ययनों में चौधरी के तर्कों का खंडन किया है। उन्होंने इन दोनों जिलों के सविस्तार आंकड़े प्रस्तुत किये हैं और बताया है कि '1857 में विद्रोह की प्रमुख लपटें उन जातियों और क्षेत्रों से आईं जहां महाजनों की पकड़ कमजोर थी और भू-राजस्व सर्वाधिक था। संभवतः इससे भी अधिक महत्वपूर्ण बात यह थी कि ये क्षेत्र पिछड़े हुए और प्यासे थे' (वही)। इन दोनों—ऐरिक स्ट्रोक्स और चौधरी में से कौन सही है, इसे जानने के लिये एक व्यक्ति को दूसरे क्षेत्रों की भी छानबीन करनी होगी।

भोगाधिकार, जो कि बंगाल के 1859 के किरायेदारी एक्ट X के द्वारा किरायेदारों को दिये जाते थे, वह 1873 में पबना के कृषक आंदोलन का मुख्य मुद्दा था। के.के. सेनगुप्ता कहते हैं—

> इस खेतिहर असंतोष का मूल कारण स्थानीय भूस्वामियों के ऐसे सतत् प्रयास थे जिनके द्वारा रैयतों के नये वर्ग (भोगाधिकारी रैयत लोग) के भोगाधिकारों से छुटकारा प्राप्त करना था जिन्हें सन् 1859 के बंगाल किरायेदार एक्ट X के द्वारा धौंस देकर बनाया गया था। इसके अतिरिक्त पबना और पूर्वी तथा केन्द्रीय बंगाल के अन्य क्षेत्रों में कृषक आंदोलन मूलतः काश्तकारों के इस प्रकार के अधिसंख्य व्यक्तियों द्वारा किया गया था, जिन्होंने नये प्रकार के दिये गये भोगाधिकार के बारे में यह अनुभव किया कि इनके द्वारा ग्रामीण समाज में उन्हें अधिक दायित्व निभाने और भूमि नियंत्रण में अधिक प्रभावक हिस्सा मिलेगा। (1979: 179)

इसी प्रकार, किरायेदारी एक्ट, जो अवध में 1868 के इम्पीरियल एक्ट XIX के नाम से जाना जाता है, ने उन काश्तकारों को भोगाधिकार के उत्तराधिकार के अधिकार दे दिये जो ये

बताने में सफल रहे हैं कि वे परिशिष्ट के जुड़ने के 30 वर्ष पहले से भूस्वामी थे। काश्तकारों पर भूस्वामियों (जमींदारों) का नियंत्रण इतना कड़ा था कि जमींदार लोग काश्तकारों को अपनी जमीन से बेदखल करने में सफल रहे।

अन्य कारकों सहित, इस प्रकार की स्थिति ने, अवध में तनाव उत्पन्न कर दिया जिसने 1920 और 1930 के दशकों में आन्दोलन को उत्पन्न किया (सिद्‌दकी, 1978)। इसी प्रकार के मुद्‌दों ने 1880 और 1920 के दशकों में मलाबार में मोपलाओं के आंदोलन, बीसवीं सदी के प्रारंभिक वर्षों में राजस्थान में कृषक आंदोलन और 1946 और 1951 के बीच तेलंगाना संघर्ष को जन्म दिया (राम, 1973; हार्डग्रेव, 1977; धनागरे, 1983)। स्वतन्त्रता के बाद, काश्तकारों, बंटाईदारों और खेतिहर मजदूरों ने इस जमीन पर अपने अधिकार का दावा किया जिसे वे एक लम्बे समय से जोत रहे थे। सभी कृषकों में भूमि के समान वितरण को लेकर आंध्र प्रदेश में 1940 के अंतिम वर्षों के तेलंगाना आंदोलन (सुन्दरैय्या, 1972; पवियर, 1974, 1981; धनागरे, 1983), बंगाल में 1946-47 में तेभागा आंदोलन (सेन, 1972; धनागरे, 1976; सरकार, 1979; कस्टर्स, 1987), गुजरात में 1950 के दशक में पारदी सत्याग्रह (देसाई और देसाई, 1997; देसाई, 2002), भूमि हड़प आंदोलन (प्रसाद, 1986; सेनगुप्ता 1986; सेनगुप्ता एवं अन्य, 1896 सुरजीत, 1986) और नक्सलवादी आंदोलन (एस. बनर्जी, 1980; टी. बनर्जी, 1980; घोष, 1992; मुखर्जी, 1979) जो देश के विभिन्न भागों में 1960 के दशक में फैल गया था और महाराष्ट्र में 1970 के दशक में भूमि सेना और श्रमिक संगठन (मीज़, 1976a, 1976b; डी. सिल्वा व अन्य, 1979a) जैसे आंदोलन हुए। 1970 के दशक में वामपंथी आंदोलन का प्रतिवाद करने हेतु विनोबा भावे द्वारा शुरू किए गए भूदान आंदोलन ने भी भूमि वितरण के मुद्दे को ही अपना केन्द्र बनाया। इस आंदोलन ने, भूमि को उन लोगों से लेने जिनके पास अधिक भूमि है और गरीब कृषकों और भूहीन श्रमिकों में बांटने हेतु शान्तिपूर्ण अहिंसात्मक मार्ग अपनाया। (भावे, 1953; ऊम्मन, 1970; ओस्टरगार्ड, 1985; रॉय, 2002; सेल, 2002) गैर-दल जन संगठनों द्वारा शुरू किये गये कुछ संघर्षों में भूमि, जंगल और पानी पर 'सामुदायिक' अधिकार की मांग की गई। मध्य प्रदेश में ऐसे संगठनों का नारा था—*जल, जंगल, जमीन, ये हों जनता के अधीन* (भूमि, पानी और जंगल को लोगों के सामुदायिक नियंत्रण में रखा जाना चाहिये) (रमागुन्दम, 2001; सेल, 2002) कृषकों, आदिवासियों और खान एवं उद्योग मजदूरों के एक संगठन 'छत्तीसगढ़ मुक्ति मोर्चा' ने न्यूनतम मजदूरी, भूमि अधिकार के साथ-साथ सामाजिक चेतना के लिये संघर्ष किया (जॉन, 1996)। राजस्थान में 1990 में बनी 'मजदूर किसान शक्ति संगठन' (एम.के.एस.एस.) ने ग्रामीण गरीबों के हेतु न्यूनतम मजदूरी, भूमि अधिकार, रोजगार और विकास कार्यक्रमों हेतु आंदोलन किया उनके इस आंदोलन का एक महत्वपूर्ण परिणाम जनता द्वारा सूचना प्राप्त करने के अधिकार हेतु संघर्ष करना था (एम.के.एस.एस., 2002)। ग्रामीण लोगों के इन नवाचारी आंदोलनों के बारे में खूब चर्चा हुई है किन्तु समाज वैज्ञानिकों ने इनका अभी तक कोई अध्ययन नहीं किया है।'

खेती में उत्पादन के ढंग में परिवर्तन ने पारम्परिक खेतिहर संबंधों को अस्त-व्यस्त कर दिया। इसने भी कृषक असंतोष को जन्म दिया। ब्रिटिश शासन में भूमि विक्रय योग्य वस्तु बन गई और उन्नीसवीं सदी के अंतिम वर्षों में कृषि का व्यापारीकरण हो गया। बैरिंगटन मूर लिखते हैं कि जहां-कहीं कृषि के व्यापारीकरण ने कृषकों का सर्वहाराकरण किया, वहां पारम्परिक संबंध टूट गये और बगावत की संभावनाएं बन गईं। माजिद सिद्दीकी ने कहा है कि 1860 और 1920 के बीच बढ़ते हुए कृषि के व्यापारीकरण के नकद मुद्रा के कारण जमींदार लोग किराये की वसूली नकद मुद्रा के स्थान पर अनाज में करने लगे जिसका मूल्य काफी ऊंचा था।

> चूंकि किरायेदारी एक्ट-1886 ने जमींदारों की किराये बढ़ाने के प्राधिकार को सीमित कर दिया था, अत: अब उसने पूर्व में नकद किरायेदारी में दिये गये क्षेत्र को अनाज की किरायेदारी में बदल दिया। किरायेदारी की वैधानिक अवधि की समाप्ति पर वह पुन: इसे अनाज किरायेदारी से नकद किरायेदारी में बदल लेता था ... कीमतों में वृद्धि से लाभ कमाने की यह विधि मुख्यत: एका आंदोलन के जिलों में कृषि संकट के हिंसात्मक रूप लेने के कुछ वर्षों पूर्व अपनाई गई। (1978: 83)

किन्तु, धनागरे लिखते हैं कि वाणिज्यिक खेती के साथ 'कृषि में आधुनिकीकरण' वृहत् स्तर पर नहीं हुआ। भारत में कृषि के व्यापारीकरण का विकास मूलत: सामंती कृषिहर संबंधों को बिना अस्त-व्यस्त किये हुआ है।

> परिणामत:, मध्यस्थ लोग चाहे वे सूदखोर, व्यापारी या स्थानीय व्यवसायी (इनमें से बहुत से लोग स्वयं जमींदार थे) और धनाढ्य कृषक भी थे, ने उपज के बेचान में अपना अधिकाधिक हिस्सा रख कर, और कभी-कभी सूदखोरी, शोषण और उत्पीड़न के विभिन्न रूप अपना कर खूब कमाया। जहां कहीं वाणिज्यिक खेती के विशिष्ट विकास के परिणामस्वरूप कृषिहर लोगों पर भार बढ़ा, कृषकों ने विद्रोह कर दिया। (जैसे मलाबार, बंगाल और तेलंगाना में हुआ) अत:, बाजार-संबंधों के विकास और ग्रामीण क्षेत्रों में पूंजीवादी उत्पादन की विधि के बीच की खाई कृषक लामबंदी का एक प्रेरक कारक है। (1983: 225, इसे भी देखिये—थोर्नर, 1956)

फिर भी, हरित क्रांति के साथ पूंजीवादी खेती, बाजार अर्थव्यवस्था की घुसपैठ और वैश्वीकरण की शुरुआत से कृषक आंदोलन के रूप-स्वरूप में परिवर्तन आ गया है। महाराष्ट्र में शेतकारी संगठन, उत्तर प्रदेश में भारतीय किसान संघ (बी.के.यू), गुजरात, तमिलनाडु और पंजाब में खेदूत समाज जैसे कृषक संगठनों की स्थापना राजनीतिक सांठगांठ के कारण हुई। इन संगठनों ने अपनी उपज की लाभकारी कीमत, बिजली और सिंचाई के शुल्क और बेहतरी हेतु उगाही आदि जैसे कृषिहर निवेशों में छूट और आर्थिक सहायता की मांग की (ओमवेट, 1993; ब्रास, 1994a; गुप्ता, 1997; लिंडबर्ग, 1997)। इन संगठनों ने 'इंडिया के विरुद्ध भारत' का नारा दिया। भारत शब्द का प्रयोग इंडिया के लिये देशी नाम के रूप में किया जाता है जो कृषक समुदाय का प्रतिनिधित्व करता है और 'इंडिया' पश्चिमीकृत नाम है जो औद्योगिक उत्पादन सहित नगरीय केन्द्रों का प्रतिनिधित्व करता है। ये संगठन विकास

के विचारांकन (पैराडाइम) को औद्योगिक विकास से कृषिहर विकास में परिवर्तन करना चाहते हैं।

यद्यपि 1990 के दशक में सरकार की कार्य सूची में भूमि सुधार का कार्य अब कहीं भी नहीं है, फिर भी राज्य सरकारों द्वारा भूमि सुधार संबंधी पास किये गये विभिन्न अधिनियमों को लागू करने हेतु कई आंदोलन चलते रहते हैं। ये खेत जोतने वालों को भूमि देने (संधू, 2001), भूमि सीमा कानून लागू करने और गरीब जोतदारों और भूमिहीन मजदूरों में भूमि के वितरण और अन्य बातों की मांग करते हैं (देसाई एवं देसाई, 1997; देसाई, 2002; रामागुंदम, 2001; रॉय, 2002)।

यह कृषक समुदाय की एक कल्पित दृष्टि है जो हरित क्रांति के बाद भारत के कई हिस्सों में कम से कम कहीं देखने को नहीं मिलती। ग्रामीण-नगरीय भेद धुंधला गया है, और कई जगहों पर धनाढ्य किसान लोगों ने अपने खेतिहर आधिक्य को उद्योगों और अन्य नगरीय क्षेत्रों में निवेश करना शुरू कर दिया है। यह धारणा गलत बनी हुई है कि कृषकों का एक भाग 'धनाढ्य कृषक' शासक वर्गों का एक हिस्सा नहीं बन सकता। 1980 के दशक और उसके बाद में गुजरात के धनाढ्य किसानों ने यह कहा कि नर्मदा बांध के कारण जो आदिवासी प्रभावित हुए हैं, उन्हें 'राष्ट्र हित' में अपनी जमीन त्याग कर देनी चाहिए। ये लोग अल्पसंख्यकों के विरुद्ध हिन्दुत्व की राजनीति में एक महत्वपूर्ण भूमिका अदा करते हैं।

स्वतन्त्रता पूर्व की अवधि में एक अग्रणी वामपंथी संगठन 'किसान सभा' की यह सोच रही है कि 'खेतिहर मजदूरों और किसानों दोनों के हित समान हैं'। उनकी यह सोच 'भारत के साम्यवादी दल' द्वारा शुरू किये गये तेलंगाना और तेभागा आंदोलन में प्रतिबिम्बित हुई। इन दोनों ही आंदोलनों में सम्पन्न के साथ-साथ गरीब कृषकों ने राज्य सत्ता को हथियाने का प्रयास किया, यद्यपि इनमें से एक वर्ग दूसरे वर्ग से अधिक सक्रिय था (राम, 1973; पविअर, 1981; धनागरे, 1983)। पश्चिमी बंगाल में 1968-69 में नक्सलवादी आंदोलन के दौरान सहभागी लोग 'सम्पन्न कृषकों से खेतिहर मजदूरों' तक दौड़ते देखे गये (मुखर्जी, 1979)। महाराष्ट्र, पंजाब और तमिलनाडु में धनाढ्य कृषक आंदोलनों में सम्पन्न और श्रमिक कृषकों को जुटाने के लिये इसी प्रकार के प्रयास शरद जोशी और नायडू द्वारा किये गये (ओमवेट, 1980; तालिब, 1986)।

लेनिन और माओत्से तुंग का अनुसरण करते हुए कुछ मार्क्सवादी विद्वानों ने, जिन्होंने 1960 के दशक और उसके बाद में अध्ययन किये, कृषकों को विभिन्न वर्गों या स्तरों में विभाजित किया है।[4] हमजा अल्वी कहते हैं, 'जहां उत्पादन के कई ढंग एक साथ विद्यमान होते हैं, वर्गों को किसी एक रैखिक संस्तरणात्मक व्यवस्था में नहीं रखा जा सकता क्योंकि उनमें संरचनात्मक रूप में विभेद किया जाना चाहिये' (1973: 293)। उनके अनुसार 'पारम्परिक ऐतिहासिक स्थितियों' में ग्रामीण अर्थव्यवस्था के 'तीन खंड' या तीन प्रकार के उत्पादन के ढंग थे। प्रथमतः, हमारे यहां एक खंड ऐसा था जिसकी प्रमुख विशेषता यह रही है कि जमीन के मालिक जमींदार होते थे जो स्वयं जमीन को नहीं जोतते थे। जमीन को भूमिहीन

काश्तकारों जो अधिकांशत: बंटाईदार हुआ करते थे, द्वारा जोता जाता था। इन लोगों को गरीब किसान के रूप में वर्गीकृत किया जाता था। द्वितीय खंड में, स्वतन्त्र छोटे जमींदार आते हैं, जिनके पास स्वयं द्वारा जोते जाने से अधिक जमीन नहीं थी। यह इतनी पर्याप्त होती थी जो उन्हें आत्म निर्भर बनाती थी। ये लोग दूसरों के श्रम का शोषण नहीं करते थे और न ही दूसरे व्यक्ति इनके श्रम का शोषण करते थे। ये लोग मध्यम श्रेणी के कृषक होते हैं। तृतीय खंड पूंजीवादी कृषकों का होता है जिन्हें धनाढ्य कृषक भी कहा जाता है। ये लोग खासी अच्छी मात्रा के भूमि के मालिक होते हैं। इन लोगों का खेती का कर्म मुख्यत: मजदूरी लेने वाले मजदूरों के शोषण पर आधारित होता है, यद्यपि ये लोग भी कभी-कभी कृषि कर्म में भाग लेते हैं। जमींदारों से भिन्न, ये लोग खेती को व्यापारिक आधार पर करते हैं और इसमें पूंजी का निवेश करते हैं। अल्वी एक ओर मझौले कृषकों और दूसरी ओर धनाढ्य एवं गरीब कृषकों के बीच महत्वपूर्ण अन्तर बताते हैं। वे मझौले कृषकों की एक महत्वपूर्ण विशेषता 'आर्थिक स्वतंत्रता' (जमींदारों और धनाढ्य कृषकों से भिन्न) बताते हैं। इसके विपरीत, अन्य दो खंडों, यथा बंटाईदार और पूंजीवादी खेती में उत्पादन की विधि की यह विशेषता होती है कि इसमें गरीब कृषकों का शोषण किया जाता है और ये लोग अपने मालिकों पर आर्थिक रूप में निर्भर रहते हैं (1973: 294)।

डेनियल थोर्नर (1956) ने भारत की स्वतन्त्रता के बाद के कृषकों को 'अधिकारों और सेवाओं', जो वे लोग प्राप्त करते थे और देते थे, के आधार पर तीन वर्गों में विभाजित किया है। ये वर्ग हैं—मालिक, किसान और मजदूर। मालिक लोग अपनी आय मुख्यत: जमीन के अपने सम्पत्ति अधिकारों से प्राप्त करते हैं और उनका साझा हित किराये के स्तर को ऊंचा रखना किन्तु मजदूरी के स्तर को नीचे रखने में निहित होता है। ये लोग किराया किरायेदारों (काश्तकारों), उप-किरायेदारों और बंटाईदारों से वसूल करते हैं। मालिक लोगों को दो भागों में विभाजित किया जाता है—(अ) ऐसे बड़े जमींदार लोग जो अनुपस्थित मालिक/किरायेदार होते हैं जिनकी भूमि प्रबंधन में कोई रुचि नहीं होते है; (ब) धनाढ्य भूमालिक जो खेती के काम की देखरेख करते हैं और जमीन के प्रबंधन में व्यक्तिगत रुचि लेते हैं। किसान लोग काम करने वाले कृषक होते हैं जिनकी भूमि में साम्पत्तिक रुचि होती है, किन्तु इनके वास्तविक अधिकार, चाहे वे वैधानिक हों या प्रथानुगत, मालिकों से हल्के दर्जे के होते हैं। इन लोगों को अग्रगामी वर्गों में विभाजित किया जाता है—(अ) ऐसे लघु भूस्वामी जिनके पास परिवार के पोषण करने लायक जमीन होती है। ये लोग पारिवारिक श्रम से भूमि को जोतते हैं और बाहर के श्रम का प्रयोग नहीं करते (केवल फसल को काटने को छोड़कर) और न ही ये लोग किराया लेते हैं; (ब) धनिक काश्तकार जिनके पास सामान्यत: यथेष्ठ स्तर से अधिक जमीन होती है। इनमें इन लोगों को सम्मिलित किया जाता है—(अ) गरीब काश्तकार; (ब) बंटाईदार; और (स) भूमिहीन श्रमिक। कुछ अर्थशास्त्रियों ने कृषकों को चार वर्गों में बांटा है—जमींदार, धनाढ्य कृषक, मझौले कृषक, गरीब कृषक और भूमिहीन खेतिहर मजदूर। कृषक आंदोलनों के कुछ अध्ययनों में इन्हीं वर्गीकरणों का प्रयोग किया गया है, (दास, 1983) या थोर्नर के वर्गीकरण से मिलाकर किया है (धनागरे, 1983)।

गेल ओमवेट आधुनिक कृषक आंदोलनों को 'नव' और गैर-वर्गीय आंदोलन मानती हैं। उनके अनुसार ये आंदोलन 'वस्तु उत्पादन' के 'मध्यवर्ती' क्षेत्रों पर आधारित हैं। इन आंदोलनों का अधिकांश संस्तरणात्मक और असमानात्मक क्षेत्रों (तंजौर जैसे तटीय क्षेत्र) या अत्यधिक पिछड़े पूर्वी राज्यों में बहुत कम शक्ति है। इन क्षेत्रों में ये उन 'धनाढ्य' और 'मझौले कृषकों' तक सीमित नहीं जो फसल को बेचते हैं। लामबन्दी निरे गरीब कृषकों (इनमें से कई कृषिहर श्रमिक भी होते हैं) से लेकर धनाढ्यों और इनसे जुड़े हुए लघु व्यवसायियों और दुकानदारों तक और अत्यंत नीची जातियों से लेकर 'प्रभु जाति के कृषकों' और उच्च जातियों तक होती है (1994: 45)।

वे आगे लिखती हैं—

> किसानों के आंदोलन की विचारधाराओं ने मार्क्सवाद को इस प्रकार एक स्पष्ट चुनौती दी है जिसने इसके विश्लेषण को केवल पूंजी-श्रम संघर्ष तक सीमित कर दिया है जिसकी व्याख्या वस्तु विनिमय के संदर्भ में की जाती है। इन लोगों ने पूंजी संचय और आर्थिक शोषण को व्यापक क्षेत्र में ढूंढते हुए वर्ग के अतिरिक्त कारकों पर ध्यान दिया जिसे इन लोगों ने बड़े संकुचित अर्थ में परिभाषित किया है और कई रूप में इन लोगों के प्रयास बढ़ते हुए पर्यावरणात्मक आंदोलनों से मेल खाते हैं (1993)।

धनागरे तथा अन्य कई व्यक्तियों ने इस दृष्टिकोण का प्रतिवाद किया है। इन लोगों के अनुसार किसानों के आंदोलनों द्वारा 'पर्यावरण' या 'गरीब कृषक' जैसे शब्दों का प्रयोग मात्र आडम्बरी है। यह एक तर्कमूलक स्वरूप है जो धनाढ्य कृषकों को आंदोलन पर आधिपत्य बनाये रखने में सहायता करता है (1955)। टॉम ब्रास दावा करते हैं,

> नव-सामाजिक आंदोलन का/के लिये चरमपंथी नया कार्यक्रम न तो अतिवादी है और न ही नया है, अपितु नव किसान आंदोलनों, पर्यावरणात्मक-महिलावाद और वामपंथियों के घटकों का व्यक्तियों/कृषकों/लिंग/प्रकृति/राष्ट्र के बीच के अन्तर्संबंधों के बारे में ऐतिहासिक दृष्टि से चिरकालिक नव-लोकप्रिय राष्ट्रवादी/(साम्प्रदायिक) विमर्श के साथ घालमेल ने एक प्रकार की वैचारिक हीनता के उत्पादन में योगदान दिया है जो दक्षिण पंथी राजनीतिक संगठनों को एक नृजातिक विशिष्ट भारतीय राज्य की रचना के उद्देश्य से भारतीय पुरातन की पुनर्स्थापना की उन्हें स्वीकृति देती है। (दूसरे शब्दों में, 'लोकप्रिय संस्कृति' की रक्षा के लिये 'विरोध' प्रदर्शन करना) (1994a: 48)।

आन्द्रे बेतेई और रुडोल्फ जैसे गैर-मार्क्सवादी, विद्वानों ने भी भारतीय कृषकों को आर्थिक वर्गों में विभाजित किया है। हालांकि आन्द्रे बेतेई (1974) वर्गीकरण की विधि के विरुद्ध नहीं हैं, उन्होंने स्वेच्छाचारिता के खतरे का संकेत दिया है। उन्होंने वर्गीकरण के लिये एक वस्तुपरक आधार का निर्धारण करने के लिये आर्थिक मानदंड के अतिरिक्त, 'अन्य मापदण्डों' को अपनाने की बात कही है। रुडोल्फ एवं रुडोल्फ (1984) ने ग्रामीण जनसंख्या को चार कृषिहर आर्थिक वर्गों में विभाजित किया है—(अ) खेतिहर श्रमिक; (ब) छोटे जमींदार (स) बैल वाले पूंजीपति और (द) बड़े जमींदार। मार्क्सवादियों से भिन्न, ये लोग यह

नहीं मानते कि इन वर्गों में अवश्यंभावी विरोध या कोई महत्वपूर्ण असंगति विद्यमान होती है। इनकी कृषक की श्रेणी को छोड़कर इनकी अधिकांश श्रेणियां लगभग वे ही हैं जिनका दूसरे विद्वानों ने प्रयोग किया है। इसके स्थान पर इन्होंने 'बैलवाले पूंजीपति' के पद का प्रयोग उन लोगों के लिये किया है जो स्व-रोजगारित हैं और जिनके पास इतनी बड़ी जमीन है कि वे एक जोड़ी बैलों का पोषण कर सकते हैं और 1960 और 1970 के दशकों में हरित क्रांति से जुड़े हुए निवेशों का प्रयोग कर सकते हैं।

फिर भी 'मझौले कृषक' की श्रेणी ने विद्वानों के बीच एक लम्बी बहस को जन्म दिया है। कपिल कुमार (1984) कहते हैं कि अल्वी द्वारा अवध में 1886-1922 की अवधि में अपने वर्गीकरण में जो 'मझौले कृषक' बताये हैं, वह नहीं थे। वे स्वैच्छिक काश्तकार थे। अल्वी की भांति कुछ विद्वानों ने सभी काश्तकारों को एक साथ एक श्रेणी में रखा है। फिर भी, कपिल कुमार ने किराया चुकाने के आधार पर काश्तकार-कृषकों का वर्गीकरण किया है। कृष्ण कान्त सरकार ने 'गरीबी अथवा समृद्धि' के आधार पर बंटाईदारों का वर्गीकरण किया है—

> 'गरीब' वे परिवार हैं जो साल के सात महीने अपना पोषण नहीं कर पाते हैं। अधिकांश गरीब कृषकों के पास अपनी कोई जमीन नहीं होती और वे पूर्णत: किराये की जमीन पर निर्भर रहते हैं। ये लोग स्वयं कार्य करते हैं और खेतिहार श्रम का प्रयोग नहीं करते। भूमिहीन वेतनभोगी मजदूर इस श्रेणी में आते हैं। 'मझौली' श्रेणी (Middle Category) के किसान भोजन-सामग्री में लगभग आत्म-निर्भर होते हैं; कुछ लोगों के पास भोज्य-पदार्थों की अतिरिक्त मात्रा होती है, जबकि कुछ ऐसे भी होते हैं जिनके पास कुछ कमी होती है ... धनाढ्य परिवार वह होता है जिसके पास काफी मात्रा में जमीन होती है (70-125 बीघा, अर्थात् 40-70 एकड़ भूमि) और ये किराये की जमीन पर भरोसा नहीं करते (1979: 478)।

डेविड हार्डिमैन (1981a) ने भूस्वामित्व की मात्रा के आधार पर कृषकों का वर्गीकरण किया है। उनके अनुसार धनाढ्य किसानों के पास 15 एकड़ से अधिक, मध्यम किसानों के पास 3 से 15 एकड़ और गरीब किसानों के पास 3 एकड़ से कम जमीन होती है। उनका अध्ययन 1931 और 1934 के बीच गुजरात के खेड़ा जिले तक सीमित था। इस अवधि में इस जिले में काश्तकार और बंटाईदार दोनों थे, किन्तु उन्हें भूस्वामित्व की सूचना उपलब्ध नहीं थी, अत: हार्डिमैन ने उन्हें भिन्न स्तृतों (Strata) में विभाजित नहीं किया है।

चीनी और रूसी आंदोलनों और भारत में साम्यवादी दल द्वारा प्रारंभ किये गये तेभागा और तेलंगाना आंदोलनों में कृषकों के विभिन्न वर्गों की भूमिका के बारे में किये गये विश्लेषण के आधार पर हमजा अली लिखते हैं कि मझौले कृषक जो आर्थिक रूप से थोड़े-बहुत अधिक स्वतन्त्र होते हैं उनमें अन्य कृषक वर्गों की अपेक्षा क्रांतिकारी भूमिका निभाने की अधिक सम्भावना होती है। वे कहते हैं कि गरीब कृषक लोग मूलत: बहुत कम लड़ाकू प्रवृत्ति के होते हैं क्योंकि वे लोग जमींदारों या धनाढ्य कृषकों पर निर्भर रहते हैं।

गरीब किसान अपने उपकारक मालिक के प्रति कृतज्ञ होता है जो उसे एक काश्तकार के रूप में खेती करने के लिये जमीन या एक श्रमिक के रूप में उसे काम देता है। वह संकटकाल में अपने स्वामी (मालिक) से सहायता की आस करता है। स्वामी पितृतुल्य रूप में उनके प्रति अपनी प्रतिक्रिया प्रकट करते हैं। उसे इस प्राणी को जीवित रखना पड़ता है जिसके श्रम पर वह खुद फलता-फूलता है। चरम और अपवादिक मामलों में जब उत्पीड़न और शोषण मानवीय सहनशीलता की सीमाओं को लांघ जाता है, तब कृषक अपने स्वामी को मारने पर उतारू हो सकता है, जिसे पितृवृत्ति के मानदंडों से प्रस्थान माना जाता है, किन्तु उसमें स्वयं, व्यवस्था के विरुद्ध खड़े होने की क्षमता नहीं होती। इस तरह अपने स्वामी पर उसकी निर्भरता पितृवृत्तिक बहकावट में बदल जाती है और वह अपने स्वामी के साथ एकात्मता स्थापित कर लेता है। वस्तुपरक निर्भरता में गढ़ा हुआ गरीब किसान का यह पिछड़ापन केवल सापेक्षिक होता है और यह एक निरपेक्ष दशा नहीं है। क्रांतिकारी स्थिति में, जब जमींदार-विरोधी और धनाढ्य कृषक-विरोधी भावनाएं उभरती हैं, अर्थात् मझौले कृषकों में उग्रता पनपती है, तब उसका मनोबल बढ़ जाता है और वह किसी कार्यवाही के आह्वान के प्रति प्रतिक्रिया करने के लिये अधिक तत्पर रहता है। उसकी क्रांतिकारी ऊर्जा गतिशील बन जाती है... इसके विपरीत, मझौले कृषक लोग शुरू में कृषक समुदाय के सर्वाधिक उग्र तत्व होते हैं और ये लोग ग्रामीण क्षेत्रों में विशेषत: कृषक आंदोलन शुरू में भड़काने में, सर्वहारा आंदोलन के शक्तिशाली सहायक बन सकते हैं। किन्तु यह सामाजिक परिप्रेक्ष्य उनकी वर्ग स्थिति से परिमित होता है। जब ग्रामीण क्षेत्र में आंदोलन क्रांतिकारी स्थिति में पहुंचता है, तब ये लोग क्रांतिकारी आंदोलन से अपना नाता तोड़ लेते हैं, यदि उनकी शंकाओं का समाधान नहीं होता और ये लोग सहयोगी कार्यकलाप की प्रक्रिया की ओर खिंच जाते हैं। (1973: 333-34)

केरल के अपने अध्ययन के आधार पर रोबिन जैफ्रे बताते हैं कि मझौले किसानों की ही आंदोलन में सर्वप्रथम सक्रिय रूप में भाग लेने की सर्वाधिक संभावना होती है, फिर भी गरीब कृषक लोग बाद में उन गांवों में भाग ले सकते हैं जहां आंदोलन मजबूत हो जाता है (1978: 148)।

धनागरे कहते हैं कि अल्वी ने क्रांतिकारी भूमिका संबंधी मझौले कृषकों की क्षमताओं के बारे में जो धारणा व्यक्त की है, वह मूलत: एक मिथक के स्थान पर दूसरे मिथक का प्रतिस्थापन है। उदाहरणार्थ, अल्वी और वूल्फ के द्वारा मझौले कृषकों की ढांचागत स्वतन्त्रता पर अत्यधिक जोर दिया गया है, और उन्होंने खेतिहर वर्ग संरचना में मझौले कृषकों की राजनीतिक गतिशीलता और महत्वपूर्ण स्थिति के बारे में अतिरंजना की है। अल्वी ने इस तथ्य की अनदेखी की है कि भारत में अभी कुछ समय पूर्व तक कृषकों के लिये खेतिहर ऋण का मुख्य स्रोत गांव का साहूकार, जमींदार, धनाढ्य भूस्वामी हुआ करता था। इसी प्रकार, अल्वी और वूल्फ दोनों ने मझौले कृषक की भूमि के साथ लगाव और ग्रामीण सामाजिक संरचना में उसकी, वर्ग स्थिति की नजाकत को भी कम आंका है। वूल्फ ने न तो मझौले कृषकों की वर्ग स्थिति की सीमांतता को और न ही उनकी द्विधापूर्ण भूमिका जिसे उन्हें अदा करनी पड़ती है, पर ध्यान दिया है, अर्थात् 'कृषक परम्पराओं का संरक्षण करना' और सामाजिक व्यवस्था को खत्म करना। वूल्फ इस सैद्धान्तिक संभावना का अनुभव करने में असफल रहे हैं कि मझौले किसान द्विधापूर्ण दबावों को सहते हुए और तनाव में विरोधाभासी भूमिकाओं को अदा करते

हुए भी हर समय नवाचारी या विद्रोही तेवर नहीं प्रकट करता और न ही वह किसी क्रांतिकारी आंदोलन में शुरुआती प्रहार और नेतृत्व का दायित्व लेता है। वह 'पलायनवादी' या पीछे न हटने के संकेत दे सकता है। अत: 'मझौले कृषक' की धारणा तार्किक दृष्टि से अतर्कसंगत प्रतीत होती है (धनागरे, 1983: 219-20)।

धनागरे के अनुसार, वर्ग एकजुटता की दृष्टि से मझौले कृषक लोग अन्य कृषक वर्गों की अपेक्षा कमजोर हैं। उनके जमीन संबंधी हित धनाढ्य और गरीब किसानों की अपेक्षा अधिक विषमांग हैं।

> यही नहीं, ऐतिहासिक दृष्टि से, मझौले किसान हमेशा से एक संक्रांतिक और अस्थायी सामाजिक श्रेणी रही है। समृद्धि और गरीबीकरण के दबावों के कारण मझौले कृषकों को आन्तरिक और बाहरी दबावों को झेलना पड़ा है। यही नहीं, खेतिहर संबंधों के बढ़ते हुए ध्रुवीकरण ने भारत में एक अत्यधिक महत्वपूर्ण श्रेणी के रूप में मझौले कृषकों को समाप्त करने की कोशिश की है ... मझौले कृषकों की ढांचागत स्वतंत्रता की धारणा, जो यह बताती है कि आत्म-निर्भर, बाजार की शक्तियों से स्वतंत्र और उग्र राजनीतिक कार्यवाही के लिये सक्षम होते हैं, केवल एक मिथकीय रूपायन प्रतीत होती है। (वही: 221-22)

अरविंद दास कहते हैं कि भारत में मझौले किसान और धनाढ्य कृषक में कोई महत्वपूर्ण अन्तर नहीं है। वे दावा करते हैं कि 'मझौले किसानों को अग्रगामी क्रांतिकारी के रूप में दर्शाने का तात्पर्य एक व्यक्ति के लिये वास्तव में यही है कि शिष्ट भाषा में धनाढ्य किसानों को 'सम्मान देना' जो कि अन्यथा अपूर्ण और खेतिहर आंदोलन के शोषणकारी पारम्परिक अवस्था के द्योतक हैं' (1983: 15-16)।

हमजा अल्वी ने मझौले किसान संबंधी अपनी धारणा को आनुभविक स्तर पर जांचने की कोशिश की है। उनके अनुसार, तेभागा आंदोलन शुरुआती तौर पर मझौले किसानों का एक आंदोलन था। बंटाईदार बाद में इस आंदोलन के साथ जुड़े। वे अपने इस विचार का इस तथ्य द्वारा समर्थन करते हैं कि तेभागा आंदोलन की समिति के अग्रणी सदस्य मझौले किसान थे। उन्होंने इसी प्रकार की बात तेलंगाना आंदोलन के बारे में भी कही है जिसमें शुरुआती दौर में मांगों का आधार विस्तृत था और जिसमें मझौले कृषकों के साथ-साथ गरीब किसानों ने भी भाग लिया। आंदोलन की असफलता का एक प्रमुख कारण बताते हुए वे कहते हैं कि यह साम्प्रदायिक बन गया और मझौले किसानों ने अपने समर्थन से हाथ खींच लिया।

धनागरे अल्वी से अपनी सहमति प्रकट करते हुए कहते हैं कि बंगाल में किसान सभा के अधिकांश नेता मझौले किसान थे। किन्तु उन्होंने तेभागा आंदोलन में भाग इसलिये नहीं लिया क्योंकि—

> किसान सभा में सक्रिय कुछ छोटे जोतदार और अधो-रैयत लोग बर्गदारों को भूमि को जोतने के लिये रखते थे और तेभागा की मांग ने उनमें से कई लोगों को उतना ही प्रभावित किया है जितना कि धनाढ्य कृषकों को और बड़े जोतदारों को किया है। यह तथ्य इस बात का खुलासा करता है कि मझौले किसान लोग आंदोलन के प्रति क्यों उदासीन रहे या उन्होंने धीरे-धीरे बड़े जोतदारों का साथ दिया। (1983: 173)

कृष्णकांत सरकार (1979) ने तेभागा आंदोलन में भाग लेने वाले दो गांवों का अध्ययन किया है, उन्होंने भी अल्वी के निष्कर्षों का समर्थन नहीं किया है। यह बात अलग है कि दोनों ही 'मझौले' और 'गरीब' किसान संबंधी अपनी अवधारणाओं के बारे में अलग मत रखते हैं। सरकार की गवेषणा के अनुसार, कृषकों के गरीब हिस्से ने आंदोलन में अधिकतम भाग लिया, जबकि किसानों का मध्य हिस्सा आंदोलन के प्रति उदासीन रहा। फिर भी केवल दो गांवों के अध्ययन के आधार पर किसी व्यक्ति को निष्कर्ष निकालने की छूट नहीं दी जा सकती। यही नहीं, सरकार ने यह भी खुलासा नहीं किया कि किसानों के किस स्तर से नेतृत्व आया।

तेलंगाना आंदोलन संबंधी बेरी पविअर (1981) और धनागरे (1983) के अध्ययन भी अल्वी के मत का समर्थन नहीं करते। पविअर कहते हैं कि—

> प्रारंभिक दौर में तेलंगाना आंदोलन देशमुख लोगों के विरोध में एक बहु-वर्गीय आंदोलन था—बहु-वर्ग से तात्पर्य कि सभी अन्य व्यक्तियों ने इसमें भाग लिया ... यह कहना भी सही है कि, निश्चित तौर पर प्रारंभिक अवस्था में, आंध्र महासभा और सी.पी.आई. के अधिकांश अग्रणी कार्यकर्त्ता 'धनाढ्य' और 'मझौले' कृषक परिवारों से आये थे। यह भी स्पष्ट है कि आंदोलन की प्रकृति बदल गई। सन् 1948 से जिन व्यक्तियों ने आंदोलन चलाया, वे खेतिहर मजदूर और गरीब किसान थे—ये वे व्यक्ति थे जो अधिकांश संघर्ष करते थे और ये ही वे लोग थे जो कृषक वर्गों से गैर वर्गीय व्यक्तियों सहित सी.पी.आई. के कार्यकर्त्ता थे। (1981: 191)

धनागरे यह भी कहते हैं कि तेलंगाना आंदोलन का मिश्रित वर्गीय चरित्र था। फिर भी, लम्बे विद्रोह में प्रमुख सहभागी लोग 'निर्विवाद रूप में गरीब किसान और खेतिहर मजदूर थे।' उनके अनुसार, मझौले किसानों ने इसलिये कोई महत्वपूर्ण भूमिका अदा नहीं की, क्योंकि सम्पूर्ण रूप में, तेलंगाना में संख्या या 'राजनीतिक' दृष्टि से यह एक महत्वपूर्ण सामाजिक वर्ग नहीं था (1983: 204)। पीटर कस्टर्स (1987) ने भी इसी प्रकार की बात कही है।

डेविड हार्डिमैन ने खेड़ा सत्याग्रह के अपने अध्ययन में कहा है कि मझौले किसानों (3 से 5 एकड़ जमीन के स्वामी) का अधिसंख्य लोगों ने आंदोलन का समर्थन किया। धनाढ्य किसानों ने अधिकांशतः मझौले किसानों की कीमत पर अपनी शक्ति को मजबूत किया। 'कम जमीन और संसाधनों में बहुत थोड़े हिस्से के कारण मझौले किसान आर्थिक संकटों से बहुत कम निजात पा सके। जब यह संकट बीसवीं सदी के प्रारंभिक वर्षों में उत्पन्न हुआ, तब उनका दीर्घकालीन असंतोष उत्साही राष्ट्रवाद के रूप में फूट पड़ा' (1981a: 208)। हार्डिमैन आगे कहते हैं कि 'कई अवसरों पर मझौले किसानों ने धनाढ्य किसानों को राष्ट्रीय आंदोलनों में भाग लेने के लिये दबाव डाला' (वही: 247)। सत्याग्रह को 'गुजरबसर करने वाले किसानों ने काफी सहयोग दिया। क्योंकि इन्हीं लोगों ने बीसवीं शताब्दी के पहले तीन दशकों में काफी कठिनाइयों को सहन किया था।' हार्डिमैन ने इस तर्क का आनुभविक साक्ष्यों के आधार पर अनुमोदन किया है। फिर भी, एक व्यक्ति को यह गवेषणा करनी चाहिये कि खेड़ा के 'मझौले किसान' किस सीमा तक आय की दृष्टि से धनाढ्य किसानों से साम्य रखते हैं। यहां यह ध्यान रखा जाना चाहिये कि खेड़ा गुजरात का सबसे अधिक उपजाऊ भाग है। नील चार्ल्सवर्थ

(1980) ने यह विचार व्यक्त किया है कि हार्डिमैन द्वारा खेड़ा के मझौले किसानों का जों चरित्र-चित्रण किया गया है वह अनुपयुक्त है क्योंकि वे लोग दक्षिण-पश्चिमी महाराष्ट्र के धनाढ्य किसानों से अपेक्षाकृत अधिक धनिक हैं।

चम्पारन सत्याग्रह के अपने अध्ययन में जैक्स पौचेपदास (1974) ने यह खुलासा किया है कि आंदोलन के प्रमुख नेतागण मझौले और धनाढ्य किसान वर्ग से संबंधित थे। सिद्दकी (1978) द्वारा किए गए एका आंदोलन का अध्ययन भी यह बताता है कि धनाढ्य किसानों ने आंदोलन में महत्वपूर्ण भूमिका निभाई है। शाह (1974) और धनागरे (1983) द्वारा बारदोली सत्याग्रह का अध्ययन भी इसी प्रतिमान का समर्थन करता है। उत्तरी बिहार में कृषक आंदोलन का स्टीफन हैनिंघम (1982) द्वारा किये गये अध्ययन ने यह संकेत दिया है कि सन् 1917 और 1942 के बीच हुए छह प्रमुख कृषक आंदोलन 'धनाढ्य कृषकों और छोटे जमींदारों के नेतृत्व में शुरू किये गये।' भारत के विभिन्न कृषक आंदोलनों का विश्लेषण करते हुए सुनील सेन (1982) भी यह कहते हैं कि सामंती व्यवस्था को समाप्त करने में धनाढ्य कृषकों ने अग्रणी भूमिका अदा की है क्योंकि इन लोगों की रुचि खेती में सुधार करने और बाजार में खाद्यान्न और नकद फसल बेचने में थी। माइरन वीनर (1963) कहते हैं कि सन् 1957 तक पश्चिमी बंगाल किसान सभा के अधिकांश नेता लोगों का संबंध 'ऐसे मध्यम परिवारों से था जिनके पास जमीन तो थी किन्तु वे स्वयं उसे नहीं जोतते थे।'

कैथलीन गफ (1968) ने गरीब किसानों और खेत मजदूरों की पहचान कर यह बताया कि इन लोगों में भारत में क्रांतिकारी आंदोलनों को संगठित करने की क्षमता होती है। धनागरे ने भी इसी बात का समर्थन किया है। उन्होंने कहा है कि ये लोग ग्रामीण समाज का एक अत्यधिक बड़ा हिस्सा होते हैं और इन लोगों ने समय-समय पर रूपान्तरण करने की अपनी क्षमता को प्रदर्शित भी किया है (1983: 222)। सन् 1921 के मोपला विद्रोह के अपने अध्ययन में, रॉबर्ट हार्डग्रेव (1977) ने यह प्रदर्शित किया है कि केरल के मझौले और धनाढ्य भूस्वामी कृषकों की अपेक्षा गरीबतम काश्तकार अधिक लड़ाकू प्रवृत्ति के होते हैं। टी.के. ऊमन ने भी कहा है कि मलाबार में कृषक समूहीकरण प्रथम बार वेरुम्पट्टोम्दास लोगों में देखा गया है, जिन्हें छोटे किसान कहा जा सकता है और दूसरी अवस्था में कन्मोदार लोगों ने जिन्हें मझौले किसान कहा जा सकता है, आंदोलन में भाग लिया (1985: 45)। उन्होंने आगे यह बात दृढ़ता से कही है कि स्वतंत्र भारत में कृषक आंदोलनों में गरीब किसान लोग और खेतिहर मजदूर लोग अग्रणी भूमिका अदा करते हैं। अवध के अपने अध्ययन में, कपिल कुमार (1984) ने यह बताया है कि जमींदारों के खिलाफ गरीब किसानों ने महत्वपूर्ण भूमिका अदा की है। वे कहते हैं कि, 'अवध में गरीब खेतिहर लोगों का एक सम्भावित क्रांतिकारी वर्ग के रूप में उदय हुआ है।' अरविंद दास ने भी कहा है कि गरीब किसानों और खेतिहर मजदूरों में क्रांतिकारी आंदोलन का नेतृत्व करने की क्षमता होती है। जैसे पहले कहा गया है कि ये लोग तेलंगाना आंदोलन की रीढ़ की हड्डी थे। कुछ अन्य अध्ययनों में भी विभिन्न आंदोलनों में खेतिहर मजदूरों द्वारा अदा की गई उनकी लड़ाकू भूमिका को प्रदर्शित किया गया है।

महाराष्ट्र के थाणे जिले के खेतिहर मजदूरों ने 1946-48 के बीच अधिक मजदूरी दिये जाने के लिये एक आंदोलन किया था (परूलेकर, 1979)। ये लोग 1960 के दशक के अंतिम वर्षों में भूमि हड़पो आंदोलन में भी काफी सक्रिय रहे हैं। जमींदारों, मझौले और धनाढ्य किसानों तथा सरकार के खिलाफ देश के विभिन्न भागों में 1970 और 1980 के दशकों के बीच खेतिहर मजदूरों और गरीब किसानों द्वारा किये गये कई आंदोलनों का उद्देश्य खेतिहर संरचना में 'क्रांतिकारी' परिवर्तन लाना था।

स्वस्ति मित्तर (1977) का कहना है कि पश्चिमी बंगाल में जोत-क्षेत्र के केन्द्रीयकरण पर आधारित शक्ति-संरचना कमजोर पड़ती जा रही है और यह मझौले किसानों पर आधारित विस्तृत अर्थव्यवस्था को जन्म दे रही है। अतएव, मझौले किसानों और खेतिहर मजदूरों के बीच संघर्ष सामने आया है। प्रधान प्रसाद लिखते हैं कि बिहार के कुछ भागों में गरीब खेतिहर लोगों के संगठित आंदोलन ने ऊंची मजदूरी के लिये हड़तालों, सार्वजनिक सभाओं, प्रदर्शनों के माध्यम से जमींदारों और धनाढ्य किसानों पर सफलतापूर्वक दबाव बना कर ग्रामीण सम्पन्न लोगों के गैर-कानूनी और शोषणकारी कार्यकलापों के खिलाफ विरोध प्रकट किया और कभी-कभी बंटाईदारों को हटाये जाने को रोकने के लिये शस्त्रों का भी प्रयोग किया (1975: 1934)। बिहार और आंध्र प्रदेश में 1970 और 1980 के दशकों के बीच कृषिहर समाज में सम्पन्न और वंचित लोगों के बीच निरन्तर संघर्ष होते रहे हैं [सी.पी.आई. (एम.एल.), 1986; दास, 1987; बालगोपाल, 1988]।

पूर्व-स्वतंत्रता काल में कई कृषक आंदोलन की प्रकृति बहु-वर्गीय रही है जिसमें धनाढ्य, मझौले किसानों के साथ-साथ गरीब किसानों ने भी भाग लिया। धनागरे के एक अध्ययन (1983) में बताया गया कि तेलंगाना आंदोलन में धनाढ्य किसानों का वर्चस्व रहा है और उन्होंने गठबंधन की जोड़-तोड़ इस ढंग से की ताकि उनके हितों की रक्षा हो सके। वे कहते हैं कि यह गठबंधन तब तक चला जब तक भूमि जब्ती, भूमि की उच्चतम सीमा और उसका वितरण जैसे मूलभूत मुद्दों ने एकता को चुनौती नहीं दी (वही: 202)। तेलंगाना में धनाढ्य और मझौले किसानों ने, हड़पी हुई भूमि के वितरण में अपनी प्रबल स्थिति का लाभ उठाया। स्वस्ति मित्तर (1977) ने भी यही संघर्ष पश्चिमी बंगाल में अपेक्षाकृत सम्पन्न बंटाईदारों और गरीब वर्गदारों के बीच पाया है; इसमें सम्पन्न बंटाईदार लाभकर स्थिति में होते थे। इसी प्रकार टी.के. ऊमन ने केरल के अपने अध्ययन में कहा है—

> प्रारंभिक अवस्था में सामंती/जमींदारों के हितों के विरुद्ध खेतिहर कृषक सर्वहारा लोगों द्वारा अपनी शक्ति को जोड़ने की पूरी संभावना है, किन्तु एक बार कृषकों (काश्तकारों, बंटाईदारों, आदि) की कठिनाइयों का विधानों या आंदोलनों के द्वारा (और बहुधा इन दोनों के प्रभाव एक साथ कार्य करते हैं) समाधान कर दिया जाता है, इसके बाद बहुत कम ही देखा गया है कि ये सभी एकजुट बने रहते हैं। यह पूरी संभावना रहती है कि नव समृद्ध मालिक/किसान खेतिहर सर्वहारा को अपना दुश्मन समझने लगे, यदि ये सर्वहारा लोग कार्य करने की बेहतर दशाओं की मांग संगठित प्रयासों के द्वारा करते हैं (1985: 137)।

कपिल कुमार जोर देकर कहते हैं कि कृषक लामबन्दीकरण और राजनीतिक कार्यवाही के भिन्न स्रोत होते हैं।

खेतिहर लोगों का जैसे ही एक हिस्सा अपनी मांगों को मनवाने में सफल हो जाता है, यह हिस्सा आंदोलन से अपने आपको खींच लेता है और या उन लोगों के आंदोलन को कुचल देता है जो लोग उनसे गरीब होते हैं। पूर्व-स्वतंत्रता काल में, काश्तकार लोगों या मझौले किसानों ने कई आंदोलनों में साथ-साथ भाग लिया, किन्तु उन्होंने उसी समय अपना हाथ खींच लिया जैसे ही काश्तकारों को मालिकाना अधिकार मिल गये या धनाढ्य और मझौले कृषकों ने अपनी दशा में सुधार कर लिया। कई मामलों में, धनाढ्य कृषक या जमींदार लोग अपने स्वयं के वर्ग-हितों को प्राप्त करने के लिये गरीब किसानों और मजदूरों का समर्थन प्राप्त करने में सफल हुए हैं (आजाद, 1975; शाह, 1988b)। तेलंगाना आंदोलन, भूमि हड़प आंदोलन और भूमि सेना आंदोलन का अनुभव यह बताता है कि सम्पन्न वर्ग के लोगों ने आंदोलन के परिणामस्वरूप भूमि प्राप्त कर ली और बाद में आंदोलन से अपने आपको दूर कर लिया (अलक्जैंडर, 1975a; परिअर, 1981)। नक्सलवादी आंदोलन संबंधी अध्ययन भी इसी प्रकार की कहानी कहते हैं [सी.पी.आई. (एल.एल), 1986; दास, 1987; डूयकर, 1987]।

नक्सलवादी आंदोलन के खिलाफ एक प्रमुख आलोचना यह की जाती है कि यह बहुत मात्रा में लोगों को अपने साथ नहीं जोड़ पाया। इस आंदोलन के नेता लोग गरीब और भूमिहीन कृषकों की एक अच्छी संख्या को उत्साहित करने और उन्हें संगठित करने में असफल रहे हैं (एस. बनर्जी, 1980)। और इस स्थिति ने उन्हें चुनावी राजनीति की अपनी व्यूह-रचना और सहभागिता में परिवर्तन करने के लिए मजबूर किया है (मुखर्जी, 1987; हाउसर, 1993; एस. बनर्जी, 2002)। महाराष्ट्र के शाहदा आंदोलन के अपने अध्ययन में मरिया मीज ने छोटे क्षेत्रों में 'मॉस लाइन' (वृहत मात्रा में लोगों का आंदोलन से जुड़ना) की असमंजस की बात कही है। वे कहती हैं कि अपनी प्रकिया के दौरान, आंदोलन द्वारा गरीब किसानों और मजदूरों के संगठन का निर्माण किया गया और आंदोलन की शुरुआत की गई। किन्तु यह संगठित जन समूह उस समय शक्तिहीन हो गया जब शासक वर्ग ने एक साथ उनकी मांगों को व्यवस्थित और प्रत्यक्ष रूप में कुचलने के रूप में अपनी प्रतिक्रिया प्रदर्शित की' (1976a: 480-81)।

कुछ विद्वानों ने कहा है कि एक विशिष्ट खेतिहर वर्ग की 'क्रांतिकारी' भूमिका के बारे में किसी सिद्धान्त की रचना करना कठिन है क्योंकि उपनिवेशी काल के दौरान आंदोलन की जटिल प्रकृति होती है। पार्थ चटर्जी लिखते हैं—

> उपनिवेशी शासन के अन्तिम दशक में बंगाल में खेतिहर वर्ग संघर्षों का विश्लेषण, वास्तव में, किसी सरल रैखिक व्याख्यानों की अनुपयुक्तता को प्रदर्शित करता है। यह संघर्ष समूचे अधीनस्थ वर्गों का एक साथ मिलकर उपनिवेशी शासन के विरुद्ध हो सकता है, या पूंजीपति मालिकों और सम्पत्तिहीन श्रमिकों के बीच विरोध हो सकता है। यहां तक कि यदि हम इन संघर्षों को आधारभूत तत्वों की छोटी सी संख्या के बीच के संबंधों तक भी सीमित रखते हैं, फिर भी हमारे सामने विभिन्न प्रकार के संभावित गठबन्धनों और जोड़-तोड़ों की संभावना बनी रहती है जो विशिष्ट

> संरचनात्मक बनावट और ऐतिहासिक अनुमान के अनुसार एक प्रदेश और दूसरे प्रदेश और एक काल और दूसरे काल में भिन्न हो सकती है (1986: 201)।

खेतिहर आंदोलनों में कृषकों और औद्योगिक मजदूरों के बीच एक गठबंधन तैयार करने के प्रयास वामदलों और समूहों द्वारा किये गये हैं। कुछ अध्ययन यह बताते हैं कि केरल के कुछ भागों में नगरीय औद्योगिक श्रमिक संघ के मजदूरों ने अपना समर्थन खेतिहर मजदूरों को उनके आंदोलन में दिया (कानन, 1988)। तेलंगाना और नक्सलवादी आंदोलनों के अध्ययन भी हमें औद्योगिक मजदूरों और कृषिहर मजदूरों के बीच बने गठबंधनों के प्रयासों के बारे में बताते हैं। हालांकि, इस प्रकार का गठबंधन लम्बे अर्से तक नहीं चला। कुछेक आंदोलनों के इस पक्ष पर विस्तृत पड़ताल किये जाने की आवश्यकता है।

कृषकों की संख्या में आधी संख्या स्त्रियों की होती है, किन्तु पुरुष विद्वानों ने आंदोलन में इनकी भूमिका की अवहेलना की है या उसे कम आंका है, यद्यपि उन्होंने आंदोलन में सक्रिय रूप में भाग लिया है। तेलंगाना आंदोलन में स्त्रियों की भूमिका के बारे में आंदोलन के एक नेता पी. सुन्दरैय्या ने लिखा है—

> छेड़छाड़, उत्पीड़न और बलात्कार के खिलाफ अपने सम्मान की रक्षा करने संबंधी उनके वीरोचित तथा कठोर विरोध प्रदर्शन की कहानी एक प्रेरणादायक रही है। नव सामाजिक समता, नैतिक और सांस्कृतिक जीवन के प्रति उनकी जागरूकता, उनके लड़ने की कठोर प्रकृति हमारे आर्थिक और सामाजिक दृष्टि से उत्पीड़ित स्त्री समुदाय में भारी क्रांतिकारी प्रेरणा और ऊर्जा उत्पन्न का एक झलक प्रस्तुत करती है'। (1972: 328)

कपिल कुमार (1984) ने अवध में कृषक आंदोलन के अपने अध्ययन में और के.पी. कानन (1988) ने केरल में ग्रामीण श्रमिक आंदोलन के अपने अध्ययन में, आंदोलनों में स्त्रियों की सहभागिता पर प्रकाश डाला है। अभी तक एकमात्र पीटर कस्टर्स का अध्ययन (1987) ही ऐसा है जिसमें कृषक विद्रोहों में स्त्रियों की भूमिका को मुख्यत: रेखांकित किया गया है। इस अध्ययन में उन्होंने तेभागा और तेलंगाना कृषक विद्रोहों में स्त्रियों की सहभागिता पर प्रकाश डाला है। कानन ने कहा है कि स्त्रियों की सहभागिता संगठनात्मक, नेतृत्व और निर्णय-प्रक्रिया के स्तरों पर सीमित रही है (1988: 134)। 1990 के दशक के दौरान, कई विद्वानों ने लिंग (Gender) परिप्रेक्ष्य की दृष्टि से कृषक आंदोलनों पर पुन: सोच-विचार किया जिसकी विवेचना अध्याय 7 में की गई है।

नेतृत्व

कृषकों के वस्तुपरक कारकों को व्यक्तिपरक चेतना और समूहीकरण करने में नेता लोगों का दायित्व होता है। कुछ विद्वानों का यह विचार रहा है कि कृषक लोग स्वयं क्रांतिकारी आंदोलन की शुरुआत नहीं कर सकते। शानिन (1972) कहते हैं कि पारम्परिक कृषक आंदोलन तब तक वास्तविक राजनीतिक चरित्र ग्रहण नहीं कर सकता जब तक स्वयं कृषकों से अधिक जागरूक नेता लोग जो राजनीतिक दृष्टि से प्रगतिशील सामाजिक स्तरों से जुड़े होते

हैं। कपिल कुमार उत्तर प्रदेश में कृषक विद्रोह संबंधी अपने अध्ययन के निष्कर्ष के रूप में कहते हैं कि 'कृषक नेतृत्व अपने आप में सामन्तवाद के उन्मूलन संबंधी अपनी मांग को व्यवस्थित रूप में प्रस्तुत करने में असफल रहा है। उनकी स्पष्ट विचारधारा के अभाव ने उन्हें उस समय (संकट अवस्था में) असफल कर दिया जब उन्हें उसकी बहुत अधिक जरूरत थी (1984: 233)। जैक पौचेपदास (1974: 81) कहते हैं कि राष्ट्रवादी काल में कृषक आंदोलन को शिक्षित बुद्धिजीवी लोगों ने नेतृत्व प्रदान किया। चम्पारन आंदोलन में इन लोगों की भूमिका महत्वपूर्ण रही है।

> वे नगरीय बुद्धिजीवी लोग विद्रोह को जन्म नहीं दे सके क्योंकि ये लोग 'ऊपरी तबके के' कृषकों को सदा की भांति उद्वेलित करने में अक्षम रहे। किन्तु इस बार कुपित किसानों ने स्वयं उन्हें बुलाया, ताकि उनके आंदोलन के स्तर का विस्तार हो सके। इस मध्यस्थ कृतज्ञता के कारण स्थानिक आंदोलन एक जिले स्तरीय आंदोलन में विकसित हो गया और कुछ सीमा तक पास वाले नील वाले जिला तक भी फैल गया। इससे भी महत्वपूर्ण बात यह रही कि इस मध्यस्थता ने आंदोलन के उद्‌देश्यों में क्रांतिकारी परिवर्तन ला दिया। व्यक्तिश: बागान-मालिकों या कारखानों के खिलाफ छुट-पुट रूप में उत्पन्न हुई वैमनस्यता ने धीरे-धीरे चम्पारन के नील प्रश्न के रूप में एक वैश्विक विवाद का रूप धारण कर लिया।

पार्थ चटर्जी ने भी कहा है कि 'मध्यम-वर्गीय बुद्धिजीवी' जिनका भूमि के साथ भौतिक हित वाला जुड़ाव समाप्त हो गया, उन्होंने जन आंदोलन के लिये नये दलों को संगठित ढांचा प्रदान किया। उनके हस्तक्षेप ने काश्तकारी संबंधी जन समूह की जमींदार-विरोधी मांग को एक क्रांतिकारी आयाम दिया, किन्तु नवीन विरोध के बढ़ती हुई ऐतिहासिक क्षमता के प्रति उनका उभयवाही दृष्टिकोण का प्रदर्शन यथावत जारी रहा (1986: 203-4)। कपिल कुमार भी यह मानते हैं कि नगरीय नेतृत्व ने वास्तव में अपने राजनीतिक और दलीय उद्‌देश्यों को प्राप्त करने के लिये कृषक असंतोष का दुरुपयोग किया। नक्सलवादी आंदोलन का नेतृत्व युवाओं के हाथ में रहा जो नगरीय-शिक्षित मध्यम वर्ग से संबंधित थे। स्वस्ति मित्तर (1977) कहती हैं कि भूमि हड़पो आंदोलन में नेतृत्व समाज के नगरीय सम्पन्न वर्ग से आया। यह सही है, कि बाहर का नेतृत्व बिना किसी समस्याओं के नहीं होता। पार्थ मुकर्जी टिप्पणी करते हैं—

> एक तरफ नगरीय-आधारित नेतृत्व था जो अधिक संस्कारित विचारधारा में रंगा हुआ था; इनके पास आंदोलन के संबंध में अधिक बेहतर प्रस्थिति थी जिसके द्वारा आंदोलन को ठीक प्रकार से चलाया जा सकता था। ये लोग दूसरों को अपने द्वारा दिये गये दिशा-निर्देश के पालन के लिये दबाव डाल सकते थे और लोगों को यह आश्वस्त करने की स्थिति में थे कि जिन परिणामों की हम आशा करते हैं, वे प्राप्त किये जा सकेंगे। (1979: 75-76)

दीपांकर गुप्ता ने कृषक आंदोलनों के अपने अध्ययनों में बताया है कि 'यह धारणा कि कृषक लोग वैचारिक रूप में सोचने में अक्षम हैं और उन्हें बाहर से नेतृत्व की जरूरत पड़ती है, यह महाराष्ट्र और पश्चिमी उत्तर प्रदेश के उदाहरणों से पूर्णत: गलत सिद्ध हो चुकी है' (2002: 168)।

एस. बनर्जी (1980) और कपिल कुमार (1984) का यह विचार रहा है कि बाबाओं, फकीरों और साधुओं ने भी कृषक आंदोलनों में उग्र ग्रामीण बुद्धिजीवियों की भूमिका अदा की है। इन लोगों ने ब्रिटिश शासकों के विरुद्ध किसानों को संगठित किया। बनर्जी ने कुछेक आंदोलनों को संन्यासी विद्रोह का नाम दिया है। कपिल कुमार कहते हैं कि—

> ये किसी स्वीकृत प्रतिमान के अनुसार परिभाषित किसी क्रांतिकारी सामाजिक वर्ग से संबंधित क्रांतिकारी लोग नहीं थे और न ही ये लोग मान्य नेतृत्व के व्यवहार प्रतिमान या अभिव्यक्ति की शैली के पालनकर्त्ता थे। इन लोगों में गतिशीलता थी और पूरा समय देने वाले थे और नगरीय नेताओं से भिन्न ये लोग संगठनीकरण के उद्देश्य से परिष्कृत श्रेणी से संबंधित नहीं थे या जटिल दुहरे-चेहरे वाले राजनीतिक प्रचार में विश्वास रखते थे। इन लोगों की सारी कवायद परिस्थिति की सूक्ष्म समझ तथा वर्तमान सामाजिक बुराइयों के विस्तृत निदान पर आधारित होती थी (1984: 221)।

फिर भी हमें कुछ अन्य अध्ययनों का इन्तजार करना चाहिये जिनमें ग्रामीण बुद्धिजीवियों की भूमिका का विश्लेषण किया गया हो। दीपांकर गुप्ता ने बी.के. यू के नेता टिकैट और यूपी के जाट कृषकों के बीच के संबंधों का विश्लेषण किया है। उन्होंने इस तथ्य पर भी गौर किया है कि जाट लोग चरणसिंह को सत्ता के विरुद्ध राष्ट्र के एक प्रतीक के रूप में मानते थे (2002; यह भी देखिये, वायर्स, 1988)।

कृषक आंदोलनों के अधिकांश अध्ययनों में कृषक नेताओं की जाति और वर्ग पृष्ठभूमि, समाजीकरण, आदि की प्रकृति पर विचार नहीं किया गया है। फिर कुछ अध्ययन ऐसे हैं, जैसे पौचेपदास (1974), कपिल कुमार (1984), हार्डिमैन (1981a) और शाह (1974), जो नेताओं के बारे में हमें कुछ सूचनाएं देते हैं। किन्तु ये हमें इन अध्ययनों में निहित नेतृत्व के प्रतिमान के बारे में कोई विचार नहीं दे पाते हैं।

संगठन

सामान्यत: कृषक विद्रोहों से संबंधित अध्ययनों में आंदोलनों के संगठनात्मक पक्षों, जैसे संगठन का निर्माण, कार्यक्रम का सूत्रीकरण, निर्णय प्रक्रिया और विभिन्न इकाइयों के बीच प्रभावक समन्वयन आदि की उपेक्षा की गई है। अधिकांश अध्ययन इस विचार का पोषण करते हैं कि कृषक आंदोलन स्वत: प्रवर्तित होते हैं और इनका कोई संगठित ढांचा नहीं होता है। यह बात कुछ सीमित क्षेत्र के विद्रोहों के लिये सही हो सकती है। फिर भी, इन विद्रोहों के लिए भी कृषकों को संगठित करने, सूचनाओं के सम्प्रेषण करने और योजनाओं की व्यूह-रचना करने, कार्यक्रम बनाने की अनिवार्य रूप में जरूरत पड़ती है। रणजीत सिंह गुहा ठीक ही कहते हैं कि ग्रामीण लोगों के द्वारा विद्रोह 'एक प्रेरित और सचेतन प्रयास था' (1983a: 2)। बरी पविअर (1981) ने तेलंगाना आंदोलन; घोष (1974), पार्थ मुखर्जी (1979), सुमंता बनर्जी (1980), तरुण कुमार बनर्जी (1980) तथा अन्य ने नक्सलवादी आंदोलन; घनश्याम शाह (1974) ने बारदौली सत्याग्रह; डेविड हार्डिमैन ने खेड़ा सत्याग्रह

(1981a); अतलुरी मुरली (1988) ने आंध्र के नागरिक अवज्ञा; मरिया मीज़ (1976a) ने शाहदा आंदोलन; कृष्ण कान्त सरकार (1986) ने कक्द्वीप कृषक विद्रोह; कानन ने केरल मजदूर आंदोलन (1988); दीपांकर गुप्ता ने पश्चिमी यूपी के कृषक आंदोलन, (2002); राहुल रामगुण्डम ने मध्य प्रदेश के एका परिषद् आंदोलन और कुछ अन्य व्यक्तियों ने सामान्यत: आंदोलन के संगठनात्मक ढांचे का एक संक्षिप्त विवरण तथा विशेष रूप में अपने द्वारा अध्ययन किये गये गांव की आंदोलन इकाइयों की रचना तथा उनका केन्द्रीय इकाई के साथ संबंध का संक्षिप्त विवरण दिया है कि आंदोलन के संगठनात्मक ढांचे की रचना कैसे होती है और यह कैसे कार्य करता है। आंदोलन के इस पक्ष की सूचना बड़ी अपूर्ण दी गई है। राजनीति विज्ञान के एक छात्र को इन पक्षों के बारे अधिक सूक्ष्म रूप से खोज किये जाने की आवश्यकता है।

बीसवीं सदी के प्रारंभिक वर्षों से ही विभिन्न राजनीतिक दल कृषकों को संगठित और आंदोलनों की शुरुआत करने का काम कर रहे हैं। जन-आधारित दल बनाने की दृष्टि, से कांग्रेस 1920 के दशक के प्रारंभ से ही कृषकों को राष्ट्रीय आंदोलनों से जोड़ने का कार्य कर रही है। कांग्रेस ने कृषकों को संगठित किया और कुछ स्थानीकृत कृषक आंदोलनों जैसे 1928 का बारदौली सत्याग्रह, किराया न देने के आंदोलन को स्वराज हेतु राष्ट्रीय आंदोलन के साथ जोड़ा (लो, 1977; पती, 1983; मेहता, 1984; मुरली, 1988)। फिर भी, कांग्रेस ने ऐसे किसी भी आंदोलन को हतोत्साहित नहीं किया जिसमें जमींदारों और काश्तकारों के बीच संघर्ष को तीव्र बनाने की कोशिश की गई। स्वराज को प्राप्त करने के लिये कांग्रेस ग्रामीण समाज के सभी वर्गों का एक गठबंधन बनाना चाहती थी। कांग्रेस ने गरीब किसानों को प्रत्यक्ष कार्यवाही में भाग लेने के लिये एक सीमा तक ही स्वीकार किया ताकि वे लोग धनाढ्य और मझौले कृषकों के नियंत्रण में रहें (पांडे, 1977; हरकोर्ट, 1977)।

हैनिंनघम (1982) ने यह पाया है कि बिहार कांग्रेस ने राष्ट्रवादी संघर्ष को खेतिहर संघर्ष से अलग रखा और इसने खेतिहर सुधार आंदोलनों को हतोत्साहित किया। कांग्रेस ने स्वामी विद्यानन्द का समर्थन नहीं किया जब दरभंगा राज के विरुद्ध आंदोलन किया गया। वास्तव में, बिहार कांग्रेस के अध्यक्ष राजेन्द्र प्रसाद ने विद्यानन्द को धूर्तता का दोषी माना है (यह भी देखिये, चक्रवर्ती, 1986)। इसी प्रकार, कपिल कुमार ने अवध के कृषक आंदोलन के अपने अध्ययन में कहा कि कांग्रेस और खिलाफत के नेतागण कृषक लोगों को जमीन के मालिकों के खिलाफ संघर्ष के रास्ते से सरकार के विरुद्ध असहयोग के रास्ते की ओर डिगाने की कोशिश कर रहे थे। ज्ञानेन्द्र पांडे (1977, 1982) ने भी 1919 और 1922 के बीच अवध में हुए कृषक आंदोलन के बारे में यही बात कही है। वे कहते हैं कि उत्तर प्रदेश के कांग्रेस के नेतागण यह विचार रखते थे कि जमींदारों के विरुद्ध काश्तकारों और कृषकों का वर्गीय संघर्ष 'बड़े' संघर्ष जिसे 'राष्ट्रीय एकता' संघर्ष कहते हैं, को पीछे धकेल रहा था। कांग्रेस जो जन आंदोलन हेतु कृषकों को संगठित करने के लिए उत्तरदायी रही है, वही उसे नीचे गिराने के लिये 'समान रूप से उत्तरदायी' है। परिणामत:, 1940 तक उत्तर प्रदेश में कांग्रेस धनाढ्य

कृषकों का दल बन गया। बारदौली सत्याग्रह (शाह, 1974; धनागरे, 1983) के अध्ययन बताते हैं कि कांग्रेस नेतागणों ने भूमिहीन मजदूरों सहित कृषकों के विभिन्न स्तरों के बीच एकता बनाये रखने की कोशिश की है। टी.के. ऊम्मन कहते हैं कि 'वर्ग सहयोग की योजना कृषक आंदोलन की एक स्वाभाविक परिणति और तार्किक जरूरत थी जो राष्ट्रीय स्वतन्त्रता आंदोलन के घेरे में कार्यरत थी' (1985: 16)।

विभिन्न खेतिहर आंदोलनों संबंधी अनेक अध्ययन उत्तर प्रदेश (क्राले, 1971), बंगाल (सेन, 1972), बिहार (गुप्ता, 1982; दास, 1983) और पंजाब (सुरजीत, 1986) में किसान सभा की भूमिका की गणवेषणा की गई है। एम.ए. रसूल (1974) द्वारा लिखा गया किसान सभा का इतिहास 1920 के दशक के बीच हुए किसान आंदोलनों संबंधी साहित्य में एक मूल्यवान योगदान है।

1960 के दशक का तेलंगाना आंदोलन, तेभागा आंदोलन, नक्सलवादी आंदोलन, भूमि हड़पो आंदोलन तथा 1940 के दशक से केरल में खेतिहर मजदूर आंदोलन कृषकों को आंदोलनों के लिये तैयार करने और संगठित करने में वामवादी राजनीतिक दलों की भूमिका को उजागर करते हैं। बिहार संबंधी राकेश गुप्ता के अध्ययन (1982) की भांति, कई अध्ययन यह बताते हैं कि बिहार, उत्तर प्रदेश, बंगाल और आंध्र प्रदेश में साम्यवादी दल नियंत्रणात्मक स्थिति में रहा है। बरी पविअर (1981) कहते हैं कि तेलंगाना आंदोलन काफी जगह इसलिये फैल गया और लम्बे समय तक चला क्योंकि इसमें साम्यवादी दल ने राजनीतिक हस्तक्षेप किया और यही बात 1946-47 के तेभागा आंदोलन (कस्टर्स, 1987) और 1960 के नक्सलवादी आंदोलन (एस. बनर्जी, 1980) के बारे में कही गई है।

इसी प्रकार, कांग्रेस की भांति, वामपंथी दलों ने भी 1940 के दशक में कृषक आंदोलन के विकास को बाधित करने का प्रयास किया, चाहे इनके कारण भिन्न रहे हों (पविअर, 1981; कस्टर्स, 1987)। यह सही है कि वामपंथी दलों ने खेतिहर मजदूरों को संगठित किया और कई बार हड़तालों को करने के लिये नेतृत्व भी प्रदान किया, फिर भी उन्होंने कुछ महती कारणों से उन पर विशेष ध्यान नहीं दिया। उनके अनुसार, खेतिहर मजदूरों के पास क्रांतिकारी आंदोलन को चलाने के लिये आवश्यक क्षमता नहीं होती। परिणामतः, निर्दलीय समूहों ने देश के विभिन्न भागों में खेतिहर मजदूरों को संगठित किया और अपने आंदोलनों की शुरुआत की, यद्यपि ये आंदोलन कुछ क्षेत्र विशेष तक सीमित रहे और उनके बहुत कम लाभ मिले (मीज़, 1976a; डी. सिलवा, एवं अन्य 1979a; कानन, 1988; शाह, 1988a)।

जाति और धर्म की भूमिका

वे विद्वान जो यह विश्वास करते हैं कि राजनीतिक कार्यवाही (कार्रवाई) हेतु कृषकों में राजनीतिक चेतना विकसित करने और उन्हें संगठित करने में नेतागण एक महत्वपूर्ण भूमिका अदा करते हैं, कुछ अग्रांकित प्रश्नों पर सोच-विचार करते हैं—कृषकों को संगठित और तैयार करने में नेतागण किस योजना और शैली को अपनाते हैं? वे उनमें किन मूल्यों को जाग्रत करते

हैं? कृषकों को संगठित और तैयार करने में नेतागणों द्वारा किस प्रणाली को विकसित किया गया? कई अध्ययन बताते हैं कि उपनिवेश काल और स्वतंत्रता के बाद भी कृषक आंदोलनों में जन चेतना जाग्रत करने और कृषक आंदोलनों में अपने दुखों को मुखर करने के लिये परम्परागत सामाजिक, धार्मिक संस्थाओं और कर्मकाण्डों जैसे भजनों, कथाओं, यज्ञों, लोक नृत्यों और नाटकों का प्रयोग किया गया (वॉन डेर वेड और पोइतेविन, 1981; कुमार, 1984; इरशिक, 1986; शाह, 1988a; मुरली, 1988; गुप्ता, 1997)। ये लोग गांधीवादी थे और गांधीवादी अहिंसा के मार्ग का अनुसरण करते थे और इनमें से कुछ ऐसे लोग भी थे जो गैर-गांधीवादी थे जो न तो हिंसा और न ही विशेष रूप में अहिंसा के धर्म का पालन करने वाले थे। गांधीवादी अहिंसा की विधि के बारे में यूजेन इरशिक ने एक रुचिकर प्रश्न खड़ा किया कि क्या यह बचाव का कर्मकाण्ड है या मुठभेड़ का कर्मकाण्ड है। उनके अनुसार, गांधीवादी लोगों ने अंग्रेजों को अस्थाई रूप में कमजोर करने के लिये अहिंसा की विधि का प्रयोग किया। वे कहते हैं—

> कमजोरी, दूरी या बचाव के इस सुविचारित अनुमान का प्रभाव सत्ता के अभिकर्त्ता को अस्थाई तौर पर शक्तिहीन बनाना था। निश्चित रूप में, बचाव के इन कर्मकाण्डों के प्रयोग द्वारा 'कठोर' सत्ता की संरचनात्मक स्थितियों और इसे शासित करने वाले 'कमजोर' समुदाय को अस्थाई तौर पर उलट दिया गया। इसके अतिरिक्त, ये आनुष्ठानिक उलटाव अपरिहार्य रूप में समयबद्ध संक्रमण के अनुसार नहीं हुआ, अपितु यह तब हुआ जब समूहों को यह अनुभूति हुई कि 'अव्यवस्था जारी' है, जब किसी सत्ता के प्रति समूहों में कोई शिकायत थी या जब संबंधों का कोई संकट था। कमजोर स्थिति अपना कर ये समूह अपने क्षेत्र की रचना कर रहे थे, यह एक प्रकार के कर्मकांड का क्षेत्र था ताकि विद्रोहियों को अपने पसंद के संबंधों को पुनर्व्यवस्थित करने में मदद कर सके। (1986: 1276)

कृषक आंदोलनों में धर्म और जाति की क्या भूमिका है, इसे विभिन्न विद्वानों ने विभिन्न रूपों में देखा है। जैसा पहले लिखा गया है कि बैरिंगटन मूर ने कहा है कि जाति व्यवस्था और हिन्दू धर्म दोनों ने ही भारत में कृषक आंदोलनों को बाधित किया है। के.के. सरकार (1979) ने काकद्वीप तेभागा आंदोलन के अपने अध्ययन में बताया है कि 'कठोर जाति संरचना' के कारण कृषकों में एकता का अभाव पाया गया। उत्तर प्रदेश के जमीन हड़पो आंदोलन संबंधी अपने अध्ययन में राजेन्द्र सिंह (1974) ने बताया कि जाति और साम्प्रदायिक कारकों ने 'आंदोलन को समाप्त कर दिया'। इसके विपरीत, कई अध्ययनों ने यह प्रदर्शित किया है कि जाति और धर्म ने कृषकों को संगठित करने और उन्हें तैयार करने में महत्वपूर्ण भूमिका अदा की है। खेड़ा और बारदौली सत्याग्रहों में जाति संगठनों को जाति में और विभिन्न जातियों के बीच एकता स्थापित करने में प्रयोग किया गया। शाह लिखते हैं—

> संक्षेप में, इस राजनीतिक आंदोलन (बारदौली सत्याग्रह) के दौरान प्रत्यक्ष और अप्रत्यक्ष संवाद दोनों की भाषा अत्यधिक देशी (स्थानिक) और जाने-माने शब्दों और वाक्यों से भरी हुई थी। राजनीतिक मुद्दों को लोगों को सामाजिक और धार्मिक प्रतीकों के माध्यम से समझाया गया जो परम्पराओं से सने हुए लोगों को अच्छा लगा। (1974: 106)

कपिल कुमार (1984) ने ऐसे कई साक्ष्य प्रस्तुत किये हैं कि किस प्रकार किसान नेताओं द्वारा रामायण का प्रयोग कर जन समूह को धार्मिक प्रतीकों के द्वारा संगठित और तैयार किया गया। सिद्दकी ने भी यह पाया कि 'जातियों की उपस्थिति ने कृषक आंदोलन में अधिक सम्बद्धता और गति से आगे बढ़ने में सहायता की है तथा अवध के ग्रामीण समाज में वर्ग और जाति के बीच अपेक्षित अनम्यता उपस्थित नहीं थी (वही: 214)। हैनिंघम (1982), पौचेप दास (1974), धनागरे (1983), हार्डग्रेव (1977) तथा अन्य ने बैरिंगटन मूर की प्राक्कल्पना को अस्वीकार करते हुए यह दावा किया है कि जाति और धर्म दुधारू हथियार हैं। ये यथास्थिति बनाये रख सकते हैं और साथ ही ये परिवर्तन के अभिकर्त्ता (एजेन्ट) का भी कार्य कर सकते हैं। यह इस बात पर निर्भर करता है कि इनका प्रयोग कैसे किया जाता है।'

कुछ विद्वानों ने संकेत दिया है कि किसान लोग अपनी जाति और धर्म के बिना किसी भेदभाव के काश्तकारों या गरीब किसानों या खेतिहर मजदूरों के रूप में संगठित हो सकते हैं। एल. नटराजन (1979a) बताते हैं कि सन् 1860 में बिहार में नील बोने वालों के उत्पीड़न के खिलाफ हिन्दू और मुसलमान दोनों प्रकार के काश्तकारों ने कन्धे से कन्धा मिला कर हड़ताल में भाग लिया था। सुखबीर चौधरी (1979b) ने पाया कि 1920 के दशक में जब अवध में आंदोलन उत्पन्न हुआ तब जाति की भिन्नताएं धूमिल होकर पृष्ठभूमि में खो गईं। तेलंगाना आंदोलन के बारे में बैरी पविअर कहते हैं—

> दस्तावेज के अनुसार, ऐसे कोई भी साक्ष्य किसी भी स्रोत से उपलब्ध नहीं हैं कि जाति ने आंदोलन में किसी भी प्रकार की कोई भूमिका अदा की है। इसके विपरीत, सभी छुटपुट थोड़े से उपलब्ध साक्ष्य यह बताते हैं कि पुराने सामाजिक संबंध आंदोलन के प्रभाववश विघटित होना शुरू हो गये, चाहे ये संबंध जाति संबंधित या फिर स्त्रियों से संबंधित रहे हों (1981: 184)।

1960 के दशक के दौरान पश्चिमी बांगल में हुए कृषक आंदोलनों के अपने अध्ययन में, स्वस्ति मित्तर (1977) ने लिखा है कि एक ही जाति से संबंधित काश्तकार और जोतदार आर्थिक मुद्दों पर आपस में एक-दूसरे से लड़े हैं। किन्तु, गेल ओमवेट (1993) का इस विषय पर भिन्न नजरिया है। वे कहती हैं—

> स्थानिक स्तर पर संगठित करने में निरंतर एक कठिनाई आती है। धनाढ्य किसानों के वर्चस्व से मुठभेड़ लेने के लिये जाति आधार के परे लोगों को संगठित करना आभासीय रूप में असंभव सा प्रतीत होता है क्योंकि इन दोनों की जड़ें खुले अपरिष्कृत रूप में गड़ी होती हैं जो उन्हें पुलिस के साथ-साथ गुंडों की शक्ति देती है जिसके द्वारा उन लोगों के साथ मारपीट कर देते हैं जो उन्हें चुनौती देते हैं या फिर अधिक परिष्कृत तरीकों द्वारा जिसमें शक्कर की सहकारी समितियों, गांव की समितियों, शैक्षणिक संस्थाओं और परिवार-जाति के बंधनों की शक्तियों और संरक्षण के उपयोग द्वारा उन्हें लालच देकर, भ्रष्ट बना कर और बांटने के प्रयासों द्वारा उनके खिलाफ संगठित किया जाता है। (वही: 190)

दीपांकर गुप्ता (1997) ने उत्तर प्रदेश में जाटों को संगठित करने में गोत्र और जाति के सम्मान की भूमिका के बारे में खोजबीन की है। कई अध्ययन यह बताते हैं कि कुछ स्थानों पर

जाति संगठन की प्रक्रिया (लामबंदीकरण) में रुकावट डालती है, तो अन्य स्थानों पर वह इस प्रक्रिया को तीव्र करती है, या एक स्तर पर, जाति वर्ग का रूप धारण कर लेती है और कृषकों को एकजुट करती है, दूसरे स्तर पर यह पुनः जाति की स्थिति में आ जाती है (सिंह, 1979)।

कृषक चेतना की स्वायत्तता

उपनिवेशी और उत्तर-उपनिवेशी काल में कृषक आंदोलनों संबंधी हुए अधिकांश अध्ययनों में यह माना गया है कि कृषकों में अपने स्वयं की राजनीतिक चेतना नहीं होती। यह कहा गया है कि कृषकों में राजनीतिक चेतना राजनीतिक दलों और बाहरी नेताओं द्वारा विकसित की गई थी। यह विश्वास किया जाता है कि राजनीतिक चेतना, मुख्यतः अभिजन और बाहरी शक्तियों के प्रति उत्तेजना और प्रत्युत्तर का एक प्रकार्य है। इस दृष्टिकोण को कुछ विद्वानों, इतिहासकारों, समाजशास्त्रियों और राजनीतिक वैज्ञानिकों के समूह ने चुनौती की है। ये लोग यह दावा करते हैं कि उपनिवेशी काल में कृषक लोग अपने विद्रोह के स्वयं निर्माता होते थे, उनकी स्वयं की अपनी चेतना होती थी जो बाहरी नेतृत्व से स्वतंत्र होती थी। रणजीत गुहा (1983a, 1983b) कहते हैं कि जन राजनीति का 'एक स्वायत्त क्षेत्र था' जिसकी उत्पत्ति न तो अभिजन से होती थी और न ही यह उन पर आश्रित थी। लोग अपनी चेतना और शक्ति अपनी परम्पराओं द्वारा प्राप्त करते थे। समूचे इतिहास में ऐसे अनेक उदाहरण उपलब्ध हैं जो शोषण, अन्याय और उत्पीड़न के विरोध में लोगों की पहल की पुष्टि करते हैं। 1976-77 में आपातकाल के दौरान उत्तरी भारत में 'नसबंदी' विरोधी आंदोलन लोगों की स्वयं की पहल और स्वतन्त्रता का एक ताजा उदाहरण है। पार्थ चटर्जी कहते हैं कि कृषकों की राजनीतिक प्रक्रियाओं में 'विशिष्ट व्यक्तिपरकता' होती है जो परिवर्तन लाती है।

> कृषकों की इस व्यक्तिपरकता को पुनः स्थापित किया जाना आवश्यक है। इसकी राजनीतिक क्रियाओं को 'आदिकालीन' या 'पूर्व-राजनीतिक', अतार्किक मानकर इन्हें स्वाभाविक रूप में अबोधगम्य 'स्वतःस्फूर्त' कार्यकलापों के रूप में नहीं देखा जाना चाहिये, अपितु ये ऐसी क्रियाएं हैं जो स्वयं की चेतना से अनुप्राणित हैं। इनका निर्माण कई सदियों के स्वयं के ऐसे राजनीतिक इतिहास से हुआ है जो शक्ति और नैतिकता की विशिष्ट धारणाओं से निर्मित है और जो वर्ग संघर्ष के पूर्णतः नवीन संदर्भों में तालमेल बिठाने और कार्यवाही करने का प्रयास कर रहा है। यह एक दृष्टि उपागम है जैसा कि यह है जो हमें 'आधुनिक' राजनीति के संदर्भ में कृषकों के आंदोलन की ताकतों और कमजोरियों के साथ सम्पूर्ण कृषकों या कृषकों के हिस्सों के 'संगठनीकरण' के अवसरों दोनों को ऐतिहासिक संदर्भ में दूसरे वर्गों और समूहों द्वारा समझने का अधिक विश्वसनीय सुराग देगा। यह दृष्टिकोण कृषकों के भीतर विभेदीकरण की संभवतः अपरिवर्तनीय प्रक्रिया की ओर झुकाव को दर्शाता है। (1986 : 202)

यह उन लोगों के लिये एक महत्वपूर्ण चेतावनी है जो ऊपर से नीचे की ओर देखते हैं। किन्तु इसके साथ ही, चेतना के स्वतंत्र क्षेत्र पर आवश्यकता से अधिक बल देने तथा 'नीचे' और 'ऊपर' के बीच के द्वन्द्वात्मक संबंधों की अवहेलना करने के प्रति भावुक होने का एक खतरा भी है। टॉम ब्रास कहते हैं—

> इस प्रकार के दृष्टि उपागम का यह निहितार्थ (निष्कर्ष) है कि विद्यमान सामाजिक व्यवस्था का विरोध वर्ग रचना, वर्ग संघर्ष और वर्ग की राजनीति की देन नहीं है, अपितु यह अभी तक अज्ञात प्रामाणिक जनता की आवाज (='लोकप्रिय संस्कृति') का प्रतिफल है जिसका प्रतिनिधित्व दबे-कुचले लोगों/आंदोलन/पर्यावरणात्मक नारीवादी पाठों के ऐसे विराजनीतिकृत विमर्श में हुआ है जो अविश्वसनीय अतिव्याप्त अधिवृत्तांतों से अप्रभावित रहा है। 'नैतिक अर्थव्यवस्था' की स्थिति की भांति प्रथाओं, परम्पराओं, संस्कृति और व्यवहारों को प्राथमिकता दी जाती है क्योंकि ये कृषकों और कामगार वर्ग में पहले से ही उपस्थित होते हैं। यह एक ऐसा दृष्टिकोण है जो मार्क्सवादियों का विरोधी है जो पीछे देखने, राजनीतिक रूप में प्रतिक्रियावादी और ऐतिहासिक रूप में ज्ञानातीत भूमिका को महत्व देता है, जिसका अधिकांश भाग ऐसे विरोध के मार्ग को प्रशस्त करता है जो पहले से विद्यमान, 'लोकप्रिय संस्कृति पर आधारित है' (नस्लवाद, राष्ट्रवाद, धर्म)। (1994a: 228)

कुछ विद्वानों द्वारा यह कहा गया है कि चेतना की रचना में यद्यपि वस्तुपरक स्थिति महत्वपूर्ण होती है, फिर भी नेताओं की भूमिका और संगठनीकरण (mobilisation) हेतु समूह की नीतियों की सटीकता भी समान रूप से महत्वपूर्ण होती है (सेन गुप्ता, 1990)।

सार संक्षेप

उपनिवेशी और उत्तर-उपनिवेशी काल में हुए कृषक आंदोलनों पर अब बहुसंख्यक अध्ययन उपलब्ध हैं। समाजशास्त्रियों और राजनीतिक वैज्ञानिकों की अपेक्षा इतिहासकारों और राजनीतिक कार्यकर्त्ताओं (activists) ने हमारी समझ को गहन बनाने में भारी योगदान किया है। इनमें से कुछ अध्ययन सम्मोहित करने वाले हैं। ये अध्ययन काफी दस्तावेजों पर आधारित एवं विश्लेषणात्मक रूप में युक्तियुक्त हैं। इन अध्ययनों के समृद्ध होते हुए भी, हमें कृषक समाज की जटिलताओं को समझने के लिये बहुत कुछ करना बाकी है क्योंकि वृहत् आर्थिक एवं राजनीतिक व्यवस्था सहित ये समाज तेजी से बदल रहे हैं। विभिन्न कालों, क्षेत्रों और विद्वानों के भिन्न सैद्धान्तिक परिप्रेक्ष्यों, यहां तक अध्ययन विषयों की महत्ता में भी भिन्नता संबंधी अध्ययन यह तो बताते हैं कि विभिन्न स्तर के कृषकों की चेतना में समुदाय की धारणा में परिवर्तन आया है। इन अध्ययनों के परिणाम स्पष्ट रूप में दर्शाते हैं कि भारतीय उपमहाद्वीप के कृषक लोग न तो दब्बू थे और न ही हैं। जाति और धर्म अनिवार्य रूप में हमेशा अपनी मतांधता को लांछित नहीं करते हैं। यद्यपि ये दुधारी औजार हैं, किन्तु यह इस बात पर निर्भर करता है कि इनका प्रयोग कौन और किस उद्देश्य से करता है। संघर्षों की पहल हमेशा बाहर से नहीं हुई है और न ही किसानों ने केवल बाहरी शक्तियों का साथ दिया है या उनके प्रति प्रतिक्रिया प्रकट की है। उनकी स्वयं की अपनी चेतना होती है जो उनकी क्रिया का निर्देशन करती है। उनकी यह चेतना कितनी स्वायत्त और स्वतंत्र होती है, यह सही है कि यह विषय अत्यंत विवादास्पद है और इसके अधिक विश्लेषण की आवश्यकता है। ये अध्ययन उन विद्वानों को चेतावनी भी देते हैं जिन्होंने मझौले कृषकों की आंदोलनों के नेतृत्व करने की उनकी क्षमता को बढ़ा-चढ़ा कर प्रदर्शित किया है। अनेक अध्ययनों ने यह प्रदर्शित किया है

कि गरीब किसानों और भूमिहीन मजदूरों ने राज्य, जमींदारों और धनाढ्य किसानों के विरुद्ध 'सफलतापूर्वक' शानदार संघर्षों की शुरुआत की है। 1960 और 1970 के दशकों में विद्वानों ने क्रांतिकारी रूपान्तरण में कृषकों की भूमिका और क्षमताओं पर विस्तृत रूप से विचार-विमर्श किया है। इस प्रकार के मुद्दे शैक्षणिक विमर्श के कार्यक्रम में 1990 के दशक में अब कोई महत्व नहीं रखते। वास्तव में, एक सामाजिक श्रेणी (वर्ग) के रूप में 'कृषक' की सार्थकता पर व्यक्ति एक ऐसी स्थिति में आश्चर्य करने लगा है जबकि देश के कई भागों में पूंजीवाद का पदार्पण हो चुका है।

टिप्पणियाँ

1. एर्क वूल्फ ने 1955 में इस बात पर बल दिया कि 'कृषकों' (Peasant) को परिभाषित करने के लिये भूमि का स्वामित्व एक महत्वपूर्ण कसौटी है। सन् 1966 में कृषकों को परिभाषित करते हुए ऐसे लोगों को कृषक बताया है जो 'ग्रामीण खेतिहार किसान' (Rural Cultivator) हैं जिनकी उपज का आधिक्य शासकों के किसी प्रभु समूह (dominant group) को स्थानान्तरित कर दिया जाता है। उनकी नवीनतम पुस्तक (1970) में न तो भूमि के स्वामित्व पर और न ही संदोहित आधिक्य पर जोर दिया गया है और कृषकों को इस प्रकार परिभाषित किया गया है—'एक ऐसा जन समुदाय जो जीविकोपार्जन हेतु खेती के काम में लगा होता है और खेती की प्रक्रिया के संबंध में स्वतंत्र निर्णय लेता है।' अत: कृषक की श्रेणी में काश्तकारों (किरायेदारों) और बंटाईदारों के साथ-साथ मालिक को सम्मिलित किया जाता है जब तक कि वे इस प्रकार के सार्थक निर्णय लेने की स्थिति में होते हैं कि उनकी फसल को कैसे उगाया जाये। फिर भी, इसमें 'मछुआरों और भूमिहीन मजदूरों' को सम्मिलित नहीं किया जाता है। इस परिभाषा पर हेनरी लेण्डसबरगर (1974) का रोचक विवेचन पढ़िये।
2. डेनिअल थोर्नर (1980) पढ़िये। आंद्रे बेतेई यह अनुभव करते हैं कि भारतीय संदर्भ में 'पेज़ेन्ट्री' शब्द भ्रामक है।
3. इस संदर्भ में, जैम्स सी.स्कॉट (1985) द्वारा एक मलेशियाई गांव का अध्ययन रोचक है और साथ ही यह कृषकों के प्रतिरोध के रोजमर्रा के स्वरूपों को समझने में भी महत्वपूर्ण है। व्यक्तिगत स्तर पर, शोषकों के विरुद्ध कृषकों के संघर्ष, अपेक्षाकृत शक्तिहीन समूहों के सामान्य तरीकों जैसे पांव खींचना, धोखा देना, परित्याग करना, दिखावटी अनुपालन, चोरी करना, बनावटी अज्ञानता प्रकट करना, निन्दा करना, लूटपाट करना, तोड़-फोड़ करना तथा अन्य को सम्मिलित किया जाता है। (वही: xvi)
4. वी.आई. लेनिन ने अपनी पुस्तक *रूस में पूंजीवाद का विकास* (1819) में रूस की खेतिहर जनसंख्या को जमींदारों के अलावा तीन समूहों में वर्गीकृत किया है। ये समूह हैं—(i) ऐसे समृद्ध कृषकगण (कुलकों सहित) जो स्वयं कुछ मजदूरों को खेती करने के लिये रखते हैं और हर हालत में अच्छी मात्रा में बेचने योग्य अधिक उपज पैदा करते हैं, (ii) 'मझौले' किसान जो काश्तकार (किरायेदार) होते हैं और/या खुद की बहुत छोटी सी जमीन होती है। दोनों ही स्थितियों में बहुत कम बेसी उपज उत्पन्न करते हैं; और (iii) ऐसे 'गरीब' किसान जो अपने श्रम को बेच कर गुजारा करते हैं और इस प्रकार यह सर्वहारा और मेहनती वर्ग होता है। माओत्से तुंग ने चीन में खेतिहरों को पांच प्रकारों में विभाजित किया है—भूस्वामी किसान, अर्द्ध भूस्वामी, बंटाईदार, गरीब किसान और खेत मजदूर एवं दस्तकार। देखिये,

स्टुअर्ट आर. शरम (1969), इसे भी देखिये, अन्ना रोचेस्टर (1942)। इस वर्गीकरण का उद्देश्य यह जानना था कि किसानों के कौन से वर्ग या स्तृत (stratum) में क्रांतिकारी परिवर्तन लाने की क्षमता होती है।

ग्रंथ-सूची

Adas, M. 1981. 'Form Avoidance to Confrontation: Peasant Protest in Precolonial and Colonial South-East Asia'. *Comparative Studies in Society and History*, 23(2).

—. 1986. 'From Footdragging to Fight: The Evasive History fo Peasant Avoidance Protest in South and South-East Asia'. *Journal of Peasant Studies*, 13(2).

Alam, Javeed. 1983. 'Peasantry, Politics and Historiography'. *Social Scientist*, 11(2), February.

Alavi, Hamza. 1973. 'Peasants and Revolution'. In *Imperialism and Revolution in South Asia.* Edited by Kathleen Gough and H.P. Sharma. New York: Monthly Review Press.

Alexander, K.C. 1975a. 'Agrarian Tension in Thanjavur'. Hyderabad: National Institute of Community Development.

—. 1975b. 'Genesis of Agrarian Tension in Thanjavur'. *Economic and Political Weekly*, 10(49), December 6.

—. 1980. 'Emergence of Peasant Organisation in South India'. *Economic and Political Weekly*, 15(26), June 28.

—. 1981. 'The Dynamics of Peasant Organisations in South India'. *Social Action*, 31(1), January-March.

Amin, Shahid. 1984. 'Of Peasants and Peasant Movements'. *Economic and Political Weekly*, 19(1), January 7.

Arnold, David. 1979a. 'Looting, Grain Riots and Government Policy in South India, 1918'. *Past and Present*, 84, August.

—. 1979b. 'Dacoity and Ruler Crime in Madras, 1860–1940'. *Journal of Peasant Studies*, 6(2), January.

—. 1980. 'Industrial Violence in Colonial India'. *Comparative Studies in Society and History*, 22(2), April.

—. 1984. 'Famine in Peasant Consciousness and Peasant Action: Madras, 1976–78'. In *Subaltern Studies III*. Edited by Ranajit Guha. Delhi: Oxford University Press.

Assadi, Muzaffar. 1994. ' "Khadi Curtain" , "Weak Capitalism" and "Operation Ryot": Some Ambiguities in Farmers' Discourse. Karnataka and Maharashtra, 1980–93'. *Journal of Peasant Studies*, 21(2).

—. 2002. *Peasant Movement in Karnataka.* Delhi: Shilpa.

Azad, Nirmal. 1975. 'Recent Farmers' Agitations in Punjab'. *Economic and Political Weekly*, 10(7), April 26.

Bakshi, Rajula. 1980. 'Political Implications of the Kheda Satyagraha'. *Journal of Rajasthan Historical Research*, 18(1 and 3), January–August.

Bal, Ashok Kumar. 1981. 'Orrisa Agitation in Perspective'. *Mainstream*, 19(18), January 3.

Balagopal, K. 1988. *Probings in the Political Economy of Agrarian Classes and Conflicts*. Hyderabad: Perspectives.

Balgopal, K. and Kodandarna Reddy, M. 1982. 'Forever "Disturbed": Peasant Struggle of Sircilla-Vermulawada'. *Economic and Political Weekly*, 17(48), November 27.

Banaji, Jairus. 1994. 'The Farmers' Movements: A Critique of Conservative Rural Coalitions'. *Journal of Peasant Studies*, 21(2), January.

Banerjee, Sumanta. 1980. *In the Walk of Naxalbari*. Calcutta: Subarnarekha.

—. 2002. 'Nexalbari and the Left Movement'. In *Social Movements and the State*. Edited by Ghanshyam Shah. New Delhi: Sage Publications.

Banerjee, Tarun Kumar. 1980. 'Girijan Movement in Srikakulam: 1967-70'. *Society and Change*, 1(4), October-December.

Barrier, N.G. 1967. 'The Punjab Disturbances of 1907: The Response of the British Government in India to Agrarian Unrest'. *Modern Asian Studies*, 1(4).

—. 1992. 'The Punjab Disturbances of 1907: The Response of the British Government in India to Agrarian Unrest'. In *Peasant Resistance in India, 1858–1914*. Edited by D. Hardiman. Delhi: Oxford University Press.

Ben, Crow. 1982. 'Approaching the Brahmaputra, Onward March of India's Rich Peasants'. *Economic and Political Weekly*, 17(52), December 25.

Bèteille, Andrè. 1974. *Studies in Agrarian Social Structure*. Delhi: Oxford University Press.

Bhagat, Y.C. 1953. *Peasant Revolution in Bengal*. Calcutta: Bharati Library Press.

Bhalla, G.S. 1983. 'Peasant Movement and Agrarian Change in India'. *Social Scientist*, 11(8), August.

Bhattacharya, Buddhadeva, Banerjee, Tarun Kumar and Das, Dipak Kumar. 1979. 'Damodar Canal Tax Movement'. In *Peasant Struggle in India*. Edited by A.R. Desai. Delhi: Oxford University Press.

Bhattacharya, Subhash. 1977. 'The Indigo Revolt of Bengal'. *Social Scientist*, 5(12), July.

Bhave, Vinoba. 1953. *Bhoodan Yajna: Land Gift Mission*. Ahmedabad: Navjivan.

—. 1964. *Revolutionary Sarvodaya*. Bombay: Bharatiya Vidya Bhavan.

Biswas, Girban Rajan. 2002. *Peasant Movement in North-East India (1946–1950)*. New Delhi: Regency Publications.

Bose, P. 1980. 'Agrarian Tension and Extremist Movements'. *Administrator*, 25(1), September.

—. 1981. 'Farmers' Agitations'. *Seminar*, 257, January.

Brass, Paul. 1980. 'The Politicization of the Peasantry in North Indian State'. Parts I and II. *Journal of Peasant Studies*, 7(4) and 8(1), July and October.

Brass, Tom. 1991. 'Moral Economics, Subalterns, New Social Movements and the (Re-) Emergence of (Post-) Modernised (Middle) Peasant'. *Journal of Peasant Studies*, 18(2), January.

—. 1994a. 'Introduction: The New Farmers' 'Movement in India'. *Journal of Peasant Studies*, 21(2).

—. 1994b. 'The Politics of Gender, Nature and Nation in the Discourse of the New Farmers' Movements'. *Journal of Peasant Studies*, 21(2).

Brass, Tom. 1994c. 'Post-script: Populism, Peasants and Intellectuals or What's Left of the Future'. *Journal of Peasant Studies*, 21(2).

—(ed.). 1995. *New Farmers' Movement in India*. Ilford, Essex: Frank Cass.

Breman, Jan. 1974. 'Mobilisation of Landless Labourers'. *Economic and Political Weekly*, 9(62), March.

—. 1985. *Of Peasants, Migrants and Paupers: Rural Labour Circulation and Capitalist Production in West India*. Delhi: Oxford University Press.

—. 1966. *Footloose Labour. Working in India's Informal Economy*. Cambridge: Cambridge University Press.

Byres, Terence. 1988. 'Charan Singh (1902–87): An Assessment'. *Journal of Peasant Studies*, 15(2), January.

—. 1994. 'Preface'. *Journal of Peasant Studies*, 21(2), January.

CPI(ML). 1986. *Report from the Flaming Fields of Bihar: A CPI(ML) Document*. Calcutta: Prabodh Bhattacharya.

Catanach, I.J. 1966. 'Agrarian Disturbances in 19th Century India'. *Indian Economic and Social History Review*, 3(1), March.

—. 1992. 'Agrarian Disturbance in Nineteenth-Century India'. In *Peasant Resistance in India, 1858–1914*. Edited by D. Hardiman. Delhi: Oxford University Press.

Chakravarthi, Anand. 1986. 'The Unfinished Struggle of Santhal Bataidars in Purnea District, 1938–42'. *Economic and Political Weekly*, 21(42 and 43), 18 and 25 October.

Charlesworth, Neil. 1972. 'Myth of the Deccan Riots of 1875'. *Modern Asian Studies*, 6(4).

—. 1980. 'The "Middle Peasant" Thesis and the Roots of Rural Agitation in India 1914–1947'. *Journal of Peasant Studies*, 7(3), April.

—. 1982. 'The Roots of Rural Agitation in India, 1914–1947: A Reply to Hardiman'. *Journal of Peasant Studies*, 9(4), July.

—. 1992. 'The Myth of the Deccan Riots of 1875'. In *Peasant Resistance in India, 1858–1914*, Delhi: Oxford University Press.

Chatterjee, Biswa. B. 1984. 'People's Action at Angarkata: A Case Study of a Gandhian Satyagraha in the Post-Gandhian Era'. In *Changing South Asia: Politics and Government*. Edited by Kenneth Ballhatchet and David Tayler. London: Centre of South Asian Studies.

Chatterjee, Partha. 1982. 'Agrarian Relations and Communalism in Bengal, 1926–1935'. In *Subaltern Studies I*. Edited by Ranajit Guha. Delhi: Oxford University Press.

—. 1983. 'More on Modes of Power and the Peasantry'. In *Subaltern Studies II*. Edited by Ranajit Guha. Delhi: Oxford University Press.

—. 1986. 'The Colonial State and Peasant Resistance in Bengal 1920–1947'. *Past and Present*, 11, February.

Chattopadhyay, Manju. 1973. 'Pabna Peasant Uprising of 1873'. *Indian Left Review*, 2(3), May.

Chaudhary, Sukhbir. 1971. *Peasants and Workers Movements in India, 1905–1929*. New Delhi: People's Publishing House.

—. 1979a. *Moplah Uprising (1921–23)*. Delhi: Agan Prakashan.

—. 1979b. 'Early Struggles (1905–18)'. In *Peasant Struggles in India*. Edited by A.R. Desai. Delhi: Oxford University Press.

Chaudhuri, Binay Bhushan. 1973a. 'Peasant Movements in Bengal, 1850–1900' *Nineteenth Century Studies*, 3, July.

—. 1973b. 'The Story of Peasant Revolt in a Bengal District'. *Bengal Past and Present*, 10(2).

—. 1979. 'Agrarian Movements in Bengal and Bihar, 1919–39'. In *Peasant Struggles in India*. Edited by A.R. Desai. Delhi: Oxford University Press.

Chaudhuri, S.B. 1957. *Civil Rebellion in the Indian Mutinies, 1853–59*. Calcutta: The World Press.

—. 1965. *Theories of the Indian Mutiny*. Calcutta: The World Press.

Chaudhury, P.C. Roy. 1963. *Gandhiji's First Struggle in India* (2nd ed.). Ahmedabad: Navjivan Publishers.

Crane, Robert (ed.). 1976. *Aspects of Political Mobilization in South Asia*. New York: Syracuse University.

Crawley, W.F. 1971. 'Kisan Sabhas and Agrarian Revolt in the United Provinces, 1920–1921'. *Modern Asian Studies*, 5(2).

Custers, Peter. 1987. *Women in the Tebhaga Uprising*. Calcutta: Naya Prokash.

Dale, Stephen. 1975. 'The Mappila Outbreak: Ideology and Social Conflict in 19th Century Kerala'. *Journal of Asian Studies*, 33(1).

—. 1976. 'The Mapilas during Mysorean Rule: Agrarian Conflict in Eighteenth Century Malabar'. *South Asia*, 6(2), December.

Das, Arvind N. 1975. 'Bihar: Struggle of Workers and Tribal Peasants in Chhotanagur'. *Economic and Political Weekly*, 10(9), March 1.

—. 1983. *Agrarian Unrest and Socio-Economic Change in Bihar, 1900–1980*. Delhi: Manohar.

—. 1987. 'Revolutionary Movement in Bihar'. *Economic and Political Weekly*, 22(22), May30.

Das, Binod Sarkar, 1985. 'Some Aspects of Peasant Resistance Movements in 19th Century Orissa'. *Revolt Studies*, 1(1), June.

Dasgupta, Arts. 1982. 'The Fakir and Sannyasi Rebellion'. *Social Scientist*, 10(1), January.

Dasgupta, Biplab. 1974. *The Naxalite Movement*. Bombay: Allied Publishers.

—. 1978. 'The Naxalite Movement: An Epilogue'. *Social Scientist*, 6(12), July.

Desai, A.R. 1979 (ed.). *Peasant Struggles in India*. Delhi: Oxford University Press.

—. 1986. *Agrarian Struggles in India after Independence*. Delhi: Oxford University Press.

Desai, Hakumat and Desai, Kiran. 1997. *The Pardi Annakhed Satyagraha: Adivasi Assertion for Rights*. Surat: Centre for Social Studies.

Desai, Ishwarlal, n.d. *Land Problem in India and Pardi Movement*. New Delhi: Praja Socialist Party.

Desai, Kiran. 2002. 'Land Reforms through People's Movements'. In *Land Reforms in India: Perfomance and Challenges in Gujarat and Maharastra*. Edited by Ghanshyam Shah and D.C. Sah. New Delhi: Sage Publications.

Desai, Mahadev. 1929. *The Story of Bardoli*. Ahmedabad: Navjivan Publishers.

De Silva, G.V.S., Mehta, N., Rehman, A. and Wignaraja, P. 1979a. 'Bhoomi Sena: A Struggle for Peoples Power'. *Gandhi Marg*, 1(2), May.

—. 1979b. 'Bhoomi Sena: From the Village to the Global Order'. *National Labour Institute Bulletin*, 5(1 and 2).

Dhanagare, D.N. 1974. 'Social Origins of the Peasant Insurrection in Telangana, 1946–51'. *Contribution to Indian Sociology* (New Series), 8.

—. 1975a. *Agrarian Movements and Gandhian Politics*. Agra: Agra University.

—. 1975b. 'The Politics of Survival: Peasant Organisations and the Left Wing in India'. *Sociological Bulletin*, 2(1).

—. 1975c. 'Congress and Agrarian Agitation in Oudh, 1920–33 and 1930–32'. *South Asia*, 5(1), December.

—. 1976. 'Peasant Protest and Politics: The Tebhaga Movement in Bengal (India), 1946–47'. *Journal of Peasant Studies*, 2(3), April.

—. 1983. *Peasant Movements in India, 1920–50*. Delhi: Oxford University Press.

—. 1988. 'An Apoliticist Populism'. *Seminar*, 352, December.

—. 1995. 'The Class Character and Politics of the Farmers' Movement in Maharashtra during the 1980s'. In *New Farmers' Movements in India*. Edited by Tom Brass. Ilford, Essex: Frank Cass.

Djurfeldt, Goran and Linbderg, Taffan. 1987. *Peasant's Movement in India: From 'Land to the Tillers' to 'Remunerative Prices'*. Lund: Department of Sociology.

Dube, Saurabh. 1985. 'Peasant Insurgency and Peasant Consciousness'. *Economic and Political Weekly*, 20.

Dutt, Krishnah. 1976. 'Peasant Upsurge in Champaran'. *Social Scientist*, 4(4), April.

Dutt, Rajni P. 1947. *India Today*. Bombay: People's Publishing House.

Duyker, Edward. 1987. *Tribal Guerillas: The Santhals of West Bengal and the Naxalite Movement*. Delhi: Oxford University Press.

Elliott, C.M. 1974. 'Decline of a Patrimonial Regime: The Telangana Rebellion in India 1946–51'. *The Journal of Asian Studies*, 32(1).

Epstein, S.J.M. 1988. *The Earthy Soil: Bombay Peasants and the Indian Nationalist Movement 1919–1947*. Delhi: Oxford University Press.

Gajrani, S. 1987. *Peasant Movements in Punjab*. Delhi: Anmol Publications.

George, J. 1983. 'Farm Workers of Kuttnad Region: Struggles and Gains, 1950–80'. *State and Society*, 4(2), April-June.

Ghosh, Ashish (ed.). 1999. *Dalits and Peasants: The Emerging Caste-Class Dynamics*. Delhi: Gyan Sagar Publication.

Ghosh, Sankar. 1971. 'The Naxalite Struggle in West Bengal'. *South Asian Review*, 4(2), January.

—. 1974. *The Naxalite Movement: A Maoist Experiment*. Calcutta: Firma K.L. Mukhopadhyay.

Ghosh, Suniti. 1992. *The Historic Turning-Point: A Liberation Anthology*. Vols. 1 and 2. Calcutta: S.K. Ghosh.

Gill, Sucha Singh. 1980. 'Land Reforms and Peasant Movements in Punjab'. *Mainstream*, 18(42), June 14.

—. 1994. 'The Farmers Movement and Agrarian Change in the Green Revolution Belt of North-West India'. *Journal of Peasant Studies*, 21(2).

Gill, S.S. and Singhal, K.C. 1984. 'Punjab Farmers Agitation: Response to Development Crisis of Agriculture'. *Economic and Political Weekly*, 19(40).

Gopal, Surindra. 1978. 'Peasant Movement in Bihar during the Second World War'. In *Behaviour Scientist: Essays in Honour of Professor Sachchidananada*. Patna: A.N. Sinha Institute.

Gopalan, Nagar C. 1921. *The Moplah Rebellion*. Calcutta: The Author.

Gough, Kathleen. 1968. 'Peasant Resistance and Revolt in South India'. *Pacific Affairs*, 41(4), Winter.

—. 1974. 'Indian Peasant Uprising'. *Economic and Political Weekly*, 9(32–34). Special Number, August.

Gough, Kathleen and Sharma, H.P. 1973. *Imperialism and Revolution in South Asia*. New York: Monthly Review Press.

Gould, Harold. 1984. 'Politics of Agrarian Unrest in U.P.: Who Co-opted Whom?' *Economic and Political Weekly*, 19(49), December 8.

Greenough, P. 1982. *Prosperity and Misery in Modern Bengal, The Famine of 1943–44*. New York: Oxford University Press.

Guha, Ranajit. 1983a. *Elementary Aspects of Peasant Insurgency in Colonial India*. Delhi: Oxford University Press.

—. 1992. 'Neel Darpan: The Image of a Peasant Revolt in Liberal Mirror'. In *Peasant Resistance in India, 1858–1914*. Edited by D. Hardiman. Delhi: Oxford University Press.

Guha, Ramachandra and Gadgil, Mahdev. 1992. 'State Forestry and Social Conflicts in British India: A Study in the Ecological Bases of Agrarian Protest'.

In *Peasant Resistance in India, 1858–1914*. Edited by D. Hardiman. Delhi: Oxford University Press.

Gupta, Dipankar. 1988. 'Country-Town Nexus and Agrarian Mobilisation: The Bhartiya Kisan Union as an Instance'. *Economic and Political Weekly*, 16(37).

—. 1997. *Rivalry and Brotherhood: Politics in the Life of Farmers in Northern India*. Delhi: Oxford University Press.

—. 2002. 'Farmers' Movements in Contemporary India'. In *Social Movements and the State*. Edited by Ghanshyam Shah. New Dehli: Sage Publications.

Gupta, Rakesh. 1982. *Bihar Peasantry and the Kisan Sabha*. Delhi: People's Publishing House.

—. 1993. 'Recent Developments in the Naxalite Movement'. *Monthly Review*, September.

Gurumurthy, K.G. 1977. 'Raita Movement of Central Karnataka: A Study on Peasantry'. *Journal of Karataka University*, 13(1).

Habib, Irfan. 1983. 'The Peasant in Indian History'. *Social Scientist*, 11(3), March.

Harcourt, Max. 1977. 'Kisan Populism and Revolution in Rural India: The 1942 Disturbances in Bihar and East United Provinces'. In *Congress and the Raj*. Edited by D.A. Low. London: Arnold-Heinemann.

Hardgrave, Rebert, Jr. 1976. 'Peasant Mobilisation in Malabar: The Mapilla Rebellion, 1921'. In *Aspects of Political Mobilisation in South Asia*. Edited by Robert Crane. New York: Syracuse University.

—. 1977. 'The Mopilla Rebellion 1921: Peasant Revolt in Malabar'. *Modern Asian Studies*, 2(1).

Hardiman, David. 1976. 'Politicisation and Agitation among Dominant Peasants in Early Twentieth Century India: Some Notes'. *Economic and Political Weekly*, 7(9), February 28.

—. 1981a. *Peasant Nationalists of Gujarat*. Delhi: Oxford University Press.

—. 1981b. 'The Roots of Rural Agitation in India, 1914–1947: A Rejoinder to Charlesworth'. *Journal of Peasant Studies*, 8(3), April.

—. 1986. 'Subaltern Studies at Cross Roads'. *Economic and Political Weekly*, 21(7), February 15.

—. (ed.). 1992a. 'Introduction'. In *Peasant Resistance in India, 1858–1914*. Edited by D. Hardiman. Delhi: Oxford University Press.

—. (ed.). 1992b. *Peasant Resistance in India, 1858–1914*. Delhi: Oxford University Press.

Hasan, Zoya. 1994. 'Shifting Ground: Hindutva Politics and the Farmers' Movement in Uttar Pradesh'. *Journal of Peasant Studies*, 21(2).

Hauser, Walter. 1993. 'Violence, Agrarian Radicalism and Electoral Politics: Reflections on the Indian People's Front'. *Journal of Peasant Studies*, 21(1), October.

Henningham, Stephen. 1979. 'Agrarian Relations in North Bihar: Peasant Protest and the Darbhanga Raj, 1919–20'. *Indian Economic and Social History Review*, 16(1), January-March.

—. 1980. 'Peasant Unrest in North Bihar: The Bakart Movement, 1936–39'. *Journal of Social and Economic Studies*, 8(2), September.

—. 1981. 'The Social Setting of the Champaran Satyagraha'. *The Indian Economic and Social History Review*, 13(1), January-March.

—. 1982. *Peasant Movements in Colonial India, North Bihar, 1917–1942*. Canberra: Australian National University.

Hitchock, R.H. 1983. *Peasant Revolt in Malabar: A History of the Malabar Rebellion, 1921*. Delhi: Usha Publications.

Hobsbawm, E. 1959. *Premitive Rebels*. Manchester: University Press.

—. 1969. *Bandits*. London: Weidenfeld and Nicholson.

Huizer, Gerrit. 1980. *Peasant Movements and Their Counter Forces in South-East Asia. New* Delhi: Marwah.

Irschick, Eugene. 1986. 'Gandhian Non-Violent Protest: Ritual of Avoidance or Ritual of Confrontation?' *Economic and Political Weekly*, 21(29), July 19.

Iyer, Gopal K. and Vidyasagar, R. 1986. 'Agrarian Struggles in Tamil Nadu'. In *Agrarian Struggles in India after Independence*. Edited by A.R. Desai. Delhi: Oxford University Press.

Jawald, Sohail. 1979. *The Naxalite Movement in India*. New Delhi: Associated Publishing House.

Jeffrey, Robin. 1978. 'Peasant Movements and the Communist Party in Kerala'. In *Peasants and Politics*. Edited by D.B. Miller. New York: St. Martin's Press.

Johari, J.C. 1971. 'Naxalite Politics in Andhra Pradesh'. *Indian Journal of Politics*, 5(1).

John, J. (ed.) 1998. *On the Rainbow In the Sky...The Chhattisgarh Mukti Morcha*. New Delhi: Center for Education and Communication.

Joshi, P.C. 1970. 'Factors Underlying Agrarain Unrest'. *Seminar*, May.

Judith, Brown. 1974. 'Gandhi and India's Peasants 1917–22'. *Journal of Peasant Studies*, 1(4), July.

Kannan, K.P. 1988. *Of Rural Proletarian Struggles: Mobilisation and Organisation of Rural Workers in South-West India*. Delhi: Oxford University Press.

Karat, Prakash. 1976. 'The Peasant Movement in Malabar, 1934–40'. *Social Scientist*, 5(2), September.

—. 1977. 'Organised Struggles of Malabar Peasantry, 1934–1940'. *Social Scientist*, 5(8), March.

Karna, M.L. 1981. 'Agrarian Structure and Peasant Mobilisation: The Bataidari Struggle in Madhubani, 1967–75'. *Sociological Bulletin*, 30(2), September.

—. (ed.). 1989a. *Peasant and Peasant Protest in India*. New Dehli: Intellectual Publishing House.

—. 1989b. 'Studies in Peasant Protests and Agrarian Relations in India: A Trend Analysis'. In *Peasant and Peasant Protest in India*. Edited by M.L. Karna. New Delhi: Intellectual Publishing House.

Kaviraj, Narahari. 1972. *A Peasant Uprising in Bengal.* New Delhi: People's Publishing House.

Kelkar, Govind S. 1975. 'Kisan Unrest and Congress in Uttar Pradesh, 1920–22'. *Economic and Political Weekly.* 10(52), December 27.

Khan, Muin-Uddin Ahmed. 1965. *History of the Faraidi Movement.* Karachi: Pakistan Historical Society.

Kling, B.B. 1977. *The Blue Mutiny: The Indigo Disturbances in Bengal, 1859–1862.* Calcutta: Firma K.L.M.

Krishnaji, N. 1986. 'Agrarian Relations and the Left Movement in Kerala: A Note on Recent Trends'. In *Agrarian Struggles in India after Independence.* Edited by A.R. Desai. Delhi: Oxford University Press.

Krishnarajula, B. 1986. 'The Karnataka Peasant Movement: Its Role in Identity Formation'. In *The Peasant Movement Today.* Edited by Sunil Saharabudhey. New Delhi: Ashish Publishing House.

Krishnayya, T.S.R. 1980. 'Peasant Movements and Organisations in Andhara Region'. In *Political Economy of India.* Edited by B.A.V. Sharma. New Delhi: Light and Life Publishers.

Kumar, Kapil. 1984. *Peasants in Revolt: Tenants, Landless, Congress and the Raj in Oudh.* Delhi: Manohar.

—. 1988. 'Peasants, Congress and the Struggle for Freedom, 1917–39'. In *Congress and Classes: Nationalism, Workers and Peasants.* Edited by Kapil Kumar. Delhi: Manohar.

Kumar, R. (ed.). 1971. *Essays on Gandhian Poltitics: The Rowlatt Satyagraha of 1919.* Delhi: Oxford University Press.

—. 1973. 'Mahatma and the Mob–Essays on Gandhian Politics: The Rowlatt Satyagraha of 1919'. *South Asia*, 3(4), August.

—. 1992. 'The Deccan Riots of 1875'. In *Peasant Resistance in India, 1858–1914.* Edited by D. Hardiman. Delhi: Oxford University Press.

Kumar, Shiv. 1980. *Peasantry and the Indian National Movement, 1921–1933.* Meerut: Anu Prakashan.

Kurup, K.K.N. 1975. 'The Peasant Movement in Kasargod Taluk, 1935–1942' *Journal of Kerala Studies*, 2(1), March.

Landsberger, Henry A. 1974. 'Peasant Unrest: Themes and Variations'. In *Rural Protest: Peasant Movements and Social Change.* Edited by Henry Landsberger. London: Macmillan.

Lenneberg, Cornella. 1988. 'Sharad Joshi and the Farmers: The Middle Peasant Lives!' *Pacific Affairs*, 61(3).

Lindberg, Staffan. 1992. 'Peasant for Democracy? Farmers Agitation and State in India'. In *When Democracy Makes Sense.* Edited by Lars Rudebeck. Sweden: Uppasala University.

—. 1994. 'New Farmers' Movements in India as Structural Response and Collective Identity Formation: The Cases of the Shetkari Sanghatana and the BKU'. *Journal of Peasant Studies*, 21(2), January-March.

—. 1997. 'Farmers' Movement and Agricultural Development'. In *Social Movements in Development: The Challenge of Globalization and Democratization.* Edited by Staffan Lindberg and Arni Sverrisson. London: Macmillan Press.

Low, D.A. 1977. 'Introduction: The Critical Years, 1917–47'. In *Congress and the Raj.* Edited by D.A. Low. London: Arnold-Heinemann.

Maharaj, R.N. and Others. 1997. 'Hypotheses Regarding Peasant Movements and Organisations in India: *Indian Worker*, 25(16 and 17), January 24.

Majumdar, Asok. 1993. *Peasant Protest in India Politics: Tebhaga Movement in Bengal*. New Delhi: NIB Publications.

Malik, S.C. (ed.). 1977. *Dissent, Protest and Reform in Indian Civilization*. Simla: Indian Institute of Advanced Study.

Manbald, B.B. 1981. 'Gramdan Movement: A Case Study of Bihar'. *Man and Life*, 8(1 and 2).

Manimala. 1991. 'Women in Bodgaya Land Struggle'. In *In Search of Answers: Indian Women's Voices from* Manushi. Edited by Madhu Kishwar. New Delhi: Horizon India.

Mehta, Balraj. 1981. 'Class Base of Kisan Agitation'. *Mainstream*, 19(31), April 4.

Mehta, Shirin. 1984. *Peasantry and Nationalism*. Delhi: Manohar.

Mehta, Vikram S. 1979. 'Political Dynamics of Peasant Unrest'. *Political Science Review*, 18(4), October-December.

Mehta, Y.S. 1972. 'Agrarian Movement in Rajasthan'. *Journal of Rajasthan Institute of Historical Research*, 9(4), July-September.

Melkote, Rama. 1980. 'Extremist Movements'. In *Political Economy of India.* Edited by B.A.V. Sharma. New Delhi: Light and Life Publishers.

Mencher, Joan P. 1975. 'Agricultural Labour Movements in their Socio-Political and Ecological Context: Tamil Nadu and Kerala'. In *Culture and Society: A Festchrift for Dr. Aiyappan*. Edited by Balkrishna Nair. New Delhi: Thomson Press.

Metcalf, Thomas R. 1964. *The Aftermath of Revolt, 1857-1870.* Princeton, NJ: Princeton University Press.

Mies, Maria. 1976a. 'The Shahada Movement: A Peasant Movement in Maharashtra (India)—Its Development and its Perspective'. *Journal of Peasant Studies*, 3(3), July.

—. 1976b. 'Peasant Movement in Maharashatra: Its Development and its Perspective'. *Journal of Contemporary Asia*. 6(2).

Ministry of Home Affairs. 1986. 'The Causes and Nature of Current Agrarian Tensions'. In *Agrarian Struggles in India after Independence*. Edited by A.R. Desai. Delhi: Oxford University Press.

Miller, D.B. (ed.) 1978. *Peasants and Politics: Grass Roots Reaction in Asia.* New York: St. Martin's Press.

Mishra, Girish. 1968. 'Socio-Economic Background of Gandhi's Champaran Movement'. *The Indian Economic and Social History Review,* 5(3), September.

—. 1979. *Agrarian Problem of Permanent Settlement: A Case Study of Champaran.* Delhi: People's Publishing House.

Mittal, S.K. and Kumar. 1978. 'Baba Ram Chandra and Peasant Upsurge in Oudh: 1920-21'. *Social Scientist,* 6(11), June.

Mitter, Shiv Kumar. 1978. *Peasant Uprising and Mahatma Gandhi in North Bihar.* Meerut: Anu Prakashan.

Mitter, Shiv Kumar. 1980. 'A Study of Peasant Uprising in India before the First World War.' *Quarterly Review of Historical Studies,* 20(1).

Mitter, Swasti. 1975. 'Sonarpur: A Peasants' View of the Class War'. *South Asian Review,* 8(4), July-October.

—. 1977. *Peasant Movements in West Bengal.* Cambridge: University of Cambridge.

MKSS. 2002. *Dossier on Right to Information.* Bangalore: Karnataka Women's Information and Resource Centre.

Mohanty, Manoranjan. 1971. 'Revoluntionary Organization in Maoist Outlook'. *The Indian Journal of Political Science,* 32(1), January-March.

Moore, Barrington. Jr. 1967. *Social Origins of Dictatorship and Democracy.* London: Allen Lane.

Mukherjee, K. and Yadav, R.S. 1980. *Bhojpur: Naxalism in the Plains of Bihar.* Delhi: Radhakrishan Prakashan.

Mukherjee, Mridula. 1979. 'Peasant Movement in Patiala State, 1967-48'. *Studies in History,* 1(2), July-December.

Mukherjee, Rudrangshu. 1984. *Awadh in Revolt in 1857-1858: A Study of Popular Resistance.* Delhi: Oxford University Press.

Mukherji, Partha. 1979. 'Naxalite Movement and the Peasant Revolt in North'. In *Social Movement in India*: Edited by M.S.A. Rao. Delhi: Manohar.

—. 1983. *Far Left Extremism or Electoral Politics.* Delhi: Manohar.

—. 1987. 'Study of Social Conflicts: Case of Naxalbari Peasant Movement'. *Economic and Political Weekly,* 22(38), September, 19.

Mukhopadhyay, Ashim. 1979. 'Peasant of Paraganas'. In *Peasant Struggles in India.* Edited by A.R. Desai. Delhi: Oxford University Press.

Murali, Atlury. 1988. 'Civil Disobedience Movement in Andhra, 1920-22: The Nature of Peasant Protest and the Methods of Congress Political Mobilization'. In *Congress and Classes: Nationalism, Workers and Peasants.* Edited by Kapil Kumar. Delhi: Manohar.

Naidu, Munirathna K. 1994. *Peasant Movements in India.* New Delhi: Reliance Publishing House.

Naik, Murahari D. 1989. *Agrarian Unrest in Karnataka.* New Delhi: Reliance Publishing House.

Namboodiripad, E.M.S. 1943. *A Short History of the Peasant Movement in Kerala.* Bombay: People's Publishing House.

Natrajan, L. 1953. *Peasant Uprising in India, 1850–1900.* Bombay: People's Publishing House.

—. 1979a. 'Maratha Uprising: 1875'. In *Peasant Struggles in India.* Edited by A.R. Desai. Delhi: Oxford University Press.

—. 1979b. 'Indigo Cultivators' Strike 1860'. In *Peasant Struggles in India.* Edited by A.R. Desai. Delhi: Oxford University Press.

Omvedt, Gail. 1973. 'The Satyashodhak Samaj and Peasant Agitation'. *Economic and Political Weekly,* 8(44), November 3.

—. 1980. ' Cane Farmers Movement'. *Economic and Political Weekly.* 15(49), December 6.

—. 1981. 'Rasta Roko, Kulaks and the Left'. *Economic and Political Weekly,* 16(48), November 28.

—. 1988a. 'The "New Peasant Movement" in India'. *Bulletin of Concerned Asian Scholars,* 20(2).

—. 1988b. 'Analysing Capitalism, Defining Revolution: Dalits, Women and Peasants'. *Economic and Political Weekly,* 23(48).

—. 1990. 'The Farmers' Movement in Maharashtra'. In *A Space within the Struggle: Women's Participation in People's Struggle.* Edited by Ilina Sen. New Delhi: Kali for Women.

—. 1993. *Reinventing a Revolution: New Social Movements and Socialist Tradition in India.* Armonk: M.E. Sharpe.

—. 1994. ' " We Want the Return for Our Sweat": The Peasant Movement in India and Formation of a National Agricultural Polilcy'. *Journal of Peasant Studies,* 21(2), January.

Oommen, T.K. 1970. 'Non-Violence Approach to Land Reforms: The Case of an Agrarian Movement in India'. *Zeifschrift Fur Auslandische Landwirtschaft,* 9(10).

—. 1975. 'Agrarian Legislations and Movements as Sources of Change'. *Economic and Political Weekly,* 10(40), October 4.

—. 1977. ' From Mobilization: The Life-Cycle of an Agrarian Labour Movement in Kerala'. In *Dissent, Protest and Reform in Indian Civilization.* Edited by S.C. Malik. Simla: Indian Institute of Advanced Study.

—. 1985. *From Mobiliztion to Insitutionalisation : The Dynamics of Agrarian Movement in* 20th *Century Kerala.* Bombay: Popular Prakashan.

—. 1986. 'Caste, Agrarian. Relations and Agrarian Conflicts'. In *Agrarian Struggles in India after Independence.* Edited by A.R. Desai. Delhi: Oxford University Press.

Ostergaard, Geoffrey. 1985. *Non-Violent Revolution in India.* Sevagram: J.P. Amrit Kosh.

Ostergaard, Geoffrey and Currell, M. 1971. '*The Gentle Anarchists: A Study of the Leaders of the Sarvodaya Movement for Non-Violent Revolution in India.* London: Clarendon Press.

Owen, H.F. 1971. 'Organising for the Rowlatt Satyagraha of 1919'. In *Essays on Gandhian Politics, The Rowlatt Satyagraha of 1919.* Edited by R. Kumar. Delhi: Oxford University Press.

Pande, Ram. 1974. *Agrarian Movement in Rajasthan*. Delhi: University Publishers.

Pande, Gyanendra. 1975. 'Mobilisation in a Mass Movement: Congress "Propaganda" in the United Provinces (India), 1930–34'. *Modern Asian Studies*, 9(2).

—. 1977. 'A Rural Base for Congress: The United "Provinces, 1920–40"'. In *Congress and the Raj*. Edited by D.A. Low. London: Arnold-Heinemann.

—. 1982a. 'Peasant Revolt and Indian Nationalism: The Peasant Movement in Awadh, 1919–1922'. In *Subaltern Studies I:* Edited by Ranajit Guha. Delhi: Oxford University Press.

—. 1982b. 'Peasant Revolt and Indian Nationalism: The Peasant Movement in Awadh, 1919–22'. In *Subaltern Studies I: Writings on South Asian History and Society*. Edited by Ranajit Guha. Delhi: Oxford University Press.

Pandey, S.M. 1970. *Emergence of Peasant Movement in India*. New Delhi: Shri Ram Centre for Industrial Relations and Human Resources.

—. 1971. 'Emergence of Peasant Movement in India: An Area Study'. *Indian Journal of Industrial Relations*, 7(10), July.

—. 1974. *A Study of Agricultural Workers' Union in Panipat*. New Delhi: Shri Ram Centre for Industrial Relations and Human Resources.

Panikkar, K.N. 1979. 'Peasant Revolts in Malabar in the Nineteenth and Twentieth Centuries'. In *Peasant Struggles in India*. Edited by A.R. Desai. Delhi: Oxford University Press.

Parulekar, Godavari. 1975. *Adivasi Revolt: The Story of Warli Peasants in Struggle*. Calcutta: National Book Agency Pvt. Ltd.

—. 1979. 'The Liberation Movement among Varlis'. In *Peasant Struggles in India*. Edited by A.R. Desai. Delhi: Oxford University Press.

Patel, Maniben. 1972. *Borsad Satyagraha*. Ahmedabad: Navjivan Publications.

Pati, Biswamoy. 1983. 'Peasant, Tribals and National Movement in Orissa (1921–36)'. *Social Scientist*, 2(7), July.

—. 1985. 'Popular Struggles and Indian Nationalism: The Kanika Movement of Orrisa (1921–22)'. *Social Science Probings*, 2(2).

—. 1993. *Resisting Dominion: Peasants, Tribals and National Movement in Orrisa, 1920–50*. Delhi: Manohar.

Patnaik, Utsa. 1976. 'Class Differentiation within the Peasantry: An Approach to Analysis of Indian Agriculture'. *Economic and Political Weekly*, 11(39), September 25.

Pavier, B. 1974. 'The Telangana Armed Struggle'. *Economic and Political Weekly*, 9(32-34), Special Number.

—. 1980. 'Peasant Classes in Twentieth Century Agrarian Movement in India'. In *Peasants in History, Essays in Honour of Daniel Thorner*. Edited by E.J. Hobsbawm et al. Delhi: Oxford University Press.

—. 1981. *The Telangana Movement, 1944–51*. Delhi: Vikas Publishing House.

Pouchepadass, Jacques. 1974. 'Local Leaders and the Intelligentsia in the Champaran Satyagraha (1917): A Study in Peasant Mobilisation'. *Contributions to Indian Sociology* (New Series), 8.

Pradhan, Sadasiba, 1986. *Agrarian and Political Movements: States of Orissa, 1931 to 1949.* New Delhi: Inter-India Publications.

Prasad, Guru. 1986. 'The Great Land Struggle'. In *Agrarian Struggles in India after Independence.* Edited by A.R. Desai. Delhi: Oxford University Press.

Prasad, Pradhan H. 1975. 'Agrarian Unrest and Economic Changes in Rural Bihar'. *Economic and Political Weekly,* 10(24), June 14.

Prasad, Rajendra. 1928. *Satyagraha in Champaran.* Madras: Triplicane.

Radhakrishan, P. 1980. 'Peasant Struggles and Land Reforms in Malabar'. *Economic and Political Weekly,* 15(50), December 13.

—. 1989. *Peasant Struggles, Land Reforms and Social Change: Malabar, 1836–1982.* New Delhi: Sage Publication.

Raghavaiah, V. 1979. 'Sreerama Raju's Uprising'. In *Peasant Struggles in India.* Edited by A.R. Desai. Delhi: Oxford University Press.

Rai, Haridwar and Prasad, K.M. 1972. 'Naxalism: The Challenge to the Proposition of Peaceful Transition to Socialism'. *The Indian Journal of Political Science,* 30(4), October-December.

Ram, Mohan. 1973. 'The Telangana Peasant Armed Struggle, 1946–51'. *Economic and Political Weekly,* 8(23), June 9.

Ram, Prem. 1986. *Agrarian Movement in Rajasthan.* Jaipur: Panchsheel Prakashan.

Ramagundam, Rahul. 2001. *Defeated Innocence: Adivasi Assertion, Land Rights and the Ekta Parishad Movement.* New Delhi: Grassroots India Publishers.

Rana, M.S. 1994. *Bharatiya Kisan Union and Ch. Taikait.* Meerut: Paragoan Publications.

Ranade, N.G. 1949. *Revolutionary Peasants.* New Delhi: Amrit Book Company.

Ranade, P.V. 1976. 'Deccan Peasant Uprisings 1857'. *Marathwada University Journal,* 15–16(3).

—. 1949a. *Kisans and Communists.* Bombay: Pratibha Publications.

—. 1949b. *Revolutionary Peasants.* Delhi: Amrit Book Company.

Ranga, N.G. 1936. 'The All India Kisan Movement'. *The Indiam Annual Register,* 2, July-December.

Ranga, N.G. and Saraswati, Swami Sahajanand. 1979. 'Agrarian Revolts'. In *Peasant Struggles in India.* Edited by A.R. Desai. Delhi: Oxford University Press.

Ranga Rao, K. 1979. 'Peasant Movement in Telangana'. In *Social Movements in India.* Vol. I. Edited by M.S.A. Rao. Delhi: Manohar.

Rao, A.R. 1969. *Telangana Movement: An Investigative Focus.* Hyderabad: Traders' Association Research Forum.

Rao, D.V. 1973. *Telangana Armed Struggle and the Path of Indian Revolution.* Proletarian Path. Calcutta: National Book Agency.

Rao, M.S.A. 1979. 'Conceptual Problems in the Study of Social Movements'. In *Social Movements in India.* Vol. I. Edited by M.S.A. Rao. Delhi: Manohar.

Rao, Rajeshwar. 1972. *The Historical Telangana Struggle.* New Delhi: Communist Party of India.

—. 1979. 'The Post-War Situation and Beginning of Armed Struggle'. In *Peasant Struggles in India.* Edited by A.R. Desai. Delhi: Oxford University Press.

Rasul, M.A. 1974. *A History of the All India Kisan Sabha.* Calcutta: National Book Agency.

Rouchester, Anna. 1942. *Lenin on Agrarian Question.* New York: International Publishers.

Rodrigues, Livi. 1998. *Rural Political Protest in Western India.* Delhi: Oxford University Press.

Roy, Dunu. 2002. 'Land Reforms, People's Movements and Protest'. In *Land Reforms in India: Issues of Equity in Rural Madhya Pradesh.* Vol. 7. Edited by Pravin Jha. New Delhi: Sage Publications.

Roy, Singha K. Debal. 1992. *Women in Peasant Movements.* New Delhi: Manohar.

Roy, Suprakash (translated by Rita Banerjee). 1999. *Peasant Revolts and Democratic Struggles in India.* Delhi: ICBC.

Rudolph, Lloyd and Rudolph, Susanne. 1984. 'Determinants and Varieties of Agrarian Mobilisation'. In *Agrarian Power and Agricultural Productivity in South Asia.* Edited by Meghnad Desai, S.H. Rudolph and Ashok Rudra. Delhi: Oxford University Press.

Sahaasrabudhey, Sunil (ed.). 1986. *Peasant Movements Today.* New Delhi: Ashish Publishing House.

—. (ed.). 1989. *Peasant Movement in Modern India.* Allahabad: Chungh Publications.

Sail, Rajendra K. 2002. 'People's Struggle for Land: A Case Study'. In *Land Reforms in India: Issues of Equity in Rural Madhya Pradesh.* Vol. 7. Edited by Pravin Jha. New Delhi: Sage Publications.

Samanta, Amiya K. 1984. *Left Extremist Movement in West Bengal: An Experiment in Armed Agrarian Struggle.* Calcutta: Firma KLM Pvt. Ltd.

Sandhu, Narinder Singh. 2001. 'Feudalism, Peasant Movement and Process of Land Reforms in Patiala'. In *Land Reforms in India: Intervention for Agrarian Captialist Transformation in Punjab and Haryana.* Vol. 6. Edited by Sucha Singh Gill. New Delhi: Sage Publications.

Sarkar, Krishna Kanta. 1979. 'Kakdwip Tebhaga Movement'. In *Peasant Struggles in India.* Edited by A.R. Desai. Delhi: Oxford University Press.

—. 1986. 'Kakdwip Peasant Insurrection'. In *Peasant Struggles in India after Independence.* Edited by A.R. Desai. Delhi: Oxford University Press.

Schram, Stuart R. 1969. *The Political Thought of Mao Tse-tung.* New York: Pralger.

Scott, James C. 1985. *Weapons of the Weak: Everyday Forms of Peasant Resistance.* New Haven: Yale University Press.

Sen, Sunil. 1972. *Agrarian Struggles in Bengal, 1946–47.* New Delhi: Peoples' Publishing House.

—. 1979a. *Agrarian Relations in India (1793–1947)*. New Delhi: Peoples' Publishing House.

—. 1979b. 'Tebhaga Chai'. In *Peasant Struggles in India.* Edited by A.R. Desai. Delhi: Oxford University Press.

—. 1982. *Peasant Movements in India: Mid-Nineteenth and Twentieth Centuries.* Calcutta: K.P. Bagchi.

—. 1989. 'From Peasant to Tribe: Peasant Movement in Chhotanagput'. In *Peasant and Peasant Protest in India.* Edited by M.L. Karna. New Delhi: Intellectual Publishing House.

Sengupta, Kalyan Kumar. 1970. 'Agrarian League of Pabna, 1873'. *The Indian Economic and Social History Review*, 7(2), June.

—. 1974. *Pabna's Disturbances and the Politics of Rent, 1873–1885.* New Delhi: Peoples' Publishing House.

—. 1979. 'Peasant Struggles in Pabna, 1873'. In *Peasant Struggles in India.* Edited by A.R. Desai. Delhi: Oxford University Press.

—. 1992. 'The Agrarian League of Pubna, 1873'. In *Peasant Resistance in India, 1858–1914.* Edited by D. Hardiman. Delhi: Oxford University Press.

Sengupta, Nirmal. 1985. 'Special Issue on Agrarian Movements in Bihar'. *Journal of Peasant Studies, 12(4)*, July.

—. 1986. ' Bataidari Movement (I)'. In *Agrarian Struggles in India after Independence.* Edited by A.R. Desai. Delhi: Oxford University Press.

—. 1990. 'Agrarian Movements: Significance of Bihar and Andhra'. In *Capitalist Development: Critical Essays.* Edited by Ghanshyam Shah. Bombay: Sangam Books.

Sengupta, Nirmal, Sinha, Anil and Vijayendra, T. 1986. 'Bataidari Movement (II)'. In *Agrarian Struggles in India after Independence.* Edited by A.R. Desai. Delhi: Oxford University Press.

Sengupta, Pramod. 1983. *Naxalbari and Indian Revolution.* Calcutta: Research India Publications.

Seshadri, K. 1970. 'Telangana Agitation and Politics of Andhra Pradesh'. *Indian Journal of Political Science*, 37(1), January-March.

Shah, Ghanshyam. 1974. 'Traditional Society and Political Mobilisation: The Experiences of Bardoli Satyagraha–1920-28'. *Contributions to Indian Sociology* (New Series), 8.

—. 1975. *Caste Association and Political Process in Gujarat.* Bomaby: Popular Prakashan.

—. 1988a. 'Grass-Roots Mobilization in Indian Politics'. In *India's Democracy: An Analysis of Changing State–Society Relations.* Edited by Atul Kohli. Princeton: Princeton University Press.

—. 1988b. 'Khedut in Gujarat'. *Seminar*, 352, December.

Shah, S.A. and Gough, Kathleen. 1969. 'Class and Agrarian Change: Some Comments on Peasant-Resistance and Revolt in India'. *Pacific Affairs*, 42(3), Fall.

Shanin, Teodor. 1972. *The Awkward Class.* London: Clarendon Press.

Shankardass, Rani Dhavan. 1986. 'Spokesman for the Peasantry: The Case of Vallabhbhai Patel and Bardoli'. *Studies in History* (New Series), 2(1) January-June.

Sharma, Brij Kishore. 1990. *Peasant Movements in Rajasthan (1920–1949).* Jaipur: Pointer Publishers.

Sharma, Radha. 2000. *Peasantry and the State: Early Nineteenth Century Punjab.* New Delhi: K.K. Publishers.

Shivaraman, Mythili. 1973. 'Thanjavur: Rumblings of Class Struggle in Tamil Nandu'. In *Imperialism and Revolution in South Asia.* Edited by Kathleen Gough and Hari Sharma. New York: Monthly Review Press.

Siddiqi, M.H. 1972. 'Peasant Movement in Pratapgarh, 1920'. *Indian Economic and Social History Review,* 9(3), September.

—. 1978. *Agrarian Unrest in North India: The United Provinces, 1918–32.* New Delhi: Vikas Publishing House.

—. 1986. 'History and Society in a Popular Rebellion: Mewat, 1920–1933'. *Comparatve Studies in Society and History,* 28(3), July.

Singh, H.M. 1980. *Agricultural Workers' Struggles in Punjab.* New Delhi: People's Publishing House.

Singh, Hira. 1979. 'Kin, Caste and Kisan Movement in Marwar: Some Questions to the Conventional Sociology of Kin and Caste'. *Journal of Peasant Studies,* 7(1), October.

Singh, Lata. 1992. 'The Bihar Kisan Sabha Movement–1933-1939', *Social Scientist,* 20(5-6), May-June.

Singh, Mohinder. 1991. *Peasant Movements in PEPSU Punjab.* New Delhi: National Book Organisation.

Singh, Rajendra. 1974. 'Agrarian Social Structure and Peasant Unrest: A Study of Land Grab Movement in District Basti, East U.P.'. *Sociological Bulletin,* 23(1), March.

—. 1979. 'Peasant Movements in Uttar Pradesh'. In *Social Movements in India.* Vol. I. Edited by M.S.A. Rao. Delhi: Manohar.

—. 1989. 'Caste Factors in Rural Revolts: A Study in Emerging Agrarian Contradictions in Uttar Pradesh'. In *Peasant and Peasant Protest in India.* Edited by M.L. Karna. New Delhi: Intellectual Publishing House.

—. 1995. 'Peasantry and Peasant Movement in India'. In *Indian Political System: Structure, Policies and Development.* Edited by M.P. Singh and Himanshu Raj. New Delhi: Janata Prakahan.

Someswara Rao, G. 1980a. 'Peasant Movements and Organisations in Telangana Region'. In *Political Economy of India.* Edited by B.A.V. Sharma. New Delhi: Light and Life Publishers.

—. 1980b. 'Peasant Movements and Organisations in Andhra Pradesh'. In *Political Economy of India.* Edited by B.A.V. Sharma. New Delhi: Light and Life Publishers.

—. 1981c. 'The Bhoodan Movement'. In *Political Economy of India*. Edited by B.A.V. Sharma. New Delhi: Light and Life Publishers.

Stokes, Eric. 1970. 'Traditional Elites in the Great Rebellion of 1857: Some Aspects of Rural Revolts in the Upper and Central Doab'. In *Elites in South Asia.* Edited by Edmund Leach and S.N. Mukherjee. London: Cambridge University Press.

—. 1978. *The Peasants and the Raj: Studies in Agrarian Society and Peasant Rebellion in Colonial India.* Delhi: Vikas Publication House.

—. 1979. 'Peasant Movement in Peddapalle'. *Economic and Political Weekly,* 14(46), November 17.

—. 1986. *The Peasant Armed: The Indian Revolt of 1857.* Oxford: Clarendon Press.

Subba Rao, C.V. 1978. 'Resurgence of Peasant Movement in Telangana'. *Economic and Political Weekly,* 13(46), November 18.

Sunderayya, P. 1972. *Telangana Peoples' Struggle and its Lessons.* Calcutta: Communist Party of India (Marxist).

Surana, Pushpendra. 1979. 'Peasant Movement Studies: A Sociological Analysis'. *Emerging Sociology,* 1(1), January.

—. 1983. *Social Movements and Social Structure.* Delhi: Manohar.

Surjeet, H.S. 1981. 'Upsurge'. *Seminar,* 267, November.

—. 1986. 'Kisan Sabha Leads Struggles'. In *Agrarian Struggles in India after Independence.* Edited by A.R. Desai, Delhi: Oxfrord University Press.

Tagore, S. 1937. *Peasant Revolt in Malabar, 1921.* Bombay: T. Godiwala.

Talib, B.D. 1986. 'Agrarian Tensions and Peasant Movements in Punjab'. In *Agrarian Struggles in India after Independence.* Edited by A.R. Desai. Delhi: Oxfrord University Press.

Tharamangalam, Joseph. 1981a. *Agrarian Class Conflict: The Political Mobilisation of Agricultural Labourers in Kutanad, South India.* Vancouver: University of British Columbia Press.

Tharamangalam, Joseph. 1981b. 'The Communist Movement and the Theory and Practice of Peasant Mobilisation in India'. *Journal of Contemporary Asia,* 11(4).

Thorner, Daniel. 1956. *The Agrarian Prospect in India.* Delhi: Delhi University Press.

—. 1980. *The Shaping of Modern India.* Bombay: Allied Publishers.

Tottenham, G.R.F. 1922. *The Mapilla Rebellion, 1921–22.* Madras: Government Press.

Upadhyaya, Ashok. 1979. 'Peasant Movements in Western India: A Tentative Hyothesis'. In *Agrarian Relations in India.* Edited by Arvind Das and V. Nilakant. New Delhi: Manohar.

—. 1980. 'Class Struggle in Rural Maharashtra (India): Towards a New Perspective'. *Journal of Peasant Studies,* 7(2), January.

Vaid, Chhjju Mal. 1984. 'Tenants Movement'. In *Punjab Peasants in Freedom Movement.* Vol. 2. Edited by Master Hari Singh. New Delhi: People's Publishing House.

—. 1988. *Tenants Struggle in Patiala and East Punjab States Union* (PEPSU). New Delhi: Communist Party Publications.

Vindhya, U. 1990. 'The Srikakukam Movement'. In *A Space within the Struggle: Women's Participation in People's Struggle.* Edited by Ilina Sen. New Delhi: Kali for Women.

Von der Weid, Denis and Poitevin, Guy. 1981. *Roots of a Peasant Movement.* Pune: Shubhada-Sarowat Publications.

Vora, Rajendra. 2002. 'Land Grabbing and Struggles for the Depressed in Maharashtra.' In *Land Reforms in India: Performance and Challenges in Gujarat and Maharastra.* Edited by Ghanshyam Shah and D.C. Sah. New Delhi: Sage Publications.

Weiner, Myron. 1963. *The Politics of Scarcity.* Bombay: Asia Publishing House.

Wolf, Eric R. 1995. 'Types of Latin American Peasantry: A Preliminary Discussion'. *American Anthropologist,* 57(3).

—. 1966. *Peasants.* Englewood Cliffs, NJ: Prentice-Hall.

—. 1970. *Peasant Wars in the Twentieth Century.* New York: Harper and Row.

Wood, Conrad. 1971. 'The First Moplah Rebellion against British Rule in Malabar'. *Modern Asian Studies,* 10(4).

—. 1974. 'Historical Background of the Moplah Rebellion'. *Social Scientist,* 3(1), August.

—. 1976. 'Moplah Rebellion Between 1800–02 and 1921–22'. *The Indian Economic and Social History Review,* 13(1), January-March.

—. 1992. 'Peasant Revolt: An Interpretation of Moplah Violence in Nineteenth and Twentieth Centuries'. In *Peasant Resistance in India, 1858–1941.* Edited by D. Hardiman. Delhi: Oxford University Press.

Wood, John. 1978. 'Indian Nationalism in the Princely Context: The Rajkot Satyagraha of 1938–39'. In *People, Princes and Paramount Power.* Edited by Robin Jeffrey. Delhi: Oxford University Press.

3

जनजातीय आंदोलन

(Tribal Movements)

अनुसूचित जनजातियां (एस.टी.) देश की कुल जनसंख्या की 8 प्रतिशत हैं। सन् 2001 में उनकी संख्या लगभग 820 लाख थी। उन्हें दो वर्गों में विभाजित किया जा सकता है-(1) सीमा क्षेत्रीय जनजातियां और (2) गैर-सीमा क्षेत्रीय जनजातियां। पहली जनजातियां उत्तर-पूर्वी सीमान्त राज्यों के निवासी हैं—अरुणाचल प्रदेश, असम, मेघालय, मणिपुर, मिजोरम, नागालैण्ड और त्रिपुरा। असम के अलावा, सभी अन्य राज्य असम और भारत के बीच पड़ोसी देशों—बर्मा, चीन, बांग्लादेश से घिरे हुए हैं। अतः, ये राज्य राष्ट्रीय राजनीति के क्षेत्र में विशिष्ट स्थान रखते हैं। इन राज्यों की जनजातीय जनसंख्या 11 प्रतिशत है। गैर-सीमान्त जनजातियां, कुल जनजातीय जनसंख्या की 89 प्रतिशत है जो कि अधिकांश राज्यों में बिखरी हुई हैं, यद्यपि उनकी अधिकांश संख्या मध्य प्रदेश (23 प्रतिशत), उड़ीसा (22 प्रतिशत), राजस्थान (12 प्रतिशत), बिहार (8 प्रतिशत), गुजरात (14 प्रतिशत), दादर नगर हवेली (79 प्रतिशत) और लक्षद्वीप टापू (94 प्रतिशत) में केन्द्रित है।

अनुसूचित जनजातियों को कई नामों, यथा जनजातियां, आदिवासी, मूलनिवासी या बहिष्कृत लोग के नामों से जाना जाता है। समाज विज्ञानियों ने 'जनजाति' शब्द की भारतीय संदर्भ में गहन रूप में जांच-पड़ताल नहीं की है। उन्होंने अधिकांश रूप में सरकार के वर्गीकरण का अनुसरण किया है (शाह, 1984; सेनगुप्त, 1988)। संविधान की धारा 366 (25) ने 'अनुसूचित जनजातियों' को परिभाषित करते हुए लिखा है कि, वे जनजातियां या जनजातीय समुदाय या ऐसी जनजातियों या जनजातीय समुदायों के हिस्से या समूह जिन्हें 342 की धारा के तहत संविधान के प्रयोजन हेतु अनुसूचित जनजातियां माना जाता है, राष्ट्रपति को भारत के संविधान की धारा 342 के खंड (1) के तहत प्राप्त शक्तियों के अनुसार संविधान (अनुसूचित जनजातियां), 1950 के आदेश के अनुसार 212 जनजातियों को अनुसूचित जनजातियां घोषित किया गया । किसी समूह की 'पृथकता, पिछड़ापन और सांस्कृतिक विशिष्टता' ऐसी तीन प्रमुख विशेषताएं हैं जो राज्य को किसी समुदाय को 'अनुसूची' में

सम्मिलित करने का दिशा निर्देशन करती हैं। ये विशेषताएं कानूनी और समाजशास्त्रीय अर्थ में अपरिभाषित हैं। बाद में, लोकसभा के एक विधान द्वारा कुछ अन्य समूहों को भी 'अनुसूची' में सम्मिलित कर लिया गया।

जनजातियां नृजातिक समूह (Ethnic groups) हैं। विभिन्न जनजातियों की अपनी संस्कृतियां, यथा बोली, जीवन-शैली, सामाजिक संरचनाएं, रीति-रिवाज, संस्कार, मूल्य आदि हैं जो उन्हें प्रमुख गैर-जनजातीय कृषक सामाजिक समूहों से अलग करती हैं। इसी के साथ, इनमें से कई जनजातियां स्थाई रूप में खेतिहर बन गई है और इनमें सामाजिक विभिन्नताएं विकसित हो गई हैं। इनकी कृषीय समस्याएं, कुछ सीमा तक, वे ही थीं और हैं जो अन्य गैर-जनजातीय कृषकों की रही हैं। अब ऐसे अध्ययन उपलब्ध हैं जो यह बताते हैं कि जनजातीय लोग किस प्रकार, समय के साथ, कृषक बन गये (उपाध्याय, 1980; शाह, 1984; पाथी, 1984)। कई विद्वानों ने जनजातीय आंदोलनों को कृषक आंदोलन के रूप में माना है (गफ़, 1974; देसाई, 1979; गुहा, 1983)। रंगा और सहजानंद सरस्वती जैसे किसान नेताओं ने जनजातियों को 'आदिवासी किसान' कहा है। के.एस.सिंह ने भी इन विद्वानों और राजनीतिक कार्यकर्ताओं से सहमति प्रकट की है। वे कहते हैं, 'ऐसा दृष्टिकोण जनजातीय सामाजिक बनावट की भिन्नताओं के महत्व को कम आंकता है जिसका जनजातीय आंदोलन एक हिस्सा हैं, दोनों संरचनात्मक रूप से जुड़े हुए हैं' (1985)। कुछ क्षेत्रों में जनजातियों के केन्द्रीकरण के कारण, उनका सामाजिक और राजनीतिक संगठन, 'मुख्यधारा' से सापेक्षिक पृथकता, उनका नेतृत्व का प्रतिमान और राजनीतिक लामबन्दीकरण (Mobilisation) की कार्यप्रणाली अन्य कृषकों से भिन्न हो सकती है। हिन्दुत्व विचारधारा के कुछेक समर्थक लोग जनजातियों को 'वनवासी' या जंगल में रहने वाली हिन्दू जाति के लोग मानते हैं।

एक जनजाति के भीतर सामाजिक-आर्थिक भिन्नताएं हिन्दू जाति के कृषकों की अपेक्षा कम देखी जाती हैं, और इनमें 'सामुदायिक चेतना' का भाव काफी मज़बूत होता है। सिंह कहते हैं—

> जबकि कृषक आंदोलनों में शुद्धत: कृषीय होने की प्रवृत्ति होती है क्योंकि कृषक लोग भूमि से गुजारा करते हैं। जनजातीय आंदोलन कृषिक और जंगल दोनों पर आधारित होते हैं, क्योंकि जनजातियों की जंगलों पर निर्भरता उतनी ही निर्णायक है जितनी निर्भरता उनकी भूमि पर होती है। इसके साथ ही नृजातिक कारक भी महत्वपूर्ण था। जनजातीय विद्रोह जमींदारों, सूदखोरों और छोटे सरकारी अफसरों के खिलाफ केवल इसलिए नहीं होते थे क्योंकि वे उनका शोषण करते थे, अपितु इसलिये भी होते थे क्योंकि वे बाहरी व्यक्ति थे (1986: 116)।

बिहार के सरदार और खेरवार आंदोलन जो 1858 और 1898 के बीच हुए थे, जॉन मैक्डूगल ने उनके बारे में अपने दो अध्ययनों (1977, 1978) में बताया है कि आंदोलनों की प्रकृति में आदिवासी समाज के कृषकीकरण के परिणामों में अन्तर आने से भिन्नता आ जाती है। जनजातीय लोगों के आंदोलनों ने कब और कैसे कृषक आंदोलनों का रूप धारण किया? जनजातीय आंदोलनों की क्या महत्वपूर्ण विशेषताएं हैं जो उन्हें कृषकों से भिन्न करती हैं? जनजातीय आंदोलन किस प्रकार, यदि कोई है, उपनिवेशी और उत्तर-उपनिवेशी काल में

कृषक आंदोलनों से जुड़े रहे हैं? के.एस. सिंह और मैक्डूगल ने इन प्रश्नों के उत्तर खोजने का प्रयत्न किया है, किन्तु इन प्रश्नों के उत्तर देने के लिए अधिक कठोर प्रयत्नों की जरूरत है।

रघुवइया (1971) ने 1778 से 1971 के बीच हुए सत्तर 'जनजातीय विद्रोहों' की एक सूची बनाई है। उन्होंने इन विद्रोहों का कालक्रम भी दिया है। भारत के मानवशास्त्रीय सर्वेक्षण संस्थान द्वारा जनजातीय आंदोलनों का एक सर्वेक्षण किया गया था, जिसमें 1976 में भारत में चल रहे छत्तीस जनजातीय आंदोलनों की पहचान की थी। बहुत पहले सन् 1945 में, *मैन इन इण्डिया* नामक पत्रिका ने 'एक विद्रोही अंक' का प्रकाशन किया था जिसमें विभिन्न जनजातीय विद्रोहों पर चार लेख प्रकाशित किये थे। इस अंक की सम्पादकीय टिप्पणी में यह लिखा गया था, कि 'ये विद्रोह न तो बहुत संख्या में थे और न ही काफी तीव्र थे, फिर भी पिछले 150 वर्षों में मध्य और पूर्वी भारत में शायद ही ऐसी कोई प्रमुख जनजाति रही हो जिसने अपने असंतोष की अभिव्यक्ति कभी न कभी इस प्रकार न की हो।' इस प्रकाशन में उत्तर-पूर्वी सीमांत प्रदेश के जनजातीय विद्रोहों का उल्लेख नहीं किया गया था।

इस विषय पर अपेक्षाकृत काफी कम साहित्य उपलब्ध होने के कारण प्रो. के.एस. सिंह द्वारा सम्पादित *भारत में जनजातीय आंदोलन* के तीन जिल्दों में प्रकाशित ग्रंथ (1982, 1983 और 1998) का महत्वपूर्ण योगदान है। प्रथम जिल्द (1982) में उत्तर-पूर्वी सीमांत जनजातियों का, द्वितीय जिल्द (1983a) में मध्य और दक्षिण भारत की जनजातियों का वर्णन किया गया है। तृतीय जिल्द (1998) देश के विभिन्न भागों के जनजातीय आंदोलनों से संबंधित साहित्य के सर्वेक्षण तक सीमित है। प्रथम दो जिल्दों में उन जनजातीय आंदोलनों का वर्णन किया गया है जो मुख्यत: स्वातन्त्र्योत्तर काल में हुए हैं। द्वितीय जिल्द का अधिकांश भाग मध्य भारत और आंध्र के आंदोलनों तक सीमित है। इसमें दक्षिण भारत के तमिलनाडु और केरल के आंदोलनों पर केवल एक लेख है। तृतीय जिल्द में भी लक्षद्वीप और दक्षिणी भारत के आंदोलनों पर केन्द्रित एक अध्याय है। यह पी.आर.जी. माथुर (1998) के साहित्य के सर्वेक्षण से विदित है। इसका कारण यह रहा हो कि दक्षिणी राज्यों की जनजातियों में बहुत कम या आंदोलनों का बिल्कुल भी न होना था। के.एस. सिंह लिखते हैं, 'दक्षिण भारत की जनजातियां काफी आदिम और बहुत कम संख्या में हैं, और उनका निवास काफी छितरा हुआ होने के कारण, उनके शोषण और इससे उत्पन्न असंतोष के होते हुए भी, वे आंदोलनों को संगठित करने में असमर्थ रहे हैं' (1983a: xvi)। एल.के. महापात्रा ने भी इसी प्रकार की बात कही है, 'हम बहुत कम संख्या और घूमने-फिरने वाली घुमक्कड़ जनजातियां, जैसे बिरहोर, कोरवा, पाहिरा, पहाड़ी खरिया या स्थानान्तरित खेती करने वाली जनजातियां, जैसे पहाड़ी मरिया, पहाड़ी सहोरा या सर्वाधिक आदिम लोगों में किसी प्रकार का महत्वपूर्ण सामाजिक आंदोलन—धार्मिक, प्रस्थिति गतिशीलता या राजनीतिक—नहीं पाते हैं' (1972: 408)। सुरजीत सिन्हा ने बिहार की छोटी जनजातियों के बारे में इसी प्रकार की टिप्पणी की है (1972)। यह बात सही हो सकती है, किन्तु इस प्रकार का इन लोगों का प्रेक्षण सीमित तथ्यों पर आधारित है क्योंकि दक्षिण भारत की जनजातियों संबंधी बहुत कम अध्ययन हुए हैं। ऐसी

छोटी जनजातियों की विद्रोह संबंधी क्षमताओं के बारे में कोई निष्कर्ष निकालने के पूर्व एक व्यक्ति को इन जनजातियों का अध्ययन करना आवश्यक है।

पूर्व-स्वतन्त्रता काल में मध्य और पूर्वी भारत में हुए जनजातीय आंदोलनों संबंधी अध्ययन बहुत कम हैं। इन अध्ययनों में ये सम्मिलित हैं—के.के. दत्ता का *द संथाल इनसॅरेक्शन ऑफ 1855-57* (1940), कुमार सुरेश सिंह (1966) का 1874-1901 के बीच छोटा नागपुर में हुआ बिरसा मुंडा आंदोलन का अध्ययन, जे.सी. झा का 1831-32 (1964) के बीच छोटा नागपुर के कोल लोगों की बगावत का अध्ययन और 1832-33 (1967) में भूमिज लोगों के विद्रोह का अध्ययन, आंध्र प्रदेश में गुडेम रम्पाओं के विद्रोह का हेमनडॉर्फ (1945) और डेविड आर्नोल्ड (1982) के अध्ययन (इनमें से पहला अध्ययन 1879-80 के रम्पा विद्रोह पर और दूसरा 1839 और 1924 के बीच होने वाले जनजातीय विद्रोहों से संबंधित), और एल.पी. माथुर (1988) द्वारा किया गया उन्नीसवीं शताब्दी में राजस्थान के भीलों के विद्रोह का है। पूर्व-स्वतंत्रता काल के दौरान हुए आंदोलनों से संबंधित उत्तर-पूर्व सीमान्त क्षेत्र की जनजातियों के बहुत कम अध्ययन उपलब्ध हैं। इनमें स्टेफन फ्यूच (1967) का काबुल का वर्णनात्मक अध्ययन, डी. मुखर्जी तथा अन्य लोगों का जेलिआंग्रोग आंदोलन (1925) का अध्ययन, कछा नागाओं का 1881-1930 के बीच का मसीही आंदोलन (1982), और मणिपुर में 1917-19 के बीच कुकी विद्रोह का गौतम भाद्रा (1975) का अध्ययन सम्मिलित हैं। अध्ययनों की कम संख्या के आधार पर हमें यह निष्कर्ष नहीं निकालना चाहिये कि ब्रिटिश काल में उत्तर-पूर्व में बहुत कम विद्रोह हुए थे।

रघुवइया ने ब्रिटिश लोगों के भारत में आने के बाद उत्तर-पूर्व सीमान्त प्रदेश में जनजातियों के कई आंदोलनों का उल्लेख किया है। इनमें से कुछ आंदोलनों का विस्तृत अध्ययन किये जाने की जरूरत है। के.एस. सिंह (1985) ने देश में हुए जनजातीय आंदोलनों का एक सिंहावलोकन प्रस्तुत किया है। तथापि, मणिपुर के कूकी विद्रोह को छोड़कर उन्होंने मुख्यत: पूर्वी और मध्य भारत के विद्रोहों पर अपने अध्ययन को केन्द्रित रखा है।

विभिन्न विद्वानों ने जनजातीय आंदोलन का भिन्न रूप में वर्गीकरण किया है। महापात्रा (1972) ने उस वर्गीकरण का प्रयोग किया है जो व्यापक रूप में सामाजिक आंदोलनों के लिए प्रयोग किया जाता है—(1) प्रतिक्रियावादी, (2) रूढ़िवादी, (3) संशोधनवादी या क्रांतिकारी। प्रतिक्रियावादी आंदोलन 'पुराने सुनहरे दिनों' को पुन: लाने के लिए किए जाते हैं, जबकि रूढ़िवादी आंदोलन यथास्थिति बनाये रखने के विचार से प्रेरित होते हैं। संशोधनवादी या क्रांतिकारी आंदोलन वे होते हैं जो 'बुरे' या 'निम्न' विश्वासों, प्रथाओं और संस्थाओं की समाप्ति के द्वारा सांस्कृतिक और सामाजिक व्यवस्था में 'सुधार' या 'शुद्धीकरण' के उद्देश्य से संगठित किए जाते हैं। सुरजीत सिन्हा (1968) ने आंदोलनों को इस प्रकार वर्गीकृत किया है—(1) नृजातीय विद्रोह, (2) सुधार आंदोलन, (3) भारतीय संघ में राजनीतिक स्वायत्तता हेतु आंदोलन, (4) पृथकतावादी आंदोलन, और (5) कृषिहर असंतोष। के.एस. सिंह (1983a) ने भी लगभग इसी प्रकार का वर्गीकरण किया है, केवल उन्होंने सुधार आंदोलन की जगह संस्कृतीकरण शब्द का और नृजातिक आंदोलनों की जगह सांस्कृतिक आंदोलन

शब्द का प्रयोग किया है। एस.एम. दूबे (1982) ने उत्तर-पूर्वी भारत के जनजातीय आंदोलनों को चार कोटियों में बांटा है—(1) धार्मिक और सामाजिक सुधार आंदोलन, (2) पृथक राज्य हेतु आंदोलन, (3) बगावती आंदोलन, (4) सांस्कृतिक अधिकार आंदोलन। वास्तव में, क्रम संख्या (2), (3) और (4) प्रकार के आंदोलनों के बीच विभाजित करने वाली बड़ी पतली रेखा है। डी. डोले ने उत्तर-पूर्वी प्रदेशों (1998) के जनजातीय आंदोलनों के लिये न्यूनाधिक रूप में इसी प्रकार के वर्गीकरण का अनुसरण किया है। जिन अध्येताओं ने भिन्न वर्गीकरण का प्रयोग किया है, उनमें बहुत अधिक अंतर नहीं है। महापात्रा ने जहां अपने वर्गीकरण में राजनीतिक आंदोलनों को बाहर रखा है, वहां दूसरों ने ऐसा नहीं किया है। इन वर्गीकरणों में उन आधुनिक आंदोलनों को सम्मिलित नहीं किया गया है जो जंगल के अधिकारों, पर्यावरण तथा बाजार और राज्य की 'विकास' योजनाओं के कारण हुए जनजातियों के विस्थापन के मुद्दों को लेकर किये गये हैं। बीसवीं सदी के अंत में के.एस. सिंह ने लिखा है—

> पिछले कुछ वर्षों में, उत्तर-आधुनिक काल में मूल निवासियों के अन्तर्राष्ट्रीय आंदोलन के उद्भव के साथ संसाधनों के आत्म-निर्णय या स्व-प्रबंधन, पहचान और नृजातीयता जैसे मुद्दों पर लोगों का ध्यान केन्द्रित होता जा रहा है। पर्यावरणात्मक आंदोलन ने समुदायों, संसाधनों के साथ उनके संबंध, प्रकृति के साथ उनका सम्पर्क और उनकी विश्व-दृष्टि पर केन्द्रित किया है। अत: पर्यावरण के संबंध में लोगों की बढ़ती हुई चिन्ता, विशेषत: जैव-विविधता, बहुलतावाद, नृजातीयता और पहचान—ये सभी मुद्दे आपस में जुड़े हुए हैं—के कारण जनजातीय आंदोलन नया स्वरूप ग्रहण करते जा रहे हैं। ये सभी अब अधिकाधिक पहचान आधारित आंदोलन बनते जा रहे हैं। इनके साथ संसाधनों आदि पर नियंत्रण से संबंधित विभिन्न मुद्दों को इस केन्द्रीय मुद्दे की शाखाएं माना जाता है। (1998: 9-10)

संक्षिप्तता की दृष्टि से, हम वर्गीकरण को निम्न रूप में नया रूप दे सकते हैं—(1) नृजातीय आंदोलन, जिसमें संस्कृति/धर्म पहचान भी सम्मिलित है, (2) कृषीय और वन अधिकार आंदोलन, (3) पर्यावरणवादी आंदोलन, (4) अनैच्छिक विस्थापन और पुनर्स्थापन आंदोलन और (5) राष्ट्रीयता के प्रश्न से जुड़े पृथक राज्य के मुद्दे को लेकर राजनीतिक आंदोलन। ये पांचों प्रकार न केवल परस्पर व्यापी हैं, अपितु ये एक दूसरे से जुड़े हुए भी हैं और एक प्रकार का आंदोलन दूसरे प्रकार के आंदोलन को जन्म देता है।

मुद्दे

जनजातीय समाज में काफी परिवर्तन आये हैं, अत: उनके उन मुद्दों में भी परिवर्तन आना स्वाभाविक है जो उन्हें उद्वेलित करते रहे हैं और संघर्ष के लिए प्रेरित करते थे।[1] के.एस. सिंह (1985) ने जनजातीय आंदोलनों को तीन अवस्थाओं में विभाजित किया है। प्रथम अवस्था 1795 और 1860 के बीच की है। यह अवस्था भारत में ब्रिटिश राज्य के उदय होने, स्थापित होने और उसका विस्तार होने से मेल खाती है। द्वितीय अवस्था 1860 और 1920 के बीच के काल की है। यह अवस्था उपनिवेशवाद के भारत में गहरे पैर जमाने की थी जिसके दौरान साहूकारों की पूंजी ने जनजातीय अर्थव्यवस्था में प्रवेश किया जिसने भूमि और जंगल के साथ

उनके संबंधों को भी प्रभावित किया। तृतीय अवस्था 1920 से शुरू होकर 1947 में देश के आजाद होने तक की है। इस अवस्था में जनजातियों ने न केवल तथाकथित पृथकतावादी आंदोलनों का श्रीगणेश किया, अपितु उन्होंने इसी समय राष्ट्रीय और कृषीय आंदोलनों में भी भाग लिया।

उन्नीसवीं शताब्दी में, ब्रिटिश शासन की देश के विभिन्न भागों की अनेकों जनजातियों से तब संघर्ष की शुरुआत हुई जब उन्होंने जनजातीय शासन को अपने साथ जोड़ लिया और जनजातीय क्षेत्रों में ब्रिटिश शासन की शुरुआत की। सामान्य रूप में सभी जनजातीय लोग और विशेष रूप में उनके मुखियाओं को नये शासन में अपनी सत्ता और संसाधनों के छिन जाने का अहसास हुआ। उन्होंने ब्रिटिश शासन के खिलाफ विद्रोह किया (माथुर, 1988)। देश के विभिन्न भागों में अनेक मसीही आंदोलनों की 'विद्रोही पैगम्बरों' द्वारा शुरुआत की गई जिन्होंने उनके अनुसरणकर्त्ताओं को यह आश्वासन दिया कि वे जल्दी ही इन बाहरी व्यक्तियों को खदेड़ देंगे और पुराने स्वर्णयुग की पुनः स्थापना करेंगे (ओरान्स, 1965; फ्यूच, 1967; सिंह, 1966; ट्रोइसी, 1976)। ऐसे आंदोलनों का उद्देश्य उनके राज की पुनः स्थापना करना और जनजातीय संगठन और संस्कृति को बनाये रखना था। छोटा नागपुर में बिरसा आंदोलन का लक्ष्य नस्लीय दुश्मनों (डिकू लोग), यूरोपीय मिशनरियों और अफसरों तथा देशी ईसाइयों को खत्म करना था। मुंडा लोग उनके "खोये हुए राज" को पुनः प्राप्त कर लेंगे। उनके पास पर्याप्त खाद्य सामग्री होगी, कोई अकाल नहीं होगा, सभी व्यक्ति एक साथ प्रेम से रहेंगे (सिंह 1966: 193)। पुराने जमाने के बारे में उनके काल्पनिक स्वप्न थे। धर्म उन्हें साहस और बेहतर भविष्य की आशा देता है और विदेशी शासकों द्वारा किये गये शोषण के विरुद्ध लड़ने की शक्ति देता है (आर्नोल्ड, 1982)। इनमें से अधिकांश आंदोलन ब्रिटिश काल के प्रारंभिक वर्षों में हुए। के.एस. सिंह (1985) उन्हें 'सहस्त्राब्दिक आंदोलन' के नाम से पुकारते हैं। ये आंदोलन केवल प्रमुख जनजातियों तक ही सीमित नहीं थे। विशाखापट्टम क्षेत्र के सालूर के कोन्डा डोरा और मध्य प्रदेश और गुजरात के नाईकडा लोग जिनकी संख्या अपेक्षाकृत बहुत कम थी, ने भी ब्रिटिश अफसरों और सवर्ण हिन्दुओं के खिलाफ धार्मिक भावना से ओतप्रोत होकर आंदोलन किये।

कुछ जनजातियों को यह भ्रम था कि स्वतंत्रता के बाद वे लोग अपनी पहचान खो देंगे। उदाहरणार्थ, नागा लोगों ने सन् 1947 में यह शंका प्रकट की कि उनकी संस्कृति, यथा उनके प्राचीन कानून और प्रथाएं तथा गांव का संगठन, जो उन्होंने बना रखा है, भारत के हिन्दू शासकों द्वारा समाप्त कर दी जायेगी। उन्होंने कहा कि जिन लोगों द्वारा संविधान बनाया गया है, उन्हें नागालैंड और नागा लोगों के बारे में कोई ज्ञान नहीं है, अतः यह संविधान काफी अनुपयुक्त और नागा लोगों को अमान्य होगा। चालीस करोड़ भारतीयों के बीच दस लाख नागा लोगों, जिनकी अपनी विशिष्ट जीवन-शैली है, का अस्तित्व मिट जायेगा (योनुओ, 1974: 167)। अतः, इन लोगों ने भारतीय संघ के बाहर एक पृथक स्वतंत्र राज्य की मांग की। इसी प्रकार 'आसामियों के प्रभुत्व के भय के कारण होने वाले विघटन और विस्थिरीकरण की आशंका खासी लोगों के मस्तिष्क को काफी परेशान करती रही। यह एक अन्तर्निहित

प्रमुख कारक था जिसने सभी खासी राजनीतिक आंदोलनों को प्रभावित किया है (माथुर, 1983: 192)।

कुछ जनजातीय समूहों ने जाति-हिन्दू के रूप में अपनी प्रस्थिति का दावा करने के लिए संस्कृतीकरण के आंदोलन प्रारंभ कर दिये। ये आंदोलन 'भगत आंदोलनों' के रूप में भी जाने जाते हैं। इस प्रकार के सामाजिक-धार्मिक आंदोलनों संबंधी समाजशास्त्रियों, सामाजिक मानवशास्त्रियों और इतिहासकारों द्वारा किये गये अध्ययन काफी संख्या में उपलब्ध हैं (बोड्डिंग, 1921; कालिया, 1962; ओरान्स, 1965; फ्यूच, 1967, 1972; इक्का, 1983; भट्ट, 1983; लाल, 1983; मन्न, 1983; हार्डिमैन, 1984, 1987)। प्रभुत्व और शोषण के खिलाफ शोषित समूहों द्वारा धार्मिकता और धार्मिक मुहावरों का प्रयोग किया गया। डेविड हार्डिमैन (1987) कहते हैं कि आदिवासियों की चेतना की दशा पर धार्मिकता का गहरा असर होता है। यह उनके शोषण को रोकने और संघर्ष करने के लिए 'राजनीतिक नैतिकता' के व्यावहारिक नियमाचार प्रदान करती थी। निम्न सामाजिक प्रस्थिति के लोग तब खुश रहते थे जब उच्च सामाजिक प्रस्थिति के लोगों द्वारा उन्हें सम्मान दिया जाता था। यह उनके लिए एक नया अनुभव था (फ्यूच, 1967)। अभी हाल ही कुछ जनजातियों ने अपनी संस्कृति को जीवित रखने की दृष्टि से अपनी हस्तलिपि को विकसित किया है (ए.आर. दास, 1982)। इस प्रकार के पुनरुत्थानवादी आंदोलन जनजातीय नेताओं के सचेतन प्रयास हैं ताकि अधिक संतोषजनक संस्कृति का निर्माण किया जा सके (सिंह, 1985)। इन आंदोलनों ने उनकी आकांक्षाओं में वृद्धि की और उनमें एकजुटता की भावना का संचार किया जिसने कुछ मामलों में उन्हें उनके शोषकों के खिलाफ लड़ने में मदद की। कुछ क्षेत्रों, जैसे गुजरात और मध्य प्रदेश में सामाजिक सुधार आंदोलन ने जनजातियों को ब्रिटिश शासन के विरुद्ध राष्ट्रवादी आंदोलन में भाग लेने के लिए प्रेरित किया (हार्डिमैन, 1984)। राजस्थान में, भगत आंदोलन का लक्ष्य राजनीतिक उद्देश्य को हासिल करना था ताकि भीलों के एक स्वतंत्र राज की स्थापना की जा सके (मन्न, 1983)। 1990 के दशक में कुछ भागों, विशेषतः गुजरात, मध्य प्रदेश और राजस्थान में, हिन्दूवादी शक्तियों द्वारा, मुसलमानों और ईसाइयों के विरुद्ध जनजातियों की लामबन्दी की गई (शाह, 2002; हार्डिमैन, 2000; जोशी, 1999)। इस लामबन्दीकरण ने जनजातियों को धार्मिक आधार पर बांट दिया और उन्हें उग्रवादी हिन्दू बना दिया। लामबन्दीकरण के इस पक्ष और जनजातीय-गैर-जनजातीय लोगों के आपसी सम्बन्धों पर इसके प्रभाव की ओर अभी तक कई अध्येताओं का ध्यान नहीं गया है।

जनजातीय आंदोलनों से संबंधित आर्थिक मुद्दे बहुधा बहुत कुछ रूप में वे ही होते हैं जो गैर-जनजातीय कृषक आंदोलनों को प्रभावित करते हैं। पिछली शताब्दी में इन दोनों में प्रमुख अन्तर यह था कि जनजातियों का उनके स्वयं का सामुदायिक खेतिहर ढांचा था जो कि गैर-जनजातीय कृषकों से भिन्न था। गैर-जनजातीय लोगों ने जंगलों और पहाड़ी क्षेत्रों में आर्थिक संसाधनों का दोहन करने के लिए घुसना शुरू कर दिया जिसके कारण जनजातीय लोगों की पारम्परिक अर्थव्यवस्था और समाज को भारी क्षति हुई (आर्नोल्ड, 1982)। नई लागू की गई ब्रिटिश भूमि व्यवस्था अनेकों जनजातियों में लम्बे अर्से से चली आ रही भूमि

व्यवस्था से पूर्णत: भिन्न थी। के.एस. सिंह लिखते हैं—'मुंडारी कृषिजन्य व्यवस्था का गैर-सामुदायिक, सामंती, जमींदारी या व्यक्तिगत लगान व्यवस्था में परिवर्तन कृषीय अस्तव्यस्तता का मुख्य कारण था जिसने बिरसा के धार्मिक-राजनीतिक आंदोलनों को जन्म दिया' (1966: 1)। बिहार, बंगाल, मध्य प्रदेश, उड़ीसा, आंध्र प्रदेश, गुजरात और महाराष्ट्र में कई विभिन्न जनजातीय क्षेत्रों के अनेक गांवों में जनजातीय लोग धीरे-धीरे गैर-जनजातीय सूदखोरों और भूस्वामियों के पास अपनी जमीनों को खोते गये जिसके कारण उनकी प्रस्थिति मात्र किरायेदार या मजदूरों की हो गई। कुछ स्थानों पर, जनजातीय मुखिया हिन्दू बन गये और जनजातीय क्षेत्रों में गैर-जनजातीय किसानों को बसने के लिए आमंत्रित किया। गैर-जनजातीय लोग अनुभवी किसान थे, उन्होंने जनजातीय लोगों की जमीनों को हथिया लिया और मूल निवासियों को मजदूरों के रूप में रख लिया। जे.सी.झा लिखते हैं—

> 1831-1832 का कोल लोगों के आंदोलन का जन्म निराशा और क्रोध के कारण हुआ। निराशा का कारण सरकार की नई व्यवस्था और कानून थे, और गुस्सा उन लोगों के प्रति था जो उन पर बल प्रयोग करते थे या उनसे नाजायज लाभ उठाना चाहते थे।
>
> इस क्षेत्र के जनजातीय लोगों का वास्तविक दु:ख उनके मुखिया थे जिनका हिन्दू बनने के बाद अलगाव हो गया था, और दु:ख का दूसरा कारण अंग्रेज शासक थे जो भूमि के जनजातीय स्वामित्व या कृषकों के मालिकानापन के विचार की परम्परा में जन्मे और पले हुए थे। यही कारण था कि मुखिया लोग गैर-जनजातीय निवासियों को यहां लाये और प्रशासक लोग एक ऐसा जटिल प्रशासन तंत्र लाये जो एक असहानुभूतिपूर्ण समाज द्वारा चालित था। इन समस्याओं के विरुद्ध जनजातीय लोगों के पास असंतोष और हिंसा के अतिरिक्त कोई निदान नहीं था।
>
> इससे एक बात स्पष्ट है कि पारम्परिक समाज दोनों ओर से कमजोर किया गया। संविदा नियम के द्वारा प्रथा को और मुद्रा अर्थव्यवस्था के द्वारा वस्तुविनिमय अर्थव्यवस्था को कमजोर किया गया जिसे ये लोग पूरी तरह समझ नहीं पाये। भूमि का बंटवारा, जो जनजातीय प्रथा द्वारा होता था, को भूस्वामी-काश्तकार संबंध में बदल दिया गया, और जनजातीय एकजुटता को ब्रिटिश राज के दबाव के कारण अंदर ही अंदर नष्ट कर दिया गया। (1962: 240)

भूस्वामी बहुधा जनजातियों पर किराया लगाते और बढ़ाते जाते थे। सूदखोर (महाजन) मनमाने ढंग से ऊँची दर पर उधार दी गई धन राशि पर सूद वसूलते थे और अन्तत: गैर-जनजातीय सूदखोरों और भूस्वामियों द्वारा उनकी जमीन को हड़प लिया जाता था। जनजातीय लोग अपनी ही जमीन पर काश्तकार या बंधक मजदूर तक बनने को मजबूर हो गये। सरकारी अफसर लोग विशेषत: पुलिस और राजस्व अधिकारी, अपनी सत्ता का प्रयोग जनजातीय लोगों को गुलाम बनाने में करते थे। ये लोग उनके श्रम का प्रयोग अपने व्यक्तिगत और सरकारी कार्यों के लिए बिना कुछ दिये करते थे। यही नहीं, न्यायालय भी जनजातीय लोगों की समस्याओं और दुखों के प्रति उदासीन थे, क्योंकि उन्हें जनजातीय कृषीय व्यवस्थाओं और प्रथाओं के बारे में ज्ञान नहीं था। ये कारक मुंडा, संथाल, कोल और भील लोगों के पिछली शताब्दी के विद्रोहों में एक समान थे। जनजातीय लोगों ने खेती करने के

लिए भूमि का किराया देने से मना कर दिया (दत्ता, 1940; अर्चर, 1945; झा, 1964; ओरान्स, 1965)।

इन कारकों के अतिरिक्त, मणिपुर के कूकी लोगों ने ब्रिटिश सरकार के विरुद्ध इसलिये विद्रोह किया क्योंकि सरकार ने इन लोगों को प्रथम महायुद्ध के दौरान कुली के रूप में सेना में भर्ती करने का प्रयास किया। ये लोग लम्बी दूरी के स्थानों पर जाना नहीं चाहते थे। यही नहीं, स्वस्थ युवाओं के सेना में भर्ती ने उनकी खुद की खेती को भी प्रतिकूल रूप में प्रभावित किया (भादरा, 1975; चौबे, 1982)।

स्वतंत्रता के समय और उसके बाद में भी भूमि अलगाव, सूदखोरी, बलात् श्रम, कम मजदूरी, भूमि हड़पना आदि जनजातीय आंदोलनों के प्रमुख मुद्दे बने रहे हैं। आंध्र प्रदेश के जनजातीय लोगों ने तेलंगाना आंदोलन में भाग लिया और भूस्वामियों और बलात् श्रम, जो उन्होंने उन पर थोपा था, के विरुद्ध लड़े (पेविअर, 1981; धनागरे, 1983)। महाराष्ट्र के वर्ली लोगों ने सन् 1944 में फसल कटने के समय मजदूरी बढ़ाने की मांग को लेकर काम करना बंद कर दिया। ये लोग बंधक श्रम (Bonded labour) व्यवस्था और शोषणकारी भूस्वामियों से लड़े। इन लोगों ने जंगल कार्य के लिए अधिक मजदूरी देने की मांग को लेकर सन् 1943 में हड़ताल की (परुलेकर 1975, 1979)। पश्चिमी भारत के कुछ जनजातीय लोगों ने सूदखोरों, भूस्वामियों और शराब बेचने वालों के विरुद्ध 1920 के दशक में आंदोलन किया (हार्डिमैन, 1987)। उन्होंने गुजरात में 1950 के दशक में भूमि हड़प और भूमि कर न देने का आंदोलन किया (शाह, 1975; देसाई, 1977)। उन्होंने यह दावा किया कि वे भूमि के मूल और असली मालिक हैं। दक्षिण गुजरात के पारदी तालुका क्षेत्र के आदिवासियों ने भूमि सुधार एक्ट लागू करने और जोतने वालों को भूमि देने के लिये आंदोलन किया (देसाई और देसाई, 1997; देसाई, 2002)। आंदोलन की शुरुआत 1950 के दशक में समाजवादी दल द्वारा की गई। 1960 के दशक में पश्चिमी बंगाल और आंध्र प्रदेश में नक्लबारी आंदोलन के प्रमुख घटक जनजातीय लोग थे जो शोषण के लिए लड़े (मुखर्जी, 1979; एस. बनर्जी, 1980; टी. बनर्जी, 1980; अधिकारी व अन्य 1983)। न्यूनतम वेतन, ऋणों को समाप्त करने और भूस्वामियों द्वारा शोषण किये जाने के विरुद्ध आंध्र प्रदेश, बिहार (बालगोपाल, 1988) महाराष्ट्र और गुजरात (ब्रीमैन, 1974; ऑगस्टीन, 1984; विन्टो, 2002) में जनजातीय लोगों ने आंदोलन किये। इसी प्रकार, बिहार, मध्य प्रदेश, महाराष्ट्र और आंध्र प्रदेश की जनजातियों ने 1969–70 में भूमि हड़प आंदोलन में भाग लिया। महाराष्ट्र में 1970 के दशक में शाहदा और भूमि सेना आंदोलनों में मुख्य सहभागी जनजातीय लोग ही थे (मीज़, 1976; डी. सिल्विया व अन्य, 1979; कुलकर्णी, 1983)। छोटा नागपुर क्षेत्र की जनजातियों ने 'डिकू' (शोषक लोग) जो ब्रिटिश काल में सूदखोर और भूस्वामी थे, के विरुद्ध आंदोलन किया। यही मुद्दा उत्तर–स्वतंत्रता काल में राजनीतिक लामबंदीकरण का प्रमुख कारक रहा है (शर्मा, 1976; परदेशी, 1980; सिंह, 1983b)।

अधिकांश जनजातियां जंगलों में रहती हैं जिन पर ये लोग एकाधिक कारणों से निर्भर हैं। जीवनयापन के उनके अनेक स्रोतों में से यह एक प्रमुख स्रोत है। वन्य उत्पादों को प्राप्त

करने के लिए ब्रिटिश सरकार ने कुछ नियम बनाये और लकड़ी के ठेकेदारों और व्यापारियों को जंगल काटने के अधिकार दिये। इन नियमों ने न केवल जनजातियों के वन्य उत्पादों संबंधी अधिकारों में कटौती की, अपितु वन विभाग की नौकरशाही ने इन लोगों को बहुत परेशान किया। जनजातीय लोगों ने इसका प्रतिकार किया। वेरियर एल्विन (1945) लिखते हैं कि जनजातीय परिवार इसमें विश्वास करते हैं कि 'जंगल उनके हैं और उन्हें उनका मनचाहा उपयोग करने का अधिकार है। वे कहते हैं कि वे वहां सदियों से हैं, ये उनका जीवन है और वे उनसे वंचित करने के किसी भी प्रयास का विरोध करने को न्यायोचित मानते हैं।' (वही: 257) आंध्र प्रदेश के सओरा लोगों ने वन विभाग के विरुद्ध हिंसात्मक विद्रोह किया। आंध्र प्रदेश में रम्पा विद्रोह का प्रमुख मुद्दा ताड़ी पर कर लगाया जाना था। बिहार के खारवार के पलामऊ लोगों ने 1930 के दशक के वन-सत्याग्रह में भाग लेते हुए लकड़ी काटने और उपभोग के लिए वन उत्पादों का संकलन करने के उनके प्रथानुगत अधिकारों को पुन: प्राप्त करने की मांग रखी (सिंह, 1983d)। यह समस्या स्वातंत्र्योत्तर काल में अभी भी विद्यमान है। खारवार लोगों ने 1950 के दशक में पुन: सत्याग्रह आंदोलन किया। (वही) गरवाल क्षेत्र के जनजातीय लोगों ने 1930 और 1970 के दशकों में जंगल के ठेकेदारों के विरुद्ध एक आंदोलन किया (डोगरा 1980, दास और नेगी 1983)। डांग क्षेत्र (गुजरात) के आदिवासियों ने बिना सफलता पाए 1980 के दशक के मध्य के वर्षों से लेकर 1990 के दशक के मध्य के वर्षों तक लगभग एक दशक तक वन अधिनियम को लेकर वन विभाग के खिलाफ संघर्ष किया जिसने उन्हें उनकी जमीन से और वन्य उत्पादों के संकलन के अधिकारों से वंचित कर दिया था (इंजीनियर, 2002; जोशी, 2002; शाह, 2002a)। कुछ अध्येताओं ने वन्य अधिकारों और जमीन पर नियंत्रण के मुद्दों से संबंधित संघर्षों को पर्यावरणात्मक आंदोलनों के रूप में वर्गीकृत किया है (देखिये, अध्याय-10)। पूर्वी गुजरात के आदिवासियों ने जंगल के कार्य के लिए न्यूनतम वेतन प्राप्त करने, वन्य उत्पादों को संकलन करने और जंगल की जमीन पर खेती करने के अधिकार के लिए आंदोलन किये। इस प्रकार के आंदोलन स्वैच्छिक समूहों के द्वारा किये गये (जानी, 2002)।

अनेक आदिवासी समूहों ने सरकारी कार्यालयों में नौकरी के लिए आरक्षण सहित अधिकाधिक कल्याण कार्यक्रमों की मांग की। उन्होंने मांग-पत्र प्रस्तुत किये और अखबारों में विज्ञप्तियां दीं, किन्तु आदिवासियों का वृहत् स्तर पर लामबन्दीकरण नहीं किया गया। ये मुद्दे चुनाव के समय महत्वपूर्ण बन जाते हैं (माथुर 1982, 1983)। तथापि, हमें उन कारणों की खोज करनी चाहिए जिनके कारण राजनीतिक आंदोलनों के प्रयास सफलता प्राप्त नहीं कर पाये।

स्वतंत्रता के पहले और बाद में कई जनजातियों ने 'स्वायत्तता' प्राप्त ऐसे राज्य या जिले बनाने की मांग को लेकर आंदोलन किए जिनमें वे अपने कार्यों की स्वयं देखभाल कर सकें। ये लोग गहरे रूप में यह अनुभव करते हैं कि विदेशी शासकों और बाहरी लोगों ने उनकी संस्कृति और अर्थव्यवस्था को नष्ट-भ्रष्ट कर दिया। पिछली शताब्दी में कोल और संथाल लोगों के विद्रोह आंदोलन, एक अर्थ में प्रत्यक्ष राजनीतिक आंदोलन थे क्योंकि उनका उद्देश्य उनके

खुद के राज की स्थापना करना, बाहरी लोगों (भारतीयों के साथ-साथ ब्रिटिश लोग) को निकाल कर बाहर करना था। ओरान्स कहते हैं—

> कम से कम उन लोगों ने जिन्होंने विद्रोह की शुरुआत की थी, उन्हें न केवल आर्थिक मदद के रूप में जीत की आशा थी, अपितु वे राजनीतिक शक्ति में बढ़ोतरी और संथाल लोगों की प्रस्थिति में सुधार के अवसर भी चाहते थे। प्रस्थिति सुधार का लक्ष्य हिन्दुओं की प्रथाओं के अनुकरण द्वारा अनेक कर्मकाण्डीय व्यवहारों से जुड़ा हुआ था जो विद्रोह के दौरान भी देखा गया। कर्मकाण्डीय व्यवहारों में जनेऊ (यज्ञोपवीत) धारण करना, चावल, तेल और सिंदूर का सांस्कारिक प्रयोग तथा गाय के गोबर से पवित्र करने जैसी क्रियाएं सम्मिलित थीं। (1965: 33)

भारतीय संघ के भीतर या बाहर, एक राज्य या एक जिले के रूप में एक पृथक राजनीतिक सत्ता जैसी मांगें पूर्वी और मध्य भारत तथा उत्तर-पूर्वी सीमान्त प्रदेश की अनेक जनजातियों द्वारा भी की गईं। डांग जनजाति के लोगों ने पहले के द्विभाषी बम्बई राज्य में एक पृथक जिला बनाने की मांग को लेकर आंदोलन किया (शाह, 1972)। गुजरात के कुछ जनजातीय नेताओं ने एक स्वायत्तशासी जनजातीय राज्य की मांग की। उन्हें अपनी इस मांग के लिए वृहत जनसमर्थन नहीं मिला और उनकी यह मांग एक नारे से अधिक कुछ भी नहीं बन सकी (देसाई, 1971)। यद्यपि उनका यह आंदोलन धूमिल पड़ गया, फिर भी आदिवासी पहचान या आदिवासीवाद, शासक वर्गों के वर्चस्व के खिलाफ उनके दावे संबंधी लामबन्दीकरण अभी भी जारी है जो दक्षिण गुजरात की जनजातियों को काफी आकर्षित करता है।

पिन्टो लिखते हैं—

> आदिवासी एकता परिषद् (ए.ई.पी.), जिसका औपचारिक गठन सन् 1993 में रियो शिखर सम्मेलन के बाद हुआ, अधिक सक्रिय बन गई। इस परिषद् को बनाने में चार पश्चिमी राज्यों, यथा राजस्थान, मध्य प्रदेश, महाराष्ट्र और गुजरात के आदिवासी बुद्धिजनों ने महती भूमिका अदा की है। यह परिषद् (ए.ई.पी.) 'आत्म-गौरव' और 'आत्म सम्मान' के लिये एक सांस्कृतिक पुनर्जीवन आंदोलन के द्वारा आदिवासी पहचान की स्थापना का प्रयास करती है। (पिन्टो, 2002: 222)

छत्तीसगढ़ की गोंड़ जनजाति ने 1950 के दशक में जनजातियों के लिए एक पृथक राज्य के निर्माण की मांग रखी (सिंह, 1983c)। छोटा नागपुर की जन-जातियां 1983 से पृथक राज्य की मांग इसलिए कर रही हैं ताकि वे डिकू (शोषक जन) की शोषणकारी तरकीबों से अपनी सुरक्षा कर सकें। पृथक राज्य की उनकी मांग आज भी किसी न किसी रूप में जारी है। किन्तु अब झारखंड आंदोलन से संबंधित कई अध्ययन उपलब्ध हैं (शर्मा, 1976; धर, 1980; सिंह, 1983b; अय्यर एवं महाराज, 1986; दास, 1990; देवाले, 1992; मलिक, 1993; बसु, 1994; प्रकाश, 2001; तिरके, 2002)। नागा लोगों ने सन् 1929 में साइमन कमीशन को एक स्मरण पत्र प्रस्तुत किया जिसमें उन्होंने यह मांग रखी कि उन्हें प्रस्तावित संवैधानिक परिवर्तनों के क्षेत्र से बाहर और ब्रिटिश के सीधे प्रशासन के अन्तर्गत रखा जाये। उन्होंने यह संदेह प्रकट किया कि भारतीय लोग हमारे प्रथानुगत कानूनों के स्थान पर अपने कानून एवं प्रथाएं लागू करेंगे। भारतीय संघ से बाहर एक पृथक राज्य की मांग स्वतंत्रता के बाद भी जारी है। भारतीय

संघ में उन्हें अलग राज्य मिल गया। मिजो जनजाति के साथ भी यही बात लागू होती है। वे भी सन् 1960 के बाद से भारतीय संघ से बाहर एक पृथक राज्य की मांग कर रहे हैं (मिश्रा, 1974, 1982; आनन्द, 1980; एन.के. दास, 1982; गोस्वामी और मुखर्जी, 1982; शाह, 1984; मिश्रा, 2000; वशूम, 2000; कुमार, 1995)। इन राजनीतिक मांगों के साथ नृजातिक और आर्थिक मांगें भी जुड़ी हुई हैं।

एन.के. बोस (1967)ने इन आंदोलनों को जनजातियों में धर्म और भाषा के आधार पर 'उपराष्ट्रवाद' के उद्‌भव की बात कही है। इसके विपरीत, रॉय बरमन (1969) ने इसे 'अव-राष्ट्रवाद' कहा है। उनके अनुसार जनजातियां एक प्रगतिशील आंदोलन में रत हैं। यह 'जनजातीयवाद' की आदिम व्यवस्था से 'राष्ट्रवाद' की ओर बढ़ने का एक कदम है। अव-राष्ट्रवाद की इस व्यवस्था पर जनजातियों का समूह जनजातीयवाद से उच्च स्तर के एकीकरण की पहचान की खोज में है। कुछ लोग इसे 'राष्ट्रीयता' का आंदोलन कहते हैं (ए.पी.आर.यू., 1982; टी.डी.एस.एस., 1987 में प्रकाशित विभिन्न आलेख देखिये)।

जनजातियों के आंदोलनों की प्रकृति, उनकी एकजुटता और उठाये गये मुद्दों के संदर्भ में कई विभिन्न कारकों पर निर्भर करती हैं। पूर्वी और मध्य भारत की जनजातियों का जाति-हिन्दुओं के साथ निकट का सम्बन्ध है, अत: वे भारतीय संघ के बाहर अलग राजनीतिक प्रस्थिति की मांग नहीं करते हैं, जबकि उत्तरी-पूर्वी सीमान्त प्रदेश के जनजातीय लोगों का हिन्दुओं के साथ घनिष्ठ सम्बन्ध नहीं है। वास्तव में, कई लोगों ने ईसाई धर्म अपना लिया है और ये लोग अन्तर्राष्ट्रीय सीमा पर रहते हैं। अत: ये लोग भारतीय संघ से अलग होने के लिये कहते हैं। सिन्हा कहते हैं कि एकजुटता संबंधी आंदोलनों में जनजातीय समूहों की सहभागिता की प्रकृति और मात्रा कई कारकों पर निर्भर करती है—जैसे, जनजातीय समूहों की स्थानिकता, अर्थात् केन्द्र कृषक संबंध, जनजातियों की संख्यात्मक शक्ति, गैर-जनजातीय लोगों के साथ उनके घुलने-मिलने और अन्तरसंबंधों की मात्रा। वे आगे कहते हैं—

जनजातीय एकजुटता/पृथकतावादी आंदोलन की तीव्रता का निम्नलिखित कारकों के अधिकतम अभिसरण (Convergence) से सकारात्मक सहसंबंध हैं—

1. अधिकांश जनजातीय जनसंख्या, अर्थात् मुख्य कृषकों का पारिस्थितिकीय और सामाजिक सांस्कृतिक पृथक्करण,
2. एकता (एकजुटता) आंदोलन को महत्वपूर्ण शक्ति प्रदान करने के लिये कुछ स्तर का संख्यात्मक बल और अर्थव्यवस्था,
3. अन्तरराष्ट्रीय और अन्तर-सभ्यता सरहद के पास बसावट,
4. श्रेष्ठ नेतृत्व प्रदान करने हेतु साक्षरता और शिक्षा का कुछ स्तर,
5. कृषकों के साथ ऐतिहासिक संयोग और संघर्ष की चेतना तथा कृषकों की राजनीतिक अधिसंरचना,
6. आर्थिक परिलब्धि के सीमित क्षेत्र के साथ जुड़ा हुआ राजनीतिक क्रम पथ के अवसर (सिन्हा, 1968: 420)।

सिन्हा द्वारा दिए गये तर्कों की प्रामाणिकता के परीक्षण के लिए देश के विभिन्न भागों में जनजातीय आंदोलनों पर कई अध्ययन किये जाने की आवश्यकता है।

एक अनुमान के अनुसार भारत में 1950 और 1990 के बीच में 213 लाख लोग सिंचाई योजनाओं, आणविक ऊर्जा संयंत्र, वन्यजीव संरक्षण स्थान, उद्योगों, आदि के कारण विस्थापित हुए हैं। इनमें से अस्सी प्रतिशत लोग जनजातियों के हैं (फर्नांडीज और परांजपे, 1997)। सरकार और निजी उद्योगों के द्वारा इनकी जमीनों और विकास स्थलों को नगण्य मुआवजा देकर हथिया लिया गया। ये लोग बहुधा जबरन विस्थापन के विरुद्ध प्रतिरोध प्रकट करते हैं। कुछ क्षेत्रों में उनके प्रतिरोधों ने संगठित आंदोलन का रूप धारण कर लिया है। विस्थापन के खिलाफ सबसे पहला प्रलेखित संगठित आंदोलन पूना के पास मुलशी योजना के विरुद्ध सन् 1921 का है जो 1924 तक चला। इस योजना से प्रभावित लोग अधिकांशत: गैर-जनजातीय के लोग थे। इनका नेतृत्व सेनापति बापत ने किया था (फर्नांडीज एवं परांजपे, 1997; वोरा, 2002)। पिछले कुछ वर्षों में नर्मदा बचाओ आंदोलन ने बांध के निर्माण के विरोध में आंदोलन किया है, जिसने एक बड़ी संख्या में आदिवासियों को विस्थापित किया है। कुछ स्थानों पर उन्होंने अधिक मुआवजे और एक बेहतर पुनर्वास नीति की मांग की है। कभी-कभी उन्होंने 'विकास' के मुद्दे को उठाकर यह कहा कि ऐसा 'विकास' किस काम का, जो लोगों को प्राकृतिक संसाधनों के अपने अधिकारों से वंचित करे (बाविस्कर, 1995; द्विवेदी, 1998; वोरा, 2002; आयंगर, 2002)। ये अध्ययन नुकसान की प्रकृति का वर्णन करते हैं जो जनजातियों को होता है, किन्तु आंदोलन हेतु जनजातीय लोगों के लामबन्दीकरण के मात्रा और प्रकृति पर बहुत कम शोध हुए हैं।

आदिवासी खान मजदूरों ने गैर-आदिवासी खान और कारखाना मजदूरों के साथ न्याय के लिये साथ दिया है। शंकर गुहा नियोगी ने वीर नारायण सिंह के शहीद होने के स्मरणोत्सव के रूप में छत्तीसगढ़ में सन् 1978 में मुक्ति मोर्चा की स्थापना की। वीर नारायण सिंह एक जनजातीय नेता थे जिन्हें ब्रिटिश सरकार द्वारा साम्राज्यवादी शासन के विरुद्ध आदिवासियों के लामबन्दीकरण के लिए 1857 में फांसी दी गई थी। इस मोर्चे ने जनजातीय और गैर-जनजातीय लोगों की छत्तीसगढ़ क्षेत्र के शोषण से संबंधित अनेक मुद्दों पर लामबंदी की।

> जुलाई 1992 में भिलाई में पुलिस की गोलियों से सरकारी आंकड़ों के अनुसार 18 लोगों की मृत्यु हो गई, यद्यपि गैर-सरकारी अनुमान के अनुसार 50 से भी अधिक लोगों की मृत्यु बताई गई। यह 19 महीनों के संघर्ष का परिणाम था जिसमें असंगठित मजदूरों के लिए न्यूनतम मजदूरी की मांग की गई थी। इस मांग का समर्थन भिलाई, ऊरला, तदेशेरा, कुम्हारी के असंगठित मजदूरों के साथ-साथ छत्तीसगढ़ के कई भागों के किसानों, युवाओं, स्त्रियों और भूमिहीन लोगों ने भी किया था (रॉय, 2002: 40)।

यद्यपि मीडिया के द्वारा इस आंदोलन को काफी प्रचार मिला और एक गैर-सरकारी संगठन (एन.जी.ओ.) द्वारा एक फाइल भी बनाई गई, (लहीरी, 1998), फिर भी इस पर शोधकर्त्ताओं द्वारा एक सम्पूर्ण विश्लेषणात्मक अध्ययन अभी भी किये जाने की आवश्यकता है।

सहभागीगण

मार्क्सवादी और गैर-मार्क्सवादी विचारधारा के अनुसरणकर्त्ता अधिकांश समाज वैज्ञानिक आदिवासियों को एक ऐसे समरूप समूहों के रूप में मानते हैं जिनमें किसी प्रकार की वर्ग विभिन्नताएं नहीं होती हैं। अतः, उन्होंने इस बात की खोजबीन ही नहीं की कि जनजातियों के स्तृत या वर्ग ने आंदोलन में सक्रिय रूप में भाग लिया। अभी हाल ही में, कुछ राजनीतिक समाजशास्त्रियों और इतिहासकारों ने जनजातियों में वर्ग विभिन्नताएं खोजनी प्रारंभ की हैं। यह कहा गया है कि नागा, मिजो, झारखंड और इसी प्रकार के अन्य आंदोलनों, जिनमें राजनीतिक स्वायत्तता की मांग की गई है, उनमें जनजाति के मध्यम वर्ग का प्रभुत्व रहा है (वीनर, 1978; शाह, 1984)। एच.के. सरीन (1980) ने यह आरोप लगाया है कि पहले ब्रिटिश सरकार ने और पिछले कुछ दशकों में अमेरिका और चीन ने उत्तर-पूर्वी भारत के अंग्रेजी पढ़े-लिखे जनजाति के लोगों में 'पृथकतावादी प्रवृत्तियों को प्रोत्साहित किया है।'

जैसा पहले लिखा गया है कि कुछ विद्वानों ने यह माना है कि छोटी और अलग-अलग जनजातियों में राजनीतिक आंदोलन को शुरू करने की कम क्षमता होती है। उत्तर-पूर्वी राज्यों की विभिन्न प्रजातियों के बारे में राव (1976) लिखते हैं कि खासी पहाड़ियों की जनजातियां गारो पहाड़ियों की अपेक्षा अधिक राजनीतिक रूप में सक्रिय हैं। कुछ जनजातीय आंदोलनों के अध्ययनों के आधार पर, के.एस. सिंह ने यह निष्कर्ष निकाला है कि जनजातीय असंतोष केवल उन जनजातियों में एक संगठित चरित्र का रूप धारण करता है जो समरूप और बड़े भूस्वामी जनजातीय समुदाय हैं, जिनका आर्थिक आधार अपेक्षाकृत काफी मजबूत होता है, जैसे मुंडा, संथाल, भील, गोंड जैसी जनजातियों में देखने को मिलता है। बहुत कम आदिम जनजातियां, जो पूर्व-कृषीय तकनीक पर आधारित हैं, ऐसे आंदोलनों में भाग लेती हैं (1983b)। ये समूह, उन मुद्दों जो भूमि और जंगलों से जुड़े होते हैं और जो उनकी जीविका के आधार होते हैं, के प्रति कठोर प्रतिक्रिया प्रकट करते हैं।

दूसरी ओर, राजनीतिक आंदोलनों के दौरान, कई जनजातियां सुस्पष्ट नृजातिक पहचान और कभी-कभी एक सर्व जनजातीय पहचान विकसित कर लेती हैं। नागालैण्ड और मिजोरम की विभिन्न जनजातियों ने राजनीतिक मांगों को प्राप्त करने के लिए एक गठबंधन बना रखा है। यही नहीं, छोटा नागपुर की जनजातियों ने भी गैर-जनजातीय श्रमिक जनों के साथ शोषकों के विरुद्ध लड़ने के लिए एकजुट होना शुरू कर दिया है। ये लोग मुख्यतः आर्थिक और राजनीतिक मांग उठाते हैं। फिर भी, रूपर्ट मोज़र (1978) यह अनुभव करते हैं कि झारखंड मुक्ति मोर्चा जैसे आंदोलन अभी 'पुनरुद्धारवादी और धार्मिक संघर्षों' से संबंधित हैं। किन्तु अन्य लोगों का यह दृष्टिकोण नहीं है। ये लोग यह मानते हैं कि सभी उत्पादक, बिना जाति और धर्म का भेदभाव किये, आंदोलन की आधुनिक अवस्था में एकजुट हो गये हैं (रॉय, 1982; महाराज और अय्यर, 1982)। क्या यह आंदोलनकारियों की एक वास्तविकता या एक काल्पनिक धारणा है, इस विषय पर गंभीर शोध की आवश्यकता है।

संगठन और नेतृत्व

जनजातीय आंदोलनों से संबंधित अधिकांश अध्ययन इनके संगठनात्मक पक्ष पर प्रकाश नहीं डालते हैं। यह मान लिया जाता है कि आंदोलन 'स्वत:स्फूर्त' होते हैं। किन्तु यह सही नहीं है। यहां तक कि शुरुआती संथाल, मुंडा और कोल आंदोलन भी संगठित थे और इनके लिये काफी तैयारियां की गईं थीं। ओरान्स लिखते हैं, 'विद्रोह (संथाल) की शुरुआत यकायक किसी भावना के वशीभूत एक पल में नहीं हुई थी। संथाल लोगों ने सरकार के समक्ष अपनी शिकायतों को रखने के कई प्रयास किये थे, किन्तु कई कारणों से और विभिन्न तरीकों से उन्हें अस्वीकृत कर दिया गया। हथियारबंद विद्रोह के पूर्व संथाल गांवों में अनेक बैठकें और संवाद किये गये थे' (1965: 32)। इसी प्रकार, अभी हाल के नागा और मिजो आंदोलन संगठित थे, किन्तु हम उनकी संगठनात्मक संरचना के बारे में बहुत कम जानते हैं। दास तथा गुप्ता (1982) ने हमें अहोम आंदोलन के संगठनात्मक ढांचे के बारे में कुछ बताया है जिसमें ऊपरी असम के लिये एक पृथक राज्य की मांग की गई थी। कुछ विद्वानों द्वारा यह कहा गया है कि जनजातीय, सामाजिक और राजनीतिक संरचनाएं राजनीतिक आंदोलनों के संगठन को आसान बनाती हैं। महाराज और अय्यर (1982) बताते हैं कि झारखंड आंदोलन में उन पारम्परिक सामाजिक संस्थाओं का उपयोग किया गया जो गांव, अन्तर-गांव और समुदाय स्तर पर काम करती हैं।

संथाल, कोल और मुंडा विद्रोह का जनजातीय नेतृत्व धार्मिक नेताओं या उन नेताओं द्वारा निर्मित था जो अपने आपको ईश्वर का अवतार बताते थे। इसका एक उदाहरण बिरसा मुण्डा का है (सिंह, 1966)। इसी प्रकार के अन्य उदाहरण सिदो और कान्हू के हैं। ये संथाल विद्रोह के नेता थे जो यह दावा करते थे कि वे अलौकिक शक्तियों से संदेश प्राप्त करते हैं। ऐसे नेताओं ने अपने अनुसरणकर्त्ताओं पर गहरा प्रभाव अंकित कर रखा था। फ्यूच लिखते हैं, 'भारत में मसीही आंदोलनों के सभी नेताओं ने न केवल उनके आंदोलनों में प्रवेश प्राप्त करने के लिये, अपितु उसमें स्थाई रूप से बने रहने की एक शर्त के रूप में, अपने अनुसरणकर्त्ताओं से बड़ी और बहुधा उदात्त त्याग करने की मांग बना रखी थी' (1967: 229)। के.एस. सिंह लिखते हैं कि, 'प्रथम दौर के नेतृत्व (1795-1860) का उद्‌भव जनजातीय समाज के उच्च स्तर से हुआ, किन्तु द्वितीय स्तर निम्नतर श्रेणी से उभर कर आया। संथाल भाईगण भूमिहीन थे। बिरसा मुंडा एक रैय्यत या एक प्रजा (बंटाईदार) और गोविन्द गिरी एक हाली (बंधक मजदूर) था' (1985: 151)।[2]

कई अध्ययन यह प्रदर्शित करते हैं कि स्वातंत्रयोत्तर काल के आंदोलनों में नेतृत्व जनजाति के शिक्षित लोगों से आया। अभी हाल का जनजातीय एकता आंदोलन मुख्यत: शिक्षित जनजातीय अभिजन के एक सीमित अंतरंग समूह की पहल और हित की उपज है और अभिजन नेताओं और जनजाति के आमजनों के बीच हितों और विचारों को लेकर संवाद का काफी अन्तराल है (वीनर, 1978; शाह, 1984)। तेलंगाना, वरली, शाहदा, भूमिसेना, नक्सलबारी और पारदी जैसे कुछ जनजातीय आंदोलनों का नेतृत्व विभिन्न राजनीतिक समूहों

के गैर-जनजातीय लोगों में से आया है (मीज़, 1976; पारुलेकर, 1979; डी सिल्वा व अन्य, 1979; एस. बनर्जी, 1980; टी. बनर्जी, 1980; देसाई, 2002)। इसी के साथ, आम जनजातीय लोगों में स्थानीय नेतृत्व भी उभर कर आया है। धुलिया में अमरसिंह और थाना में कालूराम इसके उदाहरण हैं (डी. सिल्वा व अन्य, 1979; कुलकर्णी, 1983)। नक्सलबारी आंदोलन में राजनीतिक दलों, जैसे भारत का साम्यवादी दल (सी.पी.आई.), भारत का साम्यवादी दल (मार्क्सवादी-लेनिनवादी) ने तथा पारदी सत्याग्रह में समाजवादी दल ने जनजातीय आंदोलनों के उद्देश्यों और कार्यक्रमों को निश्चित करने में एक महत्वपूर्ण भूमिका अदा की है। सुमंतो बनर्जी के नक्सलबारी आंदोलन के अध्ययन ने और हकूमत देसाई एवं किरण देसाई के पारदी सत्याग्रह के अध्ययन ने आंदोलनों में दलों की भूमिका की खोजबीन की है। पिछले दो दशकों में गैर-दलीय संगठनों, जैसे मध्यप्रदेश में छत्तीसगढ़ मुक्ति मोर्चा, गुजरात में 'दिशा' और कई अन्य संगठनों ने आदिवासियों के लामबंदीकरण में सक्रिय भूमिका अदा की है। इनके अध्ययन किये जाने की जरूरत है।

सार संक्षेप

जनजातीय आंदोलनों से संबंधित विभिन्न अध्ययन इस तथ्य को उजागर करते हैं कि स्वतंत्रता के पूर्व और स्वतंत्रता के बाद के विभिन्न संघर्षों में आदिवासी लोग उग्र रहे हैं। ये अध्ययन यह भी प्रदर्शित करते हैं कि पहले और अभी के आंदोलनों में जनजातियों द्वारा उठाये गये मुद्दों की बदलती हुई प्रकृति के बीच बड़ी पतली रेखा है और वह भी धीरे-धीरे धूमिल पड़ती जा रही है, जैसे-जैसे ये लोग जनजातीय से कृषक बनते जा रहे हैं। कुछ ही विद्वान यह विश्वास करते हैं कि जनजातियों के स्थानिक होने और प्राकृतिक संसाधनों पर निर्भर रहने के कारण वे प्रकृति से काफी निकट हैं। ये लोग प्रकृति का सम्मान करते हैं। अतः उनके संघर्ष को पर्यावरणात्मक संघर्षों का एक हिस्सा माना जाता है। पहले के जनजातीय आंदोलनों के अध्ययनों में विशेषतः उन्नीसवीं सदी के अध्ययन अधिकांशतः उनकी भूमि और जंगल के अधिकारों पर केन्द्रित थे। फिर भी, पिछले तीन दशकों में पहचान और नृजातीयता के मुद्दों पर अधिकाधिक रूप में जोर दिया जा रहा है। यद्यपि, जनजातीय आंदोलनों पर काफी संख्या में अध्ययन हुए हैं, किन्तु कुछ ही अध्ययन गहन और सुप्रलेखित हैं। कई अध्ययन अपूर्ण हैं। यही नहीं दक्षिण, मध्य और उत्तरी-पूर्वी भारत के जनजातीय आंदोलनों संबंधी अध्ययन बहुत कम हैं। कई जनजातीय आंदोलनों पर अभी तक कोई अन्वेषण नहीं हुआ है। राजनीतिक वैज्ञानिकों और सामाजिक इतिहासकारों ने इस क्षेत्र की लगभग उपेक्षा की है।

टिप्पणियाँ

1. यह जानना रुचिकर है कि पिछली शताब्दी में जनजातीय लोगों की सामूहिक क्रियाओं को 'क्रांति', 'विद्रोह', 'बगावत', 'जन आंदोलन', या 'असंतोष' के रूप में सामान्य रूप में वर्णित किया गया था।

इन शब्दों (पदों) का प्रयोग उपनिवेशी प्रशासन के कर्मचारियों द्वारा किया गया और स्वतंत्रता के बाद मानवशास्त्रियों ने इन्हें अपना लिया। रूपर्ट मोज़र कहते हैं, कि 'वैज्ञानिक शब्दावली अभी भी राजनीतिक दशाओं को प्रतिबिम्बित करती है। वे आंदोलन जो उपनिवेशी शासन से अपने प्रतिनिधियों की स्वतंत्रता के लिये किये जाते थे, या समाजों के ऐसे आंदोलन जो एक स्वतंत्र राज्य की स्थापना के लिये किये जाते हैं, उन्हें अब विद्रोहों या बगावत की संज्ञा नहीं दी जाती है' (1978: 125)।

2. गोविन्द गिरी ने पिछली शताब्दी के अन्त में राजस्थान-गुजरात सीमा क्षेत्र में भील आंदोलन का नेतृत्व किया था (सिंह, 1985)।

ग्रंथ-सूची

APRU (ed.). 1982. *Nationality Question in India*. Hyderabad: Andhra Pradesh Radical Students Union.

Adhikari, Ashim Kumar and Bhattacharya, Ranjit Kumar. 1983. 'The Extremist Movement: An Appraisal of the Naxalite Movement with Special Reference to its Repercussion among the Tribes'. In *Tribal Movements in India*. Vol. II. Edited by K.S. Singh. Delhi: Manohar.

Ajitha, K. 1990. 'Reminiscences from Wynad'. In *A Space within the Struggle: Women's Participation in People's Struggle*. Edited by Ilina Sen. New Delhi: Kali for Women.

Anand, V.K. 1980. *Conflict in Nagaland*. Delhi: Chanakya Publications.

Archer, G. 1945. 'The Santhal Rebellion'. *Man in India*. 25(4). December.

Arnold, David. 1982. 'Rebellious Hillmen: The Gudem-Rampa Risings, 1839-1924'. *In Subaltern Studies I: Writings on South Asian History and Society*. Edited by R. Guha. Delhi: Oxford University Press.

Augustine, P.A. 1984. *Suppression of Valia Tribals: A Case of Human Rights Violation*. Delhi: Indian Social Institute.

Bahuguna, Vimla. 1990. 'The Chipko Movement'. In *A Space within the Struggle: Women's Participation in People's Struggle*. Edited by Ilina Sen. New Delhi: Kali for Women.

Balagopal, K. 1988. *Probings in the Political Economy of Agrarian Classes and Conflicts*. Hyderabad: Perspectives.

Banerjee, S. 1980. *In the Wake of Naxalbari*. Calcutta: Subarnarekha

Banerjee, Tarunkumar. 1980. 'Girijan Movement in Srikakulam–1967-70'. *Society and Change*, 1(4), October-December.

Basu, S. 1994. *Jharkhand Movement*. Simla: Indian Institute of Advanced Study.

Baviskar, Amita. 1995a. 'The Political Uses of Sociology: Tribes and the Sardar Sarovar Project'. *Sociological Bulletin*, 44(1), March.

—. 1995b. In *The Belly of the River: Tribal Conflicts Over Development in the Narmada Valley*. Delhi: Oxford University Press.

Berreman, Gerald. 1983. 'Identity Definition, Assertion and Politicization in the Central Himalayas'. In *Identity: Personal and Social-Cultural*. Edited by Jacobson-Widding. New Jersey: Humanities Press.

—. 1985. 'Chipko Movement: Direct Action to Save the Himalayas'. *South Asia Bulletin*, 5(2), Fall.

Bhadra, Gautam. 1975. 'The Kuki(?) Uprising (1917-1919), Its Causes and Nature'. *Man in India*, 55(1), January-March.

Bhadra, Gopal. 1977. 'Socio-Political Movements among the Tribes of India'. In *Tribal Heritage of India: Ethnicity, Identity and Interaction*, Vol. I. Edited by S.C. Dube. Delhi: Vikas Publishing House.

Bhadra, Ranjit. 1972. 'The Bhil Movement in Dhulia'. *Economic and Political Weekly*, 7 (5, 7), Annual Number.

—. 1977. 'Revitalization Movements among the Gond of Madhya Pradesh'. *The Easter Anthropologist*, 30(2), April-June.

Bharati, Indu. 1989. 'Jharkhand Movement: Caught in the Electoral Morass'. *Economic and Political Weekly*, 24(25), June.

Bhardwaj, Gopal. 1977. 'Socio-Political Movements among the Tribes of India'. In *Tribal Heritage of India: Ethnicity, Identity and Interaction*. Vol. 1. Edited by S.C. Dube. Delhi: Vikas Publishing House.

Bhatt, Vikas. 1983. 'A Baba in Bastar'. In *Tribal Movements in India*. Vol. II. Edited by K.S. Singh. Delhi: Manohar.

Bhattarcharjee, S.R. 1989. *Tribal Insurgency in Tripura: A Study in Exploration of Causes*. New Delhi: Inter-India Publications.

Bhowmick, P.K. 1960. 'Some Social Movements in Midnapur, West Bengal'. *Man in India*, 40(4), October-December.

Bodding, P.O. 1921. 'The Kharwar Movement. Among the Santhals'. *Man in India*, 3(1), September.

Bose, Nirmal Kumar. 1967. *Problems of National Integration*. Simla: Indian Institute of Advanced Study.

Breman, Jan. 1974. 'Mobilisation of Landless Labourers'. *Economic and Political Weekly*, 9(62), March.

Calman, Leslie J. 1985. *Protest in Democratic India: Authority's Response to Challenge*. Boulder: Westview Press.

Calshaw, W.J. and Archer, W.G. 1945. 'The Santhal Rebellion'. *Man in India*, 25(4), December.

Chaube, S.C. 1973, *Hill Politics in North-East India*. New Delhi: Orient Longman.

Chaube, S.K. 1982. 'Nation-Building and Politics in the North-East Indian Hills'. In *Tribal Movement in India*. Vol. I. Edited by K.S. Singh. Delhi: Manohar.

Church, Roderick A. 1979. 'Roots of Separatism in Assam Hill District'. *Economic and Political Weekly*, 4(17), April 26.

Corbidge, Stuart. 1988. 'The Ideology of Tribal Economy and Society. Politics in Jharkhand, 1950-80'. *Modern Asian Studies*, 22(1).

—. 1993. 'Ousting Singbonga: The Struggle for India's'. Jharkhand: In *Dalit Movements and the Meanings of Labour in India.* Edited by Peter Robb. Delhi: Oxford University Press.

Das, A.R. 1982. 'The Manipur Script Movement'. In *Tribal Movements in India.* Vol. I Edited by K.S. Singh. Delhi: Manohar.

Das, J.C. and Negi, R.S. 1983. 'The Chipko Movement'. In *Tribal Movements in India.* Vol. II. Edited by K.S. Singh. Delhi: Manohar.

Das, N.K. 1982. 'The Naga Movement'. In *Tribal Movements in India.* Vol. I. Edited by K.S. Singh. Delhi: Manohar.

Das, N.K. and Gupta, P. 1982. 'The Ahom Movement'. In *Tribal Movements in India.* Vol. I. Edited by K.S. Singh. Delhi: Manohar.

Das, Victor. 1990. 'Jharkhand Movement: From Realism to Mystification', *Economic and Political Weekly*, 25(30).

—. 1992. *Jharkhand: Castle Over the Grave.* New Delhi: Inter-India Publications.

Datta, K.K. 1940. *The Santal Insurrection of 1855-57.* Calcutta: University of Calcutta.

—. 1957. 'The Birsa Movement in Chhotanagpur'. In *History of Freedom Movement in Bihar.* Edited by K.K. Datta. Patna: Government of Bihar.

Desai, A.R. (ed.). 1979. *Peasant Struggles in India.* Delhi: Oxford University Press.

Desai, Hakumat and Desai, Kiran. 1997. *The Pardi Annakhed Satyagraha: Adivasi Assertion for Rights.* Surat: Centre for Social Studies.

Desai, I.P. 1971. 'The Slogan of Separate State by Tribals in South Gujarat'. *ICSSR Research Abstracts Quarterly*, 4 February.

—. 1977. 'The Vedchhi Movement'. In *History of Rural Development in Modern India.* Vol. II. Edited by I.P. Desai and Banwarilal Chaudhary. Delhi: Impex India.

Desai, Kiran. 2002. 'Land Reforms Through People's Movements'. In *Land Reforms in India: Performance and Challenges in Gujarat and Maharashtra.* Edited by Ghanshyam Shah and D.C. Sah. New Delhi: Sage Publications.

De Silva, G.V.S., Mehta, N., Rehman, A. and Wignaraja, P. 1979. 'Bhoomi Sena: From the Village to the Global Order'. *National Labour Institute Bulletin*, 5(1, 2).

Devalle, S. 1992. *Discourse on Ethnicity: Cultures and Protest in Jharkhand.* New Delhi: Sage Publications.

Dhanagare, D.N. 1983. *Peasat Movements in India, 1920-1950.* Delhi: Oxford University Press.

Dhar, Hiranmoy. 1980. 'Split in the Jharkhand Mukti Morcha'. *Economic and Political Weekly*, 15(31), August 2.

Dogra, Bharat. 1980. *Forests and People.* Rishikesh: Himalaya Darshan Prakashan Samiti.

Doley, D. 1998. 'Tribal Movements in the North-Eastern Region'. In *Antiquity to Modernity in Tribal India: Tribal Movements in India*. Vol. IV. Edited by K.S. Singh. New Delhi: Inter-India Publications.

Doommen, A.G. 1967. 'Separatist Tendencies in Eastern India'. *Asian Survey*. 7(10), October.

Dubey, K.C. 1998. 'Tribal Uprisings and Social Movements in Madhya Pradesh'. In *Antiquity to Modernity in Tribal India: Tribal Movements in India*. Vol. IV. Edited by K.S. Singh. New Delhi: Inter-India Publications.

Dubey, S.M. 1982. 'Inter-Ethnic Alliance, Tribal Movements and Integration in North-East India'. In *Tribal Movements in India*. Vol. I. Edited by K.S. Singh. Delhi: Manohar.

Duyker, Edward. 1987. *Tribal Guerillas: The Santhals of West Bengal and the Naxalite Movement*. Delhi: Oxford University Press.

Dutt, Luithui. 1985. 'Violence in India: The Case of the Naga National Movement'. *South Asia Bulletin*, 5(2), Fall.

Dwivedi, Ranjit. 1998. 'Resisting Dams and "Development": Contemporary Significance of the Campaign against the Narmada Project in India'. *The European Journal of Development Research*, 10(2), December.

Ekka, Philip. 1972. 'Revivalist Movements among the Tribals of Chhotanagpur'. In *Tribal Situations in India*. Edited by K.S. Singh. Simla: Indian Institute of Advanced Study.

Ekka, William. 1983. 'Reform Movement of Rajmohini Devi.' In *Tribal Movements in India*. Edited by K.S. Singh. Delhi: Manohar.

Elwin, Verrier. 1945. 'Saora Fituris'. *Man in India*, 25(4), December.

Engineer, Irfan. 2002. 'Struggles of Dangi Adivasis for Livelihood and Land'. In *Land Reforms in India: Performance and Challenges in Gujarat and Maharashtra*. Edited by Ghanshyam Shah and D.C. Sah. New Delhi: Sage Publications.

Fernandes, Walter and Paranjpe (eds.). 1997. *Rehabilitation Policy and Law in India: A Right to Livelihood*. New Delhi: Indian Social Institute.

Fuchs, Stephen. 1967. 'Messianic Movements in Tribal India'. *The Journal of the Asiatic Society of Bombay*, 20(1,2).

—. 1980. *Rebellious Prophets*. Bombay: Asia Publishing House.

George, Sudhir Jacob. 1994. 'The Bodo Movement in Assam: Unrest to Accord'. *Asian Survey*, 34(10) October.

Ghosh, Komalini. 1985. *Tribal Insurrection in Tripura: A Study in Relative Deprivation*. Hyderabad: Booklines Corporations.

Gill, Y.S. 1980. 'Trends in Jharkhand Movement'. *Mainstream*, 18(38), April 26.

Gooch, Pernille. 1997. 'Conservation for Whom? Van Gujjars and the Rajaji National Park'. In *Social Movements in Development: The Challenge of Globalization and Democratization*. Edited by Staffan Lindbergh and Arni Sverrisson. London: Macmillan Press.

Gopalkumar, V.N. 1980. 'West Bengal's Tribal Unrest'. *Mainstream*, 18(47), July 19.

Goswami, B.B. and Mukherjee, D.P. 1982. 'The Mizo Political Movement'. In *Tribal Movements in India*. Vol. I. Edited by K.S. Singh. Delhi: Manohar.

Gough, Kathleen. 1974. 'Indian Peasant Uprising'. *Economic and Political Weekly*, 9(32-34), Special Number, August.

Guha, Ranajit. 1983. *Elementary Aspects of Peasant Insurgency in Colonial India*. Delhi: Oxford University Press.

Gundevia, Y.D. 1975. *War and Peace in Nagaland*. New Delhi: Palit and Palit.

Gupta, Ranjit and Others. 1981. 'Tribal Unrest and Forestry Management in Bihar'. Ahmedabad: Indian Institute of Management.

Haimendorf, Christopher von Furer. 1945. 'Aboriginal Rebellions in the Deccan'. *Man in India*, 25(4), December.

Hardiman, David. 1984. 'Adivasi Assertion in South Gujarat: The Devi Movement of 1922–23'. In *Subaltern Studies III*. Edited by Ranajit Guha. Delhi: Oxford University Press.

—. 1987. *The Coming of the Devi: Adivasi Assertion in Western India*. Delhi: Oxford University Press.

—. 2002. 'Christianity and Adivasis of Gujarat'. In *Development and Deprivation in Gujarat*. Edited by Ghanshyam Shah, Mario Rutten and Hein Streefkerk. New Delhi: Sage Publications.

Henningham, Stephen. 1981. 'Autonomy and Organisation: Harijan and Adivasi Protest Movements'. *Economic and Political Weekly*, 16(27), July 4.

Horam, M. 1975. *Naga Polity*. Delhi: B.R. Publishing Corporation.

Hussain, Moineul. 1987. 'Tribal Movement for Autonomous State in Assam'. *Economic and Political Weekly*, 22(32), August 8.

Iyer, Gopal K. and Maharaj, R.N. 1986. Agrarian Movements in Tribal Bihar (Dhanabad) 1972–80. In *Agrarian Struggles in India after Independence*. Edited by A.R. Desai. Delhi: Oxford University Press.

Iyengar, Sudarshan. 2002. 'Resettlement and Rehabilitation in the Sardar Sarovar Project: A Review of Policy Reforms and Implementation'. In *The Other Gujarat*. Edited by Takashi Shinoda. Mumbai: Popular Prakashan.

Jain, P.C. 1989. *Tribal Agrarian Movement*. Udaipur: Himanshu Publications.

Jani, Indukumar. 2002. 'Land Struggle in Eastern Belt of Gujarat'. In *Land Reforms in India: Performance and Challenges in Gujarat and Maharashtra*. Edited by Ghanshyam Shah and D.C. Sah. New Delhi: Sage Publications.

Jay, Edward. 1961. 'Revitalization Movements in Tribal India'. In *Aspects of Religion in Indian Society*. Edited by L.P. Vidyarthi. Meerut: Kedarnath Ramnath.

Jha, A.P. 1960. 'Nature of the Santal Unrest of 1871–75 and the Origin of the Sapla Hor Movement'. *Indian Historical Records Commission Proceedings*, 35(2), February.

Jha, J.C. 1962. 'Ganga Narain and the Bhumit Revolt of 1832–33'. *The Modern Review*, 107.

—. 1964. *Kol Insurrection in Chhotanagpur*. Calcutta: Calcutta University.

—. 1967. *The Bhoomij Revolt, 1832–33*. Delhi: Munshiram Manoharlal.

Jha, Jagdish. 1985. 'The Nature of the Tribal Unrest on the Chhota Nagpur Plateau (1831–1833)'. *Revolt Studies*, 1(1), June.

Joshi, Satyakam. 1999. 'Tribals, Missionaries and Sadhus: Understanding the Violence in the Dangs'. *Economic and Political Weekly*, 34(37).

—. 2002. 'Development, Deprivation and Discontent: A Case of Dangs Tribals'. In *Development and Deprivation in Gujarat*. Edited by Ghanshyam Shah, Mario Rutten and Hein Streefkerk. New Delhi: Sage Publications.

Kalia, S.L. 1962. 'The Raj Mohini Devi Movement in Surguja'. *Bulletin of the Tribal Research Institute*, Chhindwara, 2(1), June.

Kamaroopi. 1992. 'Assam: Bodo Agitation Resumes Back to Bad Old Days'. *Economic and Political Weekly*, 27(26).

Karna, M.L. (ed.). *Peasant and Peasant Protest in India*. New Delhi: Intellectual Publishing House.

Kaviraj, Narhari. 1974. 'The Santhal Agitation over the Rent Question'. *Problems of National Liberation*, 1(1), November.

Kulkarni, S.D. 1972. 'The Bhil Movement in Dhulia'. *Economic and Political Weekly*, 7(5-7), Annual Number.

—. 1974. 'Organising the Adivasis'. *Economic and Political Weekly*, 9(6-8), Annual Number.

—. 1983. 'The Bhil Movement in the Dhulia District'. In *Tribal Movements in India*. Edited by K.S. Singh. Delhi: Manohar.

Kumar, B.B. 1995. *Tension and Conflict in North East India*. New Delhi: Cosmo Publications.

Lahiri, Souparna (compiled). 1998. *On A Rainbow in the Sky...The Chhattisgarh Mukti Morcha*. New Delhi: Centre for Education and Communication.

Lal, R.B. 1983. 'Socio-Religious Movements among the Tribals of South Gujarat'. In *Tribal Movements in India*. Edited by K.S. Singh. Delhi: Manohar.

MacDougall, John. 1977. 'Religious Revitalization vs Agrarian Reform: Collective Resistance to Peasantization among the Mundas, Oraons and Sanals, 1858–95'. *Contributions to Indian Sociology* (New Series), 11(2).

—. 1978. 'Participation in Late Nineteenth-Century Adivasi Movements: Variations within Two Districts of Bihar'. In *Aspects of Tribal Life in South Asia: Strategy and Survival*. Edited by R. Rupert et al. Berne (Switzerland): The University of Berne, Institute of Ethnology.

Mahapatra, L.K. 1968. 'Social Movements among Tribes in Eastern India'. *Sociologus*, 18(1).

—. 1972. 'Social Movements among Tribes in India'. In *Tribal Situation in India*. Edited by K.S. Singh. Simla: Indian Institute of Advanced Study.

Maharaj, R.N. and Iyer, K.G. 1982. 'Agrarian Movement in Dhanabad'. In *Fourth World Dynamics: Jharkhand.* Edited by Nirmal Sengupta. Delhi: Authors' Guild Publications.

Mangamma, J. 1983. *Alluri Sitarama Raju.* Hyderabad: A.P. State Archives.

Mann, R.S. 1983. 'Structure and Role Dynamics among the Bhils of Rajasthan: A Case of the Bhagats'. In *Tribal Movements in India.* Vol. II. Edited by K.S. Singh. Delhi: Manohar.

Mathur, L.P. 1988. *Resistance Movement of Tribals of India.* Udaipur: Himanshu Publications.

Mathur, P.R.G. 1982. 'Khasi Solidarity Movement'. In *Tribal Movements in India* Vol. I. Edited by K.S. Singh. Delhi: Manohar.

—. 1983. 'Political Awakening among the Tribes of Wynad'. In *Tribal Movements in India.* Vol. II. Edited by K.S. Singh. Delhi: Manohar.

—. 1998. 'Tribal Movements in Lakshadweep and South India'. In *Antiquity to Modernity in Tribal India: Tribal Movements in India.* Vol. IV. Edited by K.S. Singh. New Delhi: Inter-India Publications.

Maxwell, Neville. 1973. *India and the Nagas.* London: The Minority Rights Group.

Means, Gorden P. and Means, Irgurn N. 1966–67. 'Nagaland: The Agony of Ending Guerilla War'. *Pacific Affairs*, 39(3, 4), Fall and Winter.

Mehta, Shalini. 1988. 'Tribal Movements in Himachal Pradesh and Jammu and Kashmir'. In *Antiquity to Modernity in Tribal India: Tribal Movements in India.* Vol. IV. Edited by K.S. Singh. New Delhi: Inter-India Publications.

Mies, Maria. 1976. 'Peasant Movement in Maharashtra: Its Development and its Perspective'. *Journal of Peasant Studies*, 3(3), July.

Mishra, A. and Tripathi, S. 1978. *Chipko Movement: Uttarkhand Women's Bid to Save Forest Wealth.* New Delhi: Gandi Peace Foundation.

Misra, Tilottama and Misra, Udayan. 1996. 'Movements for Autonomy in India's North-east'. In *Region, Religion, Caste, Gender and Culture in Contemporary India.* Edited by T.V. Sathyamurthy. Delhi: Oxford University Press.

Misra, Udayan. 1974. 'The Naga Question'. *Economic and Political Weekly*, 9(39). September 28.

—. 1982. 'Naga National Question'. In *Nationality Question in India.* Edited by APRU. Hyderabad: Andhra Pradesh Radical Students Union.

—. 2000. *The Periphery Strikes Back: Challenges to the Nation-State in Assam and Nagaland.* Simla: Indian Institute of Advanced Study.

Mitra, Kalipad. 1940. 'Santal Insurrection in Chhotanagpur'. *Bengal Past and Present*, 8, January-June.

Moser, Rupert R. 1978. 'Movements versus Rebellions'. In *Aspects of Tribal Life in South Asia: Strategy and Survival.* Edited by Rupert Moser et al. Berne (Switzerland): The University of Berne.

Mukherjee, D.P., Gupta, P. and Das, N.K. 1982. 'The Zeliangrong Movement: A Historical Study'. In *Tribal Movements in India.* Edited by K.S. Singh. Delhi: Manohar.

Mukherji, Partha. 1979. 'Naxalite Movement and Peasant Revolt in North'. In *Social Movements in India.* Vol. I. Edited by M.S.A. Rao. Delhi: Manohar.

Mullick, S. Bosu. 1993. 'The Jharkhand Movement: A Historical Analysis'. In *Continuity and Change in Tribal Society.* Edited by M. Miri. Simla: Indian Institute of Advanced Study.

Naidu, N.Y. 1972. 'Tribal Revolt in Parvatipuram Agency'. *Economic and Political Weekly,* 7(48), November 25.

Narayan, S. 1988. *Movements, Development, Police and Judiciary in Tribal World.* New Delhi: Inter-India Publications.

—. 1992. *Jharkhand Movement: Origin and Evolution.* New Delhi: Inter-India Publications.

Ohan, R.O. 1977. 'Tribal Movements in Chhotanagpur'. In *Dissent, Protest and Reform in Indian Civilization.* Edited by S.C. Malik. Simla: Indian Institute of Advanced Study.

Orans, M. 1965. *The Santal: A Tribe in Search of Great Tradition.* Detroit: Wayne State University Press.

Pardesi, Ghanshyam. 1980. 'Jharkhand: Origin of the Movement'. *Mainstream,* 18(47), July 19.

Prakash, A. 2001. *Politics of Development and Identity.* New Delhi: Orient Longman.

Parulekar, Godawari. 1975. *Adivasi Revolt.* Calcutta: National Book Agency.

Parulekar, S.V. 1979. 'The Liberation Movement Among Varlis'. In *Peasant Struggles in India.* Edited by A.R. Desai. Delhi: Oxford University Press.

Pathy, Jaganath. 1984. *Tribal Peasantry Dynamics of Development.* New Delhi: Inter-India Publicatons.

—. 1998. 'Contemporary Struggles of the Tribal People's of India'. *The Indian Journal of Social Work,* 59(1), January.

Pati, Biswamoy. 1983. 'Peasants, Tribals and the National Movement in Orrisa (1921–1936)'. *Social Scientist,* 11(7), July.

—. 1993. *Resisting Dominion: Peasants, Tribals and National Movement in Orissa, 1920–50.* Delhi: Manohar.

Paul, M.C. 1989. *Dimensions of Tribal Movement in India: A Study Of Udayachal in Assam Valley.* New Delhi: Inter-India Publications.

Pavier, B. 1981. *The Telengana Movement, 1944–51.* Delhi: Vikas Publshing House.

Pinto, Stany. 2002. 'Land Alienation and Adivasi Assertion in Bharuch District: In *Development and Deprivation in Gujarat.* Edited by Ghanshyam Shah, Mario Rutten and Hein Streefkerk. New Delhi: Sage Publications.

Prabhu, Pradeep. 1998. 'Tribal Movements: Resistance to Resurgence'. *The Indian Journal of Social Work,* 59(1), January.

Pradhan, H.P. 1975. 'Agrarian Unrest and Economic Change in Rural Bihar: Three Case Studies'. *Economic and Political Weekly,* 10(24), June 14.

Praharaj, D.M. (1988), *Tribal Movement and Political History in India: A Case Study from Orissa, 1803–1949*. New Delhi: Inter-India Publications.

Raghavaiah, V. 1971. *Tribal Revolts*. Nellore: Andhra Pradesh Adimjati Sevak Sangh.

Ramagundam, Rahul. 2001. *Defeated Innocence: Adivasi Assertion, Land Rights and the Ekta Parishad Movement*. New Delhi: Grassroots India Publishers.

Rao, Venkata V. 1976. *A Century of Tribal Politics*. New Delhi: S. Chand and Company.

Rawat, A.S. 1985. 'Forest Movements in Uttar Pradesh Himalayas, 1906–1947'. *Environmental Regeneration in Himalaya: Concepts and Strategies*. Edited by J.S. Singh. Nainital: The Central Himalayan Environment Association.

Reddy, G.P. 1987. *Politics of Tribal Exploitation: A Study of Tribal Unrest in Adilabad*. Delhi: Mittal Publications.

Reddy, N. Subba. 1978. 'Revolt in Chittangong Hill Tracts'. *Economic and Political Weekly*, 13(17), April 29.

Rekhi, Upjit Singh. 1988. *Jharkhand Movement in Bihar*. New Delhi: Nunes Publications.

Roy, A.K. 1982. 'Jharkhand: Internal Colonialism'. *Frontier*, 14(36). April 24.

Roy, Burman, B.K. 1967. 'Hillmen of North-East India and Tensions of Socio-Economic Development'. *Vanyajati*, 15(3). July.

—. 1969. 'Perspective of Nagaland'. *The Institute of Defence Studies and Analysis Journal*, 1(2), January.

Roy, Dunu. 2002. 'Land Reforms, People's Movements and Protest'. In *Land Reforms in India: Issues of Equity in Rural Madhya Pradesh*. Vol. 7. Edited by Praveen Jha. New Delhi: Sage Publications.

Roy, N.B. 1960. 'New Aspects of the Santal Insurrection of 1855–56'. *Indian Historical Records Commission Proceedings*, 35(2), February.

Roychowdhury , Nalini Ramjan. 1976. 'Kuki Disturbances in Tripura 1860–61'. *Social Scientist*, 4(9), April.

Sachchidananda, 1998. 'Social Movements among the Tribals in Eastern India'. In *Antiquity to Modernity in Tribal India. Tribal Movements in India*. Vol. IV. Edited by K.S. Singh. New Delhi: Inter-India Publications.

Sail, Rajendra K. 2002. 'People's Struggle for Land: A Case Study'. In *Land Reforms in India: Issues of Equity in Rural Madhya Pradesh*. Vol. 7. Edited by Praveen Jha. New Delhi: Sage Publications.

Sareen. H.K. 1980. *Insurgency in North-East India: A Study of Sino-American Role*. New Delhi: Sterling Publishers.

Sarkar. Tanika. 1985. 'Jitu Santhal's Movement in Malda, 1924-1932: A Study in Tribal Protest'. In *Subaltern Studies I: Writings on South Asian History and Society*. Edited by Ranajit Guha. Delhi: Oxford University Press.

Sathe, Nirmala. 1990 'The Adivasi Struggle in Dhulia'. In *A Space within the Struggle: Women's Participation in People's Struggle*. Edited by Ilina Sen. New Delhi: Kali for Women.

Saxena, H.S. 1998. 'Tribal Movements in Uttar Pradesh Including Sonbhadra'. In *Antiquity to Modernity in Tribal India: Tribal Movements in India.* Vol. IV. Edited by K.S. Singh. New Delhi: Inter-India Publications.

Sen, Jyoti. 1972. 'The Jharkhand Movement'. In *Tribal Situation in India.* Edited by K.S. Singh. Simla: Indian Institute of Advanced Study.

Sengupta, Nirmal. 1982. *Fourth World Dynamics: Jharkhand.* Delhi: Author's Guild Publications.

—. 1988. 'Reappraising Tribal Movements'. *Economic and Political Weekly*, 23(19-22), May 7, 14, 21 and 28.

Shah, Ghanshyam. 1972. 'Growth of Group Identity among the Adivasis of Dangs'. *Journal of the Gujarat Research Society*, 34(2), April.

—. 1975. *Politics of Scheduled Castes and Scheduled Tribes.* Bombay: Vora Publishers.

—. 1984. *Economic Differentiations and Tribal Identity.* Delhi: Ajanta Publications.

—. 2002a. 'Unrest Among the Adivasis and their Struggles'. In *The Other Gujarat.* Edited by Takashi Shinoda. Mumbai: Popular Prakashan.

—. 2002b. 'Conversion, Reconversion and the State'. In *Competing Nationalisms in South Asia.* Edited by Paul Brass and Achin Vanaik. Hyderabad: Orient Longmans.

Shah, Ghanshyam and Patel, Arjun. 1998. 'Tribal Movements in Western India'. In *Antiquity to Modernity in Tribal India: Tribal Movements in India.* Vol. IV. Edited by K.S. Singh. New Delhi: Inter-India Publications.

Sharma, K.L. 1976. 'Jharkhand Movement in Bihar'. *Economic and Political Weekly*, 11(1 and 2), January 10.

—. 1993. 'The Question of Identity and Sub-Nationality: A Case of Jharkhand Movement in Bihar'. In *Continuity and Change in Tribal Society.* Edited by M. Miri. Simla: Indian Institute of Advanced Study.

Simeon, Dilip. 1982. 'Jharkhand: Community or Proletariat?'. In *Fourth World Dynamics: Jharkhand.* Edited by Nirmal Sengupta. Delhi: Author's Guild Publications.

Singh, K.S. 1966. *Dust Storm and Changing Mist: Story of Birsa Munda and His Movement in Chhotanagpur.* Calcutta: Firma K.L. Mukhopadhyay.

—. 1982. *Tribal Movements in India.* Vol. I. Delhi: Manohar.

—. 1983a. *Tribal Movements in India.* Vol. II. Delhi: Manohar.

—. 1983b. 'Tribal Autonomy Movements in Chhotanagpur'. In *Tribal Movements in India.* Vol. II. Edited by K.S. Singh. Delhi: Manohar.

—. 1983c. 'The Gond Movements'. In *Tribal Movements in India.* Vol. II. Edited by K.S. Singh. Delhi: Manohar.

—. 1983d. 'A Forest Satyagraha'. In *Tribal Movements in India.* Vol. II. Edited by K.S. Singh. Delhi: Manohar.

—. 1985. *Tribal Society in India: An Anthropo-historical Perspective.* Delhi: Manohar.

—. 1986. 'Agrarian Dimension of Tribal Movements'. In *Agrarian Struggles in India after Independence*. Edited by A.R. Desai. Delhi: Oxford University Press.

—. 1989. 'Tribal Unrest'. *Human Science*. 38(3).

—. (ed.). 1998. *Antiquity to Modernity in Tribal India: Tribal Movements in India*. Vol. IV. New Delhi: Inter-India Publications.

Sinha, Arun. 1978. 'Resurgent Adivasis'. *Economic and Political Weekly*, 8(36), September 9.

Sinha, S.P. 1959. 'The First Birsaite Uprising 1895'. *Journal of Bihar Research Society*, 45(1), January-December.

Sinha, Surajit. 1968. 'Tribal Solidarity and Messinic Movement: Review Article'. *Contributions to Indian Sociology* (New Series), 2.

—. 1972. 'Tribal Solidarity Movements in India: A Review'. In *Tribal Situation in India*. Edited by K.S. Singh. Simla: Indian Institute of Advanced Study.

Smith, E. Clementi. 1945. 'The Baster Rebellion 1910'. *Man in India*, 25(4), December.

Syamchaudhri, N.K. 1970. 'Tribal Solidarity Movement in Assam: An Appraisal of the Problem'. In *Research Programmes in Cultural Anthropology and Related Disciplines*. Edited by K.S. Singh. Calcutta: Anthropological Survey of India.

TDSS. 1987. *Nationality Question in India*. Pune: *TDSS*.

Tirkey, Agapit. 2002. *Jharkhand Movement. A Study of Its Dynamics*. New Delhi: Other Media Communications.

Troisi, J. 1976. 'Social Movements among the Santals'. *Social Action*, 26(3), July-September.

Upadhyay, Ashok. 1980. 'Class Struggle in Rural Maharashtra (India): Towards a New Perspective'. *Journal of Peasant Studies*, 7(2), January.

Vashum, R. 2000. *Nagas' Right to Self-determination*. New Delhi: Mittal Publications.

Vidyarthi , L.P. 1964. 'The Historic March of Jharkhand Party'. *Sociological Bulletin*, 13(2), September.

Vora, Rajendra. 2002. 'Land Grabbing and Struggles for the Depressed in Maharashtra'. In *Land Reforms in India: Performance and Challenges in Gujarat and Maharashtra*. Edited by Ghanshyam Shah and D.C. Sah. New Delhi: Sage Publications.

Weber, Thomas. 1987. 'Is There Still a Chipko Andolan?' *Pacific Affairs*, 60(4), Winter.

Weiner, Myron. 1978. *Sons of the Soil*. Delhi: Oxford University Press.

Yonuo, Asoso. 1974. *The Rising Nagas*. Delhi: Vivek Publishing House.

4

दलित आंदोलन
(Dalit Movements)

अनुसूचित जातियां (एस.सी.) हरिजन, अर्थात् ईश्वर की संतान के नाम से जानी जाती हैं। इस शब्द (टर्म) की रचना महात्मा गांधी ने सन् 1933 में की थी। कुछ जातियों के नेताओं द्वारा हरिजन के नामकरण को निंदात्मक रूप में देखा गया। ये लोग अपने आपको 'दलित' अर्थात् शोषित कहलाना पसंद करते हैं (गुरु, 2001a)। हिन्दू जाति व्यवस्था के क्रम में इनका स्थान सबसे नीचे होने के कारण ये लोग अवर्ण कहलाते हैं, अर्थात् वे व्यक्ति जिनका स्थान 'चातुवर्ण्य व्यवस्था' से बाहर है। ये लोग देश के विभिन्न भागों में 'परिअल', 'पंचम', 'अतिशूद्र', 'अंत्यज' या 'नामशूद्र' के नाम से जाने जाते हैं। ऐसा माना जाता है कि इन लोगों का स्पर्श और कभी-कभी उनकी छाया और यहां तक की उनकी आवाज भी सवर्ण हिन्दुओं को अपवित्र कर देती है। यद्यपि, कानून रूप में अब ये लोग अस्पृश्य नहीं हैं, तथापि अभी भी उनमें से कई लोग इस कलंक से ग्रसित हैं।

अनुसूचित जातियां भारत की जनसंख्या का 16 प्रतिशत हैं। सन् 2001 में उनकी संख्या लगभग 1,680 लाख थी। उनमें से 36 प्रतिशत लोग मजदूर हैं। उन मजदूरों में, 48 प्रतिशत खेतिहर मजदूर हैं। इनमें से कई लोग खाल उतारने और उसकी सफाई करने जैसे पारस्परिक व्यवसायों में लगे हुए हैं। अनुसूचित जातियां देश के सभी भागों में फैली हुई हैं, तथापि मुख्यत: उत्तरी-पूर्वी सीमान्त के जनजातीय राज्यों में उनकी संख्या बहुत कम है। ये लोग किसी विशिष्ट जिले या तालुका में बहुत संख्या में केन्द्रित नहीं हैं।

लगभग, दलित या अनुसूचित जनजातियों की सामाजिक-आर्थिक दशाओं पर बहुत सारे अध्ययन हुए हैं, किन्तु उनके आंदोलनों पर बहुत कम व्यवस्थित एवं आनुभविक रूप में विश्वसनीय अध्ययन हुए हैं। महाराष्ट्र के महार लोगों के आंदोलनों को बहुधा एक अखिल भारतीय आंदोलन के रूप में प्रक्षेपित किया जाता है। यह सही है कि डा. अम्बेडकर महार जाति के थे और वे एक अखिल भारतीय नेता थे। ब्रिटिश लोगों और सवर्ण हिन्दुओं से समझौता करते हुए उन्होंने देश के सभी दलितों का प्रतिनिधित्व किया था (ब्रर, 1986)। किन्तु

महाराष्ट्र के बाहर अनुसूचित जनजातियों के लामबन्दीकरण में उनकी भूमिका का अभी तक ठीक प्रकार से प्रलेखन नहीं हुआ है। देश के विभिन्न भागों में उपनिवेश और उत्तर-उपनिवेश अवधि में हुए अनुसूचित जातियों के विभिन्न आंदोलनों का कोई सम्पूर्ण अध्ययन या चयनिका भी उपलब्ध नहीं है जो इन आंदोलनों की सूचना दे सके। दो आलेख, एक गेल ओमवेट और भारत पाटनकर (1979) और दूसरा घनश्याम शाह भारत में हुए दलित मुक्ति या अस्पृश्यता विरोधी आंदोलनों की एक विहंगम दृष्टि प्रस्तुत करते हैं। पहला आलेख उपनिवेशी काल का चित्रण करता है, जबकि दूसरे आलेख में उपनिवेशी और उत्तर उपनिवेशी दोनों कालों का विवरण दिया गया है। अनुसूचित जातियों का विवेचन करने वाली अनेक पुस्तकों में, किसी विशिष्ट क्षेत्र या देश की एक ऐतिहासिक घटनाओं के रूप में हरिजन आंदोलनों पर एक अध्याय अवश्य दिया गया है। चूंकि ये अध्ययन मूल रूप में आंदोलनों से संबंधित नहीं हैं और जो तथ्य इनमें दिये गये हैं, वे अपूर्ण हैं, यद्यपि वे उपयोगी हैं। उनमें से कुछ उल्लेख किये जाने योग्य हैं। वेरबा, अहमद और भट्ट (1972) द्वारा काले लोगों और हरिजनों का किया गया अध्ययन अमेरिका का और भारत के उन समुदायों के आंदोलनों का एक तुलनात्मक चित्र प्रस्तुत करता है। जहां तक हरिजन आंदोलनों का प्रश्न है, यह अध्ययन मुख्यतः डा. अम्बेडकर के महाराष्ट्र के आंदोलन तक सीमित है। घनश्याम शाह (1975) ने अपने अध्ययन अनुसूचित जातियों और अनुसूचित जनजातियों की राजनीति में महाराष्ट्र और गुजरात के हरिजन आंदोलनों की तुलना पर एक अध्याय यह बताने के लिये लिखा है कि महाराष्ट्र की अपेक्षा गुजरात में आंदोलन क्यों नहीं उग्र हो पाया।

आंदोलनों के प्रकार एवं मुद्दे

उपनिवेशी और उत्तर-उपनिवेशी काल में हुए अधिकांश दलित आंदोलनों का मुख्य मुद्दा अस्पृश्यता की समस्या रहा है जिसके चहुंओर ये आंदोलन घूमते और सीमित रहे हैं। ये प्रधानतः अस्पृश्यता विरोधी रहे हैं। अन्य मुद्दे लगभग वे ही हैं जो खेतिहर मजदूरों से संबंधित रहे हैं। राजनीतिक पदों, सरकारी नौकरियों और कल्याण योजनाओं में आरक्षण को यथावत बनाये रखने या बढ़ाने के लिये आंदोलन किये जाते रहे हैं।

चूंकि राष्ट्रीय स्तर पर दलित आंदोलनों का विश्लेषण करने के बहुत कम प्रयत्न किये गये हैं, अतः उन आंदोलनों का वर्गीकरण विकसित करने के कोई गंभीर प्रयास नहीं हुए हैं। फिर भी, घनश्याम शाह (1980) ने इन्हें दो वर्गों में विभाजित किया है—(1) सुधारवादी और (2) वैकल्पिक आंदोलन । सुधारवादी आंदोलन अस्पृश्यता की समस्या का समाधान करने के लिये जाति व्यवस्था में सुधार लाने के प्रयास हेतु किये गये। वैकल्पिक आंदोलन किसी अन्य धर्म में धर्म-परिवर्तन या शिक्षा, आर्थिक प्रस्थिति और राजनीतिक शक्ति हासिल करने के द्वारा एक वैकल्पिक सामाजिक-सांस्कृतिक संरचना की रचना के प्रयास से संबंधित रहे हैं। दोनों प्रकार के आंदोलन अपने उद्देश्य को प्राप्त करने के लिये राजनीतिक साधनों का प्रयोग करते हैं। सुधारवादी आंदोलनों को पुनः तीन प्रकारों में विभाजित किया गया

है—(1) भक्ति आंदोलन, (2) नव-वैदान्तिक आंदोलन, और (3) संस्कृतिकरण संबंधी आंदोलन। वैकल्पिक आंदोलन को दो रूपों में विभाजित किया गया है—(1) धर्म-परिवर्तन संबंधी आंदोलन और (2) धार्मिक या पंथ निरपेक्ष (secular) आंदोलन। दूसरे प्रकार के आंदोलनों में आर्थिक मुद्दों को लेकर किए गए आंदोलनों को सम्मिलित किया जाता है। दलित पहचान और विचारधारा के संदर्भ में, शाह ने अभी हाल ही दलित आंदोलनों को निम्न वर्गों में विभाजित किया है—

(1) सांस्कृतिक एकता संबंधी आंदोलन; (2) प्रतिस्पर्धी विचारधारा और गैर-हिन्दू पहचान; (3) बौद्धवादी दलित; और (4) प्रति विचारधारा और दलित पहचान। पहले तीन प्रकार के आंदोलन धार्मिक विचारधाराओं पर आधारित हैं, जबकि अन्तिम वर्ग पर आधारित है (2001a)। पाटनकर और ओमवेट दलित आंदोलनों को अग्र समूहों में विभाजित करते है; (1) जाति आधारित; और वर्ग-आधारित आंदोलन। 1990 के दशक में, चुनावों में बढ़ती हुई राजनीतिक सहभागिता और उत्तर प्रदेश में बहुजन समाज दल की बहुत कुछ राजनीति के सफलता ने कुछ अध्येताओं को उनके लामबन्दीकरण को दलितों के एक नव राजनीतिक आंदोलन के रूप में मानने के लिये प्रेरित किया है (पाई, 2000)।

समर्पण और व्यक्तिगत संवाद के माध्यम से ईश्वर की पूजा करने का एक रूप भक्ति है। सभी भक्तजन ईश्वर के समक्ष समान माने जाते हैं। पन्द्रहवीं शताब्दी के बाद, भक्ति आंदोलन में दो परम्पराओं का उदय हुआ: सगुण और निर्गुण। प्रथम परम्परा में अधिकांशत: विष्णु या शिव के रूप में ईश्वर के स्वरूम में विश्वास किया जाता है जो वैष्णव और शैव परम्पराओं से जुड़ी हुई है। यह परम्परा सभी जातियों में समानता पर बल देती है, तथापि उसमें 'वर्णाश्रम धर्म' और जाति के सामाजिक क्रम की बात कही गई है। निर्गुण परम्परा के भक्तजन एक आकार रहित सर्वव्यापी ईश्वर में विश्वास करते हैं। रविदास और कबीर इस परम्परा के मुख्य व्यक्ति हैं। आंशिक रूप में इसका विकास ब्राह्मणवादी संस्तरणात्मक व्यवस्था को रोकने के लिये हुआ था (लेले, 1981; लोरेनजेन, 1995)। यह परम्परा बीसवीं सदी के प्रारंभिक वर्षों में नगरीय क्षेत्रों के दलितों में काफी लोकप्रिय हुई (गोप्तू, 2001)। क्योंकि यह सभी को मुक्ति की संभावना प्रदान करती है। यह सामाजिक समता का वादा करती है। फूलर कहते हैं कि उन आंदोलनों के द्वारा, 'भक्तिवादी नैतिकता को समतावाद के एक घोषणापत्र के रूप में व्यापक रूप में पुनर्परिभाषित किया गया' (1992: 158)।

नव-वैदान्तिक आंदोलनों की शुरुआत हिन्दू धार्मिक और सामाजिक सुधारकों द्वारा की गई। इन आंदोलनों द्वारा जाति व्यवस्था के दायरे में अस्पृश्यता को हटाने के प्रयास किये गये। इन आंदोलनों के प्रणेताओं द्वारा यह कहा गया कि अस्पृश्यता हिन्दू धर्म का एक आवश्यक अंग नहीं है, अत: यह जाति व्यवस्था का भी हिस्सा नहीं है। आर्य समाज के प्रवर्तक, दयानन्द सरस्वती का विश्वास था कि जाति व्यवस्था एक राजनीतिक संस्था है जिसकी रचना शासकों द्वारा 'समाज के हित के लिये की गई थी, यह एक प्राकृतिक या धार्मिक भेद नहीं हैं।' उन्होंने कहा कि वास्तव में कोई भी ब्राह्मण जो अपने कार्य को करने में अक्षम है, वह विधित: तत्काल शूद्र का दर्जा हासिल कर लेता है और एक शूद्र जो उस कार्य को कुशल प्रकार से करता है,

एक वह तत्काल विधितः ब्राह्मण बन जाता है। यह सही है कि इनमें से कोई भी व्यक्ति अपनी इच्छा के आधार पर वास्तविक ब्राह्मण या शूद्र नहीं बनता, जब तक राज्य इसकी स्वीकृति नहीं देता (जोरडेंस, 1978: 62)। आर्य समाज ने अनुसूचित जातियों के उत्थान के लिये कई शैक्षणिक और कल्याणकारी योजनाओं की शुरुआत की (शाह, 1975; जोरडेन्स, 1978; पिम्पले और शर्मा, 1985; शर्मा, 1985)। सतीश कुमार शर्मा की पुस्तक *सामाजिक आंदोलन और सामाजिक परिवर्तन* (1985) अकेला एक ऐसा सर्वांगीण अध्ययन है जिसमें आर्य समाज और अस्पृश्यों के बीच के संबंधों की खोजबीन की गई। यह अध्ययन केवल पंजाब तक सीमित है, किन्तु उसके कुछ निष्कर्ष देश के अन्य भागों के लिये भी सही प्रतीत होते हैं। शर्मा कहते हैं कि आर्य समाज अस्पृश्यों के राजनीतिक आंदोलनों के खिलाफ था। इस संस्था ने, अस्पृश्यों द्वारा अपनी एकजुटता और एकता के प्रदर्शन करने के जो भी प्रयास किये, उनका विरोध किया।

नव-वैदान्तिक आंदोलनों और गैर-ब्राह्मण आंदोलनों ने देश के कुछ भागों में जाति-विरोधी या हिन्दू धर्म विरोधी दलित आंदोलनों को जन्म देने में महत्वपूर्ण भूमिका अदा की है। महाराष्ट्र और तमिलनाडु में 'सत्यशोधक' समाज और 'आत्म सम्मान' आंदोलन, बंगाल में 'आदि-धर्म' और 'आदि-आंध्रा' आंदोलन और उत्तर प्रदेश में 'आदि-हिन्दू' आंदोलन कुछ महत्वपूर्ण अस्पृश्यता-विरोधी आंदोलन हैं जो उन्नीसवीं सदी के अंतिम चौथाई वर्षों में और बीसवीं सदी के प्रारंभिक वर्षों में शुरू किये गये थे। पंजाब के 'आदि-धर्म' आंदोलनों के अतिरिक्त अधिकांश आंदोलनों पर उत्प्रेरक अध्ययन उपलब्ध नहीं हैं। अन्य पिछड़ी जातियों जो अनुसूचित जातियों से आर्थिक दृष्टि से सम्पन्न हैं, ने ब्राह्मणों के खिलाफ सत्ता के अपने संघर्ष में अनुसूचित जातियों का प्रयोग किया। किन्तु जैसे ही उन्होंने प्रभुत्व की स्थिति प्राप्त कर ली, उन्होंने अनुसूचित जातियों से अपनी दूरी बना ली (नाथ, 1987)। 'आदि-आंध्रा', 'आदि-हिन्दू' और 'नामशूद्र' आंदोलनों के बारे में हमारे पास बिखरी हुई सामग्री है। मार्क जुरगेन्समेयर की पुस्तक *रीलिजन एज सोशल विजन* (1982) में बीसवीं शताब्दी के पंजाब में अस्पृश्यता विरोधी 'आदि-धर्म' आंदोलन का वर्णन किया गया है। यह आंदोलन 1920 के दशक में शुरू हुआ। इस आंदोलन की मुख्य दलील यह थी कि अस्पृश्य लोग एक *क्वाम* है जो मुसलमान, हिन्दू और सिख समुदायों और उनके *क्वाम* की भांति भारत में अनादिकाल से रह रहे हैं, अर्थात हिन्दुओं के आने से पहले यहां रह रहे हैं। इस आंदोलन ने 1930 के दशक में अपनी पहचान बना ली। इसने इस तथ्य को स्थापित किया जिसे पहले अस्वीकृत कर दिया गया था कि अस्पृश्य जातियां अपने स्वयं के लाभों के लिए लामबन्दी और ऐसे तरीकों से संगठन करने के लिये सक्षम हैं जो उन दशाओं के अन्तर्गत प्रतिस्पर्धा करने के लिए उन्हें स्वीकृति देती है। ये दशाएं मोटे रूप में सामाजिक, राजनीतिक क्षेत्र का नियंत्रण करती हैं (1982: 80)। नन्दिनी गोप्तु ने बीसवीं सदी के प्रारंभ में किए गए उत्तर प्रदेश के अपने अध्ययन में इस प्रदेश के नगरीय क्षेत्रों में 'आदि-हिन्दू आंदोलन' के उदय का संक्षेप में वर्णन किया है (2001)। आदि-हिन्दू आंदोलन के नेतागण यह विश्वास करते हैं कि आदि-धर्म की भांति ही हिन्दू धर्म का वर्तमान स्वरूप आर्य हमलावरों द्वारा उन पर थोपा गया

है। हालांकि, ऐसे कोई साक्ष्य उपलब्ध नहीं हैं जो विभिन्न 'आदि' आंदोलनों के बीच अपने प्रारंभिक स्तरों पर किसी प्रकार के संबंधों को प्रदर्शित करते हों। वे कहती हैं,

> इसकी बहुत संभावना है कि एक साथ उद्भव हुए कई 'आदि' आंदोलनों को अस्पृश्यों के पृथक प्रजातिक उद्भव के सिद्धांत में ढूंढा जाता हो। इस सिद्धांत का उद्भव ब्रिटिश नृजातिक वर्गीकरणों और इस धारणा से हुआ है कि जाति व्यवस्था की उत्पत्ति द्रविड़ और आर्य प्रजातियों के बीच संघर्षों से हुई है। इन आमूल परिवर्तनवादी (Radical) सिद्धान्तों को व्यापक प्रचार, विशेषत: विभिन्न जनगणनाओं से मिला। ईसाई मिशनरी, जो भारत में मूल प्रजातियों की अवधारणा को प्रसारित कर रहे थे, के साथ नगरीय अस्पृश्य लोगों का सम्पर्क और आर्य अल्पसंख्यकों में जाति व्यवस्था के उद्भव का सिद्धान्त इन विचारों के अन्य महत्वपूर्ण स्रोत थे (2001: 158)।

इस आंदोलन ने जाति व्यवस्था के समक्ष कोई प्रत्यक्ष खतरा उत्पन्न नहीं किया। 'सार रूप में' यह आंदोलन अस्पृश्यों को आर्य हिन्दू न बताकर उन्हें ''हलकी'' भूमिकाएं और कार्य देने के खिलाफ एक विरोध प्रकट करने के रूप में देखा गया। यह जाति व्यवस्था पर पूरी ताकत से, किया गया एक प्रत्यक्ष प्रहार नहीं था (गोप्तू, 1993: 298)।

'सतनामी पंथ' के अनुसरणकर्त्तागण उत्तरी भारत के कई भागों में पाये जाते हैं। छत्तीसगढ़ के सतनामी समुदाय का सौरभ दुबे का नृजातीक इतिहास दलित लोगों में समानता प्राप्त करने की उनकी तलाश के लिये किये गये धार्मिक-सामाजिक सुधार आंदोलन के कार्यक्रम को समझने के लिये एक आकर्षक एवं महत्वपूर्ण योगदान है (2001)। छत्तीसगढ़ में इस पंथ के प्रवर्तक घासीदास ने हिन्दू देवी और देवताओं की मूर्तियों को कचरे में फेंक दिया और भेदमूलक जाति आधारित सामाजिक व्यवस्था को पूर्णत: अस्वीकार कर दिया। पिछले सौ वर्षों में इस पंथ के संगठनात्मक ढांचे और विचारधारा में काफी परिवर्तन आ गया है। इस लम्बी अवधि में यह हिन्दू सामाजिक व्यवस्था और राजनीतिक व्यवस्था की मुख्यधारा का एक हिस्सा बन गया। घासीदास ने जिन मुख्य ब्राह्मणवादी प्रतीकों को नकारा था, वे बीसवीं शताब्दी के सतनामी पंथ के हिस्सा बन गये हैं।

अस्पृश्यों का एक हिस्सा जो अपने परम्परागत व्यवसाय को छोड़ कर या उसे ही बनाये रखते हुए अपनी आर्थिक दशाओं में सुधार ला सकता था, उसने जाति पदानुक्रम (hierarchy) में अपनी प्रस्थिति को ऊंचा करने के लिये आंदोलनों की शुरुआत की। इन लोगों ने सांस्कृतिक मानदंडों और कर्मकाण्डों को अंगीकार कर लिया और जाति पदानुक्रम में ऊंची सामाजिक प्रस्थिति का दावा उपयुक्त नये मिथकों के आविष्कार के द्वारा किया। किन्तु, सभी अस्पृश्य जातियां नागरिक निर्योग्यताओं, जो पारम्परिक रूप में उन पर थोपी गई थीं, को हटाने में सफल नहीं हो सकीं। व्यावहारिक रूप में, अपने निवास स्थानों पर अभी भी इनके साथ अस्पृश्यों की तरह ही व्यवहार किया जाता है (श्यामलाल, 1981; ब्रर, 1985; कुमार, 1985; परमार, 1987)। किन्तु, तमिलनाडु के शानरों और नाडरों ने अस्पृश्यता की सीमा रेखा को लांग दिया है। केरल के इरावा (इझावा) लोगों ने अस्पृश्यता की इस सीमा रेखा को चाहे पूरी तरह से समाप्त न किया हो, फिर भी उन्होंने इस रेखा को धूमिल कर दिया है। नाडर लोगों ने उन्नीसवीं सदी के अंतिम वर्षों में नागरिक निर्योग्यताओं, जिससे वे ग्रस्त थे, के खिलाफ

आंदोलन किये। इन लोगों ने 1930 के दशक के प्रारंभिक वर्षों में जस्टिस पार्टी और बाद में कांग्रेस पार्टी का समर्थन कर राजनीतिक व्यवस्था में प्रवेश किया। ये लोग कर्मकाण्डीय पदानुक्रम के निचले स्तर से 'प्रस्थिति और शक्ति' के स्तर तक पहुँचे (हार्डग्रेव, 1969)। इसी प्रकार इरावा लोगों ने सन् 1903 में अपनी जाति का एक संगठन एस.एन.डी.पी. योगम के नाम से बनाया। इस संगठन के अनुसार, इरावाओं की निम्न सामाजिक प्रस्थिति का कारण उनकी निम्न सामाजिक और धार्मिक प्रथाएं हैं। वे लोग ऊंची जातियां बन कर दूसरे लोगों के समकक्ष समानता प्राप्त कर सकते हैं। दिलीप मेनन लिखते हैं—

> इस विचार की अभिव्यक्ति पूजा के क्षेत्र में इझावा मंदिरों की स्थापना, जिनमें ब्राह्मणवादी देवों की ईश्वर के रूप में उपासना के द्वारा हुई। एक समतावादी समाज में प्रवेश के लिये साझा पूजा को आधार बनाया गया। द्वितीयत: एस.एन.डी.पी. योगम ने इझावा समुदाय में आत्म-सम्मान की रचना हेतु आर्थिक ताकत को मजबूत करने और स्व-सहायता की नैतिकता का प्रभावशाली ढंग से प्रचार किया (1933: 226)।

इस संगठन ने इझावा लोगों के मानदंडों और प्रथाओं का संस्कृतिकरण करने के लिये कुछ कार्यकलापों की शुरुआत की। इन लोगों ने 1920 के दशक में मंदिर में प्रवेश के लिये सत्याग्रह किये। उन्होंने आर्थिक अवसरों और राजनीतिक पदों के लिये सरकार से समझौता किया (अय्यप्पन, 1944, 1965; आरनोल्ड एवं अन्य, 1976; कानन, 1988)।

महाराष्ट्र में डॉ. अम्बेडकर द्वारा 1920 के दशक में अस्पृश्यता विरोधी एक बड़े आंदोलन की शुरुआत की गई। यह आंदोलन कई भिन्न रूपों में आज भी चालू है। हालांकि, आंदोलन की जड़ें मुख्यत: महाराष्ट्र में गड़ी हुई हैं, तथापि यह देश के विभिन्न भागों में फैल गया और इसने एक अखिल-भारतीय चरित्र ग्रहण कर लिया है। डॉ. अम्बेडकर देश के एक मुख्य अस्पृश्यों के नेता के रूप में उभरे। 1920 के दशक में, महारों ने अस्पृश्यता के विरुद्ध एक असफल सत्याग्रह किया। अम्बेडकर ने अस्पृश्यों की प्रगति की संभावनाओं को राजनीतिक साधनों के प्रयोग में देखा। उनका विचार था कि इनके प्रयोग द्वारा ही आधुनिक समाज में उच्च वर्गों के साथ सामाजिक और आर्थिक समता को प्राप्त किया जा सकता है (जेलिअट, 1970b; नाथ, 1987)।

अम्बेडकर ने पंथनिरपेक्ष (secular) आधार पर 'स्वतंत्र श्रमिक दल' (आई.एल.पी.) का गठन किया जिसका मुख्य उद्देश्य श्रमिक वर्गों के हितों की रक्षा करना था। यद्यपि यह दल सभी जातियों के श्रमिकों के लिये खुला था, फिर भी इसमें महार जाति के लोगों का वर्चस्व था। यह दल अधिक प्रभाव नहीं डाल सका। एलिनोर जेलिअट ने कहा है कि, 'उनके राजनीतिक आंदोलन ने धार्मिक अधिकारों के दावे के प्रयासों को कुचल दिया, वर्ग और श्रमिकों का प्रतिनिधित्व करने के प्रयास असफल हो गये, और यह (दल) बहुत कुछ रूप में एक ऐसी जाति समिति के रूप में परिवर्तित हो गया जो राजनीतिक क्षेत्र में कार्य करता था' (1970b: 52)। बाद में, अम्बेडकर ने चुनाव लड़ने और अनुसूचित जातियों के हितों की रक्षा करने हेतु 1954 में 'अनुसूचित जाति संघ' (एच.सी.एफ.) बनाया। उनके ये हित नौकरियों में

आरक्षण और राजनीतिक पदों तक सीमित थे (वेरबा व अन्य, 1972; नाथ, 1987)। इसके दायरे को विस्तृत करने के उद्देश्य से, जिसमें अनुसूचित जातियों, अनुसूचित जनजातियों और पिछड़ी जातियों को भी सम्मिलित किया गया, एच.सी.एफ. को बाद में 1956 में 'रिपब्लिकन पार्टी' के रूप में बदल दिया गया।

दलितों ने 1930 के दशक में पृथक निर्वाचन-मंडल की मांग की जिसके कारण अम्बेडकर और गांधी में संघर्ष उत्पन्न हो गया। गांधी यह नहीं मानते थे कि अस्पृश्यता की समस्या एक राजनीतिक मुद्दा है। त्रिलोक नाथ (1987) ने इस संघर्ष के विभिन्न पहलुओं की जांच की है और निष्कर्षत: कहते हैं कि पूना समझौते के परिणामस्वरूप अनुसूचित जातियां यह अनुभव करती थीं कि 'राजनीतिक रूप में उनके साथ धोखा हुआ।' उन्होंने 1946 में पृथक निर्वाचन-मंडल के लिये पूना, नागपुर, लखनऊ और कानपुर में राज्य विधान सभाओं के सामने बड़े स्तर पर सत्याग्रह किये (जेलिअट, 1970b)।

1930 के दशक के प्रारंभिक वर्षों में अम्बेडकर ने यह निर्णय किया कि अस्पृश्यों की प्रस्थिति में सुधार करने का एक मात्र तरीका हिन्दू धर्म को त्यागना है। उन्होंने अपने जाति भाइयों से यह अपील कि 'तुम्हें अपने धर्म के अलावा कुछ नहीं खोना हैं' (कीर, 1954: 273)। 1950 के दशक की शुरुआत में, उन्होंने यह अनुभव किया कि अस्पृश्यों के लिये बौद्ध धर्म ही एक वैकल्पिक धर्म के रूप में सर्वाधिक उपयुक्त है। यही एकमात्र उनका मुक्तिदाता है। उन्होंने बौद्ध धर्म को इन कारणों से पसंद किया कि 'यह समता का एक देशी भारतीय धर्म है, एक ऐसा धर्म जो जाति-विरोधी और ब्राह्मण विरोधी है' (लिंच, 1972; काम्बले, 1979)। अम्बेडकर और काफी संख्या में उनके अनुसरणकर्ताओं ने मुख्यत: महार जाति के लोगों ने 1956 में बौद्ध धर्म अपना लिया (जेलिअट,1966)। विलकिनसन और थॉमस (1970) ने यद्यपि यह लिखा है कि इस धर्म परिवर्तन ने उनकी सामाजिक और व्यावसायिक जिन्दगी में कोई महत्वपूर्ण परिवर्तन नहीं किया। हालांकि, वे बौद्ध धर्म में परिवर्तित हो जाने के बाद अधिक उग्र बन गये। इनमें से कुछ लोगों ने ईसाई और इस्लाम को अपना लिया। फिर भी, बौद्ध धर्म में परिवर्तन ने इनमें दलित चेतना का विस्तार किया चाहे वे बौद्धवादी बने अथवा नहीं।

महाराष्ट्र के दलितों ने दलित पैंथर आंदोलन की 1970 के दशक के प्रारंभिक भाग में शुरुआत की। प्रारंभ में यह महाराष्ट्र के नगरीय क्षेत्रों तक सीमित रहा और अब यह गुजरात, कर्नाटक, आंध्र प्रदेश, उत्तर प्रदेश और अन्य राज्यों में फैल गया। किन्तु अभी हमारे पास दलित पैंथर आंदोलन पर बहुत कम अध्ययन हैं (गोखले, 1979; जोगदन्ड, 1991; यागती, 2003a, 2003b)। किन्तु, शर्मीला रीगे शिकायत करती हैं कि इस आंदोलन ने दलित महिलाओं के उत्पीड़न के मुद्दे की उपेक्षा की है (1998)।

पैंथर आंदोलन प्रभु संस्कृति की निन्दा करता है और उसे त्यागता है और शोषित वर्गों हेतु एक वैकल्पिक सामाजिक-सांस्कृतिक पहचान बनाने का प्रयास करता है। यह संगठन अनुसूचित जातियों के प्रति किये गये अन्यायों के विरुद्ध प्रदर्शनों को संगठित करता है। फिर भी, उनके अधिकांश कार्यकलाप मौलिक साहित्य जैसे कविताएं, कहानियां, नाटकों के

प्रकाशन द्वारा अपने विचारों के प्रचार करने तक सीमित हैं। इस साहित्य का हिन्दू बौद्धिक परम्परा, हिन्दू धर्म और हिन्दू नैतिकता के खिलाफ विरोध के एक साधन के रूप में प्रयोग किया जाता है। किन्तु, इस साहित्य को 1970 के दशक में भी स्वयं दलित जनों द्वारा भी व्यापक रूप में नहीं पढ़ा गया (भोइटे एवं भोइटे, 1977)। किंतु यह साहित्य 1990 के दशक में अधिक लोकप्रिय हो गया। दलित साहित्य संबंधी कई संकलन और किताबें अब उपलब्ध हैं (जेलिअट, 1978, 1980, 1994; पुनलेकर, 2001)। गोपाल गुरु ने अम्बेडकर और महाराष्ट्र में सांस्कृतिक आंदोलन की आलोचनात्मक समीक्षा की है। वे कहते हैं—

> सांस्कृतिक और साहित्यिक आंदोलनकारियों ने अम्बेडकर से बौद्धिक प्रेरणा ली है जब उन्होंने कबीर और भक्ति की समाज सुधारवादी परम्पराओं, विशेषत: 'वरकारी' परम्परा से अपने स्वरूपों को ग्रहण किया ...1970 के पहले दलित सांस्कृतिक पहल में सुपरिचित (सामान्य) से सार्वभौमिक की ओर बढ़ने की आशा और क्षमता थी (2001: 6-191)।

स्थापित प्रमुख राजनीतिक दलों ने अपने हितों की पूर्ति हेतु सांस्कृतिक रूप में प्रदोलित दलित आंदोलन का अपहरण कर लिया।

आंध्र, तमिलनाडु, कर्नाटक, केरल, बिहार, महाराष्ट्र और उत्तर प्रदेश के कई स्थानों पर हरिजन खेतिहर मजदूरों ने 1960 के दशक के अंतिम वर्षों के भूमि हड़प आंदोलनों में भाग लिया। उन्होंने अधिक मजदूरी की मांग को लेकर भी आंदोलन किये। वास्तव में, हरिजन खेतिहर मजदूरों और बंटाईदारों ने ब्रिटिश काल में भी इसी प्रकार के आंदोलन किये थे (हैनिंघम, 1981)। हमने इनका विश्लेषण कृषक आंदोलनों के खंड में किया है। फिर भी, ग्रामीण सामुदायिक विकास समिति (आर.सी.डी.ए.) तमिलनाडु, हरिजन मजदूर संघ, तमिलनाडु में खेतिहर श्रमिक आंदोलन, आंध्र में ग्रामीण हरिजन खेतिहर विकास समिति (आर.एच.ए.डी.ए.) और पश्चिमी बंगाल में ग्रामीण गरीबों की समिति (एआरपी) जैसे कई स्वैच्छिक संगठनों द्वारा 1970 और 1980 के दशकों में खेतिहर मजदूरों को संगठित करने और उनकी लामबन्दी करने के प्रयासों पर विशेष ध्यान दिया जाना चाहिये (शाह,1988)। इन संगठनों के नेतागण ब्राजील के नेता पाऊलो फ्रेरी के उत्पीड़ित लोगों में 'अंतर्विवेकशीलता' को विकसित करने के उपागम से प्रेरित थे। ये संगठन उत्पीड़ितों में ऐसी सामाजिक-आर्थिक संरचना और सांस्कृतिक यथार्थ के संबंध में चेतना उत्पन्न करते हैं जो उन्हें पराधीन रखती हैं। इनके लिये अंतर्विवेकशीलीकरण स्वायत्तता का एक रास्ता है जो स्वयं आमजन के लिये खुला होता है। वे अपेक्षा करते हैं कि यह उत्पीड़ित लोगों में धीरे-धीरे अपने आंतरिक रूपान्तरण, सांस्कृतिक के साथ-साथ आर्थिक और उनके प्रजातांत्रिक संगठन के लिये तथा अन्तत: उनके द्वारा सत्ता पर कब्जा करने के प्रति आशा उत्पन्न करेगी। इन संगठनों ने, आर्थिक मुद्दों जो मजदूरी से संबंधित थे, और सामाजिक मुद्दे जो अस्पृश्यता से संबंधित थे, से जुड़े कई मुद्दों को लेकर अनेक आंदोलन किये (वॉन डेर वेद एवं पोइतेविन, 1981)। तमिलनाडु में 1974 और 1978 के बीच उत्पन्न हुए विभिन्न आंदोलनों में आंदोलनकारियों ने यह अनुभव किया कि केवल हरिजनों तक उनका केन्द्रीकरण सम्पूर्ण खेतिहर मजदूरों की एकता के लिये घातक

है। अतः, उन्होंने खेतिहर मजदूरों तथा छोटे एवं सीमांत किसानों जो हरिजन थे और गैर-हरिजन जातियों से संबंधित थे, उनके कई संगठन बनाये और आंदोलनों की शुरुआत की (शाह, 1988)।

दलित पहचान का दावा दलित आंदोलनों का लगभग एक केन्द्रीय मुद्दा बन गया। यह भेदभाव और अत्याचारों के खिलाफ स्थानिक स्तर पर सामूहिक कार्रवाई की मांग करता है। डा. अम्बेडकर की प्रतिमाएं न केवल नगरीय दलित बस्तियों में अपितु उन कई गांवों में भी पाई जाती हैं जहां इन लोगों की संख्या अच्छी मात्रा में है। दलित लोग, यद्यपि वे बहुत गरीब हैं, अपनी बस्तियों में अम्बेडकर की प्रतिमा लगाने के लिये बड़े उत्साह से मुक्त हस्त से योगदान करते हैं। ये लोग प्रतिमा लगाने के लिये स्थानीय अधिकारियों से जमीन प्राप्त करने हेतु संघर्ष करते हैं। दलित पैंथर संगठन के राधेलाल बौद्ध ने 1980 के दशक में कहा था कि अम्बेडकर की प्रतिमा स्थापित कर दलित लोग अंबेडकरवादी प्रतिमा-विज्ञान का प्रचार कर सकते हैं जो एक प्रकार की अखिल भारतीय बहुजन 'काल्पनिक समुदाय' के विचार को जन्म देगी, इसके अलावा वे इस जमीन पर अपना हक भी जता सकेंगे (पाई, 2002:199)। डा. अम्बेडकर की प्रतिमाएं और चित्र दलित चेतना और उनकी पहचान के दावे की एक अभिव्यक्ति है। एलनोर जेलिअट अम्बेडकर की समर्थवान छवि का बड़े ही सजीव ढ़ंग से वर्णन करती हैं—

> इस प्रतीक अथवा प्रतिमा या चित्र का अर्थ बी.आर. अम्बेडकर के जीवन और कार्यों से उत्पन्न होता है। उनकी छवि हमेशा पश्चिमी सूट, सफेद कमीज, लाल टाई, जेब में पेन और हाथ में पुस्तक से बनी होती है। यह छवि सामान्यतः शिक्षा देने या साहस और समता का संदेश की घोषणा को एक खड़े हाथ द्वारा प्रकट करती है। शिक्षा, सफलता, भारत के राजनीतिक विश्व के प्रति योगदान, साहस, सरकार के साथ संबंध द्वारा सशक्तिकरण, 'हम में से एक' जो न केवल व्यक्तिगत रूप में महत्वपूर्ण था, अपितु भारत के लिये भी महत्वपूर्ण था, इन सभी बातों का प्रतिनिधित्व उनकी छवि के द्वारा होता है। अम्बेडकर के हाथ में जो पुस्तक है वह संविधान है, और संविधान की प्रारूप समिति के अध्यक्ष के रूप में उनकी भूमिका अत्यंत महत्वपूर्ण और प्रतीकात्मक महत्व की बन गई है। वे किसी विशिष्ट जाति के नहीं हैं। वे दलितों के दलित हैं। उनकी एक महाराष्ट्रीयन के रूप में कोई अलग पहचान नहीं है। वे सम्पूर्ण भारत के हैं (2001b 239)।

ऐसे कई स्थानीय आंदोलन हैं जिनमें सामूहिक रूप में दलित लोग भेदभाव और अत्याचारों के खिलाफ प्रदर्शन करने के लिये अपने गांवों से प्रवसन करते हैं। 1980 के दशक में ऐसी पांच घटनाएं हुईं। देसाई और महेरिया (2002) ने ऐसे एक छोटे स्तर के आंदोलन का प्रलेखन किया है। साम्बरदा गांव के दलितों ने मारपीट और यंत्रणा के खिलाफ सन् 1989 में एक इसी प्रकार का प्रदर्शन 'हिजरत' किया था। यह शरणार्थियों के रूप में अपने रहवासी गांव से सामूहिक रूप में प्रवसन था। इन लोगों ने सन् 1989 में 131 दिनों तक जिलाधीश के कार्यालय के सामने खुले आकाश में धरना दिया। उनकी मांग वैकल्पिक आवासन की थी जहां उनका जीवन और सम्मान सुरक्षित रह सके। उन्होंने यह घोषणा की—

> हम लोग किसी भी हालत में साम्बरदा गांव लौटना नहीं चाहते, चाहे सरकार हमें किसी भी प्रकार की गारंटी और सुरक्षा क्यों न दे। हम नहीं चाहते कि हमें दया का पात्र बनाया जाये। हमारी खुशहाली हमारे कठोर श्रम का परिणाम है। हमारे पास हमारे खुद के पक्के मकान हैं। हमारे में से कई व्यक्ति नियोजित हैं। फिर भी, जैसे ही हम गांव में घुसते हैं, हम गुलाम बन जाते हैं। हमारे साथ, तभी केवल न्याय होगा जब सरकार, हमारी सम्पत्ति का आकलन कर, किसी अन्य स्थान पर हमें जमीन देकर हमें बसाने में सहायता करती है। हम दया नहीं, आत्म-सम्मान चाहते हैं। अपना आत्म-सम्मान पुन: पाना हमारा संवैधानिक अधिकार है (2002: 239)।

यह मात्र एक विरोध प्रदर्शन नहीं था। ये लोग कोई ठोस समाधान अर्थात् अपने सम्मान की सुरक्षा के लिये वैकल्पिक जमीन चाहते थे। सभी प्रकार की कठिनाइयों और शासक श्रेष्ठिजन (Elite) और निहित स्वार्थों के बीच सांठ-गांठ होते हुए भी अन्तत: ये लोग अपने मिशन में सफल हुए। गांव-स्तरीय यह आंदोलन गुजरात के विभिन्न भागों के दलितों की लामबन्दी करने में सफल हुआ।

संगठन और नेतृत्व

डा. अम्बेडकर ने 'स्वतंत्र मजदूर दल और अनुसूचित जाति संघ' का गठन किया और प्रादेशिक स्तरों पर कई अनुसूचित जाति संगठन कार्यरत हैं। किन्तु ऐसा कोई अध्ययन नहीं है जिसमें संगठनात्मक संरचना एवं नेतृत्व तथा अनुसूचित जातियों के लामबन्दी के उनके प्रयासों पर केन्द्रित हो। ओवेन लिंच ने अपने अध्ययन द *पॉलिटिक्स ऑफ अनूटचेबिलिटी* (1969) में आगरा के जाटवों के संगठन के बारे में थोड़ी सी सूचना दी है (1974)। इसी प्रकार, डेनिस वॉन डेर वेद एवं गाय पोइतेविन (1981) ने भी तमिलनाडु के आर.सी.डी.ए. के संगठन का एक संक्षिप्त ब्यौरा दिया है। सौरभ दुबे ने 1925 और 1950 के बीच की सतनामी महासभा का विश्लेषण करते हुए इसमें आये परिवर्तनों का हवाला दिया है (2001)। मार्क जुरगेनस्मेयर (1982) ने आदि-धर्म के अपने अध्ययन में संगठनात्मक संरचना तथा अस्पृश्यों के विभिन्न धड़ों को संगठित करने में इसकी भूमिका का एक सुव्यवस्थित लेखा-जोखा प्रस्तुत किया है। वे कहते हैं—

> अनुसूचित जातियों के अधिकांश ग्रामीण सदस्यों के लिए जिन्होंने इसमें भाग लिया आदि-धर्म एक पूर्णत: असाधारण प्रकार का एक संघ है। उनके लिये एक ऐसे बंद और संकीर्ण समाज जिसे वे हमेशा से जानते रहे हैं, से यह पूर्णत: उल्टा अनुभव था। अत: इसने उन लोगों में आशाओं का संचार करने के साथ-साथ उसके प्रति निष्ठा भी उत्पन्न की। किन्तु इसमें एक बड़ा भारी दोष था। जहां तक इसकी वैचारिक दृष्टि का प्रश्न था, यह एकजुट *क्वाम* की बात करता था किन्तु संगठनात्मक वास्तविकता ने शिक्षित प्रगतिशील नेतृत्व और अशिक्षित पारम्परिक अनुसरणकर्ताओं के बीच जालंधर, होशियारपुर और लायलपुर क्षेत्रों और चमार तथा छुहरा जातियों के बीच इसने तीखे मतभेद के साक्ष्य प्रस्तुत किये हैं। संगठनात्मक ढांचा शुरुआती वर्षों से इतना मजबूत था कि उसने इन मतभेदों को उजागर नहीं होने दिया, किन्तु कुछ समय बाद तनाव बढ़ गये और संदिग्ध 'एकता टूटने के कगार पर जा पहुंची (1982: 62-63)।

रॉबर्ट हार्डग्रेव (1969) और ए. अय्यप्पन (1944) ने नाडर और इरावा (इझावा) लोगों के संगठनों का विवरण दिया है। ये अन्य जातीय समितियों की भांति ही जाति समितियां हैं जो राजनीतिक लामबन्दीकरण की प्रक्रिया में सक्रिय हैं। हार्डग्रेव लिखते हैं,

> नाडर महाजन संगम एक ऐच्छिक समिति है जिसका निर्माण जन्मजात जातियों के भण्डार से हुआ है ... इसकी वास्तविक सदस्यता सम्पूर्ण जाति की संख्या की क्षमता से बहुत कम है किन्तु यह समिति सम्पूर्ण समुदाय के लिये बात करने का दावा करती है और वास्तविक प्रतिनिधित्व के अधिकार का दावा करती है। यदि इस दावे को आर्थिक भिन्नताओं और समुदाय के भीतर राजनीतिक समर्थन के प्रसार के संदर्भ के विश्वसनीय मान लिया जाये, तब इस संघ (समिति) को सक्रिय राजनीति में भाग लेने से अपने आपको दूर रखना चाहिये। सामुदायिक एकीकरण के एक अभिकर्ता (Agent) के रूप में और आधुनिक भारत की राजनीतिक व्यवस्था में एक साधन के रूप में प्रवेश में जाति समिति ने नाडर समुदाय की राजनीतिक लामबन्दी में एक महत्वपूर्ण भूमिका अदा की है। (1969: 200-201)

इसके अतिरिक्त कृषकों के रूप में, हरिजनों ने विभिन्न कृषक आंदोलनों में भाग लिया। कुछ आंदोलनों में उन्होंने उग्र नेताओं जो उन्हीं में से थे, और संगठन के मातहत रह कर स्वायत्त रूप से कार्य किया। (हेनिनघम्, 1981)

भारत में दलित आंदोलन के सबसे महत्वपूर्ण नेता डॉ. अम्बेडकर रहे हैं। अम्बेडकर के कुछ जीवन चरित्र उपलब्ध हैं। इनमें से कुछ महत्वपूर्ण जीवनवृत्त धनन्जय कीर (1954), डब्ल्यू.एन. कुबेर (1973) और एम.एस. गोरे द्वारा लिखे गये हैं। एलनोर जेलिअट का डॉ. अम्बेडकर और महार लोगों का अध्ययन इस विषय पर एक अत्यंत महत्वपूर्ण योगदान है (1996)। गोरे ने अम्बेडकर की विचारधारा का विश्लेषण किया है और उसे एक ओर सामाजिक आंदोलनों के एक अध्ययन के व्यापक ढांचे में, तो दूसरी ओर इसे विचार व्यवस्थाओं के समाजशास्त्र में देखा है। जेलिअट के अनुसार,

> अम्बेडकर की योजनाएं अस्पृश्य लोगों को आधुनिक, न कि पारम्परिक तरीकों से, और संभवत: ऊंचे से ऊंचे स्तर पर भारतीय समाज के साथ एकीकरण करने की थीं। अम्बेडकर ने अस्पृश्यों को 'अपमानवीकरण' और 'दासत्व' से आधुनिक विधियों, जो शिक्षा और कानूनी एवं राजनीतिक अधिकारों पर आधारित थी, के प्रयोग द्वारा समता की ओर अग्रसर करने के अपने कार्यक्रम के रूप में नियोजित किया था। इसके साथ ही, अम्बेडकर की आधुनिकीकरण की विचारधारा जाति और परम्परा की दृढ़ता की स्पष्ट अनुभूति द्वारा व्यवहार में स्वभावनुरूप बना ली गई थी। उन्होंने अस्पृश्य लोगों में उनकी हीन स्थिति और ऐसे सामान्य हितों के प्रति चेतना उत्पन्न करने की कोशिश की जो प्रभावशाली संगठनों और जन आंदोलनों के विकल्प के लिये आवश्यक थी और जो उनमें एकता उत्पन्न कर सकती थी। इन कारणों से अम्बेडकर ने एक ऐसी पृथकतावादी नीति का समर्थन किया जो शुरुआती स्तर में जाति भिन्नताओं को बढ़ा कर एक ऐसे समाज की रचना करती जिसमें बाद में पहचान महत्वहीन हो जाती है । (1972: 77)

ओवेन लिंच ने आगरा नगर में लघु स्तर पर अम्बेडकर के करिश्माई व्यक्तित्व की खोजबीन की है। वे लिखते हैं—

> जाटवों ने आसानी से स्वयं डॉ. अम्बेडकर को स्वीकार कर लिया और उन्होंने उन्हें एक संस्कृति नायक बना दिया क्योंकि अम्बेडकर के साथ उनके कई प्रकार के और महत्वपूर्ण संबंध थे। ऐसे संतों की एक लम्बी कतार में वे भी एक थे जिन्होंने जाति व्यवस्था की भर्त्सना की थी। वे उनके लिये एक ऐसे अस्पृश्य नायक थे जैसे उनके लोक गीतों में विद्यमान थे। उन्होंने अनेक जाटव उत्कंठाओं के लिये पहचान का एक केन्द्र और प्रतिनिधिक संतोष प्रदान किया । अम्बेडकर भारतीय समाज की राजनीतिक संरचना के भीतर भी एक नेता थे, अत: वे नेतृत्व और सहायता के एक वास्तविक स्रोत थे। अंतिम रूम में, वे एक ऐसे नेता थे जो जाटवों की भांति ही वास्तव में एक अस्पृश्य और एक क्रांतिकारी थे। अत: उन्होंने यह अनुभव किया कि एक गैर-अस्पृश्य नेता, जैसे की गांधी थे, से बेहतर रूप में अम्बेडकर उन्हें (जाटवों) समझ सकते थे। (1972: 110)

अम्बेडकर के अलावा, कुछ अन्य भी अखिल भारतीय हरिजन राजनीतिक नेता थे, किन्तु दलित लोगों के लामबन्दीकरण में उनकी भूमिका को लेकर अभी तक कोई महत्वपूर्ण अध्ययन उपलब्ध नहीं है। अभय दुबे की बहुजन समाज दल (बी.एस.पी.) के नेता कांशीराम की विचारधारा और उनके कार्य करने के तरीकों को लेकर किये गये एक संक्षिप्त अध्ययन के अलावा, हमारे पास ऐसे कोई लघु-स्तरीय अध्ययन नहीं हैं जिनमें अन्य दलित नेताओं और उनके द्वारा चलाये गये राजनीतिक आंदोलनों का विश्लेषण किया गया हो।[1] तथापि, मार्क जुरगेन्समेयर (1982) ने पंजाब के आदि-धर्म के नेता मंगूराम का एक विवरण दिया है। उन्होंने लिखा है—

> मंगूराम एक अशान्त और महत्वाकांक्षी, सामाजिक रूप में संवेदनशील और राजनीतिक रूप से एक चतुर व्यक्ति थे। कोई भी व्यक्ति उन्हें एक धार्मिक, निश्चय ही धर्मनिष्ठ नहीं कह सकता। फिर भी, उनमें कुछ ऐसी असंभाव्यता थी जिसके कारण उन्होंने एक धार्मिक आंदोलन की शुरुआत और नेतृत्व किया। मंगूराम ने अपने आपको न तो कोई संत, अवतार और न ही गुरु माना, किन्तु धार्मिकता के प्रति किसी प्रकार के ढोंग प्रदर्शन के न होते हुए भी, उन्होंने धार्मिक भूमिका पूरी तरह से सम्पादित की । वे एक प्रकार से दलाल थे जो सामान्य व्यक्तियों तक धार्मिक प्रतीक और विचार पहुँचाने में मदद करते थे । (1982: 44)

सहभागीगण

यद्यपि हरिजन समुदायों में आर्थिक भिन्नताओं की सामान्यत: अवहेलना की जाती है, तथापि कुछ विद्वानों, जैसे जेलिअट, लिंच, हार्डग्रेव, अय्यप्पन और जुरगेन्समेयर ने बताया कि अनुसूचित जातियों में सामाजिक और आर्थिक स्तरीकरण होता है। उनके राजनीतिक आंदोलनों का नेतृत्व दलितों की उन जातियों के व्यक्तियों ने किया जिनकी आर्थिक स्थिति काफी सुधरी हुई थी। महाराष्ट्र, गुजरात, कर्नाटक और उत्तर प्रदेश के वर्तमान दलित पैंथर आंदोलन के मुख्य सहभागीगण नगरीय, शिक्षित मध्यम वर्ग से संबंधित रहे हैं। विभिन्न दलित आंदोलनों में भिन्न जातियां अधिक सक्रिय रही हैं। महाराष्ट्र में महार लोग, उत्तर प्रदेश में जाटव और चमार लोग, गुजरात में वंकर लोग, आंध्र प्रदेश में मल लोग अपने-अपने क्षेत्रों के दलित आंदोलनों में अगुवा रहे हैं।

महाराष्ट्र के महार दलित आंदोलन में सर्वाधिक सक्रिय रहे हैं। एलनोर जेलिअट (1970a) ने महाराष्ट्र में महार आंदोलनों के विकास के उत्तरदायी कारकों का विश्लेषण किया है। उनके अनुसार, महार नेतृत्व ग्रामीण समाज की अपनी पारम्परिक सेवा से मुक्त हो चुका था और अभिजन (Elite) और साधारण जनों में बहुत कम अन्तर था। इसके अतिरिक्त, महार लोगों में 'दलालों' के एक समूह का भी उद्‌भव हो गया था जो समाज में जातियों और सत्ता की संस्थाओं के बीच कड़ी का काम करता था।

समाहार

दलित आंदोलन पहचान और सरकारी नौकरियों एवं राजनीतिक पदों में आरक्षण से संबंधित मुद्दों जो उन्हें मध्य वर्ग में पहुंचा सके, से मुख्यत: प्रभावित रहे हैं। अस्पृश्यता और भेदभाव के व्यवहार के खिलाफ व्यापक रूप में स्थानिक-स्तर पर दावे किये गये हैं। किन्तु, ये सामूहिक कार्यवाहियां प्रादेशिक-स्तरीय स्थाई आंदोलनों का रूप ग्रहण नहीं कर पाईं। फिर भी, उनके संघर्षों ने 'दलितों' को मुख्यधारा के राजनीतिक कार्यक्रम में स्थान दिला दिया। शैक्षणिक क्षेत्र में इन आंदोलनों ने बुद्धिजनों के एक हिस्से को न केवल भारतीय परम्पराओं और संस्कृति, अपितु आधुनिकता और मार्क्सवाद के विचारांकन (पैराडाइम) की भी छिद्रान्वेषी समीक्षा करने के लिये बाध्य कर दिया है (इलाइह 2001, अलोसियस 1998)। इन लोगों ने ब्राह्मणवादी विचारधारा द्वारा निर्मित कई मिथकों को तोड़ा है। यह भी कहा गया है कि 'भारतीय मजदूर और दलित आंदोलनों के हमारे चित्र को गलती से अलग रूप में प्रस्तुत किया गया। ... हमारे आदतन विषयों के पृथक्करण, सार्थकता के हमारे प्रथानुगत मापदण्ड ने दक्षिण एशिया में दलितों के इतिहास और श्रम के अर्थों संबंधी हमारी समझ को गंभीर रूप में विकृत किया है (रॉब, 1993: 65-66)। दलित आंदोलनों ने शासक वर्गों पर भी सफलतापूर्वक एक अच्छी मात्रा में दबाव बनाया है। फिर भी, अनेक विद्वानों और आंदोलनकारियों ने यह अनुभव किया है कि दलित लोग मुख्यधारा राजनीति के भीतर एक दबाव समूह मात्र बन कर रह गये हैं। उनकी क्रांतिकारी धार धीरे-धीरे भोटी पड़ती जा रही है। उनकी योजनाओं, कूटनीतियों, गठबंधनों और यहां तक की उनके लक्ष्यों पर भी विवाद खड़े हो गये हैं। ऐसा प्रतीत होता है कि आंदोलन एक गतिरोध की स्थिति में पहुंच गया है (शाह, 2001b)। गेल ओमवेट लिखती हैं कि 'उत्तर अम्बेडकर दलित आंदोलन केवल व्यंग्यात्मक रूप में सही अन्ततः यह दलितों का एक ऐसा आंदोलन है जो उत्पीड़न और शोषण के कुछ गहन पक्षों को चुनौती देता है, किन्तु परिवर्तन का रास्ता दिखाने में यह असफल रहा है' (2001: 157)।

टिप्पणी

1. यद्यपि हरिजन अभिजन (एलीट) पर कुछ अध्ययन हुए हैं, हमने उन अध्ययनों को अपने इस अध्ययन में सम्मिलित नहीं किया है क्योंकि यह आवश्यक नहीं है कि आंदोलनों के नेता अभिजन ही हों।

ग्रंथ-सूची

Agarwal, L.B. 1934. *Harijans in Rebellion*. Bombay: Taraporewala and Sons.

Aiyappan, A. 1994. *Iravas and Culture Change*. Madras: Government Press.

Aloysius, G. 1998. *Religion as Emancipatory Identity: A Buddhist Movement among the Tamils under Colonialism.* New Delhi: New Age International Publishers.

Arnold, D., Jeffrey, R. and Manor, J. 1976. 'Caste Associations in South India: A Comparative Analysis'. *The Indian Economic and Social History Review,* 13(3), July-September.

Babb, Lawrence A. 1972. 'The Satnamis: Political Involvement of Religious Movement'. In *The Untouchables in Contemporary India*. Edited by Michael Mahar. Tuscon: University of Arizona Press.

Bhoite, Uttam and Bhoite, Anuradha. 1977. 'The Dalit Sahitya Movement in Maharashtra: A Sociological Analysis'. *Sociological Bulletin,* 26(1), March.

Brar, Gurbir. 1985 'Socio-Religious Reform Movements and Untouchables in Northern India'. In *Struggle for Status.* Edited by Prakash Pimpley and Satish Sharma. Delhi: B.R. Publishing Corporation.

Brass, Paul. 1970. 'Muslim Separatism in United Provinces'. *Economic and Political Weekly,* 5(3-5), Annual Number.

Burra, Neera. 1986. 'Was Ambedkar Just a Leader of the Mahars?'. *Economic and Political Weekly,* 21(10 and 11), March 8-15.

Copland, Ian. 1973. 'The Maharaja of Kolhapur and Non-Brahmin Movement 1902-10'. *Modern Asian Studies,* 7(2).

—. 1983. 'The Cambay "Disturbances" of 1890: Popular Protest in Princely India'. *The Indian Economic and Social History Review*, 20(4), October-December.

Desai, Harshad and Maheria, Chandu. 2002. 'Dalit Assertion for Self-Esteem: From Sabarda to Swamannagar'. In *Development and Deprivation in Gujarat: In Honour of Jan Breman.* Edited by Ghanshyam Shah, Mario Rutten and Hein Streefkerk. New Delhi: Sage Publications.

Dube, Saurabh. 2001. *Untouchable Pasts: Religion, Identity and Power among a Central Indian Community, 1780-1950.* New Delhi: Vistaar Publications.

Fernandes, Walter. 1981. 'Caste and Conversion Movements in India'. *Social Action,* 31(3), July-September.

Forrester, D.B. 1977. *The Depressed Classes and Conversion to Christianity.* Delhi: Manohar.

Fuller, C.J. 1992. *The Camphor Flame: Popular Hinduism and Society in India.* Princeton: Princeton University Press.

Ghosh, Ashish (ed.). 1999. *Dalits and Peasants: The Emerging Caste-Class Dynamics.* Delhi: Gyan Sagar Publications.

Gokhale, B.D. 1976. 'Dr. Bhimrao Ramji Ambedkar: Rebel against Hindu Tradition'. In *Religion and Social Conflict in South Asia.* Edited by Bradwell Smith. Leiden: E.J. Brill.

Gokhale, Jayshree. 1979. 'The Dalit Panther and the Radicalisation of Untouchables'. *Journal of Commonwealth and Comparative Politics*, 28(1), March.

Gooptu, Nandini. 1993. 'Caste Deprivation and Politics: The Untouchables in U.P. Towns in the Early Twentieth Century'. In *Dalit Movements and the Meanings of Labour in India*. Edited by Peter Robb. Delhi: Oxford University Press.

—. 2001. *The Politics of the Urban Poor in the Early Twentieth-Century India*. Cambridge: Cambridge University Press.

Gore, M.S. 1989. *The Non-Brahman Movement in Maharashtra*. New Delhi: Segment Book Distributor.

—. 1993. *Social Context of an Ideology: Ambedkar's Political and Social Thought*. New Delhi: Sage Publications.

Guru, Gopal. 2001a. 'The Language of Dalit-Bahujan Political Discouse'. In *Dalit Identity and Politics*. Edited by Ghanshyam Shah. New Delhi: Sage Publications.

—. 2001b. 'The Interface between Ambedkar and the Dalit Cultural Movement in Maharashtra'. In *Dalit Identity and Politics*. Edited by Ghanshyam Shah. New Delhi: Sage Publications.

Hardgrave, Robert. 1969. *The Nadars of Tamilnadu: The Political Culture of a Community in Change*. Berkeley: University of California Press.

Harper, E.G. 1968. 'Social Consequence of an "Unsuccessful" Low Caste Movement'. In *Social Mobility in the Caste System in India*. Edited by Silverberg. The Hague: Mouton.

Henningham, Stephen. 1981. 'Autonomy and Organisation: Harijans and Adivasi Protest Movements'. *Economic and Political Weekly*, 16(27), July 4.

Ilaiah, Kancha. 1996. *Why I am not a Hindu: A Shudra Critique of Hindutva Culture, Ideology and Political Economy*. Calcutta: Samya.

—. 2001. 'Dalitism vs Brahminism: The Epistemological Conflict in History'. In *Dalit Identity and Politics*. Edited by Ghanshyam Shah. New Delhi: Sage Publications.

Jain, Pratibha. 1980. 'Depressed Class Movements: The Gandhian Approach'. *Gandhi Marg*, 2(8), November.

Jeanetta, R. 1964. *Dr. Ambedkar and His Movement*. Hyderabad: Dr. Ambedkar Publications Society.

Jeffrey, Robin. 1974. 'The Social Origins of a Caste Association, 1874-1905: The Founding of the SNDP Yogam'. *South Asia*, 4(1), October.

—. 1976. 'Temple Entry Movement in Travancore 1860-1940'. *Social Scientist*, 4(3), March.

Jogdand, Prahlad Gangaram. 1991. *Dalit Movement in Maharashtra*. New Delhi: Kanak.

Joshi, P.C. 1959. 'Social and Economic Movement among the Lower Castes in U.P.'. *Indian Sociologist*, 1(1).

Jordens, J.T.F. 1978. *Dayananda Sarasvati: His Life and Ideas*. Delhi: Oxford University Press.

Juergensmeyer, Mark. 1982. *Religion as Social Vision: The Movement against Untouchability in 20th Century Punjab*. Berkeley: University of California Press.

Kamble, J.R. 1979. *Rise and Awakening of Depressed Classes in India*. Delhi: National.

Kannan, K.P. 1988. *Of Rural Proletarian Struggles: Mobilisation and Organisation of Rural Workers in South-West India*. Delhi: Oxford University Press.

Keer, Dhananjay. 1954. *Dr. Ambedkar: Life and Mission*. Bombay: Popular Prakashan.

Krishna, Gopal. 1981. 'Religion and Politics: A Trend Report'. In *A Survey of Research in Political Science: Political Dynamics*. Vol. III. Edited by Indian Council of Social Science Research. New Delhi: Allied Publishers.

Kshirsagar, R.K. 1994. *Dalit Movement in India and Its Leader (1857–1956)*. Delhi: M.D. Publications.

Kuber, W.N. 1973. *Dr. Ambedkar: A Critical Study*. New Delhi: People's Publishing House.

Kumar, Awadhesh. 1985. 'Religious Protest and Status Improvement: A Case Study of Satnamis of Chhattisgarh'. In *Struggles for Status*. Edited by Prakash Pimpley and Satish Sharma. Delhi: B.R. Publishing Corporation.

Lele, Jayant (ed.). 1981. *Tradition and Modernity in Bhakti Movements*. Leiden: E.J. Brill.

Lorenzen, D.N. 1987. 'The Kabir Panth and Social Protest'. In *The Sants: Studies in a Devotional Traditional in India*. Edited by K. Schomer and W.H. McLeod. Delhi: Motilal Banarsidass.

—. (ed.). 1995. *Bhakti Religion in North India: Community, Identity and Political Action*. Albany: SUNY Press.

Lynch, Owen. 1969. *The Politics of Untouchability*. New York: Columbia University Press.

—. 1972. 'Dr. B.R. Ambedkar: Myth and Charisma'. In *The Untouchables in Contemporary India*. Edited by Michael Mahar. Tucson: The University of Arizona Press.

—. 1974. 'Political Mobilisation and Ethnicity among Adi-Dravidas in a Bombay Slum'. *Economic and Political Weekly*, 9(39), September 28.

Mathew, George. 1982. 'Politicisation of Religion: Conversions to Islam in Tamil Nadu'. *Economic and Political Weekly*, 17(25), June.

Menon, Dilip M. 1993. 'Intimations of Equality: Shrines and Politics in Malbar, 1900–1923'. In *Dalit Movements and the Meanings of Labour in India*. Edited by Peter Robb. Delhi: Oxford University Press.

Murugkar, Lata. 1991. *Dalit Panther Movement in Maharashtra: A Sociological Appraisal*. Bombay: Popular Prakashan.

Nath, Trilok. 1987. *Politics of the Depressed Classes*. Delhi: Deputy Publications.

O'Hanlon, Rosalind. 1985. *Caste, Conflict and Ideology: Mahatma Jotirao Phule and Low Caste Protest in Nineteenth Century Western India.* Cambridge, Cambridge University Press.

Omvedt, Gail. 1976. *Cultural Revolt in Colonial Society.* Bombay: Scientific Socialist Educational Trust.

—. 1994. *Dalits and the Democratic Revolution: Dr. Ambedkar and the Dalit Movement in Colonial India.* New Delhi: Sage Publications.

—. 1995. *Dalits Visions: The Anti-Caste Movement and the Construction of an Indian Identity.* New Delhi: Orient Longman.

—. 2001. 'Ambedkar and After: The Dalit Movement in India'. In *Dalit Identity and Politics.* Edited by Ghanshyam Shah. New Delhi: Sage Publications.

Omvedt, Gail and Patankar, Bharat. 1979. 'The Dalit-Libration Movement in Colonial Period'. *Economic and Political Weekly,* 16 (7 and 8), Annual Number.

Pai, Sudha. 2000. 'New Social and Political Movements of Dalits: A Study of Meerut District'. *Contributions to Indian Sociology* (New Series), 34(2).

—. 2002. *Dalit Assertion and the Unfinished Democratic Revolution: The Bahujan Samaj Party in Uttar Pradesh.* New Delhi: Sage Publications.

Parmer, Y.A. 1987. *The Mahyavanshi: The Success Story of a Scheduled Caste.* Delhi: Mittal Publications.

Pimpley, Prakash and Sharma, Satish. 1985. 'De-sanskritization of Untouchables: Arya Samaj Movement in Punjab'. In *Struggle for Status.* Edited by Prakash Pimpley and Satish Sharma. Delhi: B.R. Publishing Corporation.

Punalekar, S.P. 1982. 'Caste, Class and Reaction: An Overview of Marathwada Riots'. *Society and Change,* 3(1), October-December.

—. 1988. 'Identities and Consciousness: An Overview of Dalit Literature in Maharashtra'. *Man and Development,* 10(14). December.

—. 2001. 'Dalit Literature and Dalit Identity'. In *Dalit Identity and Politics.* Edited by Ghanshyam Shah. New Delhi: Sage Publications.

Rajendran, G. 1974. *The Izhava Community and Kerala Politics.* Trivandrum: The Kerala Academy of Political Science.

Ramaswami, Naicker E.V. 1980. *Untouchability, History of Vaikom Agitation.* Madras: Periyar Self Respect Propaganda Institution.

Rao, M.S.A. 1979. *Social Movements and Social Transformation: A Study of Two Backward Classes Movements in India.* Delhi: The Macmillan Company of India.

Rege, Sharmila. 1998. 'Dalit Women Talk Differently: A Critique of "Difference" and Towards a Dalit Feminist Standpoint Position'. *Economic and Political Weekly,* 33(46), October 31.

Robb, Peter (ed.). 1993. *Dalit Movements and the Meanings of Labour in India.* Delhi: Oxford University Press.

Rodrigues, Valerian. 1993. 'Buddhism, Marxism and the Conception of Emancipation in Ambedkar'. In *Dalit Movements and the Meanings of Labour in India.* Edited by Peter Robb. Delhi: Oxford University Press.

—. 2002. *Essential Writings of B.R. Ambedkar*. Delhi: Oxford University Press.

Saberwal, Satish. 1976. *Mobile Men: Limits to Social Change in Urban Punjab.* Delhi: Vikas Publishing House.

Schaller, Joseph. 1995. 'Sanskritization, Caste Uplift and Social Dissidence in the Sant Ravidas Panth'. In *Bhakti Religion in North India: Community, Identity and Political Action.* Edited by D.N. Lorenzen. New York.

Shah, A.B. 1981. 'Dalit Movement and Its Historical Background'. *Bulletin of the Indian Institute of Education,* 2(1).

Shah, Ghanshyam. 1975. *Politics of Scheduled Castes and Scheduled Tribes.* Bombay: Vora Publishers.

—. 1980. 'Anti-Untouchability Movements'. In *Removal of Untouchability.* Edited by Vimal Shah. Ahmedbad: Gujarat University.

—. 1988. 'Grass-Roots Mobilization in Indian Politics'. In *India's Democracy: An Analysis of Changing State–Society Relations.* Edited by Arun Kohli. Princeton: Princeton University Press.

—. 2001a. 'Dalit Movements and Search for Identity'. In *Dalit Identity and Politics.* Edited by Ghanshyam Shah. New Delhi: Sage Publications.

—. 2001b. 'Dalit Politics: Has It Reached an Impasse?'. In *Democratic Governance in India.* Edited by Niraja Gopal Jayal and Sudha Pai. New Delhi: Sage Publications.

—. (ed.). 2001c. *Dalit Identity and Politics.* New Delhi: Sage Publications.

Sharma, Satish Kumar. 1985. *Social Movements and Social Change: A Study of Arya Samaj and Untouchables in Punjab.* Delhi: B.R. Publishing Corporation.

Shetty, V.T. Rajshekar. 1978. *Dalit Movements in Karnataka.* Madras: *The Christian Literature Society.*

Shyamlal. 1981. *Caste and Political Mobilization.* Jaipur: Panchsheel Prakashan.

Singh, Jaspal. 1998. 'Ambedkarisation and Assertion of Dalit Identity: Socio-Cultural Protest in Meerut District of Western Uttar Pradesh'. *Economic and Political Weekly,* 33(40).

Verba, S., Ahmed, B. and Bhatt, A. 1972. *Race, Caste and Politics.* New York: Sage Publications.

Von der Weid Denis and Poitevin, Guy. 1981. *Roots of a Peasant Movement.* Pune: Shubhada-Sarowat Publications.

Wilkinson, T.S. and Thomas, M.S. (eds.). 1972. *Ambedkar and the Neo-Budhist Movement.* Madras: The Christian Literature Society.

Yagati, Chinna Rao. 2003a. 'Rise and Growth of Dalit Movement in Andhra, 1906-1946'. *Indian Social Science Review,* 5(1).

—.2003b. *Dalit Struggle for Identity: Andhra and Hydrabad, 1900–1950.* New Delhi: Kanishka Publishers.

—. 2003c. *Dalit Studies: A Bibliographical Handbook.* New Delhi: Kanishka Publishers.

Yagnik, Achyut. 2002. 'Search for Dalit Self Identity in Gujarat'. In *The Other Gujarat.* Edited by Takashi Shinoda. Mumbai: Popular Prakashan.

Zelliot, Eleanor. 1966. 'Buddhism and Poliltics in Maharashtra'. In *South Asian Politics and Religion.* Edited by D.E. Smith. Princeton, NJ: Princeton University Press.

—. 1970a. 'Mahar and Non-Brahmin Movements in Maharashtra'. *The Indian Economic and Social History Review,* 7(3), July-September.

—. 1970b. 'Learning the Use of Political Means: The Mahars of Maharashtra'. In *Caste in Indian Politics.* Edited by Rajni Kothari. Delhi: Orient Longman.

—. 1972. 'Gandhi and Ambedkar: A Study in Leadership'. In *The Untouchables in Contemporary India.* Edited by Michael Mahar. Tucson: The University of Arizona Press.

—. 1978. 'Dalit New Cultural Context for Old Marathi World'. *Contributions to Asian Studies,* 11.

—. 1980. 'Chokhamela and Eknath: Two Bhakti Modes of Legitimacy for Modern Change'. *Journal of Asian and African Studies,* 15(1-2)

—. 1994. 'Dalit Literature: Twenty-five Years of Protest? Or Progress?'. *Journal of South Asian Literature,* 29(2), Summer/Fall.

—. 1996. *From Untouchable to Dalit: Essays on the Ambedkar Movement.* New Delhi: Manohar.

—. 2001a. 'The Meaning of Ambedkar'. In *Dalit Identity and Politics.* Edited by Ghanshyam Shah. New Delhi: Sage Publications.

—. 2001b. 'Dalit Tradition and Dalit Consciousness'. In *Democratic Governance in India.* Edited by Niraja Gopal Jayal and Sudha Pai. New Delhi: Sage Publications.

Zelliot, Eleanor and Karve, Jayant. 1982. 'Three Dalit Moods'. *Journal of South Asian Literature,* 17(1).

5

पिछड़ी जाति/वर्ग आंदोलन
(Backward Caste/Class Movements)

जाति की कोई एक संक्षिप्त सर्वसम्मत परिभाषा देना कठिन है। यह कार्य तब और भी दुष्कर हो जाता है जब हम 'पिछड़ी जाति' को परिभाषित करने का प्रयास करते हैं। अधिकांश विद्वान 'द्विज' के अलावा सभी जातियों को पिछड़ी जातियां मानते हैं। [द्विज वे व्यक्ति हैं जिन्हें यज्ञोपवीत (जनेऊ) धारण करने का अधिकार होता है] किन्तु देश के विभिन्न भागों में ऐसी अनेक जातियां हैं जो 'द्विज' नहीं हैं (किन्तु उनमें से कई द्विज प्रस्थिति प्राप्त करने के आकांक्षी हैं), और फिर भी वे अपने आपको पिछड़ी जातियां नहीं मानते हैं। उनके पास आर्थिक संसाधन और राजनीतिक शक्ति है। वे आपस में और ब्राह्मणों के साथ शक्ति के लिए संघर्ष करती रहती हैं, अत: उन्हें वंचित समूह नहीं माना जा सकता है। बिहार के ब्राह्मण और क्षत्रियों (झा, 1977; दास, 1983), राजस्थान के जाटों (सीशन, 1969), और गुजरात के पट्टीदारों ने अपनी राजनीतिक शक्ति का दावा करने के लिए अपने आपको संगठित और लामबन्द किया है। उनकी लामबन्दी का उद्देश्य अपनी सामाजिक प्रस्थिति को सुदृढ़ करना रहा है (बोस, 1965)। उन्हें उच्च जातियां/वर्ग माना जा सकता है। बची हुई जातियों को 'पिछड़ी जातियां' माना जाता है।

किन्तु सभी पिछड़ी जातियों की समान सामाजिक-आर्थिक प्रस्थिति नहीं है। एम.एस. ए. रॉव (1979) ने पिछड़ी जातियों के आंदोलनों के अपने अध्ययन ने गैर-उच्च जातियों/वर्गों को तीन श्रेणियों में बांटा है। पिछड़ी जातियों की उच्चतम श्रेणी में अधिकांशत: भूस्वामी लोग आते हैं। देश के विभिन्न भागों में इस प्रकार की अनेक जातियां हैं, जैसे पंजाब में जाट, अहीर, गुज्जर, महाराष्ट्र में मराठा लोग, मद्रास (चेन्नई) में वैल्ला लोग, आंध्र प्रदेश में कम्मा, कप्पू और रेड्डी लोग, कर्नाटक में वोक्कलिंग और बंत लोग। इनसे नीचे काश्तकार, कारीगर और सेवा प्रदान करने वाली अन्य जातियां इस श्रेणी में आती हैं। इनमें बिहार में अहीर और कटार लोग, गुजरात में कोली लोग और दक्षिण भारत में वद्दार लोगों को सम्मिलित किया जाता है। उन्हें

अपवित्रता की रेखा के ऊपर जाति-हिन्दू माना जाता है। इन लोगों के पास पिछले कुछ वर्षों में कोई राजनीतिक शक्ति नहीं थी। इनमें से अधिकांश छोटे या सीमांत किसान काश्तकार या खेतिहर मजदूर हैं। 'ये लोग भूस्वामी जातियों के आर्थिक और राजनीतिक नियंत्रण में रहते थे। भूस्वामी लोग बहुधा इनसे घरेलू नौकरों और पालकी उठाने वालों के रूप में बलात् श्रम लेते थे और इनसे यह भी आशा करते थे कि वे उन्हें विभिन्न त्यौहारों पर कई प्रथानुगत भेंट (मुफ़्त उपहार) भी दें' (रॉव, 1979)। निचले स्तर पर वे अस्पृश्य जातियां हैं जिन्हें भारतीय संविधान में 'अनुसूचित जातियां' कहा गया है। अधिकांश अनुसूचित जातियों तथा अन्य पिछड़ी जातियों की सामाजिक-आर्थिक दशाएं गुणात्मक रूप में भिन्न हैं, यद्यपि कुछ गैर-उच्च जाति आंदोलन, जिन्हें ब्राह्मण-विरोधी आंदोलन के रूप में जाना जाता है, में अस्पृश्य लोग भी सम्मिलित थे। अस्पृश्य आंदोलनों संबंधी अधिकांश अध्ययनों में अन्य पिछड़ी जातियों के आंदोलनों को सम्मिलित नहीं किया गया है। यद्यपि, एम.एस.ए. रॉव ने अपने अध्ययन में अन्य पिछड़ी जातियों के आंदोलनों को सम्मिलित किया है। क्रिस्टोफे जैफरलॉट (2003) ने भी दलितों और 'अन्य पिछड़ी जातियों' दोनों को निम्न जातियों में एक साथ रखा है। इस लेख के उद्देश्य से, हमने अनुसूचित जातियों को पिछड़ी जाति से बाहर रखा है और उनका विश्लेषण पृथक रूप में किया गया है। सन् 1956 में भारत सरकार द्वारा नियुक्त काका कालेलकर आयोग ने 3000 से अधिक जातियों और समुदायों की 'अन्य पिछड़ी जातियों' (ओबीसी) के रूप में पहचान की है। मंडल आयोग (1980) की गणना के अनुसार गैर-हिन्दुओं सहित, 52 प्रतिशत जनसंख्या 'अन्य पिछड़ी जातियों' की है। इसके अतिरिक्त कई राज्य सरकारों ने उन जातियों की पहचान करने के लिए आयोगों की नियुक्ति की है जिन्हें सामाजिक और शैक्षणिक दृष्टि से पिछड़ी जातियां या वर्ग कहा जा सकता है। गुजरात के राने आयोग (1983) को छोड़कर लगभग सभी आयोगों ने 'पिछड़ेपन' की पहचान के लिये सामाजिक, शैक्षणिक और आर्थिक मापदंडों का प्रयोग किया है। यहां हमारी रुचि इनमें से कुछ जातियों के आंदोलनों में हैं। अपनी जाति प्रस्थिति में सुधार लाने के लिए विभिन्न जातियों द्वारा किये गये आंदोलनों से संबंधित कई अध्ययन हुए हैं। इनमें से कई आंदोलनों का उद्देश्य केवल सामाजिक सुधार था और उन्होंने सत्ता को हासिल करने के लिए संघर्ष हेतु राजनीतिक क्षेत्र में प्रवेश नहीं किया। इस लेख में हमने उन अध्ययनों का विश्लेषण नहीं किया है जो मुख्यत: सामाजिक गतिशीलता से संबंधित रहे हैं। तथापि, ओबीसी के राजनीतिक आंदोलनों संबंधी अध्ययन बहुत कम हुए हैं। इनमें से अधिकांश अध्ययन दक्षिण भारत के गैर-ब्राह्मण आंदोलनों तक सीमित हैं।

एम.एस.ए. रॉव (1979) ने भारत के पिछड़ी जातियों के आंदोलनों को संरचनात्मक विभेदन और प्रकट संघर्षों के आधार पर चार प्रकारों में विभाजित किया है। प्रथम प्रकार के वे आंदोलन हैं जिनका नेतृत्व उच्च गैर-ब्राह्मण जातियों द्वारा किया गया जैसे पुराने मद्रास प्रेसिडेन्सी के वेला, रेड्डी और कम्मा लोग, मैसूर के वोक्कलिंग और लिंगायत लोग और महाराष्ट्र के मराठा लोग। तमिलनाडु में रामास्वामी नैयकर ने 1920 के दशक में विवाह संस्कार को बिना ब्राह्मण पंडित के सम्पादित किये जाने के लिए 'आत्म-सम्मान' आंदोलन किया। महाराष्ट्र

और तमिलनाडु में गैर-ब्राह्मण आंदोलनों ने सांस्कृतिक मुद्दे उठाये। गैर-ब्राह्मण आंदोलनों के नेताओं ने जाति पर प्रहार किये और इसे एक ब्राह्मण उत्पीड़न का हथियार बता कर इसकी भर्त्सना की (हार्डग्रेव, 1965)। इन्हें ब्राह्मणों के विरोध में गैर-ब्राह्मण आन्दोलनों के रूप में जाना जाता है। इस प्रकार के आंदोलन उत्तरी भारत में नहीं देखे गये क्योंकि 'आधुनिक शिक्षा और सरकारी नौकरी की दृष्टि से यहां के ब्राह्मण सामान्यत: पिछड़े हुए थे' (राव, 1979)। दूसरे प्रकार के पिछड़े वर्ग के आंदोलन गैर-ब्राह्मण जातियों के बीच पड़ी दरारों पर आधारित थे। ये आंदोलन मुख्यत: मझौली (मध्यवर्ती) और निम्न जातियों द्वारा शुरू किये गये थे। जैसे बिहार में अहीर और कुर्मी लोग, पंजाब में नोनिया लोग, गुजरात में कोली लोग, और महाराष्ट्र में माली लोगों के आंदोलन। तृतीय प्रकार के पिछड़ी जातियों के आंदोलनों में उच्च और अन्य पिछड़ी जातियों के विरोध में अस्पृश्य अथवा पददलित वर्गों द्वारा किये गये आंदोलन आते हैं। जनजातीय आंदोलनों को चतुर्थ प्रकार का आंदोलन माना जाता है। हमने तृतीय और चतुर्थ प्रकार के आंदोलनों का विश्लेषण अलग से किया है।

गेल ओमवेट (1976) कहती हैं कि महाराष्ट्र में गैर-ब्राह्मण आंदोलनों में अभिजन आधारित एक रूढ़िवादी प्रवृति और एक अधिक विशुद्ध जन-आधारित आमूल परिवर्तनवाद (रैडिकॅलिज़म) दोनों सम्मिलित थे। इन आंदोलनों ने रूढ़िवादी लक्ष्यों को तो हासिल कर लिया, किन्तु सुधारवादी लक्ष्यों को ये हासिल नहीं कर पाये। 'महाराष्ट्रीय ब्राह्मण बुद्धिवादी लोग, यद्यपि शैक्षणिक और सांस्कृतिक संस्थाओं में अभी भी हावी हैं, किन्तु अब ऐसे गैर-ब्राह्मण अभिजन (एलीट) धनी किसानों ने इन व्यक्तियों से राजनीतिक सत्ता छीन ली है जिनकी जड़ें गांवों में काफी मजबूत हैं और जिन्होंने ग्रामीण सहकारी और शिक्षण संस्थाओं में वर्चस्व हासिल कर लिया है' (वही: 2)। रूडाल्फगण (1984) उत्तरी, पश्चिमी और ऊपरी दक्षिणी राज्यों के पिछड़े वर्गों (जातियों) को 'बैल पूंजीवादी' मानते हैं। वे कहते हैं, पिछले दो दशकों में,

> एक आर्थिक वर्ग के रूप में बैल पूंजीवादियों की लामबन्दी 'अन्य पिछड़े वर्गों' की एक प्रस्थिति व्यवस्था के रूप में साथ-साथ लामबन्दी (मोबिलाइजेशन) के द्वारा मजबूत हुई है।'अन्य पिछड़ा वर्ग' उन जातियों के लिए एक प्रियोक्ति है जो अपने और राज्य के अनुमानों के अनुसार सामाजिक दृष्टि से 'पददलित' (डिप्रेस्ड) या 'पिछड़े' माने जाते हैं। प्रस्थिति और वर्ग हितों का इस प्रकार स्तरीकरण दोनों की राजनीतिक महत्ता में बढ़ोतरी करता है (वही: 323)।

मुद्दे (Issues)

खेतिहर संरचना में परिवर्तन, बाजार अर्थव्यवस्था की शुरुआत, नगरीय केन्द्रों में वृद्धि और ब्रिटिश शासन व्यवस्था के अन्तर्गत उदारवादी शिक्षा के प्रसार के साथ, पिछड़ी जातियों में से कुछ जातियों ने अपनी आर्थिक व्यवस्था में सुधार किया है। उन्नीसवीं सदी के अन्त से और इस सदी के प्रारंभ तक इन लोगों ने ज़ाति श्रेणीबद्धता में ऊंचा उठने की आकांक्षा बनाये रखी है। प्रथम कदम के रूप में इन लोगों ने संस्कृतीकरण के रास्ते का अनुसरण किया, अर्थात् उच्च

जातियों के कर्मकाण्डों और जीवन-शैली को अपनाना शुरू किया। इन लोगों ने अपने पूर्वजों के बारे में कहानियों का आविष्कार किया और उच्च प्रस्थिति की मांग की। महाराष्ट्र के मराठाओं, मालियों, सागर धनगरों ने (ओरेन्सटीन, 1963; ओमवेट, 1976), बिहार के कुर्मियों और यादवों ने (झा, 1977; राव, 1979; दास, 1983), गुजरात के कोलियों ने (शाह, 1975), पश्चिमी बंगाल के कैबर्त्ताओं ने (निकोलस और मुखोपाध्याय, 1966) और उड़ीसा के तेलियों ने (बैली, 1975; पटनायक और राय, 1960) बीसवीं शताब्दी के प्रथम चतुर्थांश में संस्कृतीकरण के रास्ते का अनुसरण किया। तथापि, तमिलनाडु की गैर-ब्राह्मण ऊंची-जातियों ने जाति संरचना में उच्च स्तर प्राप्त करने के लिए इस रास्ते को नहीं अपनाया। उन्होंने ब्राह्मणों के उच्च स्तर को चुनौती दी। इसके विपरीत, पहले मामले में पिछड़ी जातियों के लिए उच्च जातियां संदर्भ समूह बन गईं, जबकि दूसरे मामले में, गैर-ब्राह्मण लोग अपने आपको द्रविड़ मानने लगे, अर्थात् इस क्षेत्र के मूल निवासी, और ब्राह्मणों को उन्होंने बाहरी हमलावार माना। इस शताब्दी के अन्त तक यह एक व्यापक विश्वास बन गया कि ब्राह्मण लोग प्रजातिक रूप से गैर-ब्राह्मणों से भिन्न हैं। गैर-ब्राह्मण लोग यह मानने लगे कि वे दक्षिणी तमिल संस्कृति के निर्माता हैं, जबकि ब्राह्मण लोग 'उत्तरी संस्कृत' संस्कृति के संरक्षक हैं (इर्सछिक, 1969)।

बिहार के अहीरों (यादवों) और कुर्मियों ने 1910 के दशक में 'बेगार व्यवस्था' (बलात् श्रम) का विरोध किया। उन्होंने सामूहिक रूप से भूस्वामियों (जागीरदारों) के लिये बेगार करने से मना कर दिया और साथ ही भूस्वामियों द्वारा लगाये गये करों का भी विरोध किया। अहीरों ने गोबर से बने छाने, दही और दूध भूस्वामी उच्च जातियों को घटी हुई दरों पर बेचने से इनकार कर दिया (झा, 1977)। प्रथानुगत कानूनों को मानने से इनकार करने का परिणाम यह हुआ कि उच्च और पिछड़ी या गैर-ब्राह्मण जातियां, दक्षिण भारत की विशेष रूप में वेल्ला, रेड्डी, कम्मा, लिंगायत, वोक्कलिंगा, मराठाओं ने ब्राह्मणों के प्रभुत्व के प्रति नाराजगी प्रकट की। इन लोगों ने ब्राह्मणों द्वारा आर्थिक और सांस्कृतिक दोनों प्रकार के उत्पीड़न और शोषण के मुद्दों को उठाया (हार्डग्रेव, 1965; इर्सछिक, 1969; ओमवेट, 1976)। तमिलनाडु के गैर-ब्राह्मणों ने द्रविड़ों के लिए पृथक राज्य की मांग की। उन्होंने 1920 के दशक में ब्राह्मणों द्वारा नियंत्रित राष्ट्रीय आंदोलन का विरोध किया और ब्रिटिश सरकार के साथ अपनी निष्ठा प्रकट करने की घोषणा की। उन्होंने यह घोषणा की: 'यह कहना मिथ्या है कि ब्राह्मण उसी भारतीय राष्ट्र के हैं जिसके गैर-ब्राह्मण लोग हैं और अंग्रेज लोग विदेशी हैं ... हमारे लिये भारतीय ब्राह्मण अंग्रेजों की अपेक्षा अधिक विदेशी हैं' (इर्सछिक, 1969: 51-52)। इस शताब्दी (बीसवीं) के प्रथम चतुर्थांश में, उन्होंने राज्य विधानसभाओं में राजनीतिक प्रतिनिधित्व की मांग की। महाराष्ट्र और तमिलनाडु में कुछ पिछड़ी या गैर-ब्राह्मण जातियों ने पृथक् निर्वाचक मंडल की मांग की ताकि वे खुद अपने प्रतिनिधियों का चुनाव कर सकें। सरकारी नौकरियों और शैक्षणिक संस्थाओं में आरक्षण की मांग 1980 के दशक तक जारी रही (रूडाल्फ और रूडाल्फ, 1984)।

दक्षिण भारत में गैर-ब्राह्मण आंदोलनों का एक कारण यह भी था कि ब्राह्मणों ने उच्च गैर-ब्राह्मण जातियों की अपेक्षा आधुनिक शैक्षणिक और रोजगार के अवसरों का अधिक

फायदा उठाया, सरकारी नौकरियां हासिल कीं और इस प्रकार सरकारी सेवाओं में ब्राह्मणों ने अपना वर्चस्व बनाये रखा। बिहार के यादवों ने सेना तथा अन्य सरकारी सेवाओं में अपने लिये आरक्षण की मांग की (राव, 1978-1979)। सरकारी नौकरियों और शैक्षणिक संस्थाओं में पिछड़ी जातियों के लिये आरक्षण की मांग स्वातंत्र्योत्तर काल में निरंतर उठती रही है।

चुनाव की प्रक्रिया राजनीतिक लामबन्दी का मुख्य रूप है। संख्यात्मक दृष्टि से अधिक होने के कारण इन लोगों ने राज्य विधान सभाओं में सफलतापूर्वक अपनी स्थिति को बढ़ाया है। क्रिस्टोफे जेफरलॉट ने इसे 'भारत की मौन क्रांति' कहा है (2003)। पिछड़ी जातियों ने अपनी मांगों को मनवाने के लिए कदाचित ही वृहत आधार पर कोई सीधी कार्यवाही की है। अधिकांश लोगों ने सामाजिक सुधार के रास्ते का अनुसरण किया जिसने सामान्य रूप में उच्च जातियों के साथ किसी उग्र विवाद को जन्म नहीं दिया, यद्यपि कुछ मामलों में सामाजिक सुधार के कारण उच्च जातियों के साथ झड़पें हुईं। उन्होंने जनगणना कमिश्नर के सामने कुछ स्मरण-पत्र और याचिकाएं प्रस्तुत कर उच्च सामाजिक प्रस्थिति की मांगों के लिए दावा किया। दक्षिण भारत में गैर-ब्राह्मणों ने राजनीतिक सत्ता हथियाने के लिए एक राजनीतिक दल बनाया। अनेक दूसरे लोगों ने अपनी जाति के प्रत्याशी को जिताने के लिए वृहत् स्तर पर चुनाव प्रचार में भाग लिया। इस अर्थ में उनकी लामबन्दी ने कदाचित ही कभी संघर्षों को जन्म दिया हो। पिछले दो दशकों के दौरान (1980 के दशक के बाद) विभिन्न एकल जातियों ने अपनी जाति के सदस्यों के लिए कुछ कल्याण कार्यक्रमों की मांगों के लिये याचिकाएं प्रस्तुत कीं और बैठकें आयोजित कीं। किन्तु इस प्रकार की लामबन्दी के अध्ययन उपलब्ध नहीं हैं।

सहभागीगण और नेता लोग

जैसा पहले कहा गया है कि पिछड़ी जातियों की संख्या बहुत अधिक है, किन्तु केवल इनमें से कुछेक ने ही राजनीतिक सत्ता के लिए आंदोलन किये हैं। संख्यात्मक ताकत उस जाति के लिए एक महत्वपूर्ण कारक है जो अपने आपको राजनीतिक रूप में संगठित करना चाहती है। पिछड़ी जातियां जो अपेक्षाकृत छोटी हैं और देश के विभिन्न भागों में फैली हुई हैं, उनके राजनीतिक संघर्ष करने की कम संभावना होती है (शाह, 1975)। जिन जातियों ने आंदोलन किये, उन्होंने विभिन्न उप-जातियों का सहयोग लिया। बिहार के यादव और कुर्मी लोग इसके उदाहरण हैं (झा, 1977; राव, 1978; दास, 1983)। महाराष्ट्र और तमिलनाडु में जो गैर-ब्राह्मण आंदोलन हुए, इनमें शुरू में अस्पृश्यों सहित कई जातियों ने भाग लिया, किन्तु कुछ समय के बाद अस्पृश्यों को आंदोलन से बाहर कर दिया गया। बिहार में यादव आंदोलन (राव, 1979) और महाराष्ट्र में गैर-ब्राह्मण आंदोलन (ओमवेट, 1976) का नेतृत्व इन जातियों के अच्छे खाते-पीते (समृद्ध) लोगों ने किया। यादव आंदोलन को व्यापारियों और बड़े किसानों ने सहयोग दिया (राव, 1979)। महाराष्ट्र के गैर-ब्राह्मण आंदोलन के अपने अध्ययन में गेल ओमवेट ने लिखा है कि प्रारंभ में गैर-ब्राह्मणों के समृद्ध लोगों ने आंदोलन को सहायता दी। इनमें से मुख्यत: ठेकेदार और कुछ पेशेवर लोग थे और यह आंदोलन काफी

जल्दी ही कृषक आधार बनाने की ओर बढ़ा। तमिलनाडु के गैर-ब्राह्मण आंदोलनों के अध्ययनों में सहभागीगणों और नेताओं की पर्याप्त रूप में समीक्षा नहीं की गई है।

महाराष्ट्र में गैर-ब्राह्मण आंदोलन के सिद्धान्तकार ज्योतिराव फुले रहे हैं। फुले के जीवन और विचारधारा पर अब कुछ अत्यंत महत्वपूर्ण और रुचिकर अध्ययन उपलब्ध हैं (कीर, 1964; ओमवेट, 1971, 1973, 1976; ओ हनलॉन, 1985)। फुले ने हिन्दू धर्मग्रंथों और जाति व्यवस्था दोनों को नकार दिया। हिन्दू धर्म जिस रूप में ब्राह्मणों ने इसकी व्याख्या की है, दमन का एक सैद्धान्तिक साधन और निम्न जातियों की गरीबी का मुख्य कारण हैं। किसान और अस्पृश्य दोनों मिलकर पददलित वर्गों का निर्माण करते हैं। ब्रिटिश शासन में ब्राह्मणों ने अपनी धर्मनिरपेक्ष शक्तियों का प्रयोग उन रूढ़िवादी धार्मिक मूल्यों की रक्षा करने में, जिनके साथ वे घनिष्ठ रूप से जुड़े हुए थे, या कुछ अधिक भौतिक तरीके से अपनी स्वयं की व्यक्तिगत स्थिति को ऊंचा उठाने में किया। ओ हनलॉन (1985)। गेल ओमवेट (1976) ने लिखा है कि फुले का शोषण का सिद्धान्त आर्थिक या राजनीतिक कारकों की अपेक्षा सांस्कृतिक और प्रजातिक कारकों पर केन्द्रित है। फुले के विचारों के अनुसार, पूर्व-ब्राह्मण धार्मिक परम्पराओं की ओर लौटने के द्वारा शिक्षा और संगठन के साधनों से गैर-ब्राह्मण जातियों में एकता और पहचान की भावना का निर्माण किया जा सकता है। इसके द्वारा ब्राह्मणवादी वैचारिक शृंखला को तोड़ा जा सकता है और एक जाति-मुक्त और न्यायसंगत समाज की रचना की जा सकती है (ओ हनलॉन)। फुले ने 1873 में सत्यशोधक समाज की स्थापना की जिसने महाराष्ट्र में गैर-ब्राह्मण आंदोलन को जन्म दिया (ओमवेट, 1971, 1973, 1976; पठान, 1977)। महाराष्ट्र में कोल्हापुर के महाराजा शाहू क्षत्रपति गैर-ब्राह्मण आंदोलन के एक महत्वपूर्ण नेता थे (कोपलैण्ड, 1973; ओमवेट, 1976)। रामास्वामी नैयकर ने आर्यों के प्रभुत्व को चुनौती देने के लिए द्रविड़ आंदोलन की शुरुआत की। उनके विचार में, आर्यों का प्रभुत्व ब्राह्मण वर्चस्व और ब्राह्मणवाद का ही पर्यायवाची था (राम, 1974)। नैयकर द्रविड़ आंदोलन के 1920 के दशक से लेकर अपनी मृत्यु (1973) तक केन्द्रीय नेता रहे हैं।

कई पिछड़ी जातियों ने सामाजिक सुधार और राजनीतिक सत्ता के संघर्ष के लिए जाति समितियों का गठन किया (रूडाल्फ एवं रूडाल्फ, 1960)। यादवों ने न केवल जिला स्तरीय, अपितु राज्य और अखिल भारतीय स्तर की जाति समितियों का गठन किया (राव, 1979)। यही बात महाराष्ट्र के मराठाओं और मालियों (ओमवेट, 1976) और गुजरात के कोलियों (शाह, 1975) पर लागू होती है। ये समितियां ढीली-ढाली और तदर्थ प्रकार की थीं। इन समितियों ने सम्मेलन आयोजित किये और प्रस्ताव पास किये और कभी-कभी स्मरण पत्र भी प्रस्तुत किये। दक्षिण भारत की पिछड़ी जातियों ने राजनीतिक दल बनाये। सर्वप्रथम जस्टिस पार्टी और बाद में द्रविड़ मुनेत्र कषगम। बिहार की पिछड़ी जातियों ने भी अपने दल के गठन की योजना बनाई, किन्तु वे इसे व्यावहारिक रूप देने में असफल रहे (दास, 1983)।

उपलब्ध साहित्य से विदित होता है कि पिछड़ी-जातियों के आंदोलन दलित और जनजातियों के आंदोलन से भिन्न हैं। इसके साथ ही, दक्षिण भारत और उत्तरी भारत के पिछड़ी

जाति आंदोलनों में गुणात्मक भिन्नता भी रही है। उत्तरी भारत के आंदोलन जाति ढांचे में हुए हैं और वे संस्कृतीकरण तक सीमित रहे हैं। यह बात हमें महाराष्ट्र के फुले के नेतृत्व वाले और तमिलनाडु के द्रविड़ मुनेत्र कषगम आंदोलन में देखने को नहीं मिलती। इन आंदोलनों ने जाति व्यवस्था के विरोध में विद्रोह किया। किन्तु, कुछ समय के बाद, जाति व्यवस्था के विरोध में उनका विद्रोह असफल हो गया। इस प्रकार के विचलन के कारणों को जानने के लिए खोजबीन की जरूरत है। स्वतंत्रता के बाद के भारत के पिछड़ी जाति आंदोलन मुख्यत: चुनावी राजनीति तक सीमित रहे हैं। ये आंदोलन नौकरियों में आरक्षण और शैक्षणिक सुविधाओं को प्राप्त करने के लिए दबाव समूहों के रूप में कार्य करते हैं।

ग्रंथ-सूची

Ahmed, Imtiaz. 1971. 'Caste Mobility Movements in North India'. *The Indian Economic and Social History Review*, 8(2), April-June.

Arnold, David and Manor, James. 1976. 'Caste Associations in South India: A Comparative Analysis'. *The Indian Economic and Social History Review*, 8(3), July-September.

Bailey, Frederick G. 1957. *Caste and the Economic Frontier: A Village in High-land Orissa.* Manchester: Manchester University Press.

Baker, C.J. and Washbrook, D.A. 1975. *South India: Political Institutions and Political Change 1880–1940.* Delhi: Macmillan Company of India.

Beteille, A. 1965. 'The Future of the Backward Classes: The Competing Demands of Status and Power'. *Perspectives, Supplement to the Indian Journal of Public Administration*, 2(1), January-March.

Bhat, Chandrashekhar. 1978. 'Reform Movements among the Waddars of Karnataka'. In *Social Movements in India.* Vol. I. Edited by M.S.A. Rao. Delhi: Manohar.

Bhatt, Anil. 1971. 'Politics and Social Mobility in India'. *Contributions to Indian Sociology* (New Series), 5.

Bose, Pradip Kumar. 1985. 'Mobility and Conflict: Social Roots of Caste Violence in Bihar'. In *Caste, Caste-Conflict and Reservation.* Edited by Centre for Social Studies. Delhi: Ajanta Publications.

Copland, Ian. 1973. 'The Maharaja of Kolhapur and the Non-Brahmin Movement 1902-10'. *Modern Asian Studies*, 7(2).

Das, Arvind N. 1983. *Agrarian Unrest and Socio-Economic Change in Bihar, 1900–1980.* New Delhi: Manohar.

Duskin, Lelah. 1961. 'The Backward Classes'. *Economic Weekly*, 13(43–45), October 28, November 4 and 18.

Ghurye, G.S. 1932. *Caste and Race in India.* London: Routledge and Kegan Paul.

Hardgrave, R.L. 1965. *The Dravidian Movement.* Bombay: Popular Prakashan.

Harper, Edward. 1968. 'Social Consequences of an Unsuccessful Caste Movement'. In *Social Mobility in Caste System in India: An Interdisciplinary Symposium*. Edited by James Silverberg. The Hague: Mouton.

Irschick, E.F. 1969. *Politics and Social Conflict in South India: The Non-Brahmin Movement and Tamil Separation*, 1916-29. Berkeley: University of California Press.

Jaffrelot, Christophe. 2003. *India's Silent Revolution: The Rise of the Low Castes in North Indian Politics*. Delhi: Permanent Black.

Jeffrey, Robin. 1976. *The Decline of Nayar Dominance: Society and Politics of Travancore, 1847-1908*. Brighton: Sussex University Press.

Jha, Hetukar. 1977. 'Lower-Caste Zamindars in Bihar (1921-1925): An Analysis of Sanskritization and Contradiction between the Two Groups'. *The Indian Economic and Social History Review*, 9(4), October-December.

Keer, Dhananjay. 1964. *Mahatma Jatirao Phooley: Father of Social Revolution*. Bombay: Popular Prakashan.

Kothari, Rajni and Maru, Rushikesh. 1965. 'Caste and Secularism in India: Case Study of a Caste Federation'. *Journal of Asian Studies*, 25(1), November.

Mandelbaum, David. 1970. *Society in India: Change and Continuity*. Berkeley: University of California Press.

Nicholas, Ralph W. and Mukhopadhyay, Tarashish. 1962. 'Politics and Law in Two West Bengal Villages'. *Bulletin of the Anthropological Survey of India*. 11(1), April-June

O'Hanlon, Rosalind. 1983. 'Maratha History as Polemic: Low Caste Ideology and Political Debate in Late Nineteenth-Century Western India.' *Modern Asian Studies*, 17(1), February.

—. 1985. *Caste, Conflict and Ideology: Mahatma Jotirao Phule and Low Caste Protest in Nineteenth-Century Western India*. Bombay: Orient Longman.

Omvedt, Gail. 1971. 'Jotirao Phule and the Ideology of Social Revolution in India'. *Economic and Political Weekly*, 6(37), September 11.

—. 1973. 'The Satyashodhak Samaj and Peasant Agitation'. *Economic and Political Weekly*, 8(44) November 3.

—. 1976. *Cultural Revolt in a Colonial Society: The Non-Brahmin Movement in Western India*, 1873-1930. Bombay: Scientific Socialist Education.

Orenstein, Henry. 1963. 'Caste and Concept: "Maratha" in Maharashtra'. *The Eastern Anthropologist*, 16(1), January-April.

Parthan, Y.M. 1977. 'Mahatma Jotirao Phule and Satyashodhak Samaj'. In *Dissent, Protest and Reform in Indian Civilization*. Edited by S.C. Malik. Simla: Indian Institute of Advanced Study.

Patnaik, Nityananda and Roy, A.K. 1960. 'Oilmen or Teli'. In *Data on Caste: Orissa*. Anthropological Survey of India, Memorial No. 7.

Radhakrishan, P. 1990. 'Backward Class Movements in Tamil Nadu'. *Economic and Political Weekly*, 25(11), March 10.

Ram, Mohan. 1974. 'Ramaswami Naicker and the Dravidian Movement'. *Economic and Political Weekly,* 9(6-8), Annual Number.

—. 1979. 'Dravidian Movement in its Pre-Independence Phases'. *Economic and Political Weekly,* Annual Number, February.

Rao, M.S.A. 1978. *Social Movements and Social Transformation: A Study of Two Backward Classes Movements.* Delhi: Macmillan.

—. 1979. 'Social Movements among the Backward Classes and Blacks: Homology in the Sources of Identity'. In *Social Movements in India.* Vol. I. Edited by M.S.A. Rao. Delhi: Manohar.

Rudolph, Lloyd I. and Rudolph, Susanne. 1960. 'The Political Role of India's Caste Associations'. *Pacific Affairs,* 33(1), March.

—. 1984. 'Determinants and Varieties of Agrarian Mobilisation'. In *Agrarian Power and Agricultural Productivity in South Asia.* Edited by Meghnad Desai, S.H. Rudolph and Ashok Rudra. Delhi: Oxford University Press.

Shah, Ghanshyam. 1975. *Caste Association and Political and Political Process in Gujarat.* Bombay: Popular Prakashan.

Sisson, Richard. 1969. 'Peasant Movements and Political Mobilization: The Jats of Rajasthan'. *Asian Survey,* 9(12), December.

Srinivas, M.N. 1966. *Social Change in Modern India.* Berkeley: University of California Press.

6

महिलाओं के आंदोलन
(Women's Movements)

'अन्तर्राष्ट्रीय महिला दशाब्दी', 1975-85 ने महिलाओं संबंधी सामाजिक विज्ञान साहित्य सामान्य रूप में, समाज में उनकी प्रस्थिति से संबंधित साहित्य और विशेष रूप में लिंग-आधारित भेदभाव और असमानता से जुड़े मुद्दों से संबंधित साहित्य में वृद्धि के लिये प्रेरित किया है। 'सामाजिक्ष विज्ञान शोध की भारतीय परिषद्' (आई.सी.एस.एस.आर.) और विश्वविद्यालय अनुदान आयोग (यू.जी.सी.) दोनों संस्थानों की प्राथमिक कार्यसूची में आजकल लिंग (जेन्डर) संबंधी अध्ययन हैं। कई नामी विश्वविद्यालयों में महिलाओं संबंधी अध्ययन के केन्द्र हैं। महिलाओं पर केन्द्रित करते हुए एक शोध संस्थान—'महिलाओं संबंधी विकास अध्ययनों का केन्द्र' की स्थापना आई.सी.एस.एस.आर. के सहयोग से सन् 1980 में हुई। लिंग (जेन्डर) अध्ययनों पर केन्द्रित करते हुए एक संपूर्ण शैक्षिक पत्रिका भी निकलती है। आई.सी.एस.एस.आर. द्वारा प्रवर्तित 'महिलाओं संबंधी अध्ययन और महिलाओं का विकास' पर मालविका कार्लेकर द्वारा साहित्य का सर्वेक्षण सन् 1990 तक के अध्ययनों को सम्मिलित करता है। यह इस क्षेत्र में आगे के शोध के लिये एक मूल्यवान दस्तावेज है। अब हमारे पास महिलाओं संबंधी अध्ययनों की टीका के साथ एक ग्रंथ-सूची सहित कुछ संकलन भी हैं (व्यास एवं सिंह, 1993)।

जेन्डर के विभिन्न पहलुओं पर सामाजिक विज्ञान साहित्य में 1980 और 1990 के दशकों में काफी बढ़ोतरी हुई है। कई लेख और शोध पुस्तिकाएं 'आंदोलन' (मूवमेंट) शब्द का अपने शीर्षकों में व्यापक अर्थों में प्रयोग करती हैं। वे इस शब्द को महिलाओं की लामबन्दी (Mobilisation) और सामूहिक कार्रवाई तक सीमित रखने की अपेक्षा इसे महिलाओं के लेखनों, विमर्शों और सामाजिक-आर्थिक क्षेत्रों में महिलाओं की स्थिति को प्रभावित करने वाले मुद्दों के लिये भी प्रयोग करती हैं। महिलाओं संबंधी अध्ययन और महिलाओं के आंदोलन, इन दोनों शब्दों का पर्यायवाची के रूप में बहुत प्रयोग किया जाता है। यह सही है कि ये दोनों शब्द घनिष्ठ रूप में जुड़े हुए हैं और महिलाओं के अध्ययनों में

महिलाओं के आंदोलन भी आ जाते हैं, किन्तु जैसा कि हमने प्रथम अध्याय में लिखा है कि इस लेख का केन्द्र बिन्दु महिलाओं की सामूहिक कार्रवाई संबंधी साहित्य की समीक्षा तक सीमित है। इस दृष्टि से, भारत में महिलाओं के आंदोलनों संबंधी शोध-आधारित लेखन अपेक्षाकृत बहुत कम हैं। इनमें से अधिकांश लेखन प्रारंभिक अन्वेषणात्मक स्तर पर हैं। कुछ अध्ययनों को छोड़ कर, अधिकांश अध्ययन उपाख्यानात्मक, दिखाऊ और कार्रवाई के लिये विवादात्मक—कार्रवाई के लिये उपदेश—देने वाले हैं जो महिलावादी आंदोलनकारियों द्वारा पत्रकारिता शैली में लिखे हुए हैं। महिलावादी आंदोलनों में कार्यरत आंदोलनकारियों के लिये, महिलावाद (नारीवाद) विश्लेषण करने हेतु मात्र एक विमर्श ही नहीं है अपितु 'यह सामाजिक परिवर्तन लाने की एक विधि भी है।' चाहे कोई यह कहता हो कि सामाजिक परिवर्तन के लिये विमर्श और विधि—व्यूह-रचना (योजना), तौर-तरीके और कार्यक्रम पृथकनीय हैं अथवा नहीं, इस संबंध में बढ़ता हुआ साहित्य निश्चित तौर पर मूल्यवान सैद्धान्तिक और दार्शनिक स्पष्टीकरण और अनुभवपरक तथ्य प्रदान करता है जो सामान्य रूप में, सामाजिक व्यवस्था और विशेष रूप में, स्त्रियों की स्थिति के गहन अध्ययन के लिये कई सार्थक प्रश्न खड़े करता है और प्राक्कल्पनाओं को जन्म देता है। कुछ सैद्धान्तिक अध्ययन भी उपलब्ध हैं, किन्तु बहुधा यह अनुभव किया गया कि इन अध्ययनों में मुख्यत: उन मुद्दों पर विचार-विमर्श हुआ है जिन्हें पश्चिमी विद्वानों ने उछाला है। यदि ऐसा है भी, तब भी इन अध्ययनों का महत्व कम नहीं हो जाता। पश्चिमी प्रभाव ने आखिर, हमारे जीवन के सभी क्षेत्रों को प्रभावित किया है। यह प्रभाव वैश्वीकरण के युग में और भी अधिक है। इसके अतिरिक्त, जैसा कि हम आज जानते हैं कि 'पुरुष वर्चस्व (प्रभुत्व) के प्रति महिलाओं का प्रतिरोध पश्चिमी शिक्षा की ही उपज है। ब्रिटिश महिलाओं ने स्त्रियों के संगठन बनाने और अपने उद्देश्यों को परिभाषित करने में पहल की है। भारत में स्त्रियों का मुक्ति आंदोलन पश्चिम की स्त्रियों के आंदोलनों से काफी प्रभावित है जो लिंग (जेंडर) उत्पीड़न की 'सर्वव्यापकता' पर जोर देता है और इसीलिये यह 'सार्वभौमिक भगिनीत्व' के विचार का समर्थन करता है। इस विचार के बारे में कई बुद्धिजनों ने प्रश्न खड़े किये हैं। यह कहा गया कि एक आंदोलन के रूप में महिलावाद (नारीवाद) की जड़ें विशिष्ट 'प्राकृतिक इतिहास और संस्कृति' में गड़ी हुई हैं (निरंजना, 2000)।

कुछ विद्वान-आंदोलनकारियों ने उन मुददों को खड़ा करना शुरू कर दिया है जो भारतीय संदर्भ में सार्थक हैं। लिडिल और जोशी के अनुसार, भारत में पुरुष प्रभुत्व पश्चिमी समाज में भिन्न है, अत: पुरुषों के विरोध में स्त्रियों की मांगें और प्रतिरोध भी भिन्न हैं। वे कहते हैं—

> वैचारिक दृष्टि से, नारी की हीनता के विचार की शुरुआत सांस्कृतिक उपनिवेशवाद से हुई है, जहां नारी शक्ति और उसकी घेराबंदी पर जोर दिया गया है। यद्यपि घरेलू क्षेत्र में उच्च जातियों में स्त्रियों को पृथक्कृत किया गया है किन्तु इस पृथक्करण का अर्थ यह नहीं है कि घरेलू क्षेत्र किसी रूप में घटिया है क्योंकि यह क्षेत्र जाति शुद्धता को बनाये रखने में महत्वपूर्ण है। घटियापन या अधीनस्थता का विचार जेन्डर विचारधारा के साथ एक मानहानि के तत्व को जोड़ता है जिससे स्त्रियों की स्थिति

अधिक बिगड़ती है। यह विदेशों में स्त्रियों की स्थिति को भी गिराता है जब इसके साथ पश्चिमी नस्लीय उच्चता की उपनिवेशी विचारधारा को जोड़ दिया जाता है; क्योंकि, उपनिवेशवाद का संदर्भ न केवल पुरुषों से स्त्रियों की निम्नता के विचार को, अपितु पश्चिमी स्त्रियों से भारतीय स्त्रियों की निम्नता के विचार को भी जन्म देता है। (लिडिल और जोशी, 1986: 240)

मानुषी (स्त्रियों की एक पत्रिका) की सम्पादक मधु किश्वर तथा आंदोलनकारी विद्वान ने भी इस संदर्भ में हमारी परम्पराओं में झांकने की जरूरत को रेखांकित किया है और कहा—

> हमें सांस्कृतिक परम्पराओं के भीतर ताकत की दृष्टि से सर्वनाशी पक्षों को पृथक करने का यत्न करना चाहिये। हमारी सांस्कृतिक परम्पराओं के भीतर प्रतिक्रियावादी और महिला-विरोधी विचारों से लड़ने की भारी क्षमता है, यदि हम उनकी ताकत के बिन्दुओं की पहचान और उनका उपयोग रचनात्मक ढंग से कर सकें। (1984: 46-47)

गैबरैले डाइटरिच शिकायत करती हैं कि महिलाओं के आंदोलनों ने एक दकियानूसी पिनक के रूप में धर्म के उपयोग की उपेक्षा की है। वे अनुभव करती हैं कि महिलाओं के आंदोलन द्वारा

> सांस्कृतिक प्रश्न को अधिक गहराई से खोजने की जरूरत है। परिवार, जाति और धर्म के परे महिलाओं को एक नवीन पहचान देने के प्रयासों के लिये सांस्कृतिक पहचान और सततता की समस्या को सुलझाना जरूरी है। तुलनात्मक रूप में यह कहना आसान है कि हमारी सांस्कृतिक विरासत में स्त्रियों के लिये क्या उत्पीड़क और विनाशात्मक है। किन्तु यदि हम सतहीपन से बचना चाहते हैं तो हमें इनका उत्तर देना भी आवश्यक है कि हमारी सांस्कृतिक परम्पराओं के विरोध मूल्य और मानवतावादी मूल्य क्या है। (1986: 160)

अन्तराल विद्यमान है। दूसरी ओर, सामाजिक व्यवस्था में स्त्रियों को उनकी अधीनस्थ स्थितियों से मुक्त करवाने के लिये पारम्परिक प्रतीकों और मुहावरों का रचनात्मक ढंग से प्रयोग किया जाता है। उस संदर्भ में, राजनीतिक क्षेत्र में स्त्रियों को स्वतंत्रता आंदोलन में लाने के लिये गांधी जी की भूमिका के बारे में काफी वाद-विवाद हुआ है। वीणा मजूमदार (1976) और देवकी जैन (1986) तथा अन्य ने गांधी को एक ऐसे बड़े मुक्तिदाता के रूप में देखा है जिसने स्त्रियों की प्रस्थिति को ऊंचा उठाने के लिये एक क्रांतिकारी दृष्टिकोण अपनाया। मलविका कारलेकर मानती हैं कि गांधी ने एक नव नारीत्व की 'परम्परा' का आविष्कार किया है। 'अतः गांधीवादी महिला को कार्रवाई, प्रतिरोध और परिवर्तन की एक सकारात्मक छवि बनाने के लिये अपने पारम्परिक गुणों का उपयोग करना होता है। आत्म-निरीक्षण और विश्लेषण की गांधीवादी विधि अब स्त्रियों के आंदोलन ने अपना ली है जो प्रतिबद्ध रूढ़िबद्धता की सार्वभौमिकता को नकारती हैं' (1991: 46)।

मधु किश्वर लिखती हैं—

> कि जबकि कई रूप में, गांधी जी के स्त्रियों संबंधी विचार और समाज में उनकी भूमिका 19वीं शताब्दी के समाज सुधारकों से बहुत अधिक भिन्न नहीं रही है, तथापि कुछ अन्य महत्वपूर्ण रूप में

> वे परम्परा से हट कर दूसरा रास्ता अपनाते हैं। सर्वाधिक महत्वपूर्ण अन्तर यह है कि गांधी जी स्त्रियों को सुधार की वस्तु के रूप में नहीं देखते, वे इन्हें ऐसे असहाय प्राणी नहीं मानते जिनके लिये दया की जरूरत हो। इसके स्थान पर वे स्त्रियों को सामाजिक परिवर्तन का काफी सक्रिय, आत्म-चेतन प्रतिनिधि (एजेन्ट्स) मानते हैं। ... उनका प्राथमिक उद्‌देश्य आमूल सामाजिक पुनर्निर्माण करना रहा है। ... गांधी जी का स्त्रियों की समस्याओं के प्रति एक सर्वाधिक चिरस्थाई योगदान यह था कि उन्होंने इसे एक नैतिक वैधता प्रदान की। उन्होंने एक ऐसी परम्परा और सामाजिक राजनीतिक वातावरण के निर्माण करने में सहायता की जिसमें आज भी, कठिनत: ही कोई व्यक्ति सार्वजनिक रूप में खड़ा होकर स्त्रियों के मूल अधिकारों का स्पष्ट रूप से विरोध करने की हिम्मत कर सकता है या उन्हें राजनीति में भाग लेने के लिए मना कर सकता है। ... सामाजिक जीवन में स्त्रियों के सम्मान को स्थापित करने में, सामाजिक और राजनीतिक जीवन में उनके द्वारा भाग लेने के प्रति कुछ पूर्वग्रहों को तोड़ने में, उनकी समस्याओं के प्रति सहानुभूतिपरक चेतना के वातावरण को बनाने में गांधी जी के कार्यकलाप, उनके स्वयं के विचारों और समाज में स्त्रियों की भूमिका और स्थान के बारे में उनकी घोषणाओं से भी परे जाते हैं (1985: 1757-58)।

कुछ अन्य व्यक्तियों ने इस पर जोर दिया है कि गांधी जी ने इस विचार का समर्थन किया है कि स्त्रियों का प्राथमिक कार्य घर की देखभाल करना है (शाह, 1984)। उन्होंने 'स्त्रियों के पितृसत्तात्मक उत्पीड़न के वर्ग-आधारित रूपों' के बारे में कभी प्रश्न खड़े नहीं किये (संगारी और वैद, 1989: 21)। सुजाता पटेल कहती हैं कि गांधी जी के 'स्त्रियों और नारीत्व के पुनर्निर्माण में स्त्रियों के शोषण के उद्भव और प्रकृति के संरचनात्मक विश्लेषण' पर ध्यान नहीं दिया गया है; वास्तव में, गांधी जी ने स्त्री का घर-परिवार में मां और पत्नी के रूप में उसके स्थान पर जोर देने के लिये तात्विक तर्क का प्रयोग किया है' (1988)। अनुभवजन्य अध्ययन बताते हैं कि कई संगठन जो गांधीवादी रास्ते के अनुसरण करने का दावा करते हैं वे महिलाओं की पारम्परिक स्थिति जो कि पुरुष के अधीनस्थ की है, पर जोर देते हैं। यह मानते हुए कि इतिहास के उस काल में (1930 के दशक में) गांधी जी के विचार और व्यावहारिक कार्यकलाप क्रांतिकारी थे, यह जानना आवश्यक है कि आज भी अधिकांश गांधीवादी महिला संगठन 1930 के दशक की गांधीवादी स्थिति के साथ क्यों चिपके हुए हैं। इनमें से क्यों कई संगठन, यद्यपि सभी नहीं, भारतीय जनता पार्टी (बी.जे.पी.) की महिलाओं संबंधी विचारधारा के साथ अपने को निकट अनुभव करते हैं? यह सही है कि सभी गांधीवादी आंदोलनकारी महिलाएं बीजेपी की विचारधारा का अनुसरण नहीं करती हैं।

सार्वजनिक क्षेत्र में स्त्रियों को लामबन्द करने के लिये, यथास्थिति बनाये रखने के समर्थक परम्पराओं और प्रतीकों का भी कुशलता से प्रयोग करते हैं। संस्कृति और परम्पराओं का परिकल्पन इस ढंग से किया जाता है ताकि पुरुष के प्रति स्त्रियों की स्थिति को अधीन बता कर उसे मजबूत किया जा सके। पारम्परिक धार्मिक नियमाचारों पर आधारित सामुदायिक अधिकारों को नागरिक अधिकारों के ऊपर दिखाने पर जोर दिया जाता है। पितृसत्तात्मक अधिनायकवादी संरचनाओं और मूल्य व्यवस्थाओं वाली पारम्परिक संस्थाओं की रक्षा करने और उन्हें बनाये रखने के लिये स्त्रियों को संगठित और लामबन्द किया जाता है। उदाहरणार्थ

मुस्लिम स्त्रियों को शाह बानो के खिलाफ लामबन्द किया गया है। शाह बानो एक 73 वर्षीय तलाकशुदा वृद्ध महिला थी जिसे सर्वोच्च न्यायालय ने अपने पूर्व-पति से एक छोटी सी राशि का भरण-पोषण भत्ता देने की स्वीकृति दी थी। इसके विपरीत, हिन्दुत्व विचारधारा के समर्थक हिन्दू महिलाओं के संगठन ने एक सामान्य नागरिक संहिता की मांग की जो व्यावहारिक दृष्टि से हिन्दू पूर्वाग्रह से ग्रसित थी। बीजेपी के महिला मोर्चा ने उद्घोषणा की, 'हम वैचारिक रूप में पश्चिम जैसे महिलाओं के मुक्ति आंदोलन से भिन्नता रखती हैं। हम सामाजिक और आर्थिक व्यवस्था में एक प्रकार का पुनर्समायोजन चाहती हैं। इसके लिये मूल्यों में मूलभूत परिवर्तन की जरूरत नहीं है। भारत में स्त्रियों को घर-परिवार और समाज में शुरू से एक गौरवपूर्ण स्थान प्राप्त है। इसे केवल पुनर्स्थापित और पुनर्समर्थित किये जाने की आवश्यकता है' (कपूर और कोसमेन द्वारा उद्धरित, 1995: WS39)। इस स्थिति के समर्थक लोग परम्परा और मूल्यों को प्रथा और जनरीतियों की अपेक्षा ब्राह्मणवादी धर्म ग्रंथों से ग्रहण करते हैं। यह राजनीतिक शत्रुओं को समाप्त करने और भगवा शक्ति की स्थापना करने के लिये किया जाता है (मनी, 1989; कपाड़िया, 2002)। संघ परिवार ने सती प्रथा का समर्थन किया है और 'रानी सती सेवा संघ' की स्थापना की जिसने सती का उत्सव मनाने के लिये स्त्रियों में प्रचार किया और उनकी लामबंदी की। उन्होंने महिलाओं के मुक्ति आंदोलन के इस नारे को उड़ा लिया—'हम भारत की नारी हैं, फूल नहीं, चिंगारी हैं' (अकरकर, 1995: W14)।

संघ परिवार के कुछ नेतागणों (स्त्रियों और पुरुष दोनों) ने अपने महिला सदस्यों को लड़ाकू बनने और पुरुष प्रभुत्व को चुनौती देने के लिये प्रेरित किया है। अमृता बसु ने कहा है कि इन नेताओं ने यह संदेश दिया है कि 'स्त्रियां हिन्दू नारीत्व के मानदंडों का उल्लंघन न करते हुए भी या कर्त्तव्यनिष्ठ पत्नी और मां की भूमिकाओं को न छोड़ते हुए भी आंदोलनकारी की भूमिका को अपना सकती हैं। धार्मिक और राजनीतिक जीवन में लब्धप्रतिष्ठ पुरुषों के सहयोग द्वारा न केवल उनकी भूमिकाओं को वैधता मिलती है अपितु यह अच्छे नागरिक तथा निष्ठावान पत्नियों और मांओं के बीच की गहरी खाई को भी पाटती है' (1999)।

देश के विभिन्न भागों में साम्प्रदायिक दंगों पर हुए कई अध्ययन इस प्रकार के काफी साक्ष्य प्रस्तुत करते हैं कि स्त्रियां साम्प्रदायिक विचारों के आधार पर भाग लेती हैं। ये संगठन न केवल पितृसत्तात्मक मूल्यों को मजबूत बनाये रखने के लिये पारम्परिक प्रतीकों और मुहावरों का प्रयोग करते हैं, अपितु ये एक समुदाय को दूसरे समुदाय के खिलाफ काफी तादाद में स्त्रियों को सफलतापूर्वक लामबंद करती हैं (ओमवेट, 1993; अग्नेस, 1994; सरकार, 1991)।

> दंगे इस तथ्य पर तीव्र प्रहार करते हैं कि स्त्रियों की उनकी साम्प्रदायिक पहचान से परे एक पृथक अस्तित्व होता है जहां हम बलात्कार, तलाक और साझा मंच के अनुरक्षण की समस्याओं पर विचार कर सकते हैं। एक ही प्रकार के मुद्दे विभिन्न औरतों को भिन्न रूप में भिन्न समय पर प्रभावित करते हैं ... महिलाओं के आंदोलनों का अलग से कोई स्थान नहीं है और ये दूसरे सामाजिक आंदोलनों के एक अंतरंग भाग हैं। (अग्नेश, 1994: 1127)

अहमदाबाद, सूरत और भोपाल में बाबरी मस्जिद के ढहाये जाने की अवधि के बाद (1992-93) में हुए साम्प्रदायिक दंगों संबंधी स्त्रियों के समूहों की एक तथ्य-अन्वेषी रिपोर्ट में बताया गया है कि, 'स्त्रियों के अति-संवेदनशील वर्गों में किया गया अत्यधिक प्रतिबद्ध कार्य भी ऐसी स्त्रियों को विभाजक पहचान वाली राजनीति के दबाव से मुक्त करने योग्य नहीं बनाता है जब तक इस प्रकार की राजनीति से मुकाबला करने के लिये उन्हें सचेत निर्देश नहीं दिये जाते जो कि स्त्रियों के अधिकारों और समानता के आंदोलन के लिये काफी हानिकर हैं' [अग्निहोत्री और मजूमदार (1995) द्वारा उद्धरित]। यह दृश्य कई सैद्धान्तिक प्रश्नों को जन्म देता है। सिकाता बनर्जी ने राजनीतिक लामबन्दी में पहचान निर्माण को समझने के लिये भौतिकवाद और/या संरचनात्मक व्याख्याओं के बारे में प्रश्न खड़े किये हैं। उन्होंने मुंबई में शिव सेना द्वारा स्त्रियों की लामबन्दी का विश्लेषण किया है। वे कहती हैं कि हिन्दुत्व पहचान का निर्माण आवश्यक रूप में भौतिक और संरचनात्मक कारकों के नकारने को इंगित नहीं करता। वास्तव में, स्त्रियों की सेना की छवि के प्रभाव को संरचनात्मक कारकों द्वारा बढ़ाया गया है जैसे आधारभूत सम्पर्क, आर्थिक लाभ प्रदान करना और समरूप जन आधार पर केन्द्रित करना (1995: 229)। इस संबंध में लोतिका सरकार प्रश्न करती हैं—

> स्त्रियों की शक्ति के इस प्रकार के प्रकटीकरण के साथ हम महिलावादी कहां खड़ी होती हैं? इसमें कोई संदेह नहीं है कि यह मध्यम वर्ग की स्त्रियों के एक विशिष्ट और सामाजिक रूप से महत्वपूर्ण समूह को सशक्त करता है, यदि यह उन्हें पूर्णत: महिलावादी दिशा की ओर नहीं भी मोड़ता है, तब भी एक सापेक्षिक अर्थ में अवश्यमेव उस दिशा में अग्रसर करता है। यह अभी घर की चारदीवारी में बन्द स्त्रियों को सार्वजनिक क्षेत्र में स्थान बनाने में जन पहचान प्राप्त करने में सहायता करता है। यह उन्हें एक राजनीतिक भूमिका और नेतृत्व भी प्रदान करता है। यह स्त्रियों को यह सीख देता है कि वे अपने आपको केवल एक स्त्री ही नहीं मानें, अपितु एक सम्पूर्ण नागरिक भी समझें। यह उन्हें गंभीर बौद्धिक बोध भी प्रदान करता है ... हम इसकी कीमत (परिणाम) भी जानती हैं ... यह स्त्रियों को एक अधिनायकवादी हिन्दू राष्ट्र के नागरिक के रूप में तैयार करते हैं, ताकि धर्मनिरपेक्ष, लोकतांत्रिक राजनीति को समाप्त किया जा सके। (सरकार, 1991: 2062)

वे आगे लिखती हैं—

> वर्ग की भांति, जेन्डर में उद्धार करने की संभावना, अर्थात् 'स्वाभाविक' या 'जन्मजात', नहीं होती है। जेन्डर की शक्ति एकजुटता के भाव से उत्पन्न होती है ताकि हस्तक्षेप, विवाद और विकल्पों के बारे में संघर्ष के द्वारा केवल गति लाई जा सके। निश्चय रूप में एक स्त्री में महिलावादी चेतना विद्यमान नहीं होती जिसके द्वारा अनुकूल वतावरण में प्रगतिशील आत्मानुभूति को तत्काल प्राप्त किया जा सके, अपितु समस्याओं और तीव्र संघर्षों के विकल्पों, जो कि अधिकांशत: स्वयं स्त्री में विद्यमान होते हैं, के द्वारा प्राप्त किये जाते हैं। (सरकार और बूटालिया, 1995: 210-11)

वर्गीकरण

विभिन्न विद्वानों ने महिलाओं के आंदोलनों को अपने सैद्धान्तिक परिप्रेक्ष्य के अनुसार अलग-अलग ढंग से वर्गीकरण किया है। नीरा देसाई ने कहा है कि 'महिलावादी आंदोलन

स्त्रियों की मुक्ति और समानता के साझा लक्ष्य को प्राप्त करने के संगठित प्रयास हैं और ये स्त्रियों के जीवन को प्रभावित करने वाले महत्वपूर्ण मुद्दों के प्रति संवेदनशीलता की अपेक्षा करते हैं। लक्ष्य की ओर बढ़ने की सम्बद्ध कार्रवाई के लिए, विभिन्न इकाइयों के बीच किसी प्रकार का जोड़ने वाला वैचारिक सूत्र होना जरूरी है' (1988)। वैचारिक मानक (पैराडिम) के आधार पर गेल ओमवेत (1998) ने महिला आंदोलनों को दो प्रकारों में विभाजित किया है—(1) महिलाओं के समानता आंदोलन, और (2) महिलाओं के मुक्ति आंदोलन। पहले प्रकार के आंदोलन विद्यमान आर्थिक या राजनीतिक या पारिवारिक संरचना को प्रत्यक्ष रूप में चुनौती न देने वाले हो सकते हैं, अपितु इनका लक्ष्य इन संरचनाओं में बराबरी का स्थान प्राप्त करना और सामंतवादी पितृसत्तात्मक के सर्वाधिक स्पष्ट अवशेषों को समाप्त करना होता है, इसके विपरीत, स्त्रियों के मुक्ति आंदोलन प्रत्यक्ष रूप में लैंगिक श्रमविभाजन को ही चुनौती देने वाले होते हैं। जना एवेरिट्ट (1979) ने महिलावाद की दो प्रकार की भिन्न विचारधाराओं के आधार पर महिलाओं के आंदोलनों को विभाजित किया है। ये हैं—(1) निगमित (कॉर्पोरिट) महिलावाद जो स्त्रियों के लिये राजनीति में वृहत भूमिका का दावा इस आधार पर करता है कि स्त्रियों के रूप में उनका विशिष्ट योगदान है; और (2) उदारवादी महिलावाद जो यह दावा करता है कि पुरुषों के अधिकारों को स्त्रियों तक विस्तार इस आधार पर किया जाना चाहिये क्योंकि स्त्रियां पुरुषों के बराबर हैं, अतः उनके समान अधिकार होने चाहिये। कल्पना शाह ने महिलाओं के आंदोलनों को तीन श्रेणियों में विभाजित किया है। उनका यह विभाजन वर्तमान समाज में स्त्रियों की गैर-बराबरी की स्थितियों का स्पष्टीकरण करने और उन्हें अधीनता से मुक्ति दिलवाने के तरीकों पर आधारित है। ये श्रेणियों हैं—(1) नरम या स्त्रियों के अधिकारों की स्थिति; (2) उग्र (रैडिकल) महिलावाद; और (3) समाजवादी महिलावाद (1984) संगारी और वैद ने महिलावादी आंदोलनों को दो सैद्धान्तिक श्रेणियों में बांटा है—(1) स्त्रियों को नियंत्रित करने के पितृसत्तात्मक तरीकों का आधुनिकीकरण; और (2) घर और कार्यस्थल दोनों जगह जेन्डर संबंधों का लोकतंत्रीकरण। उनके अनुसार, 'कामकाजी वर्ग और कृषक स्त्रियों के आंदोलनों में आधुनिकीकरण वाले आंदोलनों की अपेक्षा पितृसत्तात्मक शक्ति संबंधों के लोकतंत्रीकरण की अधिक संभावना होती है।' (1989) भारत में महिलाओं के आंदोलनों को कालों और लहरों के आधार पर भी विभाजित किया गया है (कुमार, 1993; चौधरी, 1990; गांधी और शाह, 1991)। ये हैं—(1) स्वतंत्रता आंदोलन के दौरान सामाजिक सुधार आंदोलन; (2) सन् 1947 से 1975 तक के आंदोलन; और (3) अन्तर्राष्ट्रीय महिलाओं की दशाब्दी के दौरान और बाद में उत्पन्न हुए आंदोलन।

सामाजिक सुधार आंदोलन और महिलाएं

भारत में महिलाओं के आधुनिक आंदोलनों के उद्भव को बहुधा पिछली शताब्दी में हिन्दू घेरे के भीतर हुए सामाजिक सुधार आंदोलनों को माना जाता है। (मुसलमानों, ईसाइयों, पारसियों, सिखों आदि में हुए सामाजिक आंदोलनों पर वैज्ञानिकों ने ध्यान नहीं दिया है।) राममोहन राय,

ईश्वरचंद्र विद्यासागर, महादेव गोविन्द रानाडे, बेहरामजी मलबारी जैसे समाज सुधारकों ने तत्कालीन धार्मिक और सामाजिक प्रथाओं, जिन्होंने स्त्रियों को परतंत्र कर रखा था, उनके खिलाफ आवाज उठाई (हैमशाथ, 1964; मजूमदार, 1976; सेन, 1979; चौधरी, 1990)। उनके प्रभाव ने ब्रिटिश सरकार को सती प्रथा के खिलाफ, स्त्रियों को पुनर्विवाह की अनुमति, बाल विवाह की प्रथा को समाप्त करने आदि के संबंध में कानून बनाने के लिये प्रेरित किया। बालिकाओं में शिक्षा के प्रसार के लिये भी प्रयत्न किये गये। इनमें से कुछ मुद्दे इस शताब्दी में भी महिलाओं को प्रभावित कर रहे हैं। अन्तर केवल इतना सा है कि पिछली शताब्दी के अन्त तक, सुधारकों द्वारा स्त्रियों को उनसे जुड़े मुद्दों में सामान्यत: सार्वजनिक जीवन में भाग लेने के लिये लामबंद करने हेतु बहुत कम प्रयास किये गये।

स्त्रियों के लिये समान मताधिकार और विधायिकाओं में प्रतिनिधित्व जैसे राजनीतिक अधिकारों की मांग उन महिला नेताओं द्वारा की गई जो कांग्रेस पार्टी द्वारा समर्थित थी (हैमशाथ, 1964; देसाई, 1977; एकिंरेट्ट, 1979; शाह, 1984)। 'विमेन्स इंडियन एसोसिएशॅन' और 'ऑल इंडिया विमेन्स कॉन्फ्रेंस' (ए.आई.डब्ल्यू.सी.) जैसे महिलाओं के संगठनों की स्थापना स्त्रियों में शिक्षा के प्रसार के लिये हुई। इन संगठनों ने इसी प्रकार के मुद्दे उठाये और स्वतन्त्रता की बाद की अवधि में सुधार कार्यक्रम हाथ में लिये। इन संगठनों की सभी राज्यों में शाखाएं होने के कारण इनका अखिल भारतीय रूप था। समाज सुधारकों के साथ-साथ महिलाओं के संगठनों ने स्त्रियों संबंधी मुद्दे उठाये जिन्होंने मुख्यत: हिन्दू विचारधारा को प्रभावित किया। यह विचारधारा वैदिक काल की धारणा पर आधारित थी। अधिकांश समाज सुधारकों ने समाज में पुरुषों और स्त्रियों की भूमिकाओं के पृथक्करण की बात की। यद्यपि वे स्त्रियों द्वारा घर से बाहर काम करने के खिलाफ नहीं थे तथापि वे व्यापक विश्व में स्त्रियों द्वारा स्वतन्त्र रूप में काम करने के पक्ष में भी नहीं थे। वे यह मानते थे कि स्त्रियों को सभी क्षेत्रों में पुरुषों के साथ स्पर्द्धा नहीं करनी चाहिये (बसु, 1976)। सुधारकगण 'सतत यह चाहते थे कि स्त्रियों को पवित्र, दृढ़ और आत्म नियंत्रित होना चाहिये? उन्हें 'पतिव्रता' होना चाहिये, अर्थात् ऐसी समर्पित और सती पत्नियां होना चाहिये जो अपने पति की बुराइयों को भी सहन कर सके' (शाह, 1984: 135)। ऐसे महिला संगठन जो समाज सुधार आंदोलनों से निकले हुए हैं, वे इसी प्रकार की विचारधारा का न्यूनाधिक रूप में अनुसरण करते हैं। कल्पना शाह कहती हैं—

> स्त्रियों की मुक्ति के लिये किये गये संघर्ष में ए.आई.डब्ल्यू.सी. की भूमिका नकारात्मक रही है। वास्तव में, इस परिषद् के कार्यक्रमों ने पत्नी, गृहिणी और मां के रूप में एक स्त्री की पारम्परिक भूमिका को मजबूत किया। यही नहीं, गांधी जैसे नरम विचारकों के आकांक्षी विचारों के होते हुए भी, पत्नी के रूप में स्त्री की भूमिका को स्वयं स्त्रियों द्वारा पुरुष के बराबर नहीं माना गया। उससे यह आशा की गई कि वह घर की चारदीवारी से बाहर अपने पति को सहायता देने के लिये कार्य करे, किन्तु एक मानव प्राणी के रूप में अपने सम्मान के विकास के लिये सिर ऊंचा न करे ... ऐसे

> महिला संगठन एक ऐसी विचारधारा के प्रसार के साधन बन गये जो स्त्रियों को निम्न भूमिका प्रदान करते हैं। ये पुनरुत्थानवादी मूल्यों को मजबूत करते हैं जो स्त्रियों के लिये विषादजनक हैं। इन संगठनों ने दमनात्मक सामाजिक प्रथाओं के खिलाफ लड़ने के उत्साह तक को खो दिया है। (1984: 145)

जना एविरेट्ट (1979) ने ऐसे पांच कारक बताये हैं जिनके कारण भारतीय स्त्रियों के सुधारवादी आंदोलनों का सूत्रपात हुआ। ये हैं—(1) श्रेणीबद्ध जाति व्यवस्था; (2) हिन्दू धर्म; (3) संयुक्त परिवार व्यवस्था; (4) इस्लामी शासन और (5) ब्रिटिश उपनिवेशवाद। जाति व्यवस्था समाज के कुछ भागों के लिये सामाजिक गतिशीलता और सहिष्णुता की स्वीकृति देती है। एविरेट्ट लिखती हैं कि—

> भारतीय स्त्रियों के आंदोलन को पहले से अपवर्जित भाग (उच्च प्रस्थिति वाली स्त्रियां) द्वारा राजनीतिक व्यवस्था में प्रवेश के एक प्रयास के रूप में देखा जाना चाहिये। ये स्त्रियां श्रेणीबद्ध ढांचे को चुनौती नहीं देती। ये अपनी मांगों को पहले से मिले हुए अधिकारों के आधार पर उन्हें पुन: प्राप्त करने को न्यायोचित ठहराती हैं। चूंकि भारतीय स्त्रियों का आंदोलन उच्च प्रस्थिति वाले व्यक्तियों से निर्मित है, यह व्यवस्था के स्थायित्व को बहुत कम चुनौती देने वाला है। (1979: 37)

यह सही है कि हिन्दू धर्म स्त्री को अधीनस्थ प्रस्थिति प्रदान करता है, तथापि स्त्री और पुरुष सिद्धान्त (शक्ति-शिव) का धार्मिक द्वैतवाद और प्राचीन वैदिक काल में पुरुष-स्त्री समानता की धार्मिक परम्परा भी हिन्दू पुनरुत्थानवादियों को स्त्रियों की प्रस्थिति में सुधार लाने के लिये औचित्य प्रदान करती है (हैमशाथ, 1964)।

पर्दा प्रथा ने स्त्रियों को पुरुषों से अलग रखा और सार्वजनिक सहभागिता से हतोत्साहित किया। अत: इसने एक प्रकार से स्त्रियों में एकता का कुछ भाव उत्पन्न किया। पर्दा प्रथा के इस वैचारिक आशय ने प्रारंभिक महिला आंदोलन के नेताओं के आदर्शों (पारम्परिक नारी भूमिकाओं को स्त्रियों द्वारा सम्पन्न किये जाने में सुधार) के प्रति और उदारवादी आदर्शों (पुरुषों और स्त्रियों के लिये समान अधिकारों को प्राप्त करना) के परे लक्ष्यों को ढालने में मदद की (एविरेट्ट, 1979)। तथापि, ब्रिटिश शासन में, भारत में उदारवादी शिक्षा का प्रसार हुआ। शिक्षित उच्च वर्ग के पुरुषों ने पुरुष और स्त्री के बीच की खाई को पाटने के लिये स्त्रियों की शिक्षा को प्रोत्साहित किया और इस प्रकार पत्नियों को अपने लड़कों को पश्चिमी शिक्षित परिवेश के लिये तैयार करने में मदद मिली (वही, 1979)। जयवर्धने (1982) कहते हैं कि राष्ट्रीय बूर्जुआ वर्ग का उद्भव एक ओर साम्राज्यवादी शक्तियों और दूसरी ओर, आन्तरिक सामन्तवादी संरचना और विचारधाराओं के साथ मुठभेड़ करने के लिये हुआ। सांस्कृतिक साम्राज्यवाद के विरोध करने के लिये, पुरुष समाज सुधारक आश्वस्त हो गये कि स्त्रियों को पुरातन 'असभ्य' स्थिति से मुक्त करवाना आवश्यक है, अत: उन्होंने कुछ असह्य प्रथाओं के खिलाफ मुद्दे उठाये और वे चाहते थे कि जिन पत्नियों ने 'पश्चिमी' शिक्षा प्राप्त कर ली है, उससे उनकी छवि में बढ़ोतरी होगी। समाज सुधारकों का लक्ष्य एक विवाह और नाभिक

परिवार के बुर्जुआई मानदंडों को स्थापित करनें और उन्हें बनाये जाने का था जो कि पूंजीवादी विकास की आधारशिला हैं। रोमिला थापर कहती हैं, 'स्त्रियों की मुक्ति का भारतीय सामाजिक स्थिति के साथ कोई तात्कालिक सार्थकता नहीं हैं। यह एक नगरीकृत मध्यम वर्ग की उपज है जिसमें काफी संख्या में स्त्रियां शैक्षणिक अवसरों के बढ़ते हुए प्रसार के फलस्वरूप ऐसे पेशों में प्रशिक्षित हुईं जिनकी पेशेवर क्षमताएं समाप्त हो जातीं यदि वे अपने आपको घरेलू कार्य तक ही सीमित रखतीं' (1975)।

स्वतन्त्रता आंदोलन और स्त्रियां

स्वतन्त्रता संग्राम में स्त्रियों की क्या भूमिका रही, इसकी समीक्षा कमलादेवी चट्टोपाध्याय (1958), अपर्णा बसु (1976, 1984), मनमोहन कौर (1980), रजनी अलेक्जेंडर (1984), उमा राव और मीरा देवी (1984) तथा कुछेक अन्य व्यक्तियों ने की है। कुछ विद्वानों ने दावा किया है कि स्वतन्त्रता आंदोलन ने स्त्रियों को 'मुक्ति' के अपने आंदोलन में सहायता की है, क्योंकि नारीवाद और राष्ट्रवाद निकट रूप में आपस में जुड़े हुए हैं। स्त्रियों की गृहिणी के रूप में सामाजिक भूमिका के साथ बिना छेड़छाड़ किये सार्वजनिक जीवन में भाग लेने के लिये स्त्रियों को प्रोत्साहित किये जाने की गांधी की विचारधारा और स्त्रियों की लामबन्दी करने के उनके प्रयास भी स्वतन्त्रता आंदोलन में स्त्रियों को भाग लेने के लिये उत्तरदायी हैं। सुभाषचन्द्र बोस ने भी 'महिला राष्ट्रीय संघ' नामक एक स्त्रियों के संगठन का गठन किया था जिसने स्वतन्त्रता संग्राम में सक्रिय भूमिका अदा की है (मेहता, 1982)। वृहद् स्तर पर स्वतन्त्रता संग्राम में स्त्रियों की सहभागिता के विश्लेषण के अलावा, गुजरात संबंधी अपर्णा बसु (1984) और प्रवीण सेठ, कर्नाटक संबंधी सरोजिनी शास्त्री और राघवेन्द्र राव (1983), उत्तर प्रदेश संबंधी उमा राव और मीरा देवी (1984) के लघु स्तरीय अध्ययनों ने प्रादेशिक विभिन्नता के रूप में हमारे अनुभव में विस्तार किया है। अपर्णा बसु (1976) के अनुसार 'स्वतन्त्रता संग्राम में स्त्रियों को 'राजनीतिक साथियों' के रूप में स्वीकार किया गया और उन्हें सहभागिता के समान अवसर दिये गये।' इस प्रकार के निष्कर्ष पर्याप्त साक्ष्यों की अपेक्षा छुटपुट उदाहरणों पर आधारित हैं। गोविन्द केलकर (1984) कहती हैं कि स्त्रियों की स्वतन्त्रता आंदोलन में इसलिये लामबन्दी की गई क्योंकि वे अहिंसात्मक संघर्ष के लिये उपयुक्त मानी गईं। वे जोर देकर कहती हैं कि स्वतन्त्रता आंदोलन में स्त्रियों की भूमिका साथियों की अपेक्षा 'सहायताकर्त्ताओं' की थी। रजनी अलेक्जेंडर, विशेषत: वर्तमान साम्प्रदायिक लामबन्दी के संदर्भ में, आगे किये जाने वाले अन्वेषणों के बारे में एक मजेदार बात कहती हैं—

> स्वतन्त्रता आंदोलन में स्त्रियों की सहभागिता कई रूप में प्रकट हुई और यह हमेशा राजनीतिक विरोध के रूप में संगठित एवं प्रेरित नहीं थी। ... उदाहरणार्थ, महाराष्ट्र और गुजरात विशेषत:

> पश्चिमी भारत में, 'प्रभात फेरी' को स्वतन्त्रता संग्राम के दौरान देशभक्ति की भावना को जाग्रत करने के एक साधन के रूप में प्रयोग किया गया। सम्पूर्ण भारत में अगणित औरतों ने फरार और भूमिगत क्रांतिकारियों को भोजन और शरण दी, वे राजनीतिक बंदियों, उनके संबंधियों और अनजान लोगों से काफी अर्से तक मिलती रहीं और अन्य कई तरीकों से सहायता की। स्वतन्त्रता आंदोलन में बहुतेरी स्त्रियों की सहभागिता-समुदाय और घर दोनों पर आधारित थी। (1984: 2)

'जन आंदोलन' और स्त्रियां

विभिन्न आंदोलनों संबंधी अध्ययनों, जैसे स्वतंत्रता आंदोलन, कृषक आंदोलन, जनजातीय आंदोलन, छात्र आंदोलन में स्त्रियों की भूमिका और उनकी सहभागिता का विश्लेषण किया गया है। इन आंदोलनों में अपने आप में स्त्रियों को प्रभावित करने वाले मुद्दों को नहीं उठाया गया है, अपितु सामाजिक या वर्ग संबंधी मुद्दों को अवश्य उठाया गया है। जहां तक स्त्रियों का प्रश्न है, गेल ओमवेट इन्हें अग्र-आंदोलन कहती हैं। 'ये आंदोलन समाज में एक ताकत के रूप में स्त्रियों की शक्ति को उजागर करते हैं, ये स्त्रियों को अपनी जरूरतों को आगे लाने का अवसर देती हैं, इस प्रकार ये स्त्रियों के आंदोलनों के विकास की प्रक्रिया का बहुधा एक भाग होते हैं' (1978: 373)। विभिन्न आंदोलनों के अधिकांश अध्ययनों में आंदोलनों में स्त्रियों की भूमिकाओं का विशेष रूप से कोई विश्लेषण नहीं किया गया है। सामान्य रूप में यह माना जाता है कि ये आंदोलन पुरुषों द्वारा चलाये जाते हैं और इनमें उन्हीं का वर्चस्व होता है और इनमें स्त्रियों की या तो कोई भूमिका नहीं होती या उनकी भूमिका महत्वहीन होती है। ये अध्ययन पुरुष दृष्टिकोण से लिखे गये हैं। ये अध्ययन पुरुष-अंधभक्ति से ग्रस्त हैं (मित्रा, 1984; केलकर, 1984; सलदाना, 1986)। गोविन्द केलकर लिखती हैं—

> सामाजिक और राजनीतिक आंदोलन के क्षेत्र में स्त्रियों की एक विशिष्ट सक्रिय भूमिका होती थी जिसकी ठीक तरह विश्लेषण एवं व्याख्या नहीं की गई है। इतिहास लेखन में उक्त भूमिका की गलत समझ सैद्धान्तिक कमजोरियों से जुड़ी हुई है। इसके कारण विगत के अपूर्ण लेखे-जोखे की समस्या उत्पन्न हुई जिसके बारे में हमें पश्चाताप प्रकट करना चाहिये। इतिहास (अन्य सामाजिक विज्ञानों की भांति) की इसकी कमियों के कारण ही केवल आलोचना नहीं की जानी चाहिये क्योंकि स्त्रियों का उद्भव कम महत्व के साथ हुआ है, जैसा कि कुछ विद्वान सोचते हैं। अपूर्ण साक्ष्यों के कारण इनके बारे में प्रश्न खड़े किये जाने चाहिये और इसी कारण से सामाजिक और राजनीतिक आंदोलनों की व्याख्याएं गलत एवं अभिनतिपूर्ण हैं। (1984: 127)

इन आंदोलनों का, विशेष रूप में स्त्रियों की भूमिका और उनके योगदानों पर केन्द्रित करते हुए आजकल पुन: अध्ययन किया जा रहा है। ये अध्ययन स्त्रियों के अदृश्य योगदानों को सामने ला रहे हैं। स्त्रियों के अध्ययन की एक पत्रिका *समय शक्ति* ने सन् 1984 में इस विषय पर एक विशेष अंक प्रकाशित किया था। इस पत्रिका की सम्पादक ने उन कारणों पर प्रकाश डाला जिसके कारण यह अंक प्रकाशित किया गया। इस अंक में विभिन्न प्रकार के जन आंदोलनों में स्त्रियों की भूमिका को उजागर किया गया। वे कहती हैं—

समाज वैज्ञानिकों की एक प्रवृत्ति रही है कि वे आंदोलनों में स्त्रियों की सक्रियता को कम महत्व देते हैं और विशेष रूप में स्त्रियों के मुद्दों पर ही केवल केन्द्रित करते हैं। यदि दूसरे आंदोलनों के अध्ययनों के संदर्भ में स्त्रियों का कहीं उल्लेख भी करते हैं तो वह अधिकाधिक किसी चरित्र के उल्लेख तक सीमित होता है। यदि राजनीतिक कार्रवाई में स्त्रियों की निष्क्रियता संबंधी मिथक को समाप्त करना है तो हमें उन अधिसंख्य स्त्रियों की इस 'ऐतिहासिक अदृश्यता' को सुधारने के लिये कुछ करना होगा, जिन्होंने इन आंदोलनों में सक्रिय भूमिका अदा की है। (*समय शक्ति*, 1984: VII)

भारत में स्वातंत्र्योत्तर काल के 'जन आंदोलनों' में स्त्रियों की सहभागिता संबंधी एक महत्वपूर्ण संकलन का इलिना सेन ने सम्पादन किया है। वे कहती हैं—

> जिन आंदोलनों की हम समीक्षा कर रहे हैं, वे बड़े आंदोलन हैं, जिनका उद्देश्य वृहद् राजनीतिक और सामाजिक परिवर्तन लाना है और जिनमें स्त्रियों की महत्वपूर्ण सहभागिता रही है। इस प्रकार के कुछ आंदोलनों में स्त्रियों की भूमिका की प्रशंसा की गई है और कुछ में अवहेलना। यह सही है कि स्त्रियों की सहभागिता का तथ्य अनिवार्यत: इन्हें 'महिलाओं के आंदोलन' नहीं बना देता, अर्थात् कोई भी आंदोलन जिसमें स्त्रियों की काफी संख्या हो और विस्तृत क्षेत्र में फैला हुआ हो, अपने आप 'महिला आंदोलन' नहीं बन जाता। वास्तव में, यदि हम 'रूढ़ नारीवाद' के माप का प्रयोग करते हुए इन आंदोलनों की समीक्षा करें, अर्थात् जिसे जन समुदाय 'संकीर्ण' अथवा 'एक आयामी' स्त्रियों के मुद्दे कहता है, हम बहुधा निराश होंगे। इन आंदोलनों में स्त्रियां केवल स्त्रियों की विशिष्ट मांगों को लेकर स्वायत्तता अथवा स्वतन्त्र अभिव्यक्ति के लिये प्रयास नहीं करती हैं। मांगों और मुद्दों की अभिव्यक्ति उनके आंदोलनों पर यह दबाव बनाती है कि स्त्रियों के वृहत् आधार के बारे में संज्ञान लिया जाये। (1990a: 3-4)

सिंघा राय ने कृषक आंदोलनों के बारे में कुछ समाजशास्त्रीय प्रश्न उठाये हैं—

> स्त्रियां कृषक आंदोलनों और अन्य प्रकार की राजनीतिक लामबन्दी में क्यों भाग लेती हैं? वे कौन सी सामाजिक-आर्थिक दशाएं हैं जो स्त्रियों की सहभागिता को प्रोत्साहित या हतोत्साहित करती हैं? स्त्रियों की सहभागिता के स्वरूप और मात्रा में किस प्रकार के परिवर्तन आ जाते हैं जब कोई उग्र (आमूल परिवर्तनवादी) कृषक आंदोलन 'एक सुधारवादी कृषक आंदोलन' में परिवर्तित हो जाता है? कृषकों की लामबन्दी की प्रक्रिया में स्वयं स्त्रियों द्वारा स्त्रियों के मुद्दों को कैसे प्रस्तुत या उन पर केन्द्रित किया जाता है। (1992: 24)

समय के साथ इन आंदोलनों की लिंग (जेन्डर) के परिप्रेक्ष्य से पुनर्समीक्षा करने के शुरुआत की गई है। नारीवादी इतिहास लेखन दो भिन्न उपागमों को विकसित कर रहा है। एक उपागम मुख्यत: लिंग आधारित है जो पितृसत्ता पर केन्द्रित है। इसमें स्त्रियों को एक समरूप सामाजिक समूह माना गया है। बहाटी कुम्बा कहती हैं— जेन्डर, वस्तुपरक और व्यक्तिपरक दोनों स्तरों पर, सामाजिक आंदोलन में सहभागिता और लामबन्दी, आंदोलनों में भूमिका का निर्वहन और कार्यकलापों का सम्पादन, प्रतिरोध व्यूहरचनाओं और संगठनात्मक ढांचों, तथा

आंदोलन की सार्थकता और उसके परिणामों के प्रभाव को महत्वपूर्ण ढंग से प्रभावित करता है। परिणामस्वरूप, लैंगिक प्रतिमानों पर ध्यान दिये जाने के कारण पहले के असमंजसपूर्ण प्रश्नों और समस्याओं का एक पिटारा खोल दिया (2001: 26)। इसके विपरीत, मार्क्सवादी उपागम, पितृसत्ता और वर्ग विभाजन दोनों की साथ-साथ विवेचना करता है। यह कहा गया कि स्त्रियों का उत्पीड़न भारतीय व्यक्तियों के शोषण का एक अंतरंग भाग है (चक्रवर्ती, 1980)। कुमकुम संगारी और सुदेश वैद ने एक महती संकलन *रिकास्टिंग विमेन* (1989) में यह स्पष्ट किया है कि—

> नारीवादी इतिहास लेखन इस या उस आंदोलन में स्त्रियों का नाम मात्र का शामिल होना अथवा उनकी सहभागिता का संख्यात्मक या गुणात्मक मूल्यांकन भी नहीं है। यह इतिहास लेखन पर सम्पूर्ण रूप में पुनर्विचार करता है और स्त्रियों के बारे में इस विचार को अस्वीकार करता है कि स्त्रियां ऐसी कुछ चीज हैं जिन्हें किसी संदर्भ में देखा जाना चाहिये ताकि जेन्डर भिन्नता के रूप में सोचा जा सके। यह जेन्डर भिन्नता व्यापक सामाजिक संबंधों के समूह द्वारा संरचित होने के साथ-साथ उसकी संरचना भी करती है' (1989: 2-3)।

आनुभविक स्तर पर जन आंदोलनों संबंधी अध्ययन दो वर्गों में विभाजित किया जा सकता है—(1) राजनीतिक दलों और समूहों द्वारा चलाये गये आंदोलन और (2) अ-दलीय सामाजिक आंदोलन। पहले प्रकार के अध्ययन इस बात की समीक्षा करते हैं कि विभिन्न राजनीतिक विचारधाराओं वाले दल किस प्रकार आंदोलनों में स्त्रियों की सहभागिता को देखते हैं। कपिल कुमार लिखते हैं कि 'ऐतिहासिक अन्वेषण के क्षेत्र में काफी प्रगति होते हुए भी, ग्रामीण क्षेत्रों में आर्थिक, सामाजिक और राजनीतिक जीवन में बदलाव लाने में उत्पीड़ित वर्ग की स्त्रियों, विशेषत: कृषक स्त्रियों की भूमिका की ऐतिहासिक विश्लेषण में उपेक्षा की गई है' (1989: 337)।

कृषक आंदोलन और जनजातीय आंदोलन

जैसा कि पहले लिखा जा चुका है (अध्याय 2) कि बंगाल का सुनील सेन (1984), अवध का कपिल कुमार (1984), बारदौली सत्याग्रह का क्षीण मेहता (1984) और केरल में ग्रामीण कामगारों की लामबन्दी का के.पी. कानन (1988) के अध्ययन यह बताते हैं कि स्त्रियों ने विभिन्न कृषक आंदोलनों में उग्र भूमिका अदा की है। जेन्डर अध्ययनों की वृद्धि ने इन आंदोलनों में स्त्रियों की भूमिका पर केन्द्रित करने की प्रवृत्ति की शुरुआत की है। 'महिला कामगार और अल्लैप्पी में वर्ग-संघर्ष' नामक अपने विश्लेषणात्मक एवं सुशोधित अध्ययन में मीरा वेलयुधन (1984) ने केरल के नरियल जटा के मजदूरों के साम्यवादी नेतृत्व वाले आंदोलन में स्त्रियों की भूमिका और भागीदारी का अन्वेषण किया है। वे बताती हैं कि स्त्रियों ने 1938 की हड़तालों में बड़ी संख्या में भाग लिया। उन्होंने महत्वपूर्ण संचार व्यवस्था के

आधार की रचना की। बाद में, स्त्रियों ने प्रसूता लाभ और महिला कामगारों को हटाये जाने जैसे मुद्दों पर आंदोलन छेड़ा (कानन, 1988)। उन्होंने 1940 के दशक के आखिरी वर्षों में साम्यवादी दल द्वारा चलाये गये सशस्त्र आंदोलन में भाग लिया। इस आंदोलन में सेना और पुलिस द्वारा घर-घर तलाशी के दौरान 'महिला आंदोलनकारियों को गिरफ्तार किया गया, उन्हें यातनाएं दी गईं और उनके साथ बलात्कार किया गया'।

पीटर कस्टर्स (1987) ने अपने अध्ययन तेभागा आंदोलन में स्त्रियों की भूमिका पर ध्यान केन्द्रित किया है। उन्होंने बताया है कि श्रमिक और गरीब किसान वर्गों की स्त्रियों ने किस प्रकार कुशल नेतृत्व प्रदान किया। मीरा वेलयुधन का अल्लैप्पी (केरल) के कामगारों के आंदोलन के अध्ययन की अपेक्षा वर्ली विद्रोह का इन्दिरा मुंशी सलधाना का अध्ययन और केरल के ग्रामीण सर्वहारा का के.पी. कानन के अध्ययन सहित कस्टर्स का अध्ययन साम्यवादी दल की भूमिका को अधिक स्पष्ट रूप में उजागर करते हैं। रेणु चक्रवर्ती (1980) जो स्वयं एक साम्यवादी नेता रही हैं और कई आंदोलनों में भाग लिया है, ने विभिन्न आंदोलनों में स्त्रियों की लामबन्दी करने में साम्यवादियों द्वारा निभाई गई भूमिका को रेखांकित किया है। उनके अनुसार, साम्यवादी स्त्रियों ने मेहनतकश औरतों के साथ अपनी पहचान कायम कर ली और स्त्रियों के पूरे आंदोलन को एक नया मोड़ और दृष्टिकोण प्रदान किया।

तथापि, अन्य विद्वानों ने यद्यपि इसे स्वीकार किया है कि साम्यवादी दल ने स्त्रियों की लामबन्दी में अवश्य एक महत्वपूर्ण भूमिका अदा की है, फिर भी उन्होंने अलोचना करते हुए यह कहा है कि दल ने स्त्री वर्ग को वह समान भूमिका नहीं प्रदान की जिसकी उनको आशा थी। यही नहीं, चक्रवर्ती ने जनजातीय कृषक स्त्रियों को कोई श्रेय नहीं दिया जिनमें सामूहिक क्रियाकलापों की परम्पराएं विद्यमान हैं (सेन, 1989)। इंदिरा मुंशी सलधाना कहती हैं कि—

> किसान सभा के आंदोलन में स्त्रियों को उसी प्रकार और समान मात्रा में सहभागी नहीं बनाया गया जितना कि इनके प्रतिपक्ष पुरुषों को, यहां तक कि आंदोलन के अत्यंत तीव्र स्तर पर भी नहीं बनाया गया। स्त्रियों के लड़ाकूपन, प्रतिबद्धता और प्रवीणता की विशेषताओं, जिनके भरपूर साक्ष्य उपलब्ध हैं, को न तो महत्व दिया गया और न ही उन्हें विकसित किया गया, अधिकाधिक उन्हें केवल एक 'सहयोगी' की भूमिका दी गई। (1986: 51)

केरल के मामले में, कानन ने भी यह कहा है कि—

> आज भी, विभिन्न मात्रा में, नेतृत्व के सभी स्तरों पर स्त्रियों की वास्तविक भागीदारी देखने को नहीं मिलती। संगठन और लामबन्दी के प्रारंभिक स्तरों के दौरान स्त्रियों की सक्रिय रूप में 'सहायता' लेने का प्रयास किया जाता है और ली भी जाती है, फिर भी निर्णय-प्रक्रिया और नेतृत्व के महत्वपूर्ण स्तरों पर उन्हें सम्मिलित नहीं किया जाता है। जब अधीनस्थता की अन्य विशेषताओं, जैसे निम्न जाति प्रस्थिति, के साथ इन्हें जोड़ दिया जाता है, तब भागीदारी के संबंध में उनकी स्थिति और भी खराब हो जाती है, यद्यपि ग्रामीण मजदूरों के सतत आंदोलनों में उनकी सक्रिय भूमिका रही है। (1988: 138-39)

पीटर कस्टर्स (1987) ने भी लगभग यही बात कही है। मुंशी सलधाना की भांति वे भी यह मानते हैं कि साम्यवादी दल पर पुरुषों का वर्चस्व है। उन्होंने 'दल-निर्माण के मार्क्सवादी सिद्धान्त' के बारे में प्रश्न उठाये हैं जिसमें पुरुष तंत्रीय पूर्वग्रह मुख्य हैं। स्त्रियों के मुद्दे उठाने और निर्णय-प्रक्रिया में उन्हें कुछ हिस्सा देने में श्रमिक संगठनों की भूमिका दलों से भी निकृष्ट है (किश्वर एवं रथ, 1984; रोहिनी व अन्य)। भारत का साम्यवादी दल (मार्क्सवादी लेनिनवादी) [सी.आई.पी. (एम.एल.)] द्वारा चलाये गये वयनाद (मलाबार) के आंदोलन में सक्रिय भाग लेने वाली अजीथा ने अपने संस्मरण में लिखा है कि स्त्रियों की समानता के मुद्दे और स्त्रियों की भागीदारी बढ़ाने के प्रति दल के नेता संवेदनशील नहीं थे। विन्धया (1990) ने नक्सलवादियों द्वारा 1958-68 के दौरान चलाये गये श्रीकुलम आंदोलन के उदाहरण द्वारा यही बात कही है। वे मानती हैं कि 'आंदोलन के भीतर विद्यमान पितृसत्तात्मक मानदंड और समाज की बाह्यता' आंदोलन में स्त्रियों की भूमिका और पद को प्रभावित करता है (2000)। कल्पना कन्नाभिरन तथा अन्य व्यक्तियों का कहना है कि यद्यपि स्त्री आंदोलनकारी पारम्परिक प्रथाओं से अपने आपको मुक्त करवाने के लिये वाम-दल द्वारा चलाये गये आंदोलनों का साथ देती हैं किन्तु स्त्रियों के प्रति इन दलों के दृष्टिकोण के कारण अन्ततः उन्हें आंदोलनों से हटा दिया जाता है।

> क्रांतिकारी राजनीति में स्त्री-पुरुष संबंध स्त्रियों के पारम्परिक पितृसत्तात्मक प्रतिरूपों (मॉडल्स) के आधार पर निर्धारित होते थे। दल का संगठन स्त्रियों को 'कामज सेवाओं' (Sexual service) को प्रदान करने वाली मानता है। लैंगिक (कामज) उत्पीड़न और महिला आंदोलनकारियों के साथ आधिपत्यकारी व्यवहार और अनुशासन बनाये रखने तथा मुख्य लक्ष्यों को प्राप्त करने के नाम पर संगठन में कभी खुली चर्चा नहीं होती। (रानी और विद्महे, 1999: 268)

फिर भी, ऐसा प्रतीत होता है कि स्थिति बदल रही है और वामवादी दल स्वायत्त नारीवादी आंदोलन से प्रभावित हुए हैं। 1980 के अर्द्धदशक से आंध्र प्रदेश में 'पिपॅल्स वार ग्रुप' (पी.डब्ल्यू.जी.) ने 'प्रोग्रेसिव ऑर्गनाइजेशन ऑफ वीमन' (पी.ओ.डब्ल्यू.) नाम से महिलाओं का एक पृथक संगठन बनाया। इस संगठन ने विशिष्ट रूप से स्त्रियों के मुद्दे उठाये, जैसे परिवार में स्त्रियों के प्रति हिंसा, बलात्कार और छेड़छाड़ आदि। दल के दस्तावेजों में अब मुक्त रूप से पितृसत्ता शब्द का प्रयोग किया जाता है। यू. विन्ध्या टिप्पणी करती हैं कि 'अतः अब आंदोलन पर बाहरी और आन्तरिक दोनों दबाव हैं कि नारीवादी आलोचनाओं के साथ-साथ जाति संबंधी प्रश्नों, जिनके प्रति पहले वाले आंदोलन गंभीर नहीं थे, के उत्तर दिये जायें। क्रांतिकारी व्यवहार पर इन चुनौतियों का प्रभाव शायद यह हुआ कि स्त्रियों और पुरुषों की जिन्दगी के एक निर्धारक कारक के रूप में लिंग (जेन्डर) को एक समस्या माना गया' (2000: 170)।

बीना अग्रवाल ने तेभागा और बोधगया आंदोलनों की तुलना की है। तेभागा आंदोलन का संचालन 1940 के दशक में किसान सभा और भारत के साम्यवादी दल (सी.पी.आई.) ने

किया, जबकि 1970 के दशक में बोधगया आंदोलन का नेतृत्व गांधीवादियों द्वारा किया गया। वे कहती हैं कि तेभागा आंदोलन में स्त्रियों के सहभागी होने के बावजूद आंदोलन के अंदर और बाहर दोनों जगह असमान लिंग सम्बन्ध थे (1994: 99)। बोधगया आंदोलन में, नारीवादी दृष्टिकोण रखने वाली वे महिला आंदोलनकारी धन्यवाद की पात्र हैं जिन महिलाओं ने आंदोलन के भीतर लिंग (जेन्डर) के मुद्दे पर खुल कर अपने विचार व्यक्त किये। वे आगे कहती हैं—'प्रथम अवस्था के बाद (जैसा मुझे कहा गया) मुद्दों पर पुरुष अभिनतियों को चुनौती दी गई और संगठन में इस पर चर्चा हुई, काफी परिवर्तन दिखाई दिये और निर्णय-प्रक्रिया में स्त्रियों की भागीदारी काफी मात्रा में बढ़ी' (वही: 109)।

कई एकल अध्ययन यह बताते हैं कि 1970 और 1980 के दशकों में कृषक मजदूरों, गरीब किसानों, मछुआरों और आदिवासियों के विभिन्न आंदोलनों में, जो किसी दल के संगठन के बिना चलाये गये थे, महिलाओं ने भाग लिया (मनिमाला, 1983; सवारा एवं गाथोस्कर, 1984; वैद, 1984; नायक, 1990; सुभद्रा एवं राहुल, 1999)। सेतकारी संगठन ने भी किसान आंदोलनों में स्त्रियों की लामबन्दी की (ओमवेट, 1986, 1990, 1993)। छत्तीसगढ़ मजदूर आंदोलन (सेन, 1990) श्रमिक संगठन द्वारा संचालित आदिवासी आंदोलन (साठे, 1990; बसु, 1992) और तमिलनाडु के निर्माण मजदूरों के संघ संबंधी अध्ययन बताते हैं कि स्त्री और पुरुष भागीदारों में उनकी भिन्न भूमिकाओं के कारण तनाव रहा है। इस प्रक्रिया में कुछ आंदोलनों ने पृथक महिला इकाइयों का निर्माण कर लिया, जैसे छत्तीसगढ़ में महिला मुक्ति मोर्चा और धूले में श्रमिक स्त्री मुक्ति संगठन। आंदोलनों के भीतर स्त्रियों संबंधी मुद्दे उठाये गये।

स्त्रियों ने चिपको आंदोलन में भी अग्रणी लड़ाकू भूमिका अदा करते हुए जंगल के ठेकेदारों को पेड़ काटने से रोका है (डोगरा, 1980; बहुगुणा, 1984; जैन, 1984; शर्मा, 1984; वेबर, 1987; भट्ट, 1988)। चिपको आंदोलन का विश्लेषण पारिस्थितिकी नारीवादी परिप्रेक्ष्य से भी किया गया है। यह कहा गया है कि 'पारिस्थितिकी व्यवस्थाओं और जीवन का रक्षण करने में स्त्रियों की विशिष्ट भूमिका होती है' (सेन, 1990b: 7)। वन्दना शिवा कहती हैं कि 'स्त्रियां और प्रकृति निकट से जुड़े हुए हैं और इसी प्रकार उनका प्रभुत्व और मुक्ति भी जुड़ी हुई है। अत: महिलाओं के आंदोलन और पारिस्थितिकी आंदोलन एक ही हैं, और ये मुख्यत: पितृसत्तात्मक कुविकास की प्रति-प्रवृत्तियां हैं' (1988: 47)। चिपको आंदोलन के संदर्भ में, शोभिता जैन कहती हैं—

> पुरुष, जो ग्राम पंचायत और अन्य ग्राम्य संगठनों में बैठते हैं और अपने परिवारों के मुखिया हैं, वे सरकारी अफसरों को काफी सम्मान देते हैं और उनसे डरते हैं। वे अपने अधिकारियों का विरोध करने की हिम्मत नहीं रखते। इसके विपरीत, स्त्रियां, जिनका सरकारी अफसरों या अन्य बाहरी लोगों से कभी कोई सम्पर्क नहीं हुआ होता है, उनके सामने इन लोगों के साथ अन्तर्क्रिया का कोई मॉडल नहीं होता। वे केवल यह जानती हैं कि पेड़ों का काटना उनकी सुख-समृद्धि के लिये

नुकसानदायक है और वे अपनी धारणाओं के आधार पर सामान्य रूप में कार्य करती हैं। (1984: 1793)

तथापि, सूमी कृष्णा यह कहती हैं कि स्त्रियों का प्रकृति के साथ संबंध उनकी जैवकीय विशिष्टता के कारण नहीं, अपितु लैंगिक भूमिकाओं के कारण है (1996)। यह देखा गया है कि संघर्ष के दौरान कभी-कभी स्त्रियों ने पुरुषों के साथ बराबरी का दावा किया है। किन्तु चिपको आंदोलन में 'उनकी भागीदारी ने उत्पीड़न के खिलाफ उनके खुद के आंदोलन में उन्हें कोई सहायता प्रदान नहीं की, यद्यपि यह दावा अवश्य किया गया है कि यह 'नारीवादी' आंदोलन है।' यही बात कुमुद शर्मा (1984) ने कही है। इम्मा माडस्ले कहती हैं, 'इस बात से इनकार नहीं किया जा सकता कि कई स्त्रियों की पहाड़ी क्षेत्रों में कृषि-पर्यावरणात्मक मुद्दों के प्रति गहरी चिन्ता है, किन्तु उन्होंने उत्तरांचल में जंगलों के व्यापारिक शोषण और प्रतिरोध सहित अपनी जीविका के तरीकों की चिन्ता से इसे जोड़ दिया है' (1998)।

बोधगया (बिहार) में एक गांधीवादी संगठन 'छात्र संघर्ष वाहिनी' (सी.एस.वी.) ने एक धार्मिक संगठन—एक मठ के विरुद्ध काश्तकारों और मजदूरों को लामबन्द किया। इस मठ ने अनुपस्थित जमींदार के रूप में एक जमीन पर कब्जा कर रखा था। संघर्ष के दौरान स्त्रियों ने उस जमीन पर अपने अधिकारों का दावा किया। उन्होंने इस बात पर जोर दिया कि जमीन को स्त्रियों के नाम कर दिया जाये और कुछ गांवों में वे अपनी मांग को पूरा करवाने में सफल भी हो गईं (मनिमाला, 1983, 1991)। इस आंदोलन ने स्त्रियों के विरुद्ध हिंसा के मुद्दे को भी उठाया। आंदोलन के एक सक्रिय कार्यकर्ता ने बताया—

> हमने एक मानवतावादी मुद्दे के रूप में पत्नी को पीटने के मुद्दे से शुरुआत की और कहा कि कोई भी मानव दूसरे मानव को किसी भी कारण नहीं पीटे, स्त्रियां भी मानव हैं। किन्तु बोधगया में जमीन के अधिकारों के लिये किये गये आंदोलन में हमने अनुभव किया कि स्त्रियों में वास्तविक डर मार पड़ने का था। सभी पुरुष, यहां तक कि जिनके पास कोई सम्पत्ति नहीं थी, वे भी स्त्रियों को अपनी सम्पत्ति मानते थे। यदि हमारे आंदोलन के दौरान उन्हें कोई जमीन मिलती है, तब स्त्रियों पर अधिकार जमाने की उनकी शक्ति और बढ़ जाती है। हमने बताया कि हिन्दू मठों में पतियों, जमींदारों और पुरुषों में एक बात समान रूप से मिलती है कि इन सभी के पास स्त्रियों के उत्पीड़न करने की शक्ति होती है। (मनिमाला, 1991: 64)

यह जानना रोचक है कि 'छात्र संघर्ष वाहिनी' स्त्रियों के अधिकारों संबंधी गांधी जी की धारणा से आगे बढ़ गये।

कुछ अध्ययनों में मूल्य वृद्धि, गुजरात में नव निर्माण आंदोलन और बिहार में जेपी का आंदोलन जैसे मुद्दों पर किये गये मध्यम-वर्ग के आंदोलनों में स्त्रियों की सक्रिय सहभागिता का उल्लेख किया गया है (देसाई एवं पटेल, 1985; पटेल, 1985; गांधी एवं शाह, 1991)। स्त्रियों की भागीदारी की प्रकृति और मात्रा का न तो कोई आलोचनात्मक विश्लेषण किया गया है और न ही इन आंदोलनों में महिला कार्यकर्त्ताओं की स्थिति के बारे में कोई जानकारी

उपलब्ध है। आंध्र प्रदेश में नैलोर जिले में 1991-93 के बीच स्त्रियों द्वारा अरक (शराब) विरोधी आंदोलन किया गया था। इस आंदोलन के बारे में रेड्डी एवं पटनायक (1993) ने अपने अध्ययन में बताया है कि आंदोलन यह उजागर करने में असफल रहा कि अरक (शराब) किस प्रकार उनके दुखों का स्रोत है, और सामाजिक व्यवस्था द्वारा इसे बनाये रखा गया है।

रॉबर्ट वाइटे एवं पॉलिन वाइटे (1982) और सफा (1984) कहते हैं कि एशियाई स्त्रियां अपने आपको स्त्रियों के रूप में बहुत कम उत्पीड़ित और एक उत्पीड़ित सामाजिक-आर्थिक समूह के सदस्य के रूप में देखा जाना अधिक पसंद करती हैं। वर्ली विद्रोह के अपने अध्ययन के संबंध में संकलित किये गये तथ्यों के आधार पर इन्दिरा मुंशी सलदाना निष्कर्ष रूप में कहती हैं कि यह स्पष्ट है कि जमींदार और उसके बाहुबलियों द्वारा किया गया शोषण और उत्पीड़न तथा शोषित काश्तकार मजदूर वर्ग के हिस्से के रूप में स्त्रियों द्वारा 'अधिक महत्वपूर्ण' अत्याचार माना गया। गेल ओमवेट के अनुसार स्त्रियों की विभिन्न वर्ग संघर्षों में बढ़ती हुई भागीदारी ग्रामीण क्षेत्र में उत्पादन प्रक्रियाओं में उनकी सहभागिता का परिणाम है।

> ग्रामीण क्षेत्रों में सामंती संबंधों का स्थान पूंजीवादी संबंध लेते जा रहे हैं। परिणामत: अब यह 'कृषक विद्रोह' का मुद्दा नहीं रह गया है, बल्कि अब इसने गरीब किसान और खेतिहर मजदूर के विद्रोह का रूप धारण कर लिया है और यह स्त्रियों को भी प्रभावित कर रहा है क्योंकि स्त्रियां कृषकों में मुख्य उत्पादक कार्यकर्त्ता नहीं हैं और यह बात विशेष रूप में ग्रामीण गरीबों में देखने को मिलती है। भारत में पिछली दशाब्दी में ग्रामीण गरीबों (खेतिहर मजदूरों और गरीब किसानों) का उभरता हुआ विद्रोह था जिसने स्त्रियों की समानता और मुक्ति के लिये वास्तविक जन-आधारित आंदोलनों को अव्यवस्थित रूप में विकसित करने की ओर अग्रसर किया। (1978: 374)

स्त्रियों के मुद्दों पर स्त्रियों के आंदोलन

पिछले तीन दशकों में स्त्रियों को प्रत्यक्ष रूप में प्रभावित करने वाले मुद्दों तथा स्त्रियों के उद्धार संबंधी प्रश्नों को लेकर स्त्रियों के स्वायत्त समूहों के द्वारा संचालित छोटे-बड़े आंदोलन काफी तादाद में हुए हैं (किश्वर एवं रथ, 1984; देसाई एवं पटेल, 1985; राहिनी आदि)। बलात्कार, कार्यस्थल पर कामुकतावश परेशान करना, परिवार और सार्वजनिक स्थलों पर स्त्रियों के प्रति हिंसा जैसे प्रमुख मुद्दों को लेकर स्त्रियों ने छोटे-बड़े स्तर पर संघर्ष किया है। सन् 1978 में मथुरा बलात्कार की घटना ने नगरीय मध्यम वर्ग की महिलाओं को प्रदर्शन, धरना, जन आंदोलन करने के लिये प्रेरित किया था। 14 वर्ष की मथुरा नामक लड़की, जो महाराष्ट्र की रहने वाली थी, के साथ पुलिस स्टेशन में बलात्कार किया गया। बलात्कार करने वाले दो पुलिस के जवानों को निचली अदालत के द्वारा और बाद में सर्वोच्च न्यायालय द्वारा भी दोषमुक्त करार कर दिया गया। न्यायाधीशों का विश्वास था कि मथुरा की संभोग में सहमति थी

और उसने अपनी इच्छा से यह कार्य किया। स्त्रियों ने विभिन्न नगरों में इस घटना और न्यायालय के फैसले के खिलाफ विरोध प्रकट किया। उन्होंने रैलियां निकालीं, सार्वजनिक सभाएं कीं, हस्ताक्षर अभियान चलाये, आदि।

> जब स्त्रियों के समूहों ने राज्य और समाज की भर्त्सना की, तब वे वास्तव में, यह कह रही थीं कि प्रकृति ने नहीं, अपितु मानव समाज' उसके कानूनों और संस्थाओं ने स्त्रियों और पुरुषों में, वर्ग और जाति में अधिक्रमों का निर्माण किया है। बलात्कार अनपेक्षित अपूर्वविचारित क्रिया नहीं है, अपितु यह हिंसा का एक रूप है जो शक्तिहीन, गरीब और वंचित लोगों के प्रति शक्ति सम्पन्न व्यक्तियों द्वारा किया जाता है। (देसाई और पटेल, 1985: 48)

महिला सक्रिय कार्यकर्त्तागण वधू को जलाने और दहेज के साथ-साथ बलात्कार, छेड़छाड़ और स्त्रियों के प्रति घरेलू हिंसा की घटनाओं पर बहुधा अपना रोष प्रकट करती हैं। कभी-कभी कुछ स्त्रियां दोषी लोगों को पकड़ने और दंड देने के लिये पुलिस और राजनीतिक नेताओं पर दबाव बनाने के लिये विभिन्न प्रकार के कार्यक्रम आयोजित करती हैं। यद्यपि इस प्रकार की घटनाओं के अनेक विवरण उपलब्ध हैं, किन्तु लामबन्दी और आंदोलन के जारी रहने के विभिन्न पक्षों संबंधी व्यवस्थित अध्ययन उपलब्ध नहीं हैं। क्यों कुछ जन-साधारण लामबन्दी सफल हुई और कुछ छिन्न-भिन्न हो गई, इसे जानने के लिये व्यवस्थित अन्वेषण की जरूरत है। कई समूहों ने लिंग निर्धारण संबंधी परीक्षणों, अनिवार्य परिवार नियोजन (नसबन्दी) और जनन-स्वास्थ्य तथा जनसंख्या नीति संबंधी राज्य की नीतियों के बारे में बहुधा विरोध प्रकट किया है। स्त्रियों के समूहों ने कई मुद्दों पर जैसे कानूनी मदद, संरक्षणत्व, बच्चों का अभिभावकत्व और एक समान नागरिक संहिता आदि विषयों पर अभियान चलाये हैं। इन अभियानों द्वारा यह मांग की गई कि स्त्रियों को न्याय प्रदान करने और हिंसा को रोकने के लिये नये कानून बनाये जायें या विद्यमान कानूनों में आवश्यक परिवर्तन किये जायें। किन्तु, कुछ सक्रिय कार्यकर्त्ता इन कानूनों की प्रभावकता के बारे में आश्चर्य प्रकट करती हुई कहती हैं—

> जब तक सरकार का रुख गरीब-विरोधी, अल्पसंख्यक-विरोधी और महिला-विरोधी रहता है ... जो कानून निवेदन के लिये बनाये गये हैं और जो राज्य को अत्यधिक शक्ति देते हैं, उन पर गंभीर रूप में विचार किया जाना चाहिये। संभवत: पहली बात तो यह रही है कि आंदोलन में ऐसी मांगों को उठाने में दूर दृष्टि की कमी रही और यह सरकार की जोड़तोड़ की योजनाओं का शिकार बन गया। अभी इस स्थिति में स्त्रियों का आंदोलन काफी निरर्थक है क्योंकि यह अभी इन कानूनों को लागू करने और इनके दुरुपयोग में असमर्थ है। (अग्नेस, 1992: WS33)

गेल ओमवेट अपनी पुस्तक *वी विल स्मेश दिस प्रिजन* (1980) में 1975 के दस महीनों का एक अच्छा विस्तृत ब्यौरा देती हैं जिसकी शुरुआत उन्होंने मध्य भारत के एक दूरस्थ गांव की महिला खेतिहर मजदूरों की एक बैठक से की है जिसमें एक एकीकृत स्त्रियों के संगठन का निर्माण किया जाता है। उनका यह विवरण समाज के विभिन्न स्तृतों, यथा

जनजातियों, दलितों, मध्यम-वर्गीय जातियों, ग्रामीण-नगरीय खेतिहर मजदूरों की स्त्रियों की प्रकृति और चेतना के स्तर तथा भारत में नगरीय मध्यम-वर्गीय स्त्रियों द्वारा संगठित होने की पर्याप्तता और अपर्याप्तता को उजागर करता है। ओमवेट महिला नेताओं और वाम दलों द्वारा अपनाई गई उन कार्य-योजनाओं का ब्यौरा देती हैं जिनके द्वारा स्त्रियों में अपने अधिकारों और राजनीतिक कार्यवाही के लिये की गई लामबन्दी के लिये उनमें चेतना उत्पन्न की गई। एक अर्थ में यह महिला आंदोलनकारियों द्वारा उन महिलाओं का, जो लामबन्दी में सहभागी रही हैं, एक आत्म-विश्लेषण है। कुछ आंदोलनकारी शोधकर्ता यह मानती हैं कि नगरीय और ग्रामीण क्षेत्रों में स्वतंत्र महिला आंदोलन विभिन्न कारणों से अपनी जड़ें नहीं जमा सका। रोहिनी, सुजाता और नीलम के अनुसार—

> इसमें एक कारण यह है कि यह प्रमुखत: एक विरोधी समूह के रूप में स्त्रियों की एक अलग पहचान कायम न कर सका। यहां तक कि जहां कार्य से जुड़े मुद्दे—जैसे गर्भपात और गर्भनिरोध-रहे हैं, इन संबंधों को स्पष्ट नहीं किया गया। जननक्षम (प्रसूति) और बालक के पालन-पोषण के बीच संबंध और अत: प्रसूति में अन्तर्निहित सामाजिक रूप से आवश्यक श्रम को मान्यता नहीं दी गई है। अनचाहे गर्भ से होने वाले उत्पीड़न के मुद्दे पर ही अधिक जोर दिया गया है। साझा उत्पीड़न अवश्य स्त्रियों को एकता का अहसास देता है जो स्थाई संगठन का आधार हो सकता है। किन्तु केवल यह अहसास ऐसी शक्ति या बल का भाव उन्हें नहीं दे सकता जिसके द्वारा इस उत्पीड़न के खिलाफ लम्बे समय होना तक लड़ा जा सके। अपने आप उत्पीड़ित उन्हें मोल-तोल की शक्ति नहीं दे पाती है (—: 137)। यह कहना व्यर्थ ही है, कि यह निष्कर्ष विवादास्पद है।

रका रे (1999) ने अपने सुनियोजित आनुभविक अध्ययन कि महिला आंदोलन विभिन्न क्षेत्रों में स्त्रियों को प्रभावित करने वाले विभिन्न मुद्दों को भिन्न प्राथमिकताएं क्यों देते हैं? रे ने यह पाया कि मुंबई में स्वतंत्र और दलों से जुड़े दोनों प्रकार के स्त्रियों के समूह स्त्रियों के प्रति की गई हिंसा और धार्मिक कट्टरवादिता को अधिक महत्व देते हैं, जबकि कोलकाता के समूह सम्बद्धता पर बिना ध्यान दिये, गरीबी और बेरोजगारी, चेतना और साक्षरता के मुद्दों को अन्य मुद्दों की अपेक्षा अधिक महत्व देते हैं।

इस अन्तर का मुख्य कारण इन दोनों जगहों पर भिन्न राजनीतिक 'वातावरण' का होना है। मुंबई में स्त्रियों के समूहों के समक्ष मुद्दे छितरे हुए और सामाजिक आंदोलन क्षेत्र में विवादास्पद रहे हैं। इसके विपरीत, कोलकाता में समूह समरूप हैं और भारत के मार्क्सवादी साम्यवादी दल की मुख्य संस्कृति से प्रभावित हैं। रका रे बताती हैं कि विभिन्न प्रकार का राजनीतिक वातावरण स्त्रियों के प्रादेशिक आंदोलनों के उनके स्वतंत्र होने या किसी दल से सम्बद्ध होने के रूप में उनकी प्रस्थिति की अपेक्षा नारीवादी लक्ष्यों और योजनाओं को निश्चित करने की भिन्न गतिकी को प्रोत्साहित करते हैं। 'स्व-नियोजित महिला संगठन' (सेवा), 'कामकाजी स्त्रियों का मंच', 'अन्नपूर्णा महिला मंडल', आदि जैसे अनेक महिला संगठन

स्त्रियों को सशक्त करने के लिये आर्थिक कार्यक्रम चलाते हैं। यद्यपि उनके कार्यकलापों को बहुधा 'आंदोलन' कहा जाता है, तथापि, हमारे वैचारिक विश्लेषण के ताने-बाने के अनुसार उन्हें आंदोलनों के स्थान पर संस्थाएं कहना अधिक सुसंगत है। कालमैन लेजली के अनुसार, 'ये संगठन प्रसुप्त बेरोजगर स्त्रियों और सरकार की संस्थाओं के बीच अच्छे मध्यस्थ का कार्य करते हैं' (1992: 190)। 'स्व-नियोजित स्त्रियों की समिति' इसी प्रकार का एक बहु प्रशंसित संगठन है। यह गरीब स्व नियोजित स्त्रियों का एक संगठन है। इसकी शुरुआत अहमदाबाद में सन् 1970 के दशक में हुई थी और अब यह देश के कई भागों में फैल गया है। कल्लिमा रोज कहती हैं कि इन संगठनों ने स्त्रियों में अपने अधिकारों के बारे में चेतना उत्पन्न की है। 'सेवा' की संस्थापिका बताती हैं कि 'संगठन और सामूहिक विरोध की धारणा उनकी (महिला मजदूरों) प्रस्थिति में सकारात्मक सुधार ला सकती है' (1992: 16)। स्त्रियों की आधारभूत लामबन्दी के कुछ अध्ययन अब किये गये हैं। ये महत्वपूर्ण विवरणात्मक लेखा-जोखे हैं (पुरुषोथ्थमन, 1998)।

नेतृत्व

सामाजिक सुधार आंदोलनों के नेतागण, जिन्होंने पिछली शताब्दी में स्त्रियों के मुद्दों को उठाया, वे समाज के उच्च वर्ग से संबंधित अधिकांशतः पुरुष थे। इन नेताओं के कई जीवनवृत्तीय अध्ययन हमें इस बात का कुछ अनुमान देते हैं कि सामाजिक सुधारकों को स्त्रियों के मुद्दों पर सोच-विचार की क्यों जरूरत पड़ी। ये अध्ययन हमें यह जानकारी भी देते हैं कि लिंग समानता पर इन सुधारकों के क्या विचार रहे हैं। 1920 के दशक के प्रारंभिक वर्षों में स्त्रियों ने अपनी मांगों को उठाने के लिये स्त्रियों को संगठित करने का बीड़ा उठाया। इस कार्य में कुछ ब्रिटिश स्त्रियां आगे आईं। ये संगठन मुख्यतः नगरीय उच्च वर्ग की शिक्षित महिलाओं तक सीमित थे। प्रारंभ में उच्च जातियों या वर्गों से, राजघरानों, सरकारी अफसरों और राजनीतिक नेताओं की पत्नियों या पुत्रियों ने नेतृत्व किया। एविरेट्ट (1979) ने 'अखिल भारतीय महिलाओं के संगठन' (ए.आई.डब्ल्यू.ओ.) के अध्यक्षों का एक अच्छा जीवनवृत्तीय विवरण प्रस्तुत किया है। कुछ जीवनवृत्तीय अध्ययन (मजूमदार, 1976) नेताओं के समाजीकरण और बोध को समझने में अमूल्य रहे हैं। शाह (1984) और कपलान (1985) के ए.आई.डब्ल्यू.सी. के अध्ययन बताते हैं कि स्थानीय स्तर पर नेतागण उच्च जातियों और मध्यम वर्ग से आये थे। ये अन्य सम्पूर्ण स्त्रियों की अपेक्षा अधिक शिक्षित थीं। ग्रामीण क्षेत्रों के कृषीय अथवा जनजातीय आंदोलन, अथवा पत्नी को पीटने या उसका उत्पीड़न करने के खिलाफ किये गये स्वतंत्र आंदोलन, महिला नेताओं और उनकी संगठनात्मक योग्यताओं के बारे में कुछ जानकारी अवश्य देते हैं, किन्तु इनके बारे में अधिक ब्यौरा उपलब्ध नहीं है। पीटर कस्टर्स का तेभागा आंदोलन का अध्ययन भी इस कमजोरी का शिकार रहा है। फिर भी,

भूमिहीन स्त्रियों के संघर्षों का मीरा सबारा और सुजाता गोथोस्कर का अध्ययन इसका एक अपवाद है क्योंकि यह अध्ययन आंदोलन के नेताओं की कुछ जानकारियां देता है। उन्होंने पाया कि नेतृत्व मोटे रूप में उन स्त्रियों में से आया जिनके पास जमीनों के छोटे-छोटे टुकड़े थे क्योंकि 'वे स्थानीय धनिक कृषकों से स्वतंत्र होने के साथ-साथ अपेक्षाकृत उनमें स्थाईत्व था।' इन नेताओं की एक अन्य विशेषता यह भी थी कि अपने घर में उनका वर्चस्व था। उनके या तो बहुत कम सन्तानें थीं या कोई सन्तान नहीं थी। लगभग उनकी गृहस्थियां बड़ी नहीं थीं और उनका घरेलू काम काफी सीमित था' (1984: 147)।

महिलाओं के स्वतंत्र संगठनों में, 'अखिल भारतीय महिला कान्फ्रेंस (ए.आई.डब्ल्यू.सी.) सबसे पुराना है। यह सबसे बड़ा और सम्पूर्ण देश में फैला हुआ संगठन है। एविरेट्ट (1979) ने इस संगठन के विकास, कार्यक्रमों और नेतृत्व का ऐतिहासिक विवरण दिया है। इस संगठन ने भारतीय स्त्रियों की पराधीन स्थिति को उजागर करते हुए 1930 और 1940 के दशक में महत्वपूर्ण भूमिका अदा की है और मध्यम-वर्ग की स्त्रियों को अपने अधिकारों के लिये लड़ने के लिये लामबन्द किया है। इस संगठन ने भारत में स्त्रियों के आंदोलनों की प्रारंभिक अवस्थाओं में भी महत्वपूर्ण भूमिका अदा की है। कल्पना शाह (1984) और पैट्रिका कपलान (1978, 1985) ने इस संगठन के कार्य संचालन का दो भिन्न नगरों, यथा सूरत और मद्रास (चेन्नई) में अध्ययन किया है। दोनों ही अध्ययन के निष्कर्ष समान रहे हैं; जैसे ए.आई.डब्ल्यू.सी. एक कल्याण संगठन बन गया है और यथास्थिति बनाये रखने में मदद करता है। अब इस संगठन में अपनी मुक्ति के लिये स्त्रियों को लामबन्द करने की क्षमता नहीं रह गई है। मध्यम वर्ग की स्त्रियां इस संगठन पर हावी रही हैं। इस संगठन और सरकार द्वारा प्रवर्तित स्त्रियों के कल्याण संगठन के अतिरिक्त अन्य कार्यक्रमों के एक भाग के रूप में स्त्रियों के मुद्दों को उठाने वाले स्वतंत्र समूहों के और केवल स्त्रियों के लिये बहुतेरे महिला संगठन, स्थानीय और प्रादेशिक स्तर पर बन गये हैं जो स्त्रियों को प्रभावित करने वाले मुद्दों को उठाते रहते हैं। नीरा देसाई और विभूति पटेल (1985) ने इन संगठनों को निम्न प्रकारों में विभाजित किया है—

1. आंदोलनपरक, प्रचार और चेतना उत्पन्न करने वाले समूह जिन्हें स्वतंत्र समूह कहा जा सकता है;
2. आधारभूत या जन-आधारित संगठन जैसे श्रमिक संगठन, खेतिहर श्रमिक संगठन, लोकतान्त्रिक अधिकार समूह, जनजातीय संगठन आदि जो स्त्रियों के मुद्दों को उठाते हैं;
3. ऐसे समूह जो जरूरतमन्द स्त्रियों को संरक्षण, घर और सेवाएं प्रदान करते हैं;
4. व्यावसायिक स्त्रियों के संगठन, जैसे चिकित्सकों, वकीलों, विज्ञानियों, शोधकर्त्ताओं और पत्रकारों के संगठन;

5. राजनीतिक दलों के महिला प्रकोष्ठ या मंच; और
6. ऐसे समूह जो स्त्रियों के मुद्दों के शोध और प्रलेखन में लगे हुए हैं।

इन समूहों और स्त्रियों को लामबन्द करने के इनके प्रयासों संबंधी कोई विस्तृत वृत्तान्त उपलब्ध नहीं हैं। ऐसा प्रतीत होता है कि इनमें से अधिकांश समूह अपने विचारों को प्रचारित करने से ऊपर नहीं उठ पाये हैं। अपने इस उद्देश्य के लिये वे पर्चे और पैम्फलेट बांटते हैं, अपनी मांगों के समर्थन में हस्ताक्षर अभियान चलाते हैं, विभिन्न अखबारों और पत्रिकाओं में लेख लिखते हैं। ये नुक्कड़ सभाओं, सड़कों पर नाटकों, व्यंग्य कथाओं और गानों का आयोजन करते हैं, चित्र प्रदर्शनी लगाते हैं और यात्राओं का आयोजन करते हैं। इनमें से कुछ समूह विद्रोह रैलियां और प्रदर्शनों का संगठन भी करते हैं।

सार संक्षेप

अनेक महिला संगठन कुकुरमुत्तों की भांति राज्य और 'दानी' अन्तर्राष्ट्रीय संगठनों की सहायता अथवा बिना सहायता के उठ खड़े हुए हैं। इन संगठनों के भिन्न प्रकार के संगठनात्मक ढांचे, कार्यक्रम और कार्यप्रणालियां हैं। यद्यपि सभी संगठन स्त्रियों के सशक्तिकरण के लिये काम करने का दावा करते हैं, तथापि इनमें से कई कुछ अन्य कार्य भी करते हैं। ये विचारशील महिला सामाजिक विज्ञान कार्यकर्त्ताओं के लिये कई असमंजस पैदा करते हैं। अग्निहोत्री और मजूमदार ने भारत के आधुनिक महिला आंदोलनों के बारे में अनेक प्रश्न उठाये हैं। ये हैं—

> क्या आंदोलनों की विकेन्द्रित संरचना और अन्तर्क्रिया के बहुविध क्षेत्र इनकी शक्ति या कमजोरियां या दोनों हैं? क्या आंदोलन 'नारीवादी' या 'रेडिकल' होने की अपेक्षा राज्य की विकास की नीतियों और 'कल्याणवादी' विधानों से अपने उद्देश्य में 'अत्यधिक ग्रसित हैं'? क्या स्त्रियों के प्रति हिंसा के मुद्दे को सामाजिक और राजनीतिक क्षेत्रों तक विस्तारित करना पीछे लौटने या आगे बढ़ने का संकेत देता है? अथवा क्या यह 'आर्थिक कल्याणवाद' और 'मुख्य राजनीति' के बीच उत्पन्न द्विभाजन से सफलतापूर्वक सामना कर सकता है? क्या स्त्रियों के आंदोलन को पर्यावरण, जनसंख्या, बालकों के अधिकार, वैश्वीकरण, बाजारीकरण, अन्तर्राष्ट्रीय ऋण भार जैसे मुद्दों में उलझना चाहिये। ये सभी मुद्दे तब उत्पन्न होते हैं जब हम मूल स्तर पर आधार को विस्तारित करते हैं या स्त्रियों के आंदोलन को अपने क्रियाकलापों के केन्द्र को सीमित करते हुए अपनी स्वायत्तता बनाये रखना चाहिये? (1995: 1876)

चूंकि स्त्रियों का कोई एक आंदोलन नहीं है और 'स्त्रियों की समानता और मुक्ति' के बारे विभिन्न धारणाएं हैं, अत: इस स्थिति के बारे में भिन्न विचार हैं। कुछ लोगों के लिये यह स्थिति मुख्यत: पितृसत्ता की है, कुछ लोग इसे 'स्त्रियों के नागरिक और मानवीय अधिकारों' के एक अपेक्षाकृत 'तटस्थ' रक्षक के रूप में देखते हैं और कई अन्य व्यक्तियों के लिये यह स्थिति मित्र और दुश्मन दोनों की है (मेकिन्नन, 1983; मनि, 1989; कन्नाबिरन एवं कन्नाबिरन, 1995; रे, 1999)। स्त्रियों के आंदोलनों को समझने और व्यवहार के लिये कुछ

लोग पूर्वनिश्चित 'वैचारिक' ढांचे को स्वीकार नहीं करते हैं। सुप्रिया अक्रेकर कहती हैं कि 'स्त्रियों के आंदोलनों को ''विषयांतरपूर्ण व्यवहार'' माना जा सकता है, अर्थात् सिद्धान्त और व्यवहार की पारम्परिक समझ को पुनः परिभाषित किया जाना चाहिये। इनका अस्तित्व विमुक्ति के पूर्व सिद्धान्तों पर निर्भर नहीं करता, अपितु यह परित्राण की स्थानीकृत अभिव्यक्ति और समझ के द्वारा सिद्धान्त के साथ नवीन संबंध बना लेते हैं' (1995: W12)। यह एक महत्वपूर्ण टिप्पणी है किन्तु सामाजिक विज्ञानियों के समक्ष जो चुनौतियां हैं, उनके बारे में बारीकी से खोजबीन की जानी चाहिये: अनुभवों पर आधारित वे कौन से सैद्धान्तिक विचार उद्भूत हुए हैं? अपने संघर्षों पर आधारित विभिन्न समूहों की विमुक्ति की समझ क्या हैं? यह समझ स्त्रियों की मुक्ति के विभिन्न सिद्धान्तों को किस प्रकार चुनौती देती है?

भारत में और समस्त विश्व में दक्षिण पंथी ऐसी शक्तियों के उदय से समाजवादी और उदार नारीवादी स्त्रियां चकित रह गई हैं, जिन्होंने 'दूसरे समुदाय' की स्त्रियों सहित 'दूसरों' के खिलाफ घृणा फैलाने के लिये एक बड़ी संख्या में मध्यम-वर्ग की स्त्रियों को लामबन्द किया है। ऐसा प्रतीत होता है कि समतावादी सामाजिक व्यवस्था की सामाजिक रूपान्तरण की प्रक्रिया उलटी मुड़ गई है। पिछले तीन दशकों के आंदोलनों के अर्जित लाभ नष्ट हो गये प्रतीत होते हैं। ऐसा अनुभव किया जा रहा है कि सिद्धान्त और व्यवहार दोनों में समकालीन नारीवाद मध्यम वर्ग के परिप्रेक्ष्य से आगे नहीं बढ़ सका है। यदि ऐसा है तो क्यों? अनेक व्यक्तियों ने गहन रूप में यह अनुभव किया है कि कामगार आंदोलनों सहित कई अन्य आंदोलनों की भांति स्त्रियों का आंदोलन कठिनाई में और लगभग दिशाहीन है। यह 'एक आंदोलन की अपेक्षा एक विचार अधिक बन गया है' (एपिस्टन, 2001)।

ग्रंथ-सूची

Agarwal, Bina. 1994. 'Gender, Resistance and Land: Interlinked Struggles Over Resources and Meanings in South Asia'. *Journal of Peasant Studies,* 22(1). October.

Aggarwal, R.C. 1974. 'Women's Liberation in India'. *Social Welfare,* 20(10). January.

Agnes, E. 1992. 'Protecting Women against Violence: Review of a Decade of Legislation, 1980–89', *Economic and Political Weekly,* 27(17).

—. 1994. 'Women's Movement within a Secular Framework: Redefining the Agenda'. *Economic and Political Weekly,* 29(19).

Agnihotri, Indu and Mazumdar, Veena. 1995. 'Changing Terms of Political Disourse: Women's Movement in India, 1970s–1990s'. *Economic and Political Weekly,* 30(29), July 22.

Ajitha, K. 1990. 'Reminiscenes from Wyand'. In *A Space within the Struggle: Women's Participation in People's Struggle.* Edited by Ilina Sen. New Delhi: Kali for Women.

Akerkar, Supriya. 1995. 'Theory and Practice of Women's Movements in India'. *Economic and Political Weekly,* 30(17).

Alexander, Rajani. 1984. 'Participants and Perception: Women and the Indian Independence Movement'. *Samya Shakti–A Journal of Women's Studies,* 1(2).

Alka and Chetna. 1983. 'Papad Rollers of Lijjat'. *Manushi,* 4(1), November-December.

Anvesi. 1993. 'Reworking Gender Relations, Redefining Politics: Nellore Village Women against Arrack'. *Economic and Political Weekly,* 28(3 and 4).

Asthana, Pratima. 1974. *Women's Movement in India.* Delhi: Vikas Publishing House.

Bacchetta, Paola. 1993. 'All Our Goddesses are Armed: Religion, Resistance and Revenge in the Life of a Militant Hindu Nationalist Women'. *Bulletin of Concerned Asian Scholars,* 25(4).

Bahuguna, Sunderlal. 1984. 'Women's Non-Violent Power in the Chipko Movement'. In *In Search of Answers.* Edited by Madhu Kishwar and Vanita Ruth. London: Zed Books.

Bahuguna, Vimla. 1990. *The Chipko Movement.* In *A Space within the Struggle: Women's Participation in People's Struggle.* Edited by Ilina Sen. New Delhi: Kali for Women.

Baig, Tara Ali (ed.). 1958. *Women of India.* Delhi: Ministry of Information and Broadcasting.

—. 1974. *India's Woman Power.* Delhi: S. Chand and Company.

Banerjee, Sikata. 1995. 'Hindu Nationalism and the Construction of Woman: The Shiv Sena Organizes Women in Bombay'. In *Women and the Hindu Right: A Collection of Essays.* Edited by Tanika Sarkar and Urvashi Butalia. New Delhi: Kali for Women.

Barthakur, Sheila and Goswami, Sabita. 1990. 'The Assam Movement'. In *A Space within the Struggle: Women's Participation in People's Struggle.* Edited by Ilina Sen. New Delhi: Kali for Women.

Basu, Amrita. 1992. *Two Faces of Protest: Contrasting Modes of Women's Activism in India.* Berkeley: University of California Press.

—. 1999. 'Hindu Women's Activism in India and the Questions it Raises'. In *Resisting the Sacred and the Secular.* Edited by Patricia Jeffery and Amrita Basu. New Delhi: Kali for Women.

Basu, Aparna. 1976. 'The Role of Women in the Indian Struggle for Freedom'. In *Indian Women: From Purdah to Modernity.* Edited by B.R. Nanda. New Delhi: Vikas.

—. 1984. 'Gujarati Women's Responses to Gandhi, 1920–1942'. *Samya Shakti–A Journal of Women's Studies,* 1(2).

Bhatt, Chandi Prasad. 1988. 'Women Protect Forests'. In *Decade of Women's Movement in India.* Edited by N. Desai. Bombay: Himalaya Publishing House.

Blumberg. 1990. *Women and Social Protest.* New York: Oxford University Press.

Brass, Tom. 1994. 'The Politics of Gender, Nature and Nation in the Discourse of the New Farmers' Movement'. *Journal of Peasant Studies,* 21(2).

Calman, Leslie J. 1989. 'Women and Movement Poliltics in India'. *Asian Survey,* 29(10), October.

—. 1992. *Toward Empowerment: Women and Movement Politics in India.* Boulder: Westview Press.

Caplan, Patricia. 1978. 'Women's Organisation in Madras City, India'. In *Women United Women Divided: Cross Cultural Perspectives on Female Solidarity.* Edited by P. Caplan and J. Bujra. London: Tavistock Publications.

—. 1985. *Class and Gender in India: Women and their Organisations in a South Indian City.* London: Tavistock Publications.

Chakarvarty, Renu. 1980. *Communists in India's Women's Movement.* Delhi: People's Publishing House.

Chatterjee, Partha. 1989. 'The Nationalist Resolution of Women's Question'. In *Recasting Women.* Edited by Kumkum Sangari and Sudesh Vaid. New Delhi: Kali for Women.

Chattopadhyay, K. 1939. *Awakening of Indian Women.* Madras: Everyman's Press.

—. 1958. 'The Struggle for Freedom'. In *Women of India.* Edited by T.A. Baig. Delhi: Publications Division.

—. 1975. 'The Women's Movement: Then and Now'. In *Indian Women.* Edited by D. Jain. New Delhi: Publications Division.

—. 1983. *Indian Women's Battle for Freedom.* New Delhi: Abhinav Publications.

Chaudhari, Maitrayee. 1990. *Indian Women's Movement: Reform and Revival.* New Delhi: Radiant Publishers.

Chrissy, Merton. 1984. 'Amari Mandali: Alternative Liberation'. *Frontier,* 16(35), April 14.

Custers, Péter. 1986. 'Women's Role in Tebhaga Movement'. *Economic and Political Weekly,* 21(43), October 25.

—. 1987. *Women in Tebhaga Uprising.* Calcutta: Naya Prokash.

Datar, C. 1988, 'Reflections on the Anti-Rape Campaign in Bombay'. In *Women's Struggles and Strategies.* Edited by S. Wieringa. The Hague: Institute of Social Studies.

—. 1989. *Waging Change: Women Tobacco Workers in Nipani Organise.* New Delhi: Kali for Women.

—. 1990. 'Bidi Workers in Nipani'. In *A Space within the Struggle: Women's Participation in People's Struggle.* Edited by Ilina Sen. New Delhi: Kali for Women.

—. 1993. *The Struggle against Violence.* Calcutta: Stree Publications.

Desai, Magan (ed.). 1985. *Reaching for Half the Sky: A Reader in Women's Movement.* Baroda: Antar Rashtriya Prakashan.

Desai, Neera (ed.). 1977. *Women in India.* Bombay: Vora Publishers.

—. 1984. 'Women and the Bhakti Movement'. *Samya Shakti–A Journal of Women's Studies,* 1(2).

—. 1986. 'From Articulation to Accommodation: Women's Movement in India'. In *Visibility and Power: Essays on Women in Society and Development.* Edited by Leela Dube, Eleanor Leacock and Shirley Ardener. Delhi: Oxford University Press.

—. (ed.). 1988. *Decade of Women's Movement in India.* Bombay: Himalaya Publishing House.

Desai, Neera and Patel, Vibhuti. 1985. *Indian Women: Change and Challenge.* Bombay: Popular Prakashan.

Devi, Bimole. 1998. 'Women in Social Movements in Manipur'. In *Social Movements in North-East India.* Edited by M.L. Karna. New Delhi: Indus Publishing Company.

Dietrich, Gabriele. 1986. 'Women Movement and Religion'. *Economic and Political Weekly,* 21(4), Januray 25.

—. 1988. *Women's Movement in India: Conceptual and Religious Reflections.* Bangalore: Breakthrough Publications.

—. 1992. *Reflections on Women's Movement in India. Religion, Ecology and Development.* New Delhi: Horizon India Book.

Dogra, Bharat. 1980. *Forests and People.* Rishikesh: Himalaya Dharshan Prakashan Samiti.

Durrang, K.S. 2002. *The Women's Movement in Religious Communities in India.* Delhi: ISPACK.

Eldrid, Mageli. 1997. *Organising Women's Protest: A Study in Political Styles in Two South Indian Activist Groups.* Richamond Surrey: Curzon Press.

Epstein, Barbara. 2001. 'What Happened to the Women's Movement?' *Monthly Review,* 53(1), May.

Everett, Jana Matson. 1979. *Women and Social Change in India.* Delhi: Heritage.

Forbes, Geraldine H. 1979a. 'Votes for Women: The Demand for Women's Franchise in India, 1917–1937'. In *Symbols of Power: Studies on the Political Status of Women in India.* Edited by Vina Mazumdar. Delhi: Allied Publishers.

—. 1979b. 'Women's Movements in India: Traditional Symbols and New Roles'. In *Social Movements in India* Vol. II. Edited by M.S.A. Rao. New Delhi: Manohar.

Forbes, Gareldine H. 1981. 'The Indian Women's Movements: A Struggle for Women's Rights or National Liberation?'. *In The Extended Family: Women and Political Participation in India and Pakistan.* Edited by Gail Omvedt. Delhi: Chanakya.

—. 1984. 'In Pursuit of Justice: Women's Organisations and Legal Reform'. *Samya Shakti–A Journal of Women's Studies,* 1(2).

Gandhi, Nandita. 1990. 'The Anti Price Rise Movement'. In *A Space within the Struggle: Women's Participation in People's Struggle.* Edited by Ilina Sen. New Delhi: Kali for Women.

Gandhi, Navdita and Shah, Nandita. 1991. *The Issues at Stake: Theory and Practice in the Contemporary Women's Movement in India.* New Delhi: Kali for Women.

—. 1999. 'Organizations and Autonomy'. In *Gender and Politics in India.* Edited by Nivedita Menon. Delhi: Oxford University Press.

Geetha. 1990. 'The Tamil Nadu Construction Workers' Union'. In *A Space within the Struggle: Women's Participation in People's Struggle.* Edited by Ilina Sen. New Delhi: Kali for Women.

Gerrit, Huizer. 1979. *Peasant Movements and Women's Liberation: Some Questions on Action and Research Strategies.* The Netherlands: Third World Centre.

Ghandy, Anuradha and Chaudhry, Nagesh. 1984. 'Towards a Day When There will be No More Servants: Domestic Servants of the Nagpur Organise'. In *In Search of Answers.* Edited by Madhu Kiswar and Vanita Ruth. London: Zed Books.

Hate, Chandrakala. 1948. 'Women Movement'. In *Hindu Woman and Her Future.* Edited by Chandrakala Hate. Bombay: New Book Company.

Heimsath, C.H. 1964. *Indian Nationalism and Hindu Social Reform.* Princeton, NJ: Princeton University Press.

Ikramullah, Saista S. 1963. *From Purdah to Parliament.* London: The Cresset Press.

Jain, Devaki (ed.). 1975. *Indian Women.* Delhi: Publications Division.

—.1980. *Women's Quest for Power.* Delhi: Vikas Publishing House.

—. 1986. 'Gandhian Contributions Towards a Theory of Feminist Ethic'. In *Speaking of Faith: Cross Culural Perspectives in Women, Religion and Social Change.* Edited by Devaki Jain and Diana Eck. New Delhi: Kali for Women.

Jain, Shobhita. 1984. 'Women and People's Ecological Movement: A Case Study of Women's Role in the Chipko Movement in Uttar Pradesh'. *Economic and Political Weekly,* 19(41), October 13.

Jayawardene, Kumari. 1982. *Feminism and Nationalism in the Third World: In the 19th and Early 20th Centuries.* The Hague: Insititute of Social Studies.

John, Mary E. 1999. 'Gender, Dovelopment and the Women's Movement: Problems for a History of the Present'. In *Signposts: Gender Issues in Post-Independence India.* Edited by Rajeswari Sunder Rajan. New Delhi: Kali for Women.

—. 2002. 'Feminism, Poverty and Globalization: An Indian View'. *Inter-Asia Cultural Studies,* 3(3).

Joshi, Gopa. 1984. 'Standard by the Community in Return'. In *In Search of Answers.* Edited by Madhu Kishwar and Vanita Ruth. London: Zed Books.

Kanhere, Sujata and Savara, Mira. 1968. *A Case Study of the Organising of Landless Tribal Women in Maharashtra.* Bangkok: Asian and Pacific Centre for Women and Development.

Kannabiran, Vasantha and Kannabiran, Kalpana. 1995. 'The Frying Pan or the Fire? Endangered Identities, Gendered Institutions and Women's Survival'. In *Women and the Hindu Right: A Collection of Essays.* Edited by Tanika Sarkar and Urvashi Butalia. New Delhi: Kali for Women.

Kannabiran, Vasantha and Laita, K. 1989. 'Magic Time: Women in the Telangana People's Struggle'. In *Recasting Women: Essays in Colonial History.* Edited by Kumkum Sangari and Sudesh Vaid. New Delhi: Kali for Women.

Kannan, K.P. 1988. *Of Rural Proletarian Struggles: Mobilisation and Organisation of Rural Workers in South-West India.* Delhi: Oxford University Press.

Kapadia, Karin (ed.). 2002. *The Violence of Development: The Politics of Identity, Gender and Social Inequalities in India.* New Delhi: Kali for Women.

Kapur, Ratna and Cossman, Brenda. 1995. 'Communalising Gender, Engendering Community: Women, Legal Discourse and the Saffron Agenda'. In *Women and the Hindu Right: A Collection of Essays.* Edited by Tanika Sarkar and Urvashi Butalia. New Delhi: Kali for Women.

Kerlekar, Malvika. 1991. *Hindusim Reviseted: Relevance of Gandhi Today.* Delhi: Centre for Women's Development Studies.

—. 2000. 'Women's Studies and Women's Development'. In *Third Survey of Research: Sociology and Social Anthropolgy.* Vol. 2. Edited by M.S. Gore. Delhi: ICSSR and Manak.

Kaur, Manmohan. 1980. *Role of Women in the Freedom Movement (1857–1947).* Delhi: Sterling Publishers.

Kelkar, Govind. 1984. 'Women's Movement Studies: A Critique of the Historiography'. *Samya Shakti–A Journal of Women's Studies,* 1(2).

Kelker, Govind and Gala, Chetna. 1990. 'Bodhgaya Land Struggle'. In *A Space within the Struggle. Women's Participation in People's Movements.* Edited by Ilina Sen. New Delhi: Kali for Women.

Kishwar, Madhu. 1984. 'Introduction'. In *In Search of Answers.* Edited by Madhu Kishwar and Vanita Ruth. London: Zed Books.

—. 1985. 'Gandhi on Women'. *Economic and Political Weekly,* 20(40), October 5.

—. 1988. 'Nature of Women's Mobilization in Rural India: An Exploratory Essay'. *Economic and Political Weekly,* 25(30).

—. (ed.). 1991. *In Search of Answers: Indian Women's Voices From Manushi.* New Delhi: Horizon India.

Kiswar, Madhu and Ruth, Vanita (eds.). 1984. *In Search of Answers: Indian Women's Voices from Manushi.* London: Zed Books.

Krishna, Sumi. 1996. *Environmental Politics: People's Lives and Development.* New Delhi: Sage Publications.

Krishnaswamy, Laita. 1988. 'Combating Exploitation'. In *Decade of Women's Movement in India.* Edited by N. Desai. Bombay: Himalaya Publishing House.

Kumar, Kapil. 1984. *Peasants in Revolt: Tenants, Landless, Congress and Raj in Oudh.* Delhi: Manohar.

—. 1989. 'Rural Women in Oudh, 1917-1947: Baba Ram Chandra and the Women's Question'. In *Recasting Women: Essays in Colonial History.* New Delhi: Kali for Women.

Kumar, Radha. 1989. 'The Women's Movement'. *Seminar,* 355.

—. 1993. *The History of Doing: An Illustrated Account of Movements for Women's Rights and Feminism in India 1800–1900.* New Delhi: Kali for Women.

—. 1999. 'From Chipko to Sati: The Contemporary Indian Women's Movement'. In *Gender and Politics in India.* Edited by Nivedita Menon. Delhi: Oxford University Press.

Kuumba, Bahati M. 2001. *Gender and Social Movements.* Oxford: Altamira.

Laita, K. 1988. 'Women's Revolt: A Historical Analysis of the Progressive Organization of Women in Andhra Pradesh'. In *Women's Struggles and Strategies.* Edited by S. Wieringa. The Hague: Institute of Social Studies.

Lalitha, K., Kumari, Krishan and Mies, Maria. 1983. 'Landless Women's Organisation: Case Study of an Organisation in Rural Andhra'. *Manushi, 3(3),* March-April.

Lateef, Shahida. 1981. 'The Indian Women's Movement and National Development: An Overview'. In *The Extended Family: Women and Political Participation in India and Pakistan.* Edited by Gail Omvedt. Delhi: Chanakya.

Leslie, Calman. 1992. *Toward Empowerment: Women and Movement Politics in India.* Boulder: Westview Press.

Liddle, Joanna and Joshi, Rama. 1986. *Daughters of Independence: Gender, Caste and Class in India.* New Delhi: Kali for Women.

Lingam, Lakshmi. 2002. 'Taking Stock: Women's Movement and the State'. In *Social Movements and the State.* Edited by Ghanshyam Shah. New Delhi: Sage Publications.

Lyngdoh, M.P.R. 1998. 'Women's Movement in Meghalya with Reference to Some Selected Women's Organizations'. In *Social Movements in North-East India.* Edited by M.L. Karna. New Delhi: Indus Publishing Company.

Mackinnon, Catherine A. 1987. *Feminism Unmodified: Discourses on Life and Law.* Cambridge, Massachusetts and London: Harvard University Press.

Mani, Lata. 1989. 'Contentious Traditions: The Debate on Sati in Colonial India'. In *Recasting Women: Essays in Colonial History.* Edited by Kumkum Sangari and Sudesh Vaid. New Delhi: Kali for Women.

Manimala. 1983. 'Zamen Kenkar? and Jote Onkar? The Story of Women's Participation in Bodhgaya Struggle'. *Manushi,* 3(2), January-February.

—. 1991. 'Women in Bodgaya Land Struggle'. In *In Search of Answers: Indian Women's Voices from Manushi.* Edited by Madhu Kishwar. New Delhi: Horizon India.

Mathew, P.M. and Nair, M.S. (eds.). 1986. *Women's Organisation and Women's Interests.* New Delhi: Ashish Publishing House.

Mawdsley, Emma. 1998. 'After Chipko: From Environment to Region in Uttaranchal'. *Journal of Peasant Studies*, 25(4), July.

Mazumdar, Vina. 1976. 'The Social Reform Movement in India: From Ranade to Nehru'. In *Indian Women from Purdah to Modernity*. Edited by B.R. Nanda. Delhi: Vikas Publishing House.

—. 1979. *Symbols of Power: Studies on Political Status of Women in India*. Delhi: Allied Publishers.

Meera, V. 1983. 'Women Workers and Class Struggles in Alleppey, 1938–1950'. *Social Scientist*, 11(12), December.

—. 1985. 'The Crisis and Women's Struggle in India (1970–1977)'. *Social Scientist*, 13(6), June.

Mehta, Rama. 1976. 'From Purdah to Modernity'. In *Indian Women from Purdah to Modernity*. Edited by B.R. Nanda. Delhi: Vikas Publishing House.

Mehta, Shirin. 1984. *Peasantry and Nationalism*. Delhi: Manohar.

Mehta, Sushila. 1982. *Revolution and the Status of Women in India*. New Delhi: Metropolitan.

Menon, Nivedita. 1992. 'Women in Trade Unions: A Study of AITUC, INTUC and CITU in the Seventies'. In *Struggles of Women at Work*. Edited by Sujata Gotoskar. Delhi: Vikas Publishing House.

—. (ed.). 1999. *Gender and Politics in India*. Delhi: Oxford University Press.

Metcalf, Barbara D. 1999. 'Women and Men in a Contemporary Pietist Movement: The Case of the Tablight Jamaat'. In *Resisting the Sacred and the Secular: Women's Activism and Politicized Religion in South Asia*. Edited by Patricia Jeffery and Amrita Basu. New Delhi: Kali for Women.

Mies, M. 1983. 'Landless Women Organise: Case Study of an Organization in Rural Andhra'. *Manushi*, 3(12).

Mishra, Anupam and Tripathi, S. 1978. *Chipko Movement: Uttarkhand Women's Bid to Save Forest Wealth*. New Delhi: People's Action for Peace and Justice.

Mitra, Manushi. 1984. 'Tribal Women and Tribal Movements'. *Samya Shakti–A Journal of Women's Studies*, 1(2).

—. 1988. 'Women and Class Struggle: Tribal Women's Struggles in Chhota Nagpur'. In *Decade of Women's Movement in India*. Edited by N. Desai. Bombay: Himalaya Publishing.

Mukherjee, S.N. 1982. 'Raja Rammohan Roy and the Debate on the Status of Women in Bengal'. In *Women in India and Nepal*. Edited by Michael Allen and S.N. Mukherjee. Canberra: The Australian National University.

Namboodiripad, E.M.S. 1975. 'Perspective of the Women's Movement'. *Social Scientist*, 4(4-5), November-December.

Nanda, B.R. (ed.). 1976. *Indian Women from Purdah to Modernity*. Delhi: Vikas Publishing House.

Nayak, Nalini. 1990. 'The Kerala Fishworkers' Struggle'. In *A Space within the Struggle: Women's Participation in People's Struggle*. Edited by Ilina Sen. New Delhi: Kali for Women.

Nehru, S.K. 1935. *Our Cause*. Allahabad: Kitabistan.

Niranjana, Seemanthini. 2000. 'Transitions and Reorientations: On the Women's Movement in India'. In *Contemporary India: Transitions*. Edited by Peter Ronald deSouze. New Delhi: Sage Publications.

Omvedt, Gail. 1975. 'Rural Origins of Women's Liberation in India'. *Social Scientist*, 4(4-5), November-December.

—. 1978. 'Women and Rural Revolt in India'. *Journal of Peasant Studies*, 5(3), April.

—. 1980. *We Will Smash This Prison*. New Delhi: Orient Longman.

—. 1983. 'Devdasi Custom and the Fight Against It'. *Manushi*, 4(1), November-December.

—. 1986. 'Peasants and the Women, Challenge of Chandwad'. *Economic and Political Weekly*, 21(48), November 29.

—. 1988. 'Analysing Capitalism, Defining Revolution: Dalits, Women and Peasants'. *Economic and Political Weekly*, 23(48).

—. 1990. 'The Farmers' Movement in Maharashtra'. In *A Space within the Struggle: Women's Participation in People's Struggle*. Edited by Ilina Sen. New Delhi: Kali for Women.

—. 1993. *Reinventing Revolution: New Social Movement and Socialist Tradition in India*. Armonk: M.E. Sharpe.

Omvedt, Gail and Rao, N. 1998. 'Mobilsation of Rural Women: The Khanapur Taluka Experience'. In *Decade of Women's Movement in India*. Edited by N. Desai. Bombay: Himalaya Publishing House.

Patricia, Loveridge. 1994. 'Approaches to Change: The All India Democratic Women's Association and Marxist Approach to the Women Question in India'. *Indian Journal of Gender Studies*, 1(2), July-December.

Patel, Sujata. 1988. 'Construction and Reconstruction of Women in Gandhi'. *Economic and Political Weekly*, 23(8), February 20.

Patel, Vibhuti. 1985. 'Indian Women on War Path.' In *Reaching for Half the Sky*. Edited by Magan Desai. Baroda: Antar Rashtriya Prakashan.

Pradhan, Sadasiba. 1986. *Agrarian and Political Movements: State of Orissa*. New Delhi: Inter-India Publications.

Purushothaman, Sangeetha. 1998. *The Empowerment of Women in India: Grassroots Women's Networks and the State*. New Delhi: Sage Publications.

Ranadive, Vimal. 1979. 'Women and the Labour Movement'. *Manushi*, 1(1), January.

Rani, Jyothi T. and Vidmahe, Katyayani. 1999. 'Towards Women's Emancipation: Three Decades of New Democratic Revolutionary Movement'. In *Indian Journal of Human Rights*, 3(1 and 2), January-December.

Rao, Uma and Devi, Meera. 1984. 'Glimpses: UP Women's Response to Gandhi: 1921-1930'. *Samya Shakti–A Journal of Women's Studies*, 1(2).

Ray, Bharati and Basu, Aparna. 1990. *Women's Struggle: A History of the All India Women's Conference, 1927–1990*. New Delhi: Manohar.

Ray, Raka. 1999. *Fields of Protest: Women's Movements in India*. New Delhi: Kali for Women.

Reddy, Narasimha D. and Patnaik, Arun. 1993. 'Anti-Arrack Agitation of Women in Andhra Pradesh'. *Economic and Political Weekly*, 28(21).

Rege, Sharmila. 1998. 'Dalit Women Talk Differently: A Critique of "Difference" and Towards a Dalit Feminist Standpoint Position'. *Economic and Political Weekly*, October 31.

Rohini, R.R., Gothoskar, Sujata and Chaturvedi, Neelam. n.d. *My Life is One Long Struggle: Women, Work, Organisation and Struggle*. Belgaum: Pratishbad.

Rose, Kalima. 1992. *Where Women are Leaders: The SEWA Movement in India*. Delhi: Vistaar.

Roy, Singha K. Debal. 1992. *Women in Peasant Movements*. New Delhi: Manohar.

Safa, H.I. 1984. 'Changing Modes of Production: A Report from a Women's Organisation'. *Samya Shakti—A Journal of Women's Studies*, 1(2).

Sail, Shashi. 1988. 'The Chhattisgarh Mahila Jagriti Sangathan Revisited'. *Decade of Women's Movement in India*. Edited by N. Desai. Bombay: Himalaya Publishing House.

Saldanha, Indra Munshi. 1986. 'Tribal Women in the Warli Revolt, 1945-47: Class and Gender in the Left Perspective.' *Economic and Political Weekly*, 21(17), April 26.

Samya Shakti—A Journal of Women's Studies. 1984. 'Editorial'. Special Issue.

Sangari, Kumkum and Vaid, Sudesh. 1989. *Recasting Women: Essays in Colonial History*. New Delhi: Kali for Women.

Sarkar, Tanika. 1991. 'Women as Communal Subject: Rashtrasevika Samiti and Ram Janmabhoomi Movement'. *Economic and Political Weekly*, 26(35), August 31.

Sarkar, Tanika and Butalia, Urvashi. 1995. *Women and Hindu Right: Collection of Essays*. New Delhi: Kali for Women.

Sathe, Nirmala. 1990. 'The Adivasi Struggle in Dhulia'. In *A Space within the Struggle: Women's Participation in People's Struggle*. Edited by Ilina Sen. New Delhi: Kali for Women.

Savara, Mira and Gothoskar, Sujata. 1984. 'An Assertion of Women Power: Organising Landless Women in Maharashtra'. In *In Search of Answers*. Edited by Madhu Kishwar and Vanita Ruth. London: Zed Books.

Sen, Ilina. 1984. 'Mahila Mukti Dalli Rajhara: A Report from a Women's Organisation'. *Samya Shakti–A Journal of Women's Studies*, 1(2).

—. 1987. 'Women's Participation in Trade Union Struggle'. *Economic and Political Weekly*, 22(27).

—. 1989. 'Feminist, Women's Movements and the Working Class'. *Economic and Political Weekly*, 24(29).

—. 1990a. *A Space within the Struggle: Women's Participation in People's Movements*. New Delhi: Kali for Women.

—. 1990b. 'Workers' Struggle in Chhattisgarh'. In *A Space within the Struggle: Women's Participation in People's Struggle.* Edited by Ilina Sen. New Delhi: Kali for Women.

—. 1999. 'Feminists, Women's Movement and the Working Class'. In *Gender and Politics in India.* Edited by Nivedita Menon. Delhi: Oxford University Press.

Sen, S.P. (ed.). 1979. *Social and Religious Reform Movements in the Nineteenth and Twintieth Centuries.* Calcutta: Institute of Historical Studies.

Sen, Samita. 2002. 'Towards a Feminist Politics? The Indian Women's Movement in Historical Perspective'. In *The Violence of Development: The Politics of Identity, Gender and Social Inequalities in India.* Edited by Karin Kapadia. New Delhi: Kali for Women.

Sen, Shipra. 1972. 'Participation in National Politics'. *Social Change,* 2(1), March.

Shah, Kalpana. 1984. *Women's Liberation and Voluntary Action:* Delhi: Ajanta Publishers.

Shahshahani, Soheila. 1984. 'Religion, Politics and Society: A Historical Perspective on the Women's Movement in Iran'. *Samya Shakti–A Journal of Women's Studies,* 1(2).

Sharma, Kumud. 1984. 'Women in Struggle: A Case Study of the Chipko Movement'. *Samya Shakti–A Journal of Women's Studies,* 1(2).

Sharma, Radha Krishna. 1981. *Nationalism, Social Reform and Indian Women.* Patna: Janki Prakashan.

Sheth, Pravin. 1979. 'Profile of Women in Gujarat'. In *Symbols of Power: Studies on Political Status of Women in India.* Edited by Vina Mazumdar. Delhi: Allied Publishers.

Shintri, Sarojini and Raghavendra, Rao K. 1983. *Women Freedom Fighters in Karnataka.* Dharwad: Karnataka University.

Shiva, Vandana. 1986. 'Ecology Movements in India'. *Alternatives,* 9(2).

—. 1988. *Staying Alive: Women, Ecology and Survival in India.* New Delhi: Kali for Women.

Southard, Barbara. 1995. *The Women's Movement and Colonial Politics in Bengal: The Quest for Political Rights, Education and Social Reform Legislation, 1921–1936.* New Delhi: Manohar.

Steve, Derne. 2001. 'The Indian Women's Movement and Feminist Theory: An Assessment of Mackinnon's Model'. *Man in India,* 81(3 and 4), July-December.

Stree Shakti Sangathana. 1989. *We are Making History...: Life Stories of Women in the Telangana People's Struggle.* New Delhi: Kali for Women.

Subhadra and Rahul. 1999. 'Protest Movement of Bhil Tribal Women: The Issue of Rights'. *Indian Journal of Human Rights,* 3(1 and 2).

Tanner, Clare L. 1995. 'Class, Caste and Gender in Collective Action: Agricultural Labour Unions in Two Indian Villages'. *Journal of Peasant Studies,* 22(4).

Thapar, Romila. 1975. 'Looking Back in History'. In *Indian Women.* Edited by Devaki Jain. New Delhi: Ministry of Information and Broadcasting.

Vaid, Sudesh. 1984. 'Breaking Fears' Silence'. In *In Search of Answers.* Edited by Madhu Kishwar and Vanita Ruth. London: Zed Books.

Varma, Sudhir. 1997. *Women's Struggle for Political Space. From Enfranchisement to Participation.* Jaipur: Rawat Publilcations.

Velayudhan, Meera. 1984. 'Women Workers and Struggle in Alleppey'. *Samaya Shakti–A Journal of Women's Studies,* 1(2).

Vindhya, U. 1990. 'The Srikakukam Movement'. In *A Space within the Struggle: Women's Participation in People's Struggle.* Edited by Ilina Sen. New Delhi: Kali for Women.

—. 2000. 'Comrades-in-Arms: Sexuality and Identity in the Contemporary Movement in Andhra Pradesh and the Legacy of Chalam'. In *A Question of Silence? The Sexual Economies of Modern India.* Edited by Mary John and Janki Nair. New Delhi: Kali for Women.

Vyas, Anju and Singh, Sunita. 1993. *Women's Studies in India: Information Sources, Services and Programmes.* New Delhi: Sage Publications.

Weber, Thomas. 1987. 'Is there Still a Chipko Andolan?'. *Pacific Affairs,* 60(4), Winter.

Whyter, Robert Orr and Whyte, Pauline. 1982. *The Women of Rural Asia.* Boulder: Westview Press.

Zehol, Lucy T. 1998. 'Women's Movement in Manipur: Some Observations'. *Social Movements in North-East India.* Edited by M.L. Karna. New Delhi: Indus Publishing Company.

7

औद्योगिक कामगार (श्रमिक) वर्ग के आंदोलन

(Industrial Working Class Movements)

पश्चिमी प्रौद्योगिकी पर आधारित, आधुनिक ऊर्जा द्वारा चालित उद्योग उन्नीसवीं शताब्दी के मध्य 1850 के दशक में भारत में आये।[1] बम्बई (मुंबई) और कलकत्ता (कोलकाता) के आसपास रेल का निर्माण हुआ। पहली लाइन गुजरात में बम्बई और बड़ौदा और दूसरी लाइन कोयले की खानों के आसपास रानीगंज और कोलकाता में बनी। प्रथम कपड़े की मिल 1855 में बम्बई में कपड़े का उत्पादन करने लगी। लगभग इसी समय, कलकत्ता में जूट का कारखाना शुरू हुआ। बीसवीं सदी के प्रारंभ तक औद्योगिकीकरण मुख्यत: रूई और जूट के उद्योगों तक सीमित रहा। इसी अवधि में वृहत् आधार पर चाय की खेती की जाने लगी, किन्तु इसमें काम करने वाले मजदूरों को सामान्यत: गैर-औद्योगिक माना जाता था। कपड़े के उद्योगों का पहले बम्बई (मुंबई) में विकास हुआ और बाद मे गुजरात में अहमदाबाद, महाराष्ट्र में शोलापुर, और नागपुर और उत्तर प्रदेश में कानपुर जैसे स्थानों पर फैला। सन् 1914 में 264 कपड़े की मिलें थीं, जिनमें 2,60,000 श्रमिक काम करते थे। बंगाल में 1912 में 60 जूट के कारखाने थे, जिनमें 2,00,000 श्रमिक नियोजित थे। सन् 1914 तक रेलवे में 6,00,000 व्यक्ति काम करते थे (कार्निक, 1966)।

जमशेदपुर में 1911 में लोहे एवं स्टील के उद्योग की स्थापना हुई जो कि औद्योगिक विकास में एक बड़ी युगान्तरकारी घटना थी, यद्यपि इसमें अधिक तादाद में श्रमिक नियोजित नहीं थे। इसके अतिरिक्त, 1910 तक खानों में लगभग 1,50,000 मजदूर और बागबानी में 7,00,000 श्रमिक नियोजित थे। उद्योगों के एक सर्वेक्षण के अनुसार, सन् 1999 में सार्वजनिक और निजी औद्योगिक क्षेत्रों में 281 लाख व्यक्ति काम करते थे। इसमें नगरीय और ग्रामीण दोनों क्षेत्र शामिल हैं। ये लोग बागानों, खदानों, निर्माण कार्य, सेवाओं, यातायात और संचार में लगे हुए थे (*हैंडबुक ऑफ इन्डस्ट्रियल पॉलिसी एंड स्टेस्टिक्स*, 2001)।

अर्थशास्त्रियों, समाजशास्त्रियों और नियोजकों द्वारा गैर-खेतिहर श्रमिकों को सामान्यत: दो भागों में विभाजित किया जाता है—संगठित और असंगठित, अथवा औपचारिक और

अनौपचारिक। 'संगठित' या 'असंगठित' क्षेत्रों की कोई निश्चित परिभाषा नहीं है। कुछेक के लिये यह 'लघु स्तरीय उद्योगों' तक सीमित है और अन्य व्यक्तियों के लिये इसमें वृहत् कारखानों में काम करने वाले श्रमिकों के अलावा खेतिहर मजदूरों सहित सभी वेतनभोगी व्यक्ति आते हैं। यह भी एक विवाद्य विषय है कि 'लघु उद्योग' किसे कहा जाना चाहिये।[2] सामान्यतः, काम करने वालों की संख्या, उनकी दशा और पूंजी को मानकों के रूप में प्रयोग किया जाता है। इनके आधार पर यह निर्धारित किया जाता है कि कोई उद्योग लघु है अथवा बड़ा है, चाहे सुरक्षा और वेतन के रूप में कामगारों को कानून से सुरक्षा क्यों न मिली हुई हो। इसमें श्रमिक की दशा का निर्णय, सामान्यतः वेतन, सुरक्षा और ऐसे अन्य संरक्षण जो कारखाना नियम (एक्ट) में आते हैं, के आधार पर किया जाता है। ये निर्णय श्रमिक वर्ग के संगठन और चेतना से जुड़े हुए नहीं हैं। इस अर्थ में, सामाजिक मानवशास्त्री मार्क होमस्ट्रोम के अनुसार, 'लघु-स्तरीय क्षेत्र' एक स्वातंत्र्योत्तर घटना है। सन् 1947 के पूर्व

> कई छोटी फर्में, विशेषतः अभियान्त्रिकी, की थीं जो रूई और जूट मिलों तथा अन्य बड़े कारखानों को कच्चा माल देती थीं, किन्तु कारखानों और कार्यशालाओं के बीच कोई अन्तर नहीं था। बड़े कारखाने 'कारखाना एक्ट' से स्वास्थ्य और सुरक्षा जैसे मामलों में बंधे हुए थे और उनमें श्रमिक संघों की अधिक संभावना थी, किन्तु उनके श्रमिकों को छोटे कारखानों की अपेक्षा न तो अधिक मजदूरी दी जाती थी और न हीं उन्हें अधिक सुरक्षा हासिल थी। श्रमिक को बाजार भाव के अनुसार वेतन दिया जाता था, जो बहुत कम होता था, और उसे कभी भी हटाया जा सकता था। (1985: 76)

हमारे लिये होमस्ट्रोम के इस विचार को स्वीकार करना कठिन है कि स्वतंत्रता के पूर्व टाटा की 'टिस्को' कम्पनी में कार्यरत लोगों को नगरीय क्षेत्र की छोटी फर्म में काम करने वालों या ग्रामीण क्षेत्रों के बीड़ी मजदूरों की अपेक्षा कम मजदूरी मिलती थी और वे कम सुरक्षित थे। टिस्को के मजदूरों को यह लाभ था कि वहां मजदूर संगठन था। किन्तु प्रश्न उठता है कि टिस्को में श्रमिक संघ के क्या कारण थे? वे तथा छोटे कारखानों के मजदूर मिल कर क्यों नहीं सामूहिक संघर्ष करते थे और नियोक्ताओं से प्रभावशाली ढंग से मोल-तोल करते थे? कोई भी व्यक्ति ऐसे मुद्दे उठा सकता है, किन्तु जहां तक इस अध्ययन का प्रश्न है, ये मुद्दे विषय से कुछ अलग हैं क्योंकि हम यहां उपलब्ध साहित्य तक सीमित हैं। एक महत्वपूर्ण प्रश्न यह है कि असंगठित क्षेत्र में कार्यरत मजदूरों के संघर्षों से संबंधित अध्ययन बहुत कम है (जैफरे, 1981; कानन, 1988)। असंगठित मजदूर वे लोग हैं जो लघु उद्योगों में कार्यरत हैं और वे वेतनभोगी हैं जो गैर-कृषि कार्यों में लगे हुए हैं। कुली, ठेले चलाने वाले, छोटे दुकानदार, वाहनों तथा अन्य चीजों को ठीक करने वाले, कारीगर तथा कई अन्य लोग हैं जो तथाकथित 'स्व-नियुक्त' की श्रेणी में आते हैं। नगरीय कामगारों में इनका अनुपात बहुत ज्यादा है। सैद्धान्तिक दृष्टि से हम खेतिहर मजदूरों और जंगल में काम करने वालों को भी इसी श्रेणी में सम्मिलित करना चाहेंगे, किन्तु हमने सुविधा की दृष्टि से इन लोगों के संघर्षों को खेतिहर और जनजातीय लोगों में सम्मिलित किया है। संगठित क्षेत्र के मजदूरों को हम सफेदपोश कामगार

और नीली वर्दी कामगार में बांट सकते हैं। जहां तक बाजार के रोजगार ढांचे में उनकी स्थिति, काम करने की दशाओं, गतिशीलता, श्रमिकों के संगठन, उनके संघर्षों और चेतना का प्रश्न है, यह विभाजन वास्तविक की अपेक्षा कृत्रिम अधिक है। नगरीय क्षेत्रों में विभागीकरण नहीं हुआ है और कामगार एक क्षेत्र को छोड़कर दूसरे में चले जाते हैं (ब्रीमैन, 1976, 1986; चन्दावारक, 1985, 1994, 1998)। इसके अतिरिक्त, अपने अधिकारों के प्रति उनके संघर्ष केवल उनके कार्यस्तर तक सीमित नहीं हैं। ये लोग पुलिस, नगर परिषद् अधिकारियों, गन्दीबस्ती के ठेकेदारों तथा कई अन्य शक्तिशाली समूहों और सत्ता के केन्द्रों के खिलाफ गन्दीबस्ती या पटरियों पर रहने वालों, दैनिक आने-जाने वालों, परदेशियों, दलितों आदि के रूप में सामूहिक जन आंदोलनों में भाग लेते हैं। फिर भी, नगरीय गरीब लोगों के आंदोलनों से संबंधित साहित्य अभी तक बहुत कम है, अतः हमने यहां उस पर विचार नहीं किया है। नगरीय मध्यम वर्ग द्वारा किये गये और उन पर हावी रहे आंदोलनों का पृथक रूप में विवेचन किया गया है। इसी प्रकार, औद्योगिक प्रदूषण और नगरीय पर्यावरण के मुद्दों पर चर्चा भी अन्यत्र की गई है। यह अध्याय मुख्यतः आर्थिक मुद्दों को लेकर संगठित और असंगठित क्षेत्रों में कार्यरत नीली वर्दीधारी कामगारों द्वारा किये गये आंदोलनों से संबंधित है।

राजनीतिक विज्ञानियों द्वारा यह क्षेत्र लगभग अनछुआ रहा है, यद्यपि कामगार वर्ग की श्रमिक राजनीति और 'चेतना' उनके विषय क्षेत्र हैं। समाजशास्त्रियों ने औद्योगिक समाजशास्त्र के विषय को विकसित कर अभी हाल इस क्षेत्र में छानबीन शुरू की है। किन्तु कुल मिलाकर, 'उद्योग' और 'कामगार वर्ग' संबंधी अध्ययन अधिकतर तथाकथित औद्योगिक विकास तक सीमित रहे हैं जो पारम्परिक अर्थशास्त्रियों द्वारा कुल मूल्य, कीमत, विनियोजन और उत्पादन के संदर्भ में संकुचित दृष्टि से किये गये हैं। वी.डी. कैनेडी ने सही रूप में कहा है कि 'अर्थशास्त्र श्रमिक संघवाद और औद्योगिक संबंधों दोनों के अध्ययन के प्रति निरुत्साही रहा है क्योंकि यह व्यावहारिक, संस्थागत विषय क्षेत्र है और इसके लिये आनुभविक क्षेत्र में कार्य करने की जरूरत पड़ती है। 'यह अध्ययन का एक तरीका है जिसकी भारतीय सामाजिक विज्ञानियों द्वारा उपेक्षा की गई है' (1966: 3)। इस क्षेत्र में मुख्यतः मनोविज्ञानियों, श्रमिक संघों के कार्यकर्ताओं, सामाजिक कार्यकर्ताओं और प्रबंधन विशेषज्ञों का वर्चस्व रहा है। संगठनात्मक व्यवहार में विशेषज्ञता रखने वाले मनोविज्ञानियों और प्रबंधन विशेषज्ञों की रुचि व्यक्तिगत स्तर पर प्रतिबद्धता और प्रेरणा में रहती है। वे कठिनतः ही 'वर्ग' या 'समुदाय' की घटनाओं की कभी चर्चा करते हैं। ये विशेषज्ञ सामाजिक कार्यकर्ताओं को प्रभावित करने से संबंध रखते हैं। औद्योगिक संबंधों का अध्ययन करते समय ई.ए. रामास्वामी कहते हैं कि 'शैक्षिक सामाजिक कार्यकर्ताओं की मुख्य चिन्ता कर्मचारियों और श्रम अधिकारियों के प्रशिक्षण करते समय सामग्री को तैयार करने की होती है। औद्योगिक संबंधों से संबंधित जो शोध होता है, उसमें से अधिकांश, वास्तव में, प्रशिक्षण पाठ्य सामग्री के उपयोग के लिये छपी होती है। इन पाठ्य पुस्तकों को अविवेकी रूप में अप्रचलित पिष्टोक्ति मान लिया जाता है और उन्हें स्थापित सत्य की स्थिति तक ऊंचा उठा दिया जाता है' (1978a: 2)। अतः, उनके लिये कामगारों के आंदोलनों को 'विपथगामी' और 'अप्रासंगिक' कहना स्वाभाविक है।

फिर भी, इतिहासकारों ने श्रम इतिहास के एक हिस्से के रूप में इस क्षेत्र की खोजबीन की है और कुछ सुचारु शोध पर आधारित अध्ययन अब उपलब्ध हैं (न्यूमैन्, 1981; लैटेन, 1982, 1983; रॉब्ब, 1993; चक्रवर्ती, 1989; चंदावरकर, 1998; गोसू, 2001) 1980 के दशक में और इसके पहले हुए अध्ययनों की रूपरेखा 'औद्योगिक मजदूरों' तक सीमित रही है, जबकि सामाजिक विज्ञानों में पैराडाइम में फेरबदल के कारण श्रमिक को केवल एक आर्थिक श्रेणी न मान कर एक सामाजिक-आर्थिक हस्ती माने जाने के बाद से 1990 के दशक में नगरीय गरीबों के अध्ययन भी किये जाने लगे। ए.आर. देसाई, पुनेकर और वरिकेयिल (1989) द्वारा 1850 से लेकर 1920 तक खानों, बागानों और उद्योगों के श्रमिकों की दशाओं और आंदोलनों संबंधी दस्तावेजों का संकलन श्रम इतिहासकारों के लिये एक बहुमूल्य स्रोत ग्रंथ सिद्ध हुआ है। यह सही है कि 1960 और 1970 के दशकों के बीच 'कामगार वर्ग के आंदोलन' के व्यापक शीर्षक के अन्तर्गत कई अध्ययन प्रकाशित हुए हैं, किन्तु वे औद्योगिक मजदूरों की सीधी कार्रवाई के लिये सामूहिक लामबन्दी की अपेक्षा श्रमिक संघों के विकास और कार्यकलापों तक मुख्यतः सीमित रही हैं (शर्मा, 1963; माथुर, 1964; कार्निक, 1966; रेवरी, 1972; सेन, 1977; भौमिक, 1998)। एक व्यक्ति यह कह सकता है कि अपनी मांगों को मनवाने के लिये कामगारों की श्रमिक संघों में सहभागिता लामबंदी का एक रूप ही तो है। किन्तु इस प्रकार की वैचारिक सोच संगठित आंदोलनों की हमारी दृष्टि को सीमित कर श्रमिक संघों की पहल और समर्थन के बिना नगरीय श्रमिकों द्वारा किये गये आंदोलनों के वृहत् क्षेत्रों को बाहर कर देती है। वास्तव में, उन्नीसवीं शताब्दी और 1920 और 1930 के बीच हुई बम्बई (मुंबई), कानपुर, अहमदाबाद, नागपुर, कोयम्बटूर और कोलकाता में श्रमिक संघों की बिना पहल के ऐसी कई हड़तालें हुई थीं (चंदावरकर, 1998; गोसू, 2001)। जहां तक इस लेख का प्रश्न है, हम तथाकथित 'श्रमिक संघ आंदोलन' को अकेले रूप में अध्ययन का केन्द्र नहीं मानते। हम इस आंदोलन का विश्लेषण हड़तालों और अन्य विधियों द्वारा किये गये आंदोलनों के संदर्भ में करेंगे।

समाज के अन्य भागों की तरह, संगठित और असंगठित दोनों क्षेत्रों के औद्योगिक मजदूर हड़तालों, सत्याग्रहों, भूख हड़तालों, बंधों और हड़तालों (सम्पूर्ण हड़ताल), घेरावों, प्रदर्शनों, वृहत् आधार पर आकस्मिक अवकाश, नियम के अनुसार काम, बिजली की आपूर्ति रोकना आदि जैसे विभिन्न प्रकार की सामूहिक कार्रवाइयों का प्रयोग करते हैं (कन्नाप्पन और सरन, 1967)।

अपनी मांगों की पूर्ति के लिये मजदूरों द्वारा व्यापक रूप में प्रयोग की जाने वाली हड़ताल एक सर्वाधिक सामान्य विधि है। मोटे रूप में, कामगारों के एक समूह द्वारा सामूहिक रूप में कार्य को रोकने को हड़ताल कहते हैं।[3] सत्याग्रह और भूख हड़ताल में काम को रोकना आवश्यक नहीं होता है। इन विधियों की शुरुआत गांधी जी ने की थी। कामगारों की भूख हड़ताल, बंध और प्रदर्शनों का कोई पूर्ण अध्ययन उपलब्ध नहीं है। हड़ताल पर जाने की अपेक्षा आकस्मिक अवकाश पर जाने, नियम के अनुसार काम करने की विधि का प्रयोग करने

के बारे में कोई अध्ययन करने का प्रयास नहीं किया गया है। क्या ये विधियां हड़ताल को रोकने के लिये प्रयोग की जाती हैं। यह माना जाता है कि यद्यपि हमेशा नहीं, बहुधा ये कार्यक्रम हड़ताल के हिस्से होते हैं, अतः विद्वानों ने इन पर विशेष ध्यान नहीं दिया है।

'घेराव' का अर्थ घेराबन्दी से है। कामगार किसी कार्यालय, नियोक्ता या मैनेजर के निवास स्थान या केबिन को चारों से घेर कर अपनी मांगों को मनवाने के लिये दबाव डालते हैं। यह तकनीक 1960 के दशक के मध्य में पश्चिमी बंगाल में शुरू की गई। 'घेराव' की तकनीक और औद्योगिक संबंधों पर इसके प्रभावों के बारे कुछ अध्ययन हुए हैं (डे एवं श्रीवास्तव, 1967; कन्नाप्पन एवं शरण, 1967; अग्रवाल, 1968)।

औद्योगिक क्षेत्र में कामगारों की हड़तालें उन्नीसवीं शताब्दी में आधुनिक औद्योगिक विकास के प्रारंभिक चरण में शुरू हो गई थीं। इसकी शुरुआत 1862 में हावड़ा स्टेशन पर रेलवे के 1200 कामगारों की हड़ताल से हुई। कपड़े की मिलों के कामगारों ने नागपुर में 1877 में, बम्बई में 1882 में बड़े स्तर पर हड़तालें कीं। इनका विस्तृत विवरण उपलब्ध नहीं है। सामान्यतः इन्हें असंगठित और स्वैच्छिक मानकर इनकी उपेक्षा की जाती है, यद्यपि बम्बई की हड़ताल को भारत में श्रमिक आंदोलन की शुरुआत माना जाता है (कार्निक, 1966)। उन्नीसवीं शताब्दी के अन्त तक बम्बई, कलकत्ता, अहमदाबाद और मद्रास में कपड़े, जूट, बागान, खान और रेलवे के मजदूरों ने कई हड़तालें कीं। सरकारी स्रोतों के अनुसार, प्रत्येक कारखाने में प्रति वर्ष लगभग दो हड़तालें हुईं। ये हड़तालें बहुधा व्यक्तिगत शिकायतों के आधार पर स्थानीय और लघु-अवधि तक सीमित थीं (बुचनान, 1934)।

प्रथम विश्व युद्ध के बाद, कामगार वर्ग के आंदोलनों ने एक संगठित रूप ले लिया और परिणामतः 'आधुनिक परिपाटी' के आधार पर श्रमिक संघों का निर्माण हुआ। मद्रास के कपड़ा मिल मजदूरों ने 'मद्रास श्रमिक संघ' की स्थापना की जिसने 1918 में हड़ताल की। लगभग इसी समय, अहमदाबाद के कपड़ा मिल मजदूरों ने भी हड़ताल की। इसमें गांधी जी ने हस्तक्षेप किया और मजदूरों का नेतृत्व किया। परिणामतः, 'कपड़ा मिल संघ' की 1920 में स्थापना हुई। इसी काल में एक अन्य महत्वपूर्ण हड़ताल टिस्को के मजदूरों ने सन् 1920 में जमशेदपुर में की। इनके अलावा, बम्बई, नागपुर, कलकत्ता तथा अन्य स्थानों में कई हड़तालें हुईं जिन्होंने कई संघों को जन्म दिया। 1920 के दशक की शुरुआत एक बड़ी संख्या में हड़तालों से हुई। सरकारी आंकड़ों के अनुसार, 1921 में 396 हड़तालें हुईं जिसमें 6,00,00 श्रमिकों ने भाग लिया। कुल 6,894 हजार मानव दिनों की क्षति हुई। सन् 1921 और 1925 के बीच, औसतन 4,00,000 कामगारों ने प्रति वर्ष हड़तालों में भाग लिया। 1930 के दशक के अंत तक हड़तालों की संख्या और बढ़ गई और 1947 में यह संख्या शिखर पर पहुंच गई। इस वर्ष में 1811 हड़तालें हुईं जिसमें 1,840 हजार लोगों ने भाग लिया (गिरी, 1962; कार्निक, 1966; जोशी, 1969)। सन् 1947 और 1960 के बीच हड़तालों की संख्या कम हो गई (मेयर्स एवं कन्नाप्पन, 1958)। फिर भी, हड़तालों और तालाबंदी सहित आंदोलनों की संख्या 1960 और 1970 के दशकों में बढ़ गई। 1964 में 2,151 विवाद थे जिसमें 1,002 हजार कामगारों ने भाग

लिया। इसमें 7,725 'मानव दिनों की क्षति' हुई। रामास्वामी और रामास्वामी ने इस बात पर बल दिया कि विवादों की संख्या और भाग लेने वाले श्रमिकों की संख्या की अपेक्षा मानव दिनों की क्षति संघर्ष की तीव्रता और प्रभाव का अधिक विश्वसनीय संकेतक है (1981: 210)।

कई अध्ययन हड़तालों के बारे में यह सांख्यिकीय जानकारी देते हैं कि किसी उद्योग, या नगर, एक क्षेत्र या सम्पूर्ण भारत के स्तर पर कितने समय हड़ताल रही (मुखोपाध्याय, 1946; जोशी, 1969; वैद, 1972; पटनायक, 1993)। इन अध्ययनों के आंकड़ों का स्रोत सरकारी दफ्तर रहे हैं। यहां यह लिखा जा सकता है कि 'लेबर गज़ेटियर' (राजपत्र) जो कि श्रम कार्यालय द्वारा विभिन्न राज्यों में प्रकाशित किया जाता है, उसमें हड़तालों की महीने के अनुसार सूचना दी जाती है। यह सूचना औद्योगिक परिदृश्य के वृहत् चित्र बनाने में महत्वपूर्ण है, किन्तु एक व्यक्ति को इसे स्वीकार करते समय थोड़ी खटास का अनुभव होता है। इन सांख्यिकीय आंकड़ों के बारे में रामास्वामी सही रूप में यह कहते हैं कि 'इनमें हड़तालों को इस रूप में दर्शाया गया है कि जैसे उनके कारणों, परिणामों, मानव दिन और उत्पादन की क्षति और इसी प्रकार के अन्य संकेतकों, का स्पष्ट रूप में वर्गीकरण किया जा सकता है' (1978b)। इसके साथ ही ये आंकड़े विश्वसनीय भी नहीं हैं। कई हड़तालों में किसी एक अकेले कारण को ढूंढना अत्यंत कठिन है, और 'तात्कालिक कारण हड़ताल के मुख्य मुद्दों का कोई सुराग नहीं दे पाता' (रामास्वामी 1978b)।

आंकड़ों की ये सीमाएं होते हुए भी, वी.बी. कार्निक का अध्ययन *भारत में हड़ताल* एक उपयोगी पुस्तक है जो हड़तालों के बारे में ऐतिहासिक जानकारी देती है। यह 1850 और 1950 के बीच हुई प्रमुख हड़तालों का एक कालक्रमानुसार विवरण देती है। जी.के. शर्मा की पुस्तक (1963) एक अन्य अध्ययन है वह भी एक सौ वर्षों की अवधि के श्रम आंदोलन का ऐतिहासिक विवरण प्रस्तुत करता है, इसमें मुख्यत: कामगार-वर्ग के संगठनों को अध्ययन का केन्द्र बनाया गया है। इसी प्रकार के अध्ययन झा (1970) और रेवरी (1972) द्वारा किये गये हैं। औद्योगिक कामगार वर्ग के आंदोलन के समय-काल को चार अवस्थाओं में विभाजित किया जा सकता है—(1) 1850 से 1890; (2) 1890 से 1918; (3) 1918 से 1947; और (4) स्वतन्त्रता के बाद का काल। पहली अवस्था औद्योगिक उत्पादन के प्रारंभ से शुरू होती है और श्रमिक संघों के निर्माण के साथ इसका अन्त होता है। इस काल में हड़तालें अनायास (स्वत: स्फूर्त) और असंगठित थीं। मजदूरों ने दूसरी अवस्था में श्रमिक संघों का निर्माण किया। वह प्रारंभिक अवस्था थी और ये संगठन मुख्यत: कल्याण कार्यक्रमों से संबंधित थे जो बाहरी उपकारी लोगों द्वारा संचालित किये जाते थे। इस अवधि के दौरान मजदूरों के आंदोलनों का जन्म परोपकार के भाव से हुआ था। यह मजदूरों के आंदोलनों की अपेक्षा मजदूरों के लिये आंदोलन था (ओरनाटी, 1955)। तीसरी अवस्था में श्रमिक संघों का राजनीतिक अभिमुखन हो गया।

दो अथवा तीन शताब्दियों से संबंधित कुछ लघु पुस्तिकाएं (मोनोग्राफ) उपलब्ध हैं जो उपनिवेशी काल में किसी एक विशिष्ट क्षेत्र के कामगार-वर्ग के आंदोलन का विवरण देती हैं।

पंचानन शाह ने (1978) जूट, रेलवे, ट्रामवे और बाटा के कामगारों की विभिन्न हड़तालों का 1920 और 1930 के दशकों का लेखा-जोखा प्रस्तुत किया है। उनकी पुस्तक कामगारों को संगठित करने में विभिन्न दलों की भूमिका और सरकार तथा अन्य नियोक्ताओं द्वारा हड़तालों को तोड़ने के लिये अपनाई गई विधियों की जानकारी देती है। जार्ज लैटेन के अध्ययन (1983) में यद्यपि यह कामगार-वर्ग के आंदोलन से मुख्यत: संबंधित नहीं है, तथापि उपनिवेश काल में बम्बई प्रान्त में सामान्य रूप में राष्ट्रीयता के आंदोलन तथा विशेष रूप में बुर्जुआई आंदोलन के संदर्भ में विभिन्न हड़तालों और श्रमिकों संघों की आलोचनात्मक समीक्षा की गई है। उनकी मुख्य: वैचारिक चिन्ता यह रही है: विशेष रूप में बम्बई प्रेजीडेंसी में, 'मजदूर किस सीमा तक ऐसे कामगार-वर्ग में आते हैं, जो कि राजनीतिक स्तर पर उच्च वर्ग से स्वतंत्र रूप में कार्य करने की क्षमता रखते हैं?' (1983)। ऐमान मर्फी (1981) और रिचार्ड न्यूमैन (1918) के दक्षिण भारत के चार केन्द्रों—मद्रास, मदुराई, अम्बासमुद्रम और कोयम्बटूर—तथा बम्बई के मजदूरों, उनकी हड़तालों और श्रमिक संघों संबंधी उनका अध्ययन एक महत्वपूर्ण ऐतिहासिक दस्तावेज हैं जिनमें अभिलेखागार से प्राप्त प्राथमिक तथ्यों का प्रयोग किया गया है। दोनों ही अध्ययनों में मजदूर वर्ग की सामाजिक उत्पत्ति और नियुक्ति प्रतिमान, जो उनके संगठनों और संघर्षों को प्रभावित करते हैं तथा 1920 और 1930 के दशकों के दौरान हुई विभिन्न हड़तालों में अन्दर और बाहर नेताओं की भूमिका के संदर्भ में उनकी प्रकृति की समीक्षा की गई है।

1982-83 के बीच में बम्बई में कपड़ा मिल मजदूरों की हड़ताल स्वतंत्रता के बाद के काल में भारत के कामगार-वर्ग के आंदोलन में एक महत्वपूर्ण मोड़ था। इस हड़ताल के समकक्ष भारत में कामगार-वर्ग आंदोलन बहुत कम हुए हैं क्योंकि इसमें काफी संख्या में संगठित के साथ-साथ असंगठित श्रमिकों ने भाग लिया और यह एक वर्ष से अधिक चला। पारम्परिक श्रमिक संघ नेतृत्व असफल हो गया और एक नये प्रकार के नेतृत्व का विकास हुआ। रजनी बक्शी (1986) ने इस हड़ताल की मुख्य घटनाओं, राजनीतिक दलों सहित विभिन्न नेताओं की भूमिका का प्रलेखन किया है। यह दस्तावेज आगे के शोध के लिये काफी उपयोगी सिद्ध हो सकता है। सलीम लक्खा (2002) ने इस हड़ताल के विभिन्न पहलुओं तथा बम्बई के कामगार-वर्ग की राजनीति पर इसके प्रभाव का विश्लेषण किया है। बम्बई हड़ताल के सभी अध्ययनों में से सर्वाधिक सुव्यवस्थित रूप में किया गया शोध एच. वान वरेछ (1992) का है। वरेछ ने न केवल हड़ताल संबंधी विभिन्न मुद्‌दों की विवेचना की है, अपितु मजदूरों के उस ताने-बाने के संचालन का भी अध्ययन किया है जिसके कारण मजदूर वर्ग अपने आपको बनाये रख सका। उन्होंने हड़ताल और नेताओं के बारे में मजदूरों के विचारों का भी अध्ययन किया। यह एक महत्वपूर्ण मानवशास्त्रीय अध्ययन है। कामगार-वर्ग के आंदोलन का 1980 के दशक का एक अन्य महत्वपूर्ण अध्ययन छत्तीसगढ़ के धातु, कपड़ा और खान मजदूरों का है। ये लोग असंगठित क्षेत्र से आये थे और संविदा मजदूरों के रूप में काम कर रहे थे। इन मजदूरों को 'छत्तीसगढ़ खान श्रमिक संघ' (सी.एम.एस.एस.) के अन्तर्गत संगठित

किया गया जिसकी स्थापना शंकर गुहा नियोगी द्वारा 1977 में की गई थी (1992)। नियोक्ताओं के खिलाफ लड़ने के अतिरिक्त सी.एम.एस.एस. ने शराब के खिलाफ एक अभियान चलाया और सामाजिक चेतना उत्पन्न की। इस आंदोलन ने कृषकों, आदिवासियों और औद्योगिक मजदूरों को संगठित किया (जोन, 1998)। हमारे पास इस आंदोलन का अभी तक कोई गहन अध्ययन नहीं है।

हड़तालों को लेकर किए गए अध्ययन सभी घटनाओं को समेटने के मामले में अलग-अलग हैं। कुछ अध्ययन एक कारखाने की एक हड़ताल का तो कुछ अध्ययन किसी विशिष्ट उद्योग की एक हड़ताल या कई हड़तालों का विवेचन करते हैं (मुखोपाध्याय, 1946; जोशी, 1969; घोष, 1973; दत्ता, 1993)। इनके अतिरिक्त, कुछ अध्ययनों ने किसी एक औद्योगिक केन्द्र में किसी एक विशिष्ट अवधि के दौरान हुई विभिन्न हड़तालों को समेटा है। इन अध्ययनों को तीन वर्गों में विभाजित किया जा सकता है—(1) वर्णनात्मक अथवा सांख्यिकीय विवरण; (2) प्रबंधन की दृष्टि से किये गये विश्लेषण, और (3) सामाजिक-आर्थिक और राजनीतिक परिप्रेक्ष्य से किये गये विश्लेषण। वर्णनात्मक अथवा सांख्यिकीय विवरण पत्रकारितावादी लेखन हैं जिनमें हड़तालों का कालक्रमानुसार लेखा-जोखा, मुद्दों और नेताओं के नाम दिये गये हैं। ये अध्ययन मूल्यवान संदर्भ सामग्री प्रदान करते हैं (देसाई, 1961; जोशी, 1969)। औद्योगिक प्रबंधन का एक विद्यार्थी हड़तालों का अध्ययन संघर्षों को सुलझाने और 'किसी संगठन के जीवन में हुई मुख्य घटनाओं का अध्ययन करने' की दृष्टि से करता है। ये अध्ययन मुख्यत: प्रशासन और सामाजिक तकनीकी उत्पादन व्यवस्थाओं के संदर्भ में पूंजी और श्रम के बीच हड़तालों या संघर्षों की समीक्षा करते हैं (चक्रवर्ती, 1969)।

इन अध्ययनों में मजदूरों को पृथक व्यक्तियों के रूप में माना गया है और विश्वास किया गया है कि सामाजिक-आर्थिक संरचना और राजनीतिक व्यवस्था का हड़तालों से कोई लेना-देना नहीं है। इन अध्ययनों में सहभागी रहे मजदूरों के बोध और चेतना की भी कोई खोजबीन नहीं की गई है और न ही मजदूरों के बीच के सामाजिक-आर्थिक संबंधों का अध्ययन किया गया है। ऐसे अध्ययनों के लिये ये प्राथमिकत: श्रम-प्रबंधन संबंधी विषय हैं जैसे कि संबंध शून्य में जन्म लेते हैं। यह कहने की आवश्यकता नहीं कि यह दृष्टिकोण गलत है।

अब कई अध्ययन उपलब्ध हैं जो एक सामाजिक-आर्थिक और राजनीतिक परिप्रेक्ष्य से एक विशिष्ट अवधि में हड़तालों अथवा मजदूर-वर्ग के आंदोलनों की समीक्षा करते हैं (पुनेकर, 1948, 1960; जोसेफ, 1965; कार्निक, 1966; तुलपुले, 1976; रामास्वामी, 1978; कृष्णा, 1979; मर्फी, 1981; न्यूमैन, 1981; बहल, 1982; कुमार, 1983; लैटेन, 1983; पटेल, 1984, 1987; बक्शी, 1986; लक्खा, 2002; पाटनकर, 1988; वरेछ, 1992; चक्रवर्ती, 1989; चंदावरकर, 1998)। विभिन्न अध्ययनों के भिन्न सैद्धान्तिक परिप्रेक्ष्य रहे हैं। ये अध्ययन औपनिवेशिक और उत्तर-औपनिवेशिक कालों में मजदूर वर्ग के आंदोलनों की

जटिलताओं की हमारी समझ को समृद्ध करते हैं। दुर्गापुर स्टील कारखाने के जनरल मैनेजर के रूप में बी. तुलपुले के अनुभवों का वर्णन मजदूर-वर्ग की चेतना और श्रमिक संघवाद को समझने में राजनीतिक व्यवस्था, आर्थिक संरचना और संस्कृति की महत्ता पर प्रकाश डालता है। दीपेश चक्रवर्ती (1984) ने मजदूरों की संस्कृति के संदर्भ में 1920 और 1930 के दशकों के जूट मजदूरों की हड़तालों की समीक्षा की है। लैटेन (1983) और पटेल (1984, 1987) ने औपनिवेशिक काल में मजदूर-वर्ग के आंदोलनों पर प्रकाश डालते हुए यह प्रश्न किया है कि किस प्रकार बुर्जुआओं ने राष्ट्रीय नेताओं और कांग्रेस दल के माध्यम से या सीधे मजदूर-वर्ग के आंदोलन को सीमित करने का प्रयास किया है। सुजाता पटेल कहती हैं—

> अहमदाबाद के मजदूरों ने वर्ग संघर्ष को आगे बढ़ाने में गांधीवादी आदर्शों के कुछ तत्वों को अपनाने का यत्न किया है। किन्तु, जब पूंजी के प्रतिनिधियों ने हस्तक्षेप करने का निर्णय लिया, तब उन्होंने मजदूरों के आंदोलन की प्रकृति की सीमाओं को निश्चित कर दिया। ये सीमाएं उनको घेरने के लिये मानदंड बन गए जहां से अहमदाबाद में श्रमिक संघ आंदोलन डिग नहीं पाया। श्रमिक आंदोलन के विकास की संरचना और दशा को पूंजी निर्धारित कर सकती है। (1984: 862)

शायद जो बात अहमदाबाद और मुंबई के लिये सही है, वह कलकत्ता (कोलकाता) और मद्रास (चेन्नई) के लिये भी सही हो सकती है। चंदावरकर ने औपनिवेशिक काल में बम्बई में कामगार-वर्ग के आंदोलन संबंधी अपने अध्ययन में मजदूरों, श्रमिक संघों और राज्य के बीच के संबंधों की समीक्षा की है। वे कहते हैं—

> वास्तव में भारत में श्रमिक आंदोलन का विकास यह बताता है कि सामान्य रूप में श्रमिक संघों का उद्भव और विकास विशेष रूप में, सामाजिक या सांस्कृतिक की अपेक्षा राजनीतिक व्याख्या की मांग करता है। श्रमिक संघों का विकास नियोक्ताओं की सहयोगशीलता (इच्छाओं) और राज्य की उनके प्रति सहनशीलता द्वारा अधिकांशत: निर्धारित और संभवत: उस पर निर्भर करता है। यह न तो वर्ग चेतना की किसी विशिष्ट अवस्था के विकास को इंगित करता है और न ही समाजवाद के उद्भव की पूर्वापेक्षा करता है। श्रमिक संगठन के लिये पूंजीवादी सहनशीलता की लब्धि बहुधा कामगारों, श्रमिक संघों और राज्य के बीच के बदलते हुए संबंधों के परिणामों द्वारा निर्धारित होती है। यह महत्वपूर्ण है कि यह राजनीतिक चालक पर निर्भर करती है जो कामगार राज्य शक्ति पर प्राप्त करने में सक्षम होते हैं और परिणामत: वे राजनीतिक दबाव और मोल-तोल के द्वारा पूंजीवादी सहनशीलता की सीमा को बढ़ा पाते हैं। (1998: 99)

भारत में औद्योगिक कामगार वर्ग ने कई मुद्दों पर विभिन्न प्रकार के सामूहिक आंदोलन किये हैं। उपलब्ध साहित्य कार्यवाहियों की प्रकृति और मुद्दों के बीच के सह-संबंधों के बारे में हमें कोई जानकारी नहीं देते हैं। जैसा ऊपर लिखा गया है कि अधिकांश अध्ययन केवल हड़तालों संबंधी हैं। यद्यपि यह जोखिमभरा है, फिर भी हम यह मानते हैं कि हड़तालों के मुद्दे लगभग उसी प्रकार के हैं जो अन्य प्रकार के विरोध में होते हैं। भारतीय श्रम सांख्यिकी हड़तालों के कारणों को इन मुद्दों में विभाजित करती है—वेतन, बोनस, कार्मिक, अवकाश और कार्य के घंटे तथा 'अन्य'। आजकल इस सूची में हिंसा और अनुशासन को और जोड़

दिया गया है। इस वर्गीकरण की कई कमजोरियां हैं। प्रथम, रामास्वामी (1979b) कहते हैं कि सरकारी आंकड़े किसी हड़ताल का कारण, किसी तात्कालिक कारण या किसी मुख्य मांग को बताते हैं, जबकि बहुधा तात्कालिक कारण ऐसी कोई निर्णायक चिनगारी होती है जो 'उबलते हुए तनाव को अधिक उत्तेजित कर देती है'। द्वितीय 'अन्य' का वर्ग, जिसमें कुल हड़तालों की लगभग एक चौथाई हड़तालों को सम्मिलित किया जाता है, वह भ्रामक है। यह अवशिष्ट का आभास देता है, अतः यह निरर्थक वर्ग है। शीर्षक किन्तु न तो इस शीर्ष के अन्तर्गत बहुधा कारणों को और न ही इनसे उत्पन्न विवाद की घटनाओं को रखा जानता है जो अवशिष्ट प्रकृति की होती हैं' (रामास्वामी और रामास्वामी, 1981: 218)।

मुद्दों के आधार पर हड़तालों का रामास्वामी द्वारा विकसित वर्गीकरण ध्यानी (1965) के वर्गीकरण से अधिक उन्नत और व्यापक है। रामास्वामी ने सात वर्गों में हड़तालों का वर्गीकरण किया है—(1) नियमों के बारे में विवाद से उत्पन्न हड़ताल, (2) जोखिमी हड़ताल, जो श्रमिक संघ की अनुमति के बिना की गई हो; (3) प्रक्रियात्मक हड़ताल जो संघ को मान्यता दिलवाने के लिये की जाती है; (4) अन्तर-संघीय विवाद हड़ताल; (5) ऊब से छुटकारा दिलाने वाली हड़ताल; (6) राजनीतिक हड़ताल और (7) जीविका प्राप्ति हेतु हड़ताल। जोखिमी हड़ताल मुद्दे की अपेक्षा हड़ताल की प्रकृति को इंगित करती है। यह श्रमिक संघ के उदासीन दृष्टिकोण या मजदूरों के एक स्वतंत्र निर्णय का संकेत देती है, किन्तु इस प्रकार की हड़तालों में मुद्दे वही होते हैं जो श्रमिक संघों के झंडे के तले की जाती हैं। रामास्वामी उन समस्याओं के प्रति सचेत हैं जो वर्गाकरण से संबंधित हैं जैसे वर्ग-विभाजन पूर्णतः पारस्परिक 'रूप में एकान्तिक नहीं है, और हड़ताल के किसी एक प्रमुख पहलू को अलग करना बड़ा कठिन है। किन्तु, 'विवादों' संबंधी सरकारी आंकड़ों की उनकी आलोचना किये जाने के बावजूद उनका वर्गीकरण इसके परे नहीं जा सकता है। हड़तालों के मुद्दों को हड़तालों की प्रकृति के साथ घालमेल करने के द्वारा उन्होंने संघों को बिना सोचे-समझे महत्व दे दिया है। परिणामतः, अन्य व्यक्तियों की भांति, रामास्वामी ने भी उन हड़तालों की उपेक्षा की है जो असंगठित क्षेत्र में मजदूरों द्वारा की गई है।

चूंकि 1920 के दशक के पहले की हड़तालों का कोई व्यवस्थित विश्लेषण उपलब्ध नहीं है, अतः यह कहना कठिन है कि उन दिनों में कौन से मुद्दे प्रमुख थे। किन्तु यह कहना अनुचित नहीं होगा कि मजदूरी एक प्रमुख मुद्दा रहा है जिसको लेकर असंगठित मजदूरों ने हड़तालों और विरोध के अन्य रूपों को अपनाया। कलकत्ता, अहमदाबाद, नागपुर और अन्य स्थानों में मजदूरी (वेतन) का मुद्दा जैसे मजदूरी कम करने के स्थान पर अधिक मजदूरी देना, रविवार तथा अन्य सरकारी छुट्टियों के लिये वेतन, महंगाई भत्ता आदि मुद्दे रहे हैं (सेन, 1977)। अहमदाबाद के कपड़ा मजदूरों ने अपनी 1918 की प्रसिद्ध हड़ताल महंगाई भत्ते के रूप में 35 प्रतिशत वेतन बढ़ाने के लिये की थी। न्यूमैन (1981) ने उन मुद्दों को वर्गीकृत किया है, जिनके आधार पर बम्बई के कपड़ा मजदूरों ने 1918 और 1929 में छोटी और बड़ी हड़तालें की थीं। उनके आंकड़ों के अनुसार, लगभग एक-चौथाई हड़तालें मजदूरी के मुद्दे

को लेकर की गई थीं। इस अवधि में दो सामान्य हड़तालें जीवन-निर्वाह की लागत के अनुसार बोनस देने के साथ कई मांगों और बाद में हड़ताल की अवधि की मजदूरी देने की मांग को लेकर की गई थीं। जुलाहों, वाइन्डरों तथा ढांचा बनाने वाले लोग बहुधा मजदूरी को लेकर काम रोक देते थे किन्तु ये बातें दूसरे मजदूरों पर लागू नहीं होती। न्यूमैन कहते हैं, ऐसा बहुत कम देखा गया कि सम्पूर्ण मिल वेतन के दावे को लेकर संगठित हुई हो, जब तक कि यह महंगाई भत्ते अथवा हड़ताल की अवधि की मजदूरी का मुद्दा न रहा हो' (1981)। कानन (1988) कहते हैं कि बीड़ी मजदूरों और ताड़ी बनाने वालों का मुख्य मुद्दा अधिक मजदूरी की मांग रही है। रामास्वामी और रामास्वामी (1981) के विश्लेषण में सरकारी आंकड़ों में मजदूरी का मुद्दा मुख्य रहा है; सरकार द्वारा निर्धारित न्यूनतम वेतन को लेकर एक तिहाई विवाद हुए थे (स्ट्रीफ्करक, 1985; होमस्ट्रोम, 1985)। समय-समय पर मजदूर लोग न्यूनतम मजदूरी की मांग को लेकर हड़ताल करते रहते हैं। किन्तु बहुत कम खोजी प्रतिवेदनों और केरल में नारियल जटा उद्योग में कार्यरत महिला मजदूरों के संघर्ष संबंधी मीरा वेलयाधन के अध्ययन के अलावा हमारे पास लघु उद्योग तथा अन्य क्षेत्रों में कार्यरत असंगठित मजदूरों की हड़तालों का कोई अध्ययन नहीं है।

बोनस एक अन्य मुद्दा है जिसको लेकर समय-समय पर हड़तालें होती रहती हैं, यद्यपि इस मुद्दे को लेकर हड़तालों की सांख्यिकीय दृष्टि से संख्या बहुत अधिक नहीं है।[4] अधिक छुट्टियां, शौचालय, शिशुगृह, कैन्टीन, जैसी बेहतर आधारभूत सुविधाएं जैसे मुद्दों ने भी स्वतंत्रता के पूर्व और स्वतन्त्रता के बाद कई हड़तालों को जन्म दिया है। बम्बई के मजदूरों ने 1930 के दशक में छंटनी के विरुद्ध हड़तालें की हैं (लैटेन, 1983)। इन हड़तालों की संख्या उत्तर-स्वतंत्रता काल में समस्त विवादों की 7 से 10 प्रतिशत रही है। 'इनका अनुपात कम दिखाई देता है क्योंकि ऐसे विवाद मौसमी होते हैं जो त्यौहारों के समय तक सीमित होते हैं जब बोनस के भुगतान का समय आता है' (रामास्वामी एवं रामास्वामी, 1981)। जीर्ण-शीर्ण और पुरानी मशीनें जो मजदूरों पर अधिक भार डालती हैं, इसके कारण भी हड़तालें होती हैं। ऐसी स्थिति में, मजदूर लोग हल्का सा बहाना बना कर ही काम रोक देते हैं। रामास्वामी इसे 'ऊब से छुटकारा' देने वाली हड़ताल कहते हैं (1978b)। मजदूर लोग कार्य के वितरण के तथाकथित 'यौक्तिकीकरण' (रैश्नॅलाइजेशन) के विरुद्ध भी हड़ताल पर चले जाते हैं। यह यौक्तिकीकरण उनके कार्य-भार में वृद्धि करता है और कुछेक को इसके परिणामस्वरूप नौकरी से भी हाथ धोना पड़ता है। सन् 1928 में बम्बई में कपड़ा मिलों ने मजदूरों की कार्यक्षमता में सुधार करने के लिये तीन लूमों और दो फ्रेमों की प्रणाली की शुरुआत की जिसके कारण कामगारों के कार्य में वृद्धि हो गई और रोजगार में हानि हुई। मजदूरों ने इस नई प्रणाली के प्रति नाराजगी प्रकट की और वे हड़ताल पर चले गये (न्यूमैन, 1981)। इसी प्रकार के मुद्दे 1950 और 1960 के दशकों में उत्पन्न हुए।

अहमदाबाद और तमिलनाडु की महिला मजदूरों ने पिछली शताब्दी और इस शताब्दी की शुरुआत में भेदभाव और बुरे व्यवहार के खिलाफ काम रोक दिया था (मर्फी, 1981)।

जमशेदपुर के टिस्को के मजदूर अधिकारियों द्वारा 'मजदूरों को पीटने' के खिलाफ विरोध प्रकट करने के लिये 1920 में हड़ताल पर चले गये। रेलवे मजदूरों की 1929 की हड़ताल के उत्पीड़न, गलत बर्खास्तगी और अनुचित अनुशासनात्मक आर्थिक दंड जैसे कुछ महत्वपूर्ण मुद्दे रहे हैं (लैटेन, 1983)। 1920 और 1930 के दशकों और स्वतंत्रता के बाद भी कई अन्य हड़तालों के उत्पीड़न, बर्खास्तगी, पीटने जैसे प्रमुख मुद्दे रहे हैं। यद्यपि उन बड़े उद्योगों में उनकी संख्या में कमी आई है, जहां श्रमिक संघों ने इन मुद्दों को व्यक्तिगत आधार पर लेकर श्रम न्यायालय में इनका निपटारा करवाया। रामास्वामी और रामास्वामी लिखते हैं '1977 के बाद से निलम्बन और निष्कासन हड़ताल के कार्यकलापों का एक महत्वपूर्ण कारण नहीं रहा' (1981: 228)।

1920 के दशक में, हड़तालों का एक प्रमुख मुद्दा श्रमिक संघ को मान्यता दिलवाना था। हड़तालों का यह मुद्दा स्वतन्त्रता के बाद भी किसी न किसी रूप में छाया रहा। नियोजकों द्वारा अपने मनचाहे श्रमिक संघ की या किसी अन्य संघ की तरफदारी, ताकि अपने हितों की रक्षा की जा सके, नये संघों के निर्माण और मान्यता की कार्यवाही को अग्रसर करते हैं। कारखानों में कुछ संघों को एक बहाने अथवा अन्य के आधार पर मान्यता नहीं दी जाती है और मजदूर लोग मान्यता दिलवाने के लिये हड़ताल पर चले जाते हैं। रामास्वामी कहते हैं,

> इससे स्पष्ट है कि औपचारिक मान्यता के अभाव में श्रमिक संघों को सतत् हड़ताल का सहारा लेकर अपने अस्तित्व के अधिकार का दावा करना पड़ता है। केवल कोई सावधान प्रेक्षक ही हड़ताल के इस प्रकार्य को मालूम कर सकता है। चूंकि संघ को मान्यता प्राप्त करने के लिये आवश्यक रूप में ठोस मुद्दों को उठाना पड़ता है, इन मुद्दों को आसानी से ऐसी महत्ता देने पड़ती है जो उनमें नहीं होती, और इस प्रकार आंदोलन का वास्तविक आधार ही समाप्त हो जाता है। इससे स्पष्ट होता है कि सरकारी सांख्यिकी में क्यों किसी एक भी हड़ताल को मान्यता प्राप्त करने का आंदोलन नहीं माना जाता है। (1978b: 29)

समय-समय पर अन्तर-संघीय प्रतिस्पर्द्धा भी हड़ताल को जन्म देती है। कभी-कभी मजदूर लोग दूसरे कारखानों के हड़ताली मजदूरों के साथ अपनी एकजुटता प्रदर्शित करने के लिये भी हड़ताल पर चले जाते हैं। हड़ताल संबंधी अधिकांश अध्ययन किसी एक उद्योग तक सीमित होते हैं। ऐसे बहुत कम प्रयास हुए हैं (राव, 1972) जिनमें विभिन्न प्रकार के उद्योगों में हुई हड़तालों की प्रकृति और कारणों का अध्ययन किया गया हो।

कामगार वर्ग ने 1920 के दशक के अंत और 1930 के दशक की शुरुआत में स्वतंत्रता आंदोलन का समर्थन किया था। कामगारों ने ब्रिटिश राज के खिलाफ आयोजित बैठकों में भाग लिया, प्रदर्शन किये और जुलूस निकाले। दिलीप साइमन लिखते हैं कि मजदूर लोगों को 'घनिष्ठ रूप में राष्ट्रवाद, पहचान और लिंग (जेन्डर) और यहां तक कि उनके आसपास की हिंसा और साम्प्रदायिक झगड़ों की जानकारी थी' (2001)। बम्बई, शोलापुर, कलकत्ता, अहमदाबाद और अन्य स्थानों के मजदूरों ने 'सविनय अवज्ञा आंदोलन' के समर्थन में हड़ताल की। अहमदाबाद के मजदूरों ने गांधी जी की गिरफ्तारी के खिलाफ विरोध जताने के लिये पूर्ण

हड़ताल की (चौधरी, 1971; कार्निक, 1974; लैटेन, 1983; चटर्जी, 1984)। साम्यवादी दल का समर्थन करने वाले कामगारों ने राजनीतिक आंदोलन के एक रूप में 1950 के दशक के मध्य में हड़तालें की। पुन्नाप्रा-वेयलार मजदूर-वर्ग की 1948 की हड़ताल में राजनीतिक मुद्दे उठाये गये। रॉबिन जैफरे कहते हैं—

> अगस्त के प्रारंभिक दिनों की हड़ताल में मजदूरों ने अपनी आर्थिक मांग में जीत हासिल कर ली और नारियल-जूट उद्योग ने इसमें सारथी की भूमिका अदा की, अब काम मिलने लगा। विद्रोह यकायक उत्पन्न नहीं हुआ, इसकी तैयारियां दो महीनों से भी अधिक समय से चल रही थीं। यह एक दंगा भी नहीं था ... मजदूर लोग विराम कैम्पों में लौट गये जहां उन्हें राजनीतिक निर्देश दिये गये; वे इन कैम्पों से पुन्नाप्रा की पुलिस पर धावा करने के लिये आगे बढ़े और वयलार के एक इसी प्रकार के कैम्प में उन्हें तितर-बितर कर दिया गया। निश्चय ही, संगठनकर्त्ताओं और भाग लेने वालों दोनों को इसके परिणाम का बहुत कम अनुमान था, फिर भी अस्पष्ट रूप में उन्हें यह विश्वास था कि उनकी कार्यवाही किसी बड़ी मास्टर-योजना या ऐतिहासिक शक्ति को आगे बढ़ाने में सहायक सिद्ध होगी। (1981: 121)

के.पी. कानन ने काजू उद्योग के अपने अध्ययन में बताया है कि—

> प्रथम चरण में लामबन्दी की प्रक्रिया (1937 और 1942 के बीच में) ने आंदोलन को एक नया आयाम दिया—आर्थिक मांगों के साथ अन्य मांगों और राजनीतिक लक्ष्यों का समाकलन। अगले चरण, अर्थात् 1942-47 में, राजनीतिक आंदोलन व्यापक स्वतन्त्रता आंदोलन का एक हिस्सा बन गया। यह कामगारों की वस्तुपरक आर्थिक दशाओं के साथ श्रमिक संघ गतिविधि का प्रमुख केन्द्र था जिसने मजदूरों को इसमें भाग लेने के लिये एक आधार प्रदान किया। देश की आजादी के साथ, आंदोलन का केन्द्र पुन: आर्थिक मांगें बन गईं (1984: 49-50; 1988 भी देखें)।

केरल के काजू उद्योग और बीड़ी मजदूरों पर जो बात लागू होती है, वह लघु-उद्योगों के मजदूरों पर लागू नहीं होती जिनकी स्वतन्त्रता के पूर्व और बाद में राजनीतिक मुद्दों पर लामबन्दी नहीं की गई थी।

कुछ विद्वानों के अनुसार (रामास्वामी और रामास्वामी, 1981; वैद, 1972; साइमन, 1995) भारत की आजादी के बाद कामगार वर्ग की हड़तालों के राजनीतिक मुद्दों ने प्रमुखता हासिल कर ली। रामास्वामी कहते हैं, 'पचास और साठ के दशकों में गैर-कांग्रेसी संघों ने नियमितत: सरकारी निर्णयों को तब प्रतिकूल बताया जब कभी निर्णय श्रमिकों के विरुद्ध गया था। औद्योगिक विवाद में पुलिस ने हस्तक्षेप किया और इसकी कांग्रेस पार्टी की श्रमिक-विरुद्ध नीतियों के रूप में भर्त्सना की। कुछेक अवसरों पर ऐसे निर्णयों के विरुद्ध विरोध भी प्रदर्शित किया गया (1978b)। कानपुर के वस्त्र उद्योग के मजदूरों ने 1955 और टिस्को के मजदूरों ने 1958 में सरकार की औद्योगिक नीति के खिलाफ विरोध प्रदर्शित किया और उनकी हड़तालों का यह एक प्रमुख मुद्दा था (कन्नाप्पन और सरण, 1967)। बम्बई, अहमदाबाद तथा अन्य नगरों के मजदूरों ने मूल्य वृद्धि और आवश्यक वस्तुओं के अभाव के मुद्दे पर 1960 के दशक में 'बन्द' में भाग लिया (विजयाराघवन, 1966)।

एक व्यक्ति के समक्ष हड़ताल की ऐसी घटनाएं भी आ सकती हैं जिनके पीछे कोई तात्कालिक, आर्थिक या राजनीतिक मुद्दे नहीं रहे हैं। रणजीत गुप्ता (1984) कहते हैं कि सन् 1898 में टाटा नगर की स्टेण्डर्ड जूट मिल और गार्डन की लॉवर हूगली जूट मिल में कार्यरत श्रमिकों ने 'संकीर्ण सामुदायिक या साम्प्रदायिक भावना' से उत्पन्न कुछ दंगों में भाग लिया। कुछ दिनों पहले अनुसूचित जाति और अनुसूचित जनजाति के कामगारों ने अहमदाबाद में 1981 में सवर्ण हिन्दुओं द्वारा आरक्षण विरोधी आंदोलन किये जाने के विरुद्ध विरोध जताने के लिये एक दिन के लिये काम रोक दिया। सवर्ण हिन्दू कामगारों ने भी आरक्षण-विरोधी आंदोलन के समर्थन में एक दिन की हड़ताल की।

के.एन. वैद (1972) तथा रामास्वामी एवं रामास्वामी (1981) ने सांख्यिकीय आंकड़ों का विश्लेषण कर यह कहा कि कामगारों की हड़तालों के लिये गैर-आर्थिक मुद्दे भी महत्वपूर्ण कारण होते हैं। वास्तव में, स्वतन्त्रता के बाद भारत में आर्थिक मुद्दों की अपेक्षा गैर-आर्थिक मुद्दों की संख्या हड़तालों के लिये अधिक उत्तरदायी रही है। वैद कहते हैं—

> 1956-1966 की अवधि के दौरान वेतन, भत्तों और बोनस से संबंधित आर्थिक मांगों की संख्या का प्रतिशत बहुत कम रहा है। कपड़े की मिलों, लोहे एवं स्टील कारखानों में ही बोनस का भुगतान मुख्य मुद्दा रहा है। इसके अतिरिक्त, केवल 1967 के साल में वेतन और बोनस की मांगें राज्य में (पश्चिमी बंगाल) हुई हड़तालों का 42 प्रतिशत मुख्य कारण रहा है। इसके विपरीत, कार्मिक मुद्दे, जिसमें निलम्बन, बर्खास्तगी, निष्कासन, दलों के अधिकार एवं दायित्व, कानूनों, पंचाटों, समझौतों में अवरोध और कार्यान्वयन को सम्मिलित किया जाता है, जूट उद्योग में 46 प्रतिशत, कपड़े की मिलों में 37 प्रतिशत और लोहे एवं स्टील के कारखानों में 51 प्रतिशत हड़तालों के कारण रहे हैं। (1972: 87)

रामास्वामी और रामास्वामी (1981) ने इसी प्रकार के प्रतिमान को कोयम्बटूर के कपड़ा उद्योग में पाया। फिर भी, आर्थिक और गैर-आर्थिक मुद्दों के बीच विभाजन समस्यात्मक है। एक व्यक्ति यह कह सकता है कि सेवामुक्ति, निलम्बन, समझौते में अवरोध से संबंधित 'व्यक्तिगत मुद्दे' भी आर्थिक मुद्दों से निकट से जुड़े हुए हैं। यह आर्थिक मुद्दों की एक व्यक्ति की परिभाषा पर भी निर्भर करता है। इसके अतिरिक्त, दलों और श्रमिक संघों द्वारा की गई हड़तालों के 'राजनीतिक मुद्दे' मजदूरों के लिये 'राजनीतिक मुद्दे' नहीं हो सकते हैं, चाहे हड़तालों में वे भाग लेते हों यहां इस तथ्य को भी ध्यान में रखा जाना चाहिये कि वैद और रामास्वामी ने संगठित क्षेत्र के कामगारों का उल्लेख किया है, जबकि कानन (1988) ने असंगठित क्षेत्र के कामगारों के बारे में बात की है जिनका वेतन बहुत कम होता है। फिर भी, इसे भी ध्यान में रखा जाना चाहिये कि श्रमिक संघों और कामगार-वर्ग के 'आर्थिकवाद' पर कई राजनीतिक आन्दोलनकारियों और विद्वानों ने आवश्यकता से अधिक बल दिया है, जबकि उपलब्ध तथ्य इस विचार की पुष्टि नहीं करते हैं।

अधिकांश हड़तालें कुछ अकेले कारखाने तक सीमित रही हैं और बहुत कम ऐसी रही हैं जो पूरे उद्योग में फैली हों, जैसा कि हम विशेष रूप में वस्त्र और जूट के औद्योगिक केन्द्रों

में देखते हैं। उद्योग के एक क्षेत्र से दूसरे क्षेत्र में हड़तालों के मुद्दों में भिन्नता क्यों होती है, इस विषय का विश्लेषण करने के कोई प्रयास नहीं हुए हैं। दिलीप सुब्रामानिअन (1980) ने एक बड़े आधुनिक उद्योग का अध्ययन किया है। वे कहते हैं कि पारम्परिक क्षेत्र में काम करने वाले कामगारों की अपेक्षा आधुनिक क्षेत्र के कामगारों को अच्छी मजदूरी मिलती है और उनकी निपुणता, अनुभव और शिक्षा भी पारम्परिक अथवा लघु उद्योगों की अपेक्षा उच्च प्रकार की होती है। अत: उनके आंदोलन के मुद्दे भी ऊंचे वेतन या बोनस के मुद्दों से भिन्न होते हैं। 'उत्पादन क्षमता और निपुणताओं के उपयोग से संबंधित कारखानों के भीतरी मुद्दों के आधार पर आजकल अधिकाधिक आंदोलन होते हैं—संक्षेप में, ये आंदोलन संगठन के ऊपर नियंत्रण कार्य की प्रकृति से संबंधित होते हैं (1980)'।

कुछ उदाहरणों को छोड़ कर, औद्योगिक कामगार वर्ग ने राजनीतिक मुद्दों संबंधी सामूहिक कार्यवाही में कृषकों तथा समाज के अन्य वर्गों का साथ नहीं दिया है। पीटर वाटरमैन कहते हैं, 'श्रमिक संघ अपने आपको प्रजातांत्रिक आंदोलन के हिस्से के रूप में, नागरिक अधिकारों, कृषकों के अधिकारों, कामगार के वर्ग के जीवन के 'अवशिष्ट' आयाम, कामकाजी औरतों और जनजातीय लोगों के अधिकारों से जुड़े मुद्दों को उठाने में असफल रहे हैं। (1980)। इसी के साथ उनके ग्रामीण आधार ने लम्बे समय तक आंदोलन चलाये रखने में सहायता दी है। इस संदर्भ में 1982-83 की बम्बई की वस्त्र उद्योग की हड़ताल अत्यंत महत्वपूर्ण है (लखा, 2002; वरेछ, 1992; चन्द्रावरकर, 1985, 1998)।

वे कौन सी आर्थिक दशाएं हैं जिनके कारण हड़तालें होती और सफल होती हैं? श्रमिक संघ नेताओं का व्यक्तिगत चरित्र, जो कि कभी संयोग ही होता है, कभी-कभी कुछ स्थानों पर हड़तालों के लिये उत्तरदायी होता है। कुछ विद्वानों ने इस कारण को 1920 के दशक में मद्रास में हुई हड़तालों के लिए उत्तरदायी माना है (दत्त, 1947)। किन्तु, इस दृष्टिकोण को अन्य लोगों ने विवादास्पद बताया है। एस.डी. पुनेकर के अनुसार, मद्रास की घटनाएं मात्र संयोग नहीं थीं, अपितु वे मद्रास के कारखानों के मजदूरों के उत्तर-युद्धकालीन गंभीर आर्थिक और सामाजिक दशाओं की अपरिहार्य प्रतिक्रिया थी। पुनेकर की भांति ही कई अन्य विद्वानों ने भी माना है कि कामगार लोग हड़ताल या अन्य कोई सीधी कार्यवाही तब करते हैं जब उनकी आर्थिक दशा बिगड़ती है (मर्फी, 1981; पटेल, 1984; दास एवं गुप्ता, 1984)। 1950 के दशक के दौरान हुई हड़तालों के अपने विश्लेषण में प्रदीप कुमार (1964) कहते हैं कि 1955-60 के बीच में औद्योगिक असंतोष में बढ़ोतरी का कारण मूल्य वृद्धि था। वे निष्कर्ष रूप में कहते हैं, 'हड़तालों और आर्थिक दशाओं के बीच एक स्पष्ट सहसंबंध है।' वी.बी. कार्निक (1974) और हेरोल्ड क्राउच (1979) ने भी यही बात कही है। उनके अनुसार, हड़तालों की सफलता या असफलता आर्थिक दशाओं के साथ निकटता से जुड़ी हुई है। हड़तालें आर्थिक समृद्धि के दिनों में सफल और आर्थिक मंदी के दिनों में असफल होती हैं। कुछ अध्ययनों जो इस धारणा को न स्वीकार करते हैं और न ही अस्वीकार करते हैं, में उन आधुनिक उद्योगों, जिनमें अन्य उद्योगों की बनिस्पत अधिक मजदूरी दी जाती है, हड़तालों की

समीक्षा की गई है (सुब्रामानियन, 1980)। यह कहा गया है कि सीधी कार्यवाही करने के लिये आर्थिक दशाएं ही एक मात्र कारण नहीं हैं। कलकत्ता के जूट मजदूरों के श्रमिक संघों की समीक्षा करते हुए दीपेश चक्रवर्ती कहते हैं कि 1920 के दशक में जूट मिल के मजदूरों की दशाओं ने उनमें असंतोष उत्पन्न कर दिया।

'किन्तु हमें इस विचार के जाल में नहीं फंसना चाहिये कि कामगार वर्ग का उग्रवाद केवल दशाओं पर आधारित है अथवा यों कहिये कि दशाएं स्वयं ही उग्रवाद को जन्म देने के लिये पर्याप्त हैं। 1920 और 1930 के दशकों में उत्पन्न हुए श्रमिक असंतोष की घटनाओं की संख्या और सततता को इस रूप में भी समझा जाना चाहिये कि यह नियोक्ताओं की सत्ता के प्रति कामगारों के विरोध और चुनौती की बढ़ती हुई शक्ति को प्रदर्शित करता है।' (1984)

संगठन

यद्यपि मद्रास में 1890 के दशक और बम्बई में 1910 के दशक में कामगार वर्ग के आंदोलन को संगठित करने के लिये श्रमिक संगठनों का गठन हुआ, तथापि अधिकांश प्रारंभिक हड़तालें स्वतः स्फूर्त और असंगठित थीं। यहां तक कि जब श्रमिक संघ नहीं थे, मजदूरों का 'अपना एक अनौपचारिक, किन्तु लचीला संगठन हुआ करता था।' वे अपनी पहल पर हड़तालें करते और मजदूरी के अच्छे स्तर को बनाये रखते थे। औद्योगिकीकरण की प्रारंभिक अवस्था में कामगार-वर्ग की चेतना प्रारंभिक अथवा कमजोर थी। रविन्दर कुमार बम्बई की 1919 की वृहत हड़ताल को 'कामगार-वर्ग का एक रूप' (कृषक विद्रोह) कहते हैं। उनके अनुसार, हड़ताल में कृषक आंदोलन से मिलती-जुलती कई विशेषताएं थीं, जैसे 'पूर्ण स्वतः स्फूर्तता, वर्ग चेतना, वर्ग संगठन और औपचारिक नेतृत्व का अभाव; और अन्ततः दीर्घकाल से चली आ रही शिकायतों की अभिव्यक्ति और लोकप्रिय विस्फोट द्वारा नैराश्य का दमन' (1983: 215)। रिचार्ड न्यूमैन 1918 की बम्बई की कामगार-वर्ग की हड़ताल का फ्रांस के कृषक आंदोलन के साथ कुमार द्वारा प्रयोग की गई तुलना की उपमा को अस्वीकारते हैं। वे कहते हैं कि बम्बई की हड़ताल

> न तो विचारहीन थी और न ही विशेष रूप में हिंसात्मक थी, चाहे मजदूरों द्वारा शिकायतों को शुरुआत में ठीक तरह से प्रस्तुत नहीं किया गया था, फिर भी हड़ताल के उद्देश्यों के बारे में उन्हें उस समय पर्याप्त रूप में जानकारी थी जब गड़बड़ी उत्पन्न हुई और उसमें विस्तार हुआ और जैसे-जैसे हड़ताल आगे बढ़ी। इससे भी महत्वपूर्ण यह है कि बम्बई की हड़ताल के विरोध के स्वर मंद पड़ जाने के बाद भी विस्मृति के गर्भ में नहीं समा गई। मिल के मजदूर लोग फ्रांसीसी कृषकों की भांति, अपने पुराने तौर-तरीकों पर नहीं आये। उनमें एक नये परिपक्व दृष्टिकोण और एक साझा पहचान के भाव का उदय हुआ जिसके आधार पर एक सर्वमान्य संगठन विकसित हो सकता है। (1981: 128)

औद्योगिकीकरण और कामगार-वर्ग के आंदोलन की प्रकृति संबंधी अपने अनुभवपरक अध्ययन के आधार पर चन्दावरकर निष्कर्षतः कहते हैं कि—

> कामगार वर्ग के राजनीतिक संगठन और कार्यवाही न तो बड़े कारखानों और नगरों में उनके (जमघट) एकत्रीकरण का स्वाभाविक परिणाम है और न ही यह औद्योगिकीकरण के स्तर का प्रत्यक्ष प्रतिबिम्ब है। यह धारणा कि कामगार-वर्ग की चेतना और राजनीति प्रधानत: ग्रामीण आधारित आकस्मिक रूप में नियुक्त अप्रवासी श्रमिक लोगों के द्वारा एक परिपक्व और औद्योगिक सर्वहारा वर्ग के निर्माण के उद्‌विकास की अपरिहार्य प्रक्रिया से हुई है, भारतीय साक्ष्य इस धारणा की पुष्टि नहीं करते हैं। (1985: 238)

जमशेदपुर में 1920 के दशक में लोहे के इंजीनियरिंग उद्योग में श्रमिक संघों और केन्द्रीय नेतृत्व के अस्तित्व के बिना भी एक बड़ी संख्या में हड़तालें हुई थीं। मद्रास और बम्बई में इस प्रकार की हड़तालों का होना इसलिए संभव हुआ क्योंकि मजदूर वर्ग सामाजिक दृष्टि से समरूप था और वे एक-दूसरे से कई रूप में जुड़े हुए थे (कार्निक, 1966)। रविन्द्र कुमार कहते हैं कि—

> स्पष्ट वर्ग चेतना के अभाव और कामगार वर्ग के किसी संगठन के न होते हुए भी वस्त्र उद्योग के मजदूर इस प्रकार का व्यवहार अधिकांशत: इसलिये करते थे क्योंकि वे लोग कई प्रकार की संस्थाओं, समुदाय, ठेकेदारों की स्वामीभक्ति, भौतिक निकटता जिस क्षेत्र में वे रहते और बम्बई नगर में काम करते थे, के माध्यम से वे एक-दूसरे से जुड़े हुए थे। (1983: 238)

इसके विपरीत, 1920 के दशक में टिस्को मजदूरों के आंदोलनों का एक अध्ययन यह प्रकट करता है कि स्टील कारखाने में मजदूर लोग कई हड़तालें उनके विषय सामाजिक उद्‌भव और 1920 के दशक में श्रमिक संघों के न होते हुए भी कर लिया करते थे (बहल, 1982; साइमन, 1995)। कलकत्ता में, जूट मिल के मजदूर बहुत विद्रोही थे। उन्होंने 1920 के दशक में उनके श्रमिक संघों के कमजोर होते हुए भी कई हड़तालें कीं (चक्रवर्ती, 1984)।

'मद्रास श्रमिक संघ' आधुनिक प्रकार का प्रथम श्रमिक संघ है जिसका गठन सन् 1918 में हुआ था। इसी समय, अहमदाबाद में 'कपड़ा श्रमिक संघ' की स्थापना हुई। 'अखिल भारतीय श्रमिक संघ कांग्रेस' (ए.आई.टी.यू.सी.) का गठन सन् 1920 में हुआ। इसके पूर्व, अलग-अलग उद्योगों के अलग-अलग संघ थे। कुछ विद्वानों के अनुसार, (जे. माथुर, 1964) शिक्षित समूहों द्वारा मजदूरों के संगठनों, जैसे डाक-तार मजदूरों और रेलवे मजदूरों का गठन किया गया। 1910 के दशक के पहले, मजदूरों के लिये कल्याण कार्यक्रमों को चलाने के लिये परोपकारिक संगठनों की स्थापना हुई। इन संगठनों की प्रेरणा का आधार न्याय की अपेक्षा सहानुभूति था। जैसा ऊपर लिखा गया है कि श्रमिक संघों के विकास, रचना और नेतृत्व को लेकर अनेक अध्ययन हुए हैं (कार्निक, 1966; जोशी, 1969; झा, 1970)। कुछ अध्ययन नगर-या उद्योग आधारित संघों के भी हुए हैं (वैद, 1962; पांडे और विक्रम, 1969; जोशी, 1969)। इनमें से अधिकांश अध्ययन हड़तालों को संगठित करने और उन्हें बनाये रखने में संघों की भूमिका पर कोई प्रकाश नहीं डालते। ये संघ किस प्रकार हड़तालें शुरू करते हैं या मजदूरों द्वारा सीधी कार्रवाई की आवृत्ति को रोकते हैं, विद्वानों ने इन बातों का गहराई से अध्ययन नहीं किया है। अधिकाधिक हम यह जानते हैं कि संघ के नेतागण कामगारों की ओर

से नियोक्ताओं और सरकार से किस प्रकार वार्ता करते हैं। इस तथ्य को ध्यान में रखा जाना चाहिये कि हाल ही में, श्रमिक संघों और उनके नेताओं की वैधता कई स्थानों पर घट गई है। उद्योग-स्तरीय, नगर-स्तरीय और यहां तक की राज्य-स्तरीय हड़तालें संयुक्त कार्यवाही समितियों द्वारा चलाई जाती हैं (वाटरमैन, 1980)।

श्रमिक संघ विभिन्न राजनीतिक दलों से निकट से जुड़े हुए हैं। ए.आई.टी.यू.सी. के गठन में कांग्रेस के नेताओं ने महती भूमिका अदा की है। कामगार-वर्ग के आंदोलन को नियंत्रित करने के लिये कांग्रेस के भीतर वामवादी, राष्ट्रीयतावादी और मध्यमार्गी[5]—तीनों वैचारिक समूहों में रस्साकशी रही है। बम्बई में 1920 के दशक तक साम्यवादियों ने अपना अच्छा प्रभाव जमा लिया और स्वतंत्रता आंदोलन के दौरान अहमदाबाद में राष्ट्रवादियों ने अपना वर्चस्व बनाये रखा। चूंकि ए.आई.टी.यू.सी. पर साम्यवादियों का अधिक प्रभाव था, अतः कांग्रेस ने सन् 1947 में 'भारतीय राष्ट्रीय श्रमिक संघ कांग्रेस' (आई.एन.टी.यू.सी.) की स्थापना की। समाजवादियों ने सन् 1948 में 'हिन्द मजदूर पंचायत' का गठन किया। रॉयवादी जो द्वितीय महायुद्ध के बाद साम्यवादी नहीं थे, ने कुछ समाजवादियों के साथ मिलकर 'हिन्द मजदूर सभा' (एच.एम.एस.) की रचना की। जनसंघ ने 1955 में 'भारतीय मजदूर संघ' की स्थापना की। साम्यवादी दल में विभाजन होने के कारण सन् 1970 में एक अन्य श्रमिक संघ 'सेन्टर ऑफ इंडियन ट्रेड यूनियन्स' (सीटू) का निर्माण हुआ। 'द्रविड़ मुनैत्र कषगम' (डी.एम.के.) और 'अन्ना द्रविड़ मुनैत्र कषगम' (ए.आई.डी.एम.के.) जैसे प्रादेशिक दलों ने अपने श्रमिक संघों का निर्माण किया। औद्योगिक संबंधों या कामगार-वर्ग के आंदोलनों संबंधी अध्ययन मुख्यत: श्रमिक संघों के अध्ययनों तक सीमित रहे हैं (क्राउच, 1966, 1979; सेन, 1977; बोस, 1979; मित्रा, 1981)। एन.आर. सेठ (1979) ने कहा है कि अधिक तो नहीं, बहुधा ये अध्ययन मुख्यत: श्रमिक संघ आंदोलनों का एक ऐतिहासिक विवरण देते हैं।

लक्ष्मण (1947) ने स्वतन्त्रता के पूर्व के भारत में श्रमिक आंदोलन में कांग्रेस दल की भूमिका का लेखा-जोखा प्रस्तुत किया है। यह कोई विश्लेषणात्मक विवरण नहीं है, क्योंकि यह एक दल विशेष की विज्ञप्ति मात्र है। लाइटेन ने बम्बई क्षेत्र में 1920 और 1930 के दशकों में कामगार-वर्ग के आंदोलनों में कांग्रेस और साम्यवादी दल की भूमिका की समीक्षा की है। कानपुर मुकदमे, जिससे डांगे जुड़े हुए थे, की समीक्षा करते हुए कूईमैन ने पाया कि डांगे को अनावश्यक रूप में इस मामले (केस) में घसीटा गया था। रॉबिन जैफरी (1981) ने यह मालूम करने की कोशिश की है कि किस सीमा तक साम्यवादी दल ने पुन्नापरा-वयलार हड़ताल में एक अग्रणी दल की भूमिका अदा की है। कामगार-वर्ग को संगठित और अनुशासित किया गया और यह साम्यवादी दल से निर्देश लेता था। मीरा वेलायुधन (1985) और कानन (1988) के अध्ययन भी इसी प्रतिमान का समर्थन करते हैं। फिर भी, कानन कहते हैं कि स्वतंत्रता के बाद श्रमिक संघों का 'लोकप्रिय चरित्र', जिस पर वामवादी दलों का वर्चस्व था, शुरुआती दौर की तुलना में घट गया। सामान्य रूप में राजनीतिक दलों और संघों और विशेष रूप में हड़तालों के विश्लेषणात्मक अध्ययन स्वतंत्रता के बाद लगभग न के बराबर हुए हैं।

कामगार-वर्ग के नेताओं और नेतृत्व के कुछ अध्ययन हुए हैं। अधिकतर ये अध्ययन श्रमिक संघ अथवा नगर स्तर के श्रमिक संघ नेताओं के अध्ययन हैं (पुनेकर एवं माधुरी, 1967; रैनडॉर्प, 1971; मसीही, 1985; लखा, 2002)। कामगार-वर्ग संबंधी सामान्य अध्ययनों में भी नेतृत्व के मुद्दे और आंदोलनों में कुछ विशिष्ट नेताओं की भूमिका का विवेचन किया गया है। सन् 1918 की अहमदाबाद हड़ताल के अध्ययनों में गांधी जी की समझौतावादी भूमिका पर प्रकाश डाला गया है (देसाई, 1961; सेन, 1977; क्राउच, 1979; लाइटेन, 1983; पटेल, 1987)। मोनी घोष की पुस्तक *अवर स्ट्रगल* (1973) एक श्रमिक संघ के नेता के रूप में उनकी स्वयं की भूमिका को उजागर करती है। कई अध्ययन बताते हैं कि कामगार-वर्ग के आंदोलन के प्रारंभिक चरण में, हड़तालें स्वतःस्फूर्त थीं और उनके नेतृत्व का विकास कामगार-वर्ग से ही हुआ था। बाद में, नेतागण बाहर से आये। बाहरी व्यक्ति परोपकारी थे (झा, 1970; बोस, 1979; मर्फी, 1981)। राष्ट्रवादी कांग्रेसजनों ने नेतृत्व प्रदान किया और श्रमिक संघों के गठन और 1920 और 1930 के दशकों में हड़तालों में महत्वपूर्ण भूमिका अदा की (कृष्णा, 1979; बहल, 1982; लाइटेन, 1983; चटर्जी, 1984)। चटर्जी ने राष्ट्रवादी अवधि के दौरान के नेताओं को चार वर्गों में विभाजित किया है—आमूल परिवर्तनवादी (रैडिकल), उग्रवादी (मिलिटेन्ट), विधिज्ञ (लीगल) और संवैधानिक (कॉन्सीटीट्यूशनल) पुनेकर और माधुरी के नेतृत्व संबंधी 1960 के दशक में किये गये अध्ययन अखिल भारतीय परिदृश्य को प्रस्तुत करते हैं, यद्यपि उनके अधिकांश प्रत्युत्तरदाता बम्बई और महाराष्ट्र से संबंधित हैं। उनके निष्कर्ष न्यूनाधिक रूप में नेताओं पर हुए अन्य अध्ययनों का समर्थन करते हैं कि नेतागण थोड़े-बहुत पढ़े हुए, उच्च वर्ग से संबंधित और किसी एक या अन्य राजनैतिक दल से जुड़े होते हैं। एक-तिहाई नेता कारखानों में नियोजित होते हैं। अन्य नेता बाहरी होते हैं, जिसमें ठेकेदारों के साथ-साथ राजनीतिक नेतागण होते हैं जो स्वयं कामगार नहीं होते। पिछली शताब्दी या इस शताब्दी के प्रारंभिक वर्षों में हड़तालों में ठेकेदारों अथवा सरदारों (वे व्यक्ति जो वस्त्र और जूट उद्योग के लिये मजदूरों को लाते हैं) की क्या भूमिका रही है, इस संबंध में विद्वानों में विवाद रहा है। फिर भी, कारखानों में उनकी मुख्य भूमिका और हड़तालों में नेतृत्व करने के बारे में किसी प्रकार की असहमति नहीं है। विचारों में अन्तर किन्हीं मुद्दों पर बल दिये जाने संबंधी है, जैसे क्या हड़ताल को करवाने में ठेकेदारों ने प्रमुख पहल की है या मजदूरों ने ही हड़ताल की शुरुआत की और ठेकेदारों ने एक सहभागी की भूमिका अदा की (मर्फी, 1977; सेन, 1977; लाइटेन, 1982; न्यूमैन, 1981; कुमार, 1983)। इस संबंध में रिचार्ड न्यूमैन का यह तर्क रहा है कि उद्योगों की स्थापना के प्रथम 60 वर्षों में ठेकेदारों ने श्रमिक संघों के कल्याण कार्य सम्पादित किये, नियोक्ताओं से सौदेबाजी की और हड़तालों में मजदूरों की लामबन्दी की (1981: 4)। बम्बई में ठेकेदार लोग श्रमिक संगठन के आलम्ब थे। इन लोगों की महत्ता तब घट गई जब श्रमिक शक्ति में परिवर्तन आ गया। न्यूमैन कहते हैं कि, 'बाल श्रमिकों को हटाने और उद्योगों के विकास की अभिशून्यता का अर्थ यह हुआ कि श्रमिक वर्ग उम्रदराज, अधिक नगरीय और नमनशील बन गया। ठेकेदारों के लिये मजदूरों पर

अपनी पुरानी उच्चता को बनाये रखना अब कठिन हो गया' (1981)। श्रमिक समस्याओं और श्रमिक संघों के गठन में राजनीतिक दलों के अधिकाधिक हस्तक्षेप के कारण ठेकेदारों का मजदूरों पर नियंत्रण में कमी आ गई। फिर भी, बम्बई में 1960 के दशक तक मजदूरों के नियोजन में उनकी परामर्शदाता की भूमिका बनी रही है।

सुकमोल सेन (1977) और जॉर्ज लाइटेन (1983) कहते हैं कि कई विद्वानों ने 'बाहरी व्यक्तियों', ठेकेदारों और राजनीतिक नेताओं की भूमिका पर आवश्यकता से अधिक बल दिया है, कामगारों की उस अवधि की सामाजिक-आर्थिक दशाओं की अवहेलना की है। सेन ने उन कृषकों की विद्रोही प्रकृति पर बल दिया है जो कारखानों में काम कर रहे थे और वे इस तथ्य को मजदूरों की शुरुआती विद्रोही प्रवृत्ति के लिये उत्तरदायी मानते थे। वे जोर देकर कहते हैं—

> विद्रोह की अन्तर्हित प्रवृत्ति, जो गरीब कृषकों और खेतिहर मजदूरों के मस्तिष्क में सुप्तावस्था में पड़ी रहती है और जो बाद में औद्योगिक मजदूर बन जाते हैं, आधुनिक कारखानों में पूंजीवादी शोषण के खिलाफ उन्हें प्रतिरोध की ऐसी क्रियाओं के लिये उत्तेजित करती हैं। कारखानों में सामूहिक रूप से काम करने के कारण उनमें एक पारस्परिक सहानुभूति उत्पन्न हो जाती है। विषमजातीय कामगारों के समूह में जाति, नस्ल और प्रादेशिक एकता के भाव का विकास उन्हें पूंजीवादी शोषण के खिलाफ सामूहिक प्रतिरोध के लिये तैयार करता है। (1977: 76)

लाइटेन ने भी इसी प्रकार की बात कही है। उनके अनुसार, 'पारम्परिक संरचनाएं एक संगठनात्मक आधार का काम करती हैं और किन्हीं ऐतिहासिक दशाओं में वे कामगारों को स्वतंत्र कार्यवाही करने में मदद करती हैं। ऐसे समय पर, कामगारों की धार्मिक और जातिवादी भावनाओं को उभारने के द्वारा उनकी लामबंदी करने का एक तरीका है' (1983: 71)। यद्यपि यह तर्क ठीक है और यद्यपि न्यूमैन और अन्य विद्वान भी कामगारों की सामाजिक-आर्थिक दशाओं की भूमिका को कम नहीं आंकते हैं, तथापि महत्वपूर्ण बात यह है कि कामगारों के सामाजिक ताने-बाने और हड़तालों के प्रारंभिक चरण में इनकी भूमिका का एक विस्तृत विश्लेषण किया जाना चाहिये। न तो सेन ने और न ही लाइटेन ने अपने-अपने दावों के पक्ष में कोई आनुभविक साक्ष्य प्रस्तुत किये हैं। इसके अतिरिक्त, कृषकों की 'विद्रोही प्रकृति' भी एक प्रश्नवाचक विचारार्थ विपय है।

इस संदर्भ में, यहां यह बताया जाना आवश्यक है कि मद्रास में 1918 और 1921 के बीच और बम्बई में 1928 में, जाति और समुदाय के संबंधों ने कामगारों में फूट उत्पन्न कर दी। अस्पृश्य और मुसलमान कामगारों ने 1928 में हड़ताल का पूर्णतः समर्थन नहीं किया और मिल मालिकों ने इन लोगों का उपयोग हड़ताल को तोड़ने में किया। मुसलमान और अस्पृश्य कामगारों का हड़ताल से अपने आपको अलग रखने का एक प्रमुख कारण आर्थिक दृष्टि से उनकी कमजोर स्थिति थी। वे लोग लम्बे समय तक मजदूरी को खोने में असमर्थ थे' (न्यूमैन, 1981: 247)। शताब्दी के शुरुआती हिस्से में मद्रास में हुई हड़तालों के अपने अध्ययन के आधार पर इ.डी. मर्फी कहते हैं, 'जाति और साम्प्रदायिक विभेद एक ऐसी स्थिति में भी बढ़

सकते हैं जब किसी कारखाने में किसी एक जाति या साम्प्रदायिक समूह का पक्ष लिया जाता है या कोई श्रमिक संघ नेता किसी एक समूह का समर्थन करता है' (1977: 320)। तथापि, इसके साथ ही वे यह भी मानते हैं कि जाति और समुदाय के कारक भारत में वर्ग चेतना के विकास में कोई गंभीर समस्या उत्पन्न नहीं करते हैं और साथ ही विभिन्न प्रदेशों में जाति और साम्प्रदायिक निष्ठाओं का स्वरूप स्पष्ट रूप में अलग-अलग है' (1977: 32)। समकालीन भारत में, रामास्वामी कहते हैं कि कोयम्बटूर के कामगारों में जाति और समुदाय की फूट डालने में बहुत कम भूमिका रही है। कामगार-वर्ग के आंदोलन में जाति और समुदाय की भूमिका जानने के लिये देश के अन्य भागों में भी इस प्रकार के अध्ययन किये जाने की जरूरत है।

स्वतन्त्रता के पूर्व के भारत में सामान्य रूप में श्रमिक संघ के कार्य और हड़तालों में बाहरी लोगों, विशेष रूप में दल के नेताओं और पेशेवर श्रमिक नेताओं की भूमिका विवादास्पद रही है। कुछ लोगों द्वारा यह विवेचना की गई है कि नेतागण कामगार वर्ग को अपने राजनीतिक हितों की पूर्ति के लिये प्रयोग करते हैं। ये लोग हड़ताल को करवाने के लिये मजदूरों को भड़काने के लिये जिम्मेदार हैं (विजयराघवन, 1966)। इस प्रकार के विचार जो लोग रखते हैं, वे या तो राजनीतिक नेतागण हैं या साधारण प्रेक्षकगण, किन्तु समाज में उनके विचारों का प्रभाव होता है। यहां यह जानना रुचिकर है कि श्रमिक संघवाद में 'बाहरी' व्यक्तियों के प्रभुत्व को परिमित करने के लिये 1926 का 'श्रमिक संघ कानून' यह प्रस्थापित करता है कि उद्योग विशेष में श्रमिक संघ की कार्यकारिणी में वास्तविक नियोजितों की कम से कम आधी संख्या होना आवश्यक है (क्राऊच, 1979)। न्यूमैन कहते हैं—

> बाहरी लोगों की बहुधा यह कह कर ओलाचना की जाती है कि वे उन व्यक्तियों, जिनके हितों की पूर्ति के लिये मूलतः वे काम करते हैं, उनकी अनदेखी कर वे अपने हितों की पूर्ति यह समझकर करते हैं कि कामगार लोग उनके स्वार्थी व्यवहार को समझने या उसका प्रतिरोध करने के अयोग्य होते हैं। बम्बई हड़ताल का साक्ष्य इसे पूरी तरह से स्पष्ट करता है कि बाहरी व्यक्ति तभी सफल हो पाते हैं जब वे साधारण मजदूर के विश्वासों और जरूरतों का सही रूप में प्रतिनिधित्व करते हैं। (1981: 256)

इसके अतिरिक्त, एक मजदूर यह अनुभव करता है कि मध्यम-वर्ग की पृष्ठभूमि वाला नेता सौदेबाजी की टेबल पर मैनेजरों के साथ एक बराबरी की हैसियत से मिलता और बातचीत करता है। यह उत्पीड़ित करने की संभावना को कम कर देता है (क्राऊच, 1979)। कानन ने बीड़ी मजदूरों और ताड़ी निकालने वालों के अपने अध्ययन में ग्रामीण सर्वहाराओं को संगठित करने और लामबन्दी करने में बाहरी लोगों की भूमिका पर प्रकाश डाला है। उन्होंने पाया कि संगठनों की नींव को लगाने और उत्तेजित करने में भारत में बाहरी अभिकर्त्ताओं की भूमिका बड़ी महत्वपूर्ण रही है (1988: 334)। इसके विपरीत, कुछ लोगों ने यह कहा है कि नेताओं की मध्यम-वर्ग पृष्ठभूमि के प्रति शुक्रिया अदा किया जा सकता है कि बाहरी लोग

वर्ग-संघर्ष के आधार पर कामगार-वर्ग के आंदोलन को नेतृत्व प्रदान करने में असफल रहे हैं (दत्त, 1947)।

यहां यह भी बताया जाना आवश्यक है कि जो लोग 'बाहरी' लोगों की आलोचना करते हैं वे विभिन्न हड़तालों में उनकी भूमिका का अधिक मूल्यांकन करते हैं। बम्बई में 1920 के दशक की विभिन्न हड़तालों के बारे में लाइटेन बताते हैं कि, 'मजदूरों द्वारा हड़तालें, किसी बाहरी एजेन्सी के भड़काने पर स्वयं के द्वारा की गई थीं।' राजनीतिक और सामाजिक नेतागण तो समझौतों के समय उपस्थिति हुए (1983: 74)। स्वतन्त्रता के बाद के भारत में इस मामले की तस्वीर में श्रमिक संघों के नौकरशाही आधार पर कार्य करने के बावजूद, कोई विशेष अन्तर नहीं आया है। 1960 के दशक में पश्चिमी बंगाल में हुए औद्योगिक संघर्षों संबंधी अपने अध्ययन में वैद (1972) ने बताया कि 1960-65 के बीच में 60 प्रतिशत हड़तालें नेतागणों को बिना बताये मजदूरों के स्वयं के द्वारा की गई थीं। ई.ए. रामास्वामी ने दक्षिण भारत के बारे में यही बात कही है। कोयम्बटूर में 1963-64 के दौरान हुई हड़तालों संबंधी अपने अध्ययन में कहा है कि, जहां तक नेताओं द्वारा कामगारों को भ्रम में रखने का प्रश्न है, बहुत कम हड़तालें ही वास्तव में नेताओं द्वारा की गई थीं और इनसे भी कम राजनीतिक उद्देश्यों की पूर्ति हेतु की गई थीं। वास्तव में, नेताओं पर हड़तालें व्यक्तियों द्वारा थोपी गई थीं और वे कार्यस्थल के तनावों और संघर्षों की प्रतिक्रिया थीं (1978b: 36)।

कामगार वर्ग में ऐसे कौन व्यक्ति हैं, जिनमें एक लम्बे समय तक आंदोलन को चलाने और दूसरों को नेतृत्व प्रदान करने की क्षमता है? अथवा क्या यह प्रश्न व्यर्थ हो गया है कि वैश्वीकरण के युग में मजदूर लोग छिन्न-भिन्न हो गये हैं और उनकी संगठित शक्ति अब नहीं दिखाई देती? सामाजिक रूपान्तरण में कामगारों में राजनीतिक चेतना विकसित करने या प्रेरित करने में हड़तालों की क्या भूमिका है? क्या यह एक मिथक है कि कामगार वर्ग सामाजिक रूपान्तरण का एक कर्णधार है? कामगार-वर्ग की हड़तालों और अन्य संघर्षों में स्त्रियों की क्या भूमिका है? छोटे उद्योगों के कामगारों के आंदोलन किस प्रकार बड़े उद्योगों के कामगारों से भिन्न हैं?

कामगार-वर्ग के आंदोलनों के अधिकांश अध्ययनों में कामगारों को एक आर्थिक श्रेणी के रूप में माना गया है और उनके सामाजिक के साथ-साथ सांस्कृतिक पक्षों की यथेष्ट रूप में खोजबीन नहीं की है। चन्दावरकर, दीपेश चक्रवर्ती, नन्दनी गोसू के अध्ययनों में यद्यपि ऐतिहासिक सामग्री का प्रयोग किया गया है, तथापि वे 'कामगार वर्ग' और उनके संघर्षों की समझ की नवीन वैचारिक रूपांकन/तस्वीर (पैराडाइम) प्रस्तुत करते हैं। समाजशास्त्रियों और राजनीतिक वैज्ञानिकों को वैश्वीकरण के युग में समकालीन कामगार-वर्ग के संघर्षों को समझने के लिये इस प्रकार के पैराडाइम का अन्वेषण करना चाहिये।

टिप्पणियाँ

1. मैं यह नहीं कह रहा हूं कि इस काल के पहले भारत में कोई उद्योग नहीं थे। पूर्व-उपनिवेशी भारत में कई प्रकार के उद्योग विद्यमान थे, जैसे कपड़ा बनाने, कांच और कागज बनाने के उद्योग। इसी के साथ नगरीय और ग्रामीण दस्तकार, सुनार, पीतल और तांबे के धातुकर्मी (ठठेरे), लुहार, कुम्हार आदि। कोयले की बहुत सारी खानें थीं, जिनमें बड़ी संख्या में लोग काम करते थे। देखिये गाडगिल (1971), रेवरी (1972), सीमोन्स (1985) और चन्दावरकर (1985, 1998)।
2. छोटे उद्योग को बहुधा लघु-स्तरीय उद्योग और कुटीर उद्योग के रूप में वर्गीकृत किया जाता है। लघु-स्तरीय उद्योग में किराये के मजदूरों को नियोजित किया जाता है, जबकि कुटीर उद्योग में पारिवारिक श्रम का प्रयोग किया जाता है। किन्तु हर समय ऐसा ही नहीं होता। उदाहरणार्थ, 'राष्ट्रीय योजना आयोग' ने कुटीर उद्योगों को अंतरिक रूप में परिभाषित करते हुए इन्हें ऐसे उद्योग माना है जिसमें एक कामगार अपने उपकरणों से अपने घर में काम करता है और वह अपने कार्य में परिवार के लोगों की या किराये के मजदूरों जिनकी संख्या पांच से अधिक नहीं होती, सहायता लेता है। द्वितीय पंचवर्षीय योजना के अनुसार, 'लघु स्तरीय उद्योग बोर्ड ने अपनी अस्थाई परिभाषा में लघु स्तरीय उद्योगों में उन सभी इकाइयों या संस्थानों को सम्मिलित किया है जिसमें पूंजीगत निवेश 5 लाख से कम है और 50 व्यक्तियों से कम लोग काम करते हैं और उसमें ऊर्जा का प्रयोग किया गया हो।' मजदूरों की संख्या और पूंजीगत निवेश की राशि समय-समय पर बदलती रही है। विभिन्न सरकारी परिभाषाओं के लिये देखिये, राव (1965)।
3. उद्योग विवाद (बम्बई) नियम, 1957 के साथ, उद्योग विवाद एक्ट, 1947 के अनुसार, 'हड़ताल' से तात्पर्य किसी उद्योग में काम करने वाले नियोजित व्यक्तियों द्वारा सामूहिक रूप में काम को रोक देना है या सामूहिक रूप में मना कर देना अथवा साझा समझ के आधार पर ऐसे व्यक्तियों की किसी भी संख्या द्वारा मना किये जाने से है जिन्हें काम करने अथवा नौकरी की स्वीकृति के आधार पर रखा गया है।
4. बम्बई के वस्त्र उद्योग के कामगारों की 1917 में युद्ध-बोनस के रूप में 10 प्रतिशत मजदूरी में वृद्धि की गई थी। इसके बाद उन्हें यह 1924 तक निरन्तर रूप में मिलती रही। इसे सामान्यत: उपहार स्वरूप राशि माना जाता है। लेबर अप्पेलेट ट्रिब्यूनल ने बोनस को कामगार के प्रयासों की अतिरिक्त आय माना है। देखिये—रामास्वामी एवं रामास्वामी (1981)।
5. इस प्रकार के समूहीकरण समस्यात्मक हैं क्यों कि ये मानते हैं कि राष्ट्रवादी न तो वामवादी या इसका विपर्यय है। हम उनका यहां प्रयोग सुविधा की दृष्टि से कर रहे हैं जैसा कि इनका प्रयोग साहित्य में किया गया है।

ग्रंथ-सूची

Aggarwal, A.P. 1968. *Gheraos and Industrial Relations*. Bombay: Tripathi.

Agrawal, R.D. 1972. 'Political Dimensions of Trade Unions'. In *Trade Union Movement in India*. Edited by R.D. Agarwal. Bombay: Tata McGraw Hill Publishing Co. Ltd.

Akhuri, R.K. 1968. 'Fifty Years of Trade Union Movement in the Coal Industry in India'. *Indian Journal of Labour Economics*, 11(3–4).

—. 1968. 'Fifty Years of Trade Union Movement in India'. *Indian Journal of Labour Economics,* 11(3–4)

Aparajit, P.S. 1962. 'The Role of Hunger Strike in Industrial Disputes'. *Indian Worker,* 10(32-33).

Arnold, David. 1980. 'Industrial Violence in Colonial India'. *Comparative Studies in Society and History,* 22(2), April.

Arya, V.P. 1967. *Strikes, Lock-outs and Gheruos: Law and Practice.* Calcutta: Oxford and Indian Book House.

Bahl, Vinay. 1982. 'TISCO Workers' Struggle: 1920-1928'. *Social Scientist,* 10(80), August.

Bakshi, Rajni. 1986. *The Long Haul, the Bombay Textile Workers' Strike.* Bombay: Build Documentation Centre.

Basu, Timir. 1979. 'Jute Workers' Struggle'. *Economic and Political Weekly,* 14 (5 and 6), February 3.

Bhowmik, Sharit K. 1998. 'The Working Class Movement in India: Trade Unions and the State'. In *People's Rights: Social Movements and the State in the Third World.* Edited by Manoranjan Mohanty, Partha Nath Mukherji and Olle Tornquist. New Delhi: Sage Publications.

Bogart, Michael V.D. 1970. *Trade Unionism in Indian Ports: A Case Study of Calcutta and Bombay.* New Delhi: Shri Ram Centre for Industrial Relations.

Bose, Sanat. 1979. 'Parties and Politics in Indian Trade Union Movement: Early Phase (1917-1924)'. *Social Scientist,* 7(12), July.

—. 1981. 'Industrial Unrest and Growth of Labour Unions in Bengal 1920-1924'. *Economics and Political Weekly,* 16(44-46), Special Number.

Breman, Jan. 1976. 'A Dualistic Labour System? A Critique of the "Informal Sector" Concept'. *Economic and Political Weekly,* 11(48, 49, 50). November 27, December 4, December 11.

—. 1996. *Footloose Labour: Working in India's Informal Economy.* Cambridge: Cambridge University Press.

Buchanan, D.H. 1934. *The Development of Capitalist Enterprise in India.* New York: Macmillan Company.

Chandland, Christopher. 1995. 'Trade Unionism and Industrial Restructuring in India and Pakistan'. *Bulletin of Concerned Asian Scholars,* 17(4). October-December.

Chakrabarty, Dipesh. 1976. 'Early Railwaymen in India: Dacoity and Training Wrecking (1860-1900)'. In *Dynamics of Labour Relations in India: Essays in Honour of Prof. S.C. Sarkar.* Edited by Dipendra Banerjee et al. New Delhi: People's Publishing House.

—. 1984. 'Trade Unions in a Hierarchical Culture: The Jute Workers of Calcutta, 1920–50'. In *Subaltern Studies III.* Edited by Ranajit Guha. Delhi: Oxford University Press.

—. 1989. *Rethinking Working Class History: Bengal, 1890–1940.* Delhi: Oxford University Press.

Chakraborty, P. 1969. *Strikes and Morale in Industry in India and Her Principle States.* Calcutta: Eastern Low House.

Chandavarkar, Rajnarayan. 1985. 'Industrialization in India before 1947: Conventional Approaches and Alternative Perspective'. *Modern Asian Studies,* 19(3).

—. 1994. *The Origin of Industrial Capitalism in India: Business Strategies and Working Classes in Bombay, 1900–1940.* Cambridge: Cambridge University Press.

—. 1998. *Imperial Power and Popular Politics: Class, Resistance and the State in India, 1850–1950.* Cambridge: Cambridge University Press.

Chatterji, Rakhahari. 1976. 'Class Conflict and Nation Building: Gandhi and the Indian Labour Movement'. *The Indian Journal of Political Science,* 37 (4), October-December.

—. 1980. *Unions, Politics and the State: A Study of Indian Labour Politics.* New Delhi: South Asian Publishers Pvt. Ltd.

—. 1984. *Working Class and the Nationalist Movement in India: The Critical Years.* New Delhi: South Asia Publishers Pvt. Ltd.

Chattopadhyay, Boudhyan et al. 1977. 'Trade Unions or Strike Committee?' *National Labour Institute Bulletin,* 3(7), July.

Choudhary, Sukhbir. 1971. *Peasants' and Workers' Movement in India, 1905–1929.* New Delhi: People's Publishing House.

Crouch, Harold. 1966. *Trade Unions and Politics in India.* Bombay: Manaktala.

—. 1979. *Indian Working Class.* Ajmer: Sachin Publications.

Dange, Shripad Amrit. 1973. *Origins of the Trade Union Movement in India.* New Delhi: People's Publishing House.

Das, Arvind and Gupta, Ranjit. 1984. *The Worker and the Working Class: A Labour Studies Anthology.* New Delhi: Public Enterprise Centre for Continuing Education.

Das, Arvind, Rojas, Fernado, and Waterman, Peter. 1984. *The Worker and the Working Class: A Labour Studies Anthology.* New Delhi: Public Enterprise Centre for Continuing Education.

Das, R.K. 1923. *Labour Movement in India.* Berlin: Walter Gruyter and Company.

Datta, P. 1993. 'Strikes in the Greater Calcutta Region, 1918–1924'. *Indian Economic and Social History Review,* 30(1).

Dayal, Ishwar. 1972. 'Labour Protest in India'. In *Dynamics of Labour Relations in India.* Edited by R.D. Agrawal. Bombay: Tata McGraw Hill.

Dayal , Ishwar, Srivastava, Suresh and Alfred Theodore, M. 1972. *Anatomy of a Strike: A Systematic Application to Understanding Events in an Organisation.* Bombay: Somaiya Publications.

De, Nitish R. 1972. '"Gherao" as a Technique for Social Intervention'. In *Dynamics of Labour Relation in India.* Edited by R.D. Agarwal. Bombay: Tata McGraw Hill.

De, Nitish, R. and Srivastava, Suresh. 1967. 'Gheraos in West Bengal'. *Economic and Political Weekly,* 2(49), December 16.

Desai, A.R. (ed.). 1989. *Labour Movement in India: Document, 1918–1920.* Vol. III. New Delhi: Indian Council of Historical Research.

Desai, Mahadev. 1961. *A Righteous Struggle.* Ahmedabad: Navjivan Publications.

Dhyani, S.N. 1965. 'Strike: A Study in State Controls and Adjustment in Industrial Relations in India'. *Indian Journal for Industrial Relations,* 1(1).

Dikshit, S.P. 1971. 'Factors in Inter-State Differentials in Proneness to Industrial Disputes'. *Indian Journal of Labour Economics,* 12(4).

Dogara, Bharat. 1991. 'Chattisgarh People's Movement After Niyogi'. *Economic and Political Weekly,* 26(43), October 26.

Dravid, V.V. 1969. 'Indian Trade Union Movement: Retrospect and Prospect'. *Indian Worker,* 17(37).

Dutt, Rajni Palme. 1947. *India Today.* Bombay: People's Publishing House.

Gadgil, D.R. 1971. *The Industrial Evolution of India in Recent Times, 1860–1939.* Bombay: Oxford University Press.

George, C.M. 1974. 'Wide-Cat Strike'. *Indian Journal of Social Work,* 35(1).

Ghosh, Moni. 1973. *Our Struggle: A Short History of Trade Union Movement in TISCO Industry at Jamshedpur.* Calcutta: Firma K.L. Mukhopadhyay.

Giri, V.V. 1962. *Labour Problems in Indian Industry.* Bombay: Asia Publishing House.

Gooptu, Nandini. 2001. *The Politics of the Urban Poor in the early Twentieth-Century India.* Cambridge: Cambridge University Press.

Gupta, Ranajit. 1984. 'Poverty and Protest: A Study of Calcutta's Working Class and Labouring Poor, 1875–1975'. In *The Worker and the Working Class: A Labour Studies Anthology.* Edited by Arvind Das and Ranajit Gupta. New Delhi: Public Enterprise Centre for Continuing Education.

Gupte, Vasant. 1981. *Labour Movement in Bombay.* Bombay: Institute of Workers Education.

Handbook of Industrial Policy and Statistics. 2001. New Delhi: Office of the Economic Advisor, Ministry of Commerce and Industry, Government of India.

Homstrom, Mark. 1985. *Industry and Inequality: The Social Anthropology of Indian Labour.* Delhi: Oxford University Press.

Jaffrey, Robbin. 1981. 'India's Working Class Revolt: Punnapra-Vayalar and the Communist "Conspiracy" of 1946'. *Indian Economic and Social History Review,* 18(2), April-June.

James, R.C. 1958. 'Politics and Trade Unions in India'. *Far Eastern Survey,* 37(3), March.

Jawaid, Sohail. 1982. *Trade Union Movement in India.* Delhi: Sundeep Prakashan.

Jha, S.C. 1970. *Indian Trade Union Movement: An Account and an Interpretation.* Calcutta: Firma K.L. Mukhopadhyay.

Johri, C.K. 1967. *Unionism in Developing Economy: A Study of the Interaction between Trade Unionism and Government Policy in India.* Bombay: Asia Publishing House.

John, J. (ed.). 1998. *On a Rainbow in the Sky. . .The Chattisgarh Mukti Morcha.* Delhi: Centre for Education and Communication.

Joseph, A.M. 1965. 'Strikes in a Newly Developing Industrial Centre: A Case Study'. *Social Action,* 15(1-2), January-April.

Joshi, V.P. 1969. 'Strikes in Bombay Cotton Textile Industry'. *Arthvijnana,* 11(3).

Kannan, K.P. 1984. 'Evolution of Unionisation and Changes in Labour Processes Under Lower Forms of Capitalist Production: A Study of Cashew Industry of Kerala'. In *The Worker and the Working Class: A Labour Studies Anthology.* Edited by Arvind Das and Ranajit Gupta. New Delhi: Public Enterprise Centre for Continuing Education.

—. 1988. *Of Rural Proletarian Struggles: Mobilisation and Organisation of Rural Workers in South-West India.* Delhi: Oxford University Press.

Kannappan, Subbiah. 1959. 'The Tata Steel Strike: Some Dilemmas of Industrial Relations in a Developing Economy'. *Journal of Political Economy,* 65(5), October.

Kannappan, Subbiah and Saran. 1967. 'Political Strikes and Violence in Labour Disputes'. *Indian Journal of Industrial Relations,* 3(2).

Karnik, V.B. 1961. *Strikes in India.* Bombay, Manaktalas.

—. 1966. *Indian Trade Unions: A Survey.* Bombay: Manaktalas.

—. 1974. *Indian Labour: Problems and Prospects.* Calcutta: Minerva Associates.

Kennedy, van Dusen. 1966. *Unions, Employees and Government.* Bombay: Manakatalas.

Kooiman, Dick. 1980. 'Bombay Communists and the 1924 Textile Strike'. *Economic and Political Weekly,* 15(29), July.

Krishna, C.S. 1979. 'Struggles of the Textile Mill Workers in the Madras Presidency, 1929–33'. *Social Scientist,* 7(11), June.

—. 1981. 'Labour Legislation and Working Class Movement: Case of Bombay Labour Office, 1934–37'. *Economic and Political Weekly,* 16(44-46), Special Number, November.

Kumar, Pradip. 1964. 'Strikes in India: An Analysis'. *Economic Weekly,* 16(41), October 10.

Kumar, Ravinder. 1983. *Essay in the Social History of Modern India.* Delhi: Oxford University Press.

Lakha, Salim. 2002. 'Organised Labour and Militant Unionism: The Bombay Textile Workers' Strike of 1982'. In *Social Movements and the State.* Edited by Ghanshyam Shah. New Delhi: Sage Publications.

Lakshman, P. 1947. *Congress and Labour Movement in India.* Allahabad: All India Congress Committee.

Lieten, Georges Kristoffel. 1982. 'Strikes and Strike-Breakers: A Bombay Textile Mills Strike, 1929'. *Economic and Political Weekly,* 27(14-16), April.

Lieten, Georges Kristoffel. 1983. *Colonialism, Class and Nation.* Calcutta: K.P. Bagchi.

Lin, Sharet G. 1992. 'Shankar Guha Niyogi: Beyond Conventional Trade Unionism in India'. *Bulletin of Concerned Asian Scholors*, 24(3), July-September.

Mamkootam, K. 1978. 'Industrial Relations in a Steel Plant'. In *Industrial Relations in India: A Sociological Perspective*. Edited by E.A. Ramaswamy. Delhi: Macmillan.

Masihi, Edwin. 1985. *Trade Union Leadership in Textile Industry of Ahmedabad*. Delhi: Ajanta Publication.

Mast, Mukesh Kumar. 1969. *Trade Union Movement in Indian Railways*. Meerut: Meenakshi Prakashan.

Mathur, A.S. and Mathur, S.J. 1957. *Trade Union Movement in India*. Allahabad: Chaitanya Publishing House.

Mathur, J.S. 1964. *Indian Working Class Movement*. Allahabad: Mathur.

—. 1965. 'Trade Union Leadership and Industrial Unrest in India'. *Industrial Relations*, 17(6).

Mitra, Ira. 1981. 'Growth of Trade Union Consciousness among Jute Mill Workers, 1920–40'. *Economic and Political Weekly*, 16(44-46), Special Number.

Morris, David Morris. 1958. 'Order and Disorder in the Labour Force: The Jamshedpur Crisis of 1958'. *Economic Weekly*, 10(44), November 1.

Mukherjee, Aditya. 1980. 'The Workers and Peasant Parties, 1926–30'. *Studies in History*, 2(1), January-June.

Mukhopadhyay, S.N. 1946. 'Labour Unrest in Tea Plantations'. *Indian Journal of Social Work*, 7(3).

Munson, Fred C. 1970. *Indian Trade Unions: Structure and Function*. Ann Arbor, University of Michigan.

Murphy, E.D. 1977. 'Class and Community in India: The Madras Labour Union, 1918–21'. *The Indian Economic and Social History Review*, 14(3), July–September.

Murphy, Eaman. 1981. *Unions in Conflict: A Comparative Study of Four South Indian Textile Centres, 1818–1939*. Delhi: Manohar.

Myers, Charles A. and Kannappan, Subbiah. 1958. *Industrial Relations in India*. Bombay: Asia Publishing House.

Newman, Richard. 1981. *Workers and Unions in Bombay, 1918–1929*. Canberra: Australian National University.

Omvedt, Gail. 1979. 'Maharashtra Sugar Factories Strike: No Attempt at Worker-Rural Poor Alliance'. *Economic and Poliltical Weekly*, 14(48), December 1.

—. 1980. 'Maharashtra Sugar Workers: Round Two'. *Economic and Poliltical Weekly*, 15(1), January 5.

Ornati, Oscar A. 1955. *Jobs and Workers in India*. Ithaca, NY: Cornell University.

Paitabhi, Raman N. 1967. *Political Involvement of India's Trade Unions*. Bombay: Asia Publishing House.

Panchand, Sobha. 1980. *History of Working Class Movement in Bengal*. New Delhi: People's Publishing House.

Pandey, S.M. 1966. 'Indian Labour Movement: Growth and Character'. *Indian Journal of Industrial Relations,* 2(1).

—. 1967. 'Rival Unionism in an Industrial Centre: A Story of Kanpur'. *Indian Journal of Industrial Relations,* 3(2).

—. 1968. 'Ideological Conflict in the Kanpur Trade Union Movement, 1934–1945'. *Indian Journal of Industrial Relations,* 3(3)

Pandey, S.M. 1969. *Government Employees' Strike: A Study in White Collar Unionism in India.* Meerut: Meenakshi Prakashan.

—. 1970. *As Labour Organises: A Study of Unionism in Kanpur Textile Industry.* New Delhi: Shri Ram Centre.

Pandey, S.M. and Vikram, C.M. 1969. 'Trade Unionism in Delhi's Builiding Industry'. *Indian Journal of Industrial Relations,* 4(3).

Pandey, S.M. and Phatak, V.K. 1972. 'Inter-Industry Conflict–Proneness in India'. *Indian Journal of Industrial Relations*, 7(4).

Pandit, Nalini. 1997. 'Narayan Meghaji Lokhande: The Father of Trade Union Movement in India'. *Economic and Political Weekly,* 32(6), February 15.

Patankar, Bharat. 1988. 'The Bombay Textile Worker Strike of 1982: The Lessons of History'. *Bulletin of Concerned Asian Scholars,* 20(2), April-June.

Patel, Sujata. 1984. 'Class Conflict and Workers' Movement in Ahmedabad Textile Industry 1918-23'. *Economic and Political Weekly*, 19(20-21), May 19-26.

—. 1987. *Making of Industrial Relations in the Ahmedabad Textile Industry, 1918–19.* Bombay: Oxford University Press.

Pattnaik, Sukanti P. 1993. *Strike: A Study of Conflict.* New Delhi: Gyan Publishing House.

Punekar, S.D. 1948. *Trade Unionism in India.* Bombay: New Book Company.

—. 1958. 'Outside Leadership of Trade Unions: A Bombay Survey'. *Economic Weekly,* 10(27), July 4.

—. 1960. 'Trade Union Movement in India'. In *Industrial Labour in India.* Edited by V.B. Singh and A.K. Saran. Bombay: Asia Publishing House.

—. 1971. 'White Collar Unions in Bombay: A Survey'. *Economic and Political Weekly,* 6(51), December 18.

—. 1974. 'The Bombay Textile Strike: A Case Study'. *The Indian Journal of Social Work,* 35(3), October.

Punekar, S.D. and Madhuri, S. 1967. *Trade Union Leadership in India: A Survey.* Bombay: Lalvani Publishing House.

Punekar, S.D. and Varickayil, R. (ed.). 1989. *Labour Movement in India: Documents, 1850-1890. Mines and Plantations.* Vol. I. New Delhi: Indian Council of Historical Research.

—. (ed.). 1989. *Labour Movement in India: Documents, 1891-1917. Factories.* Vol. II. New Delhi: Indian Council of Historical Research.

Ramanujan, G. *Indian Labour Movement.* New Delhi: Sterling Publications.

Ramaswamy, E.A. 1973. 'Politics and Organized Labour of India'. *Asian Survey*, 13(10), October.

—. 1977. *The Worker and His Union.* Delhi: Allied Publishers.

—. (ed.). 1978a. *Industrial Relations in India: A Sociological Perspective.* Delhi: Macmillan.

—. 1978b. 'Meaning of the Strike'. In *Industrial Relations in India: A Sociological Perspective.* Edited by E.A. Ramaswamy. Delhi: Macmillan.

Ramaswamy, E.A. and Ramaswamy, Uma. 1981. *Industry and Labour: An Introduction.* Delhi: Oxford University Press.

Rao, Gamji Rameshwara. 1972. 'The Worker Predisposition to Protest and Actual Protest'. *Indian Journal of Industrial Relations*, 8(2).

Rao, Uma Maheshvara. 1965. *Small Scale Industries: Some Economic Aspects.* Bombay: Popular Prakashan.

Reindorp, Julian. 1971. *Leaders and Leadership in the Trade Unions in Bangalore.* Madras: The Christian Literature Society.

Revri, Chamanlal. 1972. *The Indian Trade Union Movement: An Outline History, 1880–1947.* New Delhi: Orient Longman.

Robb, Peter (ed.). 1993. *Dalit Movements and the Meanings of Labour in India.* Delhi: Oxford University Press.

Ross, Akthur M. 1966. *Industrial Relations and Economic Development.* London: Macmillan.

Saha, Panchanan. 1978. *History of the Working Class Movement in Bengal.* New Delhi: People's Publishing House.

Sahoo, Basudeb. 1999. *Labour Movement in India.* Jaipur: Rawat Publications.

Saksena, R.N. 1954. 'Labour Tension in India'. *Indian Journal of Social Work*, 15(1).

Sangvi, Sanjay and Agrawal, Alok. 1991. 'State Repression in Madhya Pradesh: Target: Popular Movement'. *Economic and Political Weekly*, 26(47), November 23.

Saxena, Kiran. 1985. 'Indian Wage Fixation: An Anatomy of Bangalore Based Public Sector Strike, 1980–81'. *Journal of Contemporary Asia*, 15(4).

Sen, Sukomal. 1977. *Working Class of India: History of Emergence and Movement 1830–1970.* Calcutta: K.P. Bagchi.

Sharma, Baldev. 1970. 'The Industrial Worker: Some Myths and Realities'. *Economic and Political Weekly*, 5(22), May 30.

Sharma, G.K. 1963. *Labour Movement in India.* Jullundhur: University Publishers.

Sheth, N.R. 1960. 'Trade Union in an Indian Factory: A Sociological Analysis'. *Economic Weekly*, 12(29–30), July.

—. 1978. 'Trade Union in Social Reality'. In *Industrial Relations in India: A Sociological Perspective.* Edited by E.A. Ramaswamy. Delhi: Macmillan.

Sheth, N.R. and Jain, S.P. 1968. 'Workers, Leaders and Politics: A Case Study *Indian Journal of Industrial Relations*, 3(3).

Simeon, Dilip. 1995. *The Politics of Labour Under Late Colonialism: Workers, Trade Unions and the State in Chota Nagapur, 1928–1939*. Delhi: Manohar Publications.

—. 2001. *The Politics of the Labour Movement: An Essay on Differential Aspirations*. Noida: V.V. Giri National Labour Institute.

Simmons, Colin. 1985. '"De-Industrialization", Industrialization and the Indian Economy, 1850–1947'. *Modern Asian Studies*, 19(3).

Singh, Jaspal. 1970. 'Social Background of Trade Union Leaders'. *Economic and Political Weekly*, 5(43), August 22.

—. 1971. 'Trade Union Leaders: A Study in Class Background and Social Mobility'. *Indian Journal of Social Work*, 31(1).

Singh, V.B. (ed.). 1963. *Industrial Labour in India*. Bombay: Asia Publishing House.

—. 1965. 'Trade Union Movement'. In *Economic History of India, 1857–1956*. Edited by V.B. Singh. Bombay: Allied Publishers.

Sivayya, K.V. 1966. *Trade Union Movement in Vishakhapatnam*. Waltair: Andhra University Press.

Soman, R.J. 1957. *Peaceful Industrial Relations, Their Science and Technique*. Ahmedabad: Navjivan Publishing House.

Streefkerk, Hein. 1985. *Industrial Transition in Rural India*. Bombay: Popular Prakashan.

Subramanian, Dilip. 1980. 'The MICO Strike: A Retrospective'. *Economic and Political Weekly*, 11(52), May 31.

Sundram, V.C. 1961. 'Analysis of Strikes'. *Indian Journal of Labour Economics*, 3(4).

Tulpule, B. 1976. 'Managing Durgapur: Experience of a Trade Unionist'. *Economic and Political Weekly*, 11(52), 12(1-2, 3, 4).

Vaid, K.N. 1962. *Growth and Practice of Trade Unionism: An Area Study*. Delhi: Delhi School of Social Work.

—. 1965. *State and Labour in India*. Bombay: Asia Publishing House.

—. 1972. *Gheraos and Labour Unrest in West Bengal*. New Delhi: Shri Ram Centre for Industrial Relations.

Velayudhan, Meera. 1985. 'The Crisis and Women's Struggle in India (1970–1977)'. *Social Scientist*, 13(6), June.

Vijayaraghavan, T.T. 1966. 'Trade Unions and Bandhs'. In *The Politics of Mass Violence in India*. Edited by S.P. Aiyar. Bombay: Manaktalas.

Waterman, Peter. 1980. *Reflections on Union and Popular Movements in India*. The Hague: Institute of Social Studies.

Wersch, Hubert van. 1992. *The Bombay Textile Strike, 1982–83*. Delhi: Oxford University Press.

8

विद्यार्थियों के आंदोलन (छात्र आंदोलन)

(Student's Movements)

इस लेख के उद्देश्य से, हम अपने अध्ययन को कॉलेजों और विश्वविद्यालयों के विद्यार्थियों तक सीमित रखेंगे। भारत में कॉलेज शिक्षा की शुरुआत 1850 के दशक में हुई। सन् 1946-47 में 2.4 लाख विद्यार्थी कॉलेज जा रहे थे। यह संख्या पिछले साढ़े तीन दशकों में पन्द्रह गुनी हो गई। सन् 1996-97 में विश्वविद्यालयों तथा अन्य संस्थानों द्वारा संचालित पूर्व-स्नातक, स्नातक और डिप्लोमा पाठ्यक्रमों में 67.5 लाख विद्यार्थियों ने प्रवेश लिया था।

विद्यार्थियों की एक बड़ी संख्या ने स्वतंत्रता आंदोलन के विभिन्न चरणों में भाग लिया था। सरकार की सेडिशन समिति (1918) की एक रिपोर्ट के अनुसार, बंगाल में 1907 और 1917 के बीच क्रांतिकारी अपराधों के लिए 186 व्यक्तियों में से 68 व्यक्ति विद्यार्थी, 16 व्यक्ति अध्यापक थे जो स्कूलों और कॉलेजों में कार्यरत थे (वीनर, 1963)। स्वतन्त्रता आंदोलन में भाग लेने के अलावा, इन लोगों ने विश्वविद्यालय और कॉलेज के अधिकारियों के साथ-साथ सरकार के विरुद्ध अपने खुद के आंदोलन भी किये थे। इसी प्रकार के आंदोलन स्वतंत्रता के बाद के काल में भी चलते रहे। तथापि, सन् 1980 के दशक में असम के छात्र आंदोलन को छोड़ कर, 1970 के दशक के अंत में, आपातकाल के बाद छात्र आंदोलन ठंडे पड़ गये। इनके ठंडे पड़ने के कारणों पर समाज वैज्ञानिकों ने गंभीरता से खोजबीन नहीं की। सन् 1953 में लखनऊ विश्वविद्यालय और 1958 में बनारस हिन्दू विश्वविद्यालय में वृहत् आधार पर उपद्रव हुए थे। कई नगरों जैसे ग्वालियर, इंदौर, कलकत्ता, इलाहाबाद और जयपुर में 1950 के दशक में छात्रों पर पुलिस द्वारा गोलियां चलाई गई थीं। इस प्रकार की घटनाओं की बाद के दशकों में लगभग सभी राज्यों में पुनरावृत्ति हुई। विद्यार्थी असंतोष अथवा उपद्रवों या जिसे 'विद्यार्थी अनुशासनहीनता' कहा गया है, पर ढेर सारा साहित्य उपलब्ध है। इनमें से अधिकांश लेखन अखबारों और लोकप्रिय पत्रिकाओं में हुआ है और उसकी प्रकृति पत्रकारिता परक है। हमने इस लेख में ऐसे साहित्य की उपेक्षा की है। इतिहासकारों ने इस क्षेत्र में

अन्वेषण नहीं किया है। अधिकांश अध्ययन मनोवैज्ञानिकों, शिक्षाशास्त्रियों, पत्रकारों और समाजशास्त्रियों द्वारा किये गये हैं। कुछ राजनीतिक विज्ञानियों ने भी इस क्षेत्र की छानबीन की है। यद्यपि स्वतंत्रता के बाद की अवधि में हुए विभिन्न छात्र आंदोलनों के कई एकल अध्ययन (केस स्टडी) उपलब्ध हैं, तथापि ऐसा कोई व्यापक अध्ययन या संग्रह नहीं है जो विद्यार्थियों के आंदोलनों के विभिन्न प्रकारों की एक अखिल भारतीय तस्वीर प्रस्तुत कर सके। पूर्व-स्वतंत्रता आंदोलन की अवधि में हुए छात्र आंदोलनों का लेखा-जोखा प्रस्तुत करने वाली कुछ छोटी-मोटी पुस्तिकाएं हैं जिनका लेखन आंदोलनकारियों द्वारा किया गया है (चन्द्रा, 1938; रेड्डी, 1947)। ये लेखन अपूर्ण और सतही हैं। माइरन वीनर (1963) और फिलिप अल्टबैक (1968a) ने ब्रिटिश काल के छात्र आंदोलनों का एक संक्षिप्त विवरण दिया है। यद्यपि उन्होंने बड़ी रुचिकर सूचनाएं दी हैं, किन्तु वे भी बहुत कम और संक्षेप में हैं। विश्व युवा केन्द्र (1973) ने 1947 और 1970 के बीच हुए प्रमुख विद्यार्थी उपद्रवों (विक्षुब्धताओं) की एक सूची दी है। यह एक उपयोगी कालानुक्रम प्रदान करती है।

मुद्दे

देश के विभिन्न भागों और अलग-अलग समय पर विद्यार्थी आंदोलन शिक्षा की समस्याओं से लेकर राजनीतिक मुद्दों को लेकर होते रहे हैं। यह सही है कि विद्यार्थीगण बहुधा उन मुद्दों को लेते हैं जो केवल उनके स्वयं के संकीर्ण हितों को प्रभावित करते हैं। रॉस ने (1969) विद्यार्थी विरोध (प्रोटैस्ट) को पांच प्रकारों में विभाजित किया है—(1) राजनीतिक विरोध, (2) आर्थिक विरोध, (3) नैतिक विरोध, (4) शैक्षणिक (शिक्षा विषयक) विरोध और (5) विनोद के लिए विरोध। बहुधा ये विरोध अन्तर्संबंधित होते हैं।

कुछ कारक ऐसे हैं जो सभी प्रकार के प्रोटैस्ट, चाहे वे नैतिक हों या शैक्षणिक, देखने को मिलते हैं। सभी प्रकार की छात्र प्रोटैस्ट में एक सामान्य कारक पीढ़ी अंतर रहा है। समाजशास्त्रियों और मनोवैज्ञानिकों का यह एक प्रिय सिद्धान्त रहा है। चूंकि कॉलेज के विद्यार्थीगण 16 से 21 वर्ष के ऐसे आयु समूह में आते हैं, जिसमें उनमें शारीरिक और मनोवैज्ञानिक परिवर्तन होते हैं। किशोरावस्था के तनाव और दबाव उनके व्यवहार में प्रतिबिम्बित होता है। यह एक ऐसी अवस्था है जब वे समुदाय में अपनी पहचान बनाने का प्रयास करते हैं। कुछ विद्वानों के अनुसार, विद्यार्थी असंतोष नकारात्मक पहचान निर्माण का एक लक्षण है (रेड्डी, 1969; दामले, 1971)। हमारे समाज की भांति, संक्रमणशील और बहुलवादी समाज में विद्यार्थियों के लिए प्रस्थापित मानदंडों के अनुरूप चलना बड़ा कठिन है। यही नहीं, सामान्य रूप में बड़ों की और विशेष रूप में गुरु की पारम्परिक नैतिक सत्ता, जो युवाओं के लिए अनुकरण का एक मॉडल हुआ करता था, पिछले कुछ वर्षों से कमजोर पड़ता जा रहा है। पारम्परिक परिवार की सत्ता में भी ह्रास हो रहा है (कॉरमेक, 1961; रॉस, 1969)। युवाओं में एक प्रति-संस्कृति का उदय हुआ है (फिशर, 1963a; पर्किन्स, 1968; सिन्हा और गंग्रेड, 1971; मलिक और मारक्रेट, 1974)। सुधीर ककर और कमला चौधरी कहते हैं कि

हमारे समाज में 'सत्ता का संकट' बढ़ रहा है। हमारी पारिवारिक शैक्षणिक, धार्मिक, सामाजिक और राजनीतिक संस्थाएं हमारे युवाओं को आसानी से नियंत्रित करने की क्षमता तीव्र गति से खोती जा रही है (1970)। इन दोनों मनोवैज्ञानिकों ने युवाओं के बड़े सुन्दर जीवनवृत्तीय चित्र प्रस्तुत किये हैं। तथापि, समाज मनोवैज्ञानिकों के कई अध्ययनों के उपलब्ध होते हुए भी, एक देशान्तरीय अध्ययन किये जाने की अब भी जरूरत है (नन्दी, 1981)।

यह कहा जाने लगा है कि युवजन अपनी आश्रितता को खत्म करने और स्वतंत्र बनने, कार्यस्थल और जीवन के अन्य क्षेत्रों में दायित्व ग्रहण करने के लिए आतुर हैं। उनकी यह आतुरता उन्हें वयस्कों के साथ संघर्ष में ला देती है (ककर और चौधरी, 1970; एस.एल. शर्मा, 1971)। यही नहीं, युवाओं के कुछ ऐसे दृष्टिकोण एवं मूल्य हैं जो पुरानी पीढ़ी से सर्वथा भिन्न हैं। वे उग्र हैं और ऐसे सामाजिक-आर्थिक ढांचे को अस्वीकारते हैं जो उत्पीड़नकारी हैं। फिलिप अल्टबैक (1968a) का मत है कि छात्र आंदोलन की उत्पत्ति उद्वेगात्मक भावना से होती है, बहुधा जिसके साथ अन्तर-पीढ़ीगत तनाव जुड़े होते हैं। उनके भी सकारात्मक लक्ष्य हैं। युवा बुद्धिजन के रूप में, वे मानते हैं कि उन्हें एक विशिष्ट ऐतिहासिक मिशन को प्राप्त करना है जिसे अन्य पीढ़ियां प्राप्त करने में अथवा उनके परिवेश की त्रुटियों को सुधार करने में असफल रही हैं। छात्र आंदोलन उद्वेगात्मक प्रत्युत्तर और बौद्धिक विश्वास का मिश्रण है। इसके अतिरिक्त, शिक्षार्थियों की प्रथम पीढ़ी के लिए उन व्यक्तियों से भिन्न समाज की नवीन मांगों और मूल्यों के साथ सामंजस्य बनाना मुश्किल होता है जिन्हें उनके परिवारों में शैक्षणिक पृष्ठभूमि की कई पीढ़ियों का लाभ प्राप्त होता है (शाह, 1968; मेट्टा, 1970; रिगे, 1971; चिटनिस, 1971; श्रीनिवास, 1972)। किन्तु, कुछ विद्वान पीढ़ीगत अन्तर संबंधी इन विचारों का समर्थन नहीं करते (सिन्हा और गंग्रेड, 1971)। विद्यार्थियों और उनके माता-पिता के मूल्यों संबंधी अध्ययन बताते हैं कि जहां तक मूल्यों का प्रश्न है, ड्रैस और मैथुनिक लोकाचारों को छोड़ कर, विद्यार्थियों और माता-पिता में कोई अन्तर नहीं है। अधिकांश विद्यार्थी जाति व्यवस्था, जातिगत रीति-रिवाजों, पारिवारिक आदर्शों, स्त्रियों की आधीन प्रस्थिति, पदानुक्रम, आर्थिक संरचना, आदि को स्वीकार करते हैं (शाह, 1964; गंगेड, 1975; शाह, 1977)। इन दोनों पीढ़ियों में अंतर आकांक्षाओं के क्षेत्र में सुस्पष्ट है (सिन्हा और गंग्रेड, 1971)।

एक प्रकार से छात्र आंदोलन सामान्यतः विद्यमान आर्थिक और राजनीतिक संकट और सामाजिक व्यवस्था की परिवर्तनशील प्रकृति का एक हिस्सा है। समाज के अन्य भागों की भांति, वे भी गहन स्थानिकवाद और मध्यम वर्ग हितों से ग्रस्त हैं (शाह, 1977)। भारतीय युवाओं ने विद्यार्थी बनने के बाद जाति, परिवार, प्रादेशिक और धार्मिक पहचान को नहीं छोड़ा है (गसफील्ड, 1970)। शिक्षा आयोग (भारत सरकार, 1964) के अनुसार विद्यार्थियों में अनुशासनहीनता के लिये वयस्कों में अनुशासन का घटता हुआ स्तर और उनकी नागरिक चेतना और निष्ठा में कमी उत्तरदायी है। कई अध्ययन इस बात पर जोर देते हैं कि विद्यार्थियों के आंदोलन के लिए बढ़ती हुई बेरोजगारी प्रमुख कारण है। कॉलेज से पास होकर निकलने

और रोजगारित होने के बीच के इन्तजार की अवधि काफी लम्बी है। इन्तजार की अवधि के बारे में मत वैभिन्नय है। एक अनुमान के अनुसार यह अवधि 4½ महीनों से 13 महीनों तक की है (इलिचमैन और धर, 1970)। कई छात्र आंदोलनों की मांग एक शिक्षित युवाओं के रोजगार अवसरों में वृद्धि करना भी रही है। विद्यार्थियों को अपनी शक्ति के बारे में अहसास हो गया है। एलीन डी. रॉस लिखती हैं—

> विद्यार्थीगण तीव्र रूप से यह अनुभव करते हैं कि उनके प्रदर्शनों के द्वारा चाहे उनके लक्ष्य लघु अवधि वाले हैं, जैसे फीस घटाना, वे अपने जीवन के कुछ पक्षों को परिवर्तित करने के लिए शक्ति प्राप्त करते हैं। उनके व्यवहार पर परिवार, जाति और धर्म के कड़े पारम्परिक नियंत्रण की दृष्टि से, यह वास्तव में एक अच्छी बात है। अत:, सामूहिक कार्रवाई के द्वारा प्रदर्शन के अपने अधिकार और प्रदर्शनों को जन्म देने के महत्वपूर्ण कारक हैं। (1969: 25)

विद्यार्थीगण बहुधा ऐसे तात्कालिक मुद्दों को लेकर विरोध प्रदर्शित करते हैं जो उन्हें विद्यार्थी के रूप में प्रभावित करते हैं। कक्षा के कमरों और हॉस्टल में अधिक और बेहतर आधारभूत सुविधाएं उपलब्ध करवाने की मांगें रखी जाती हैं। फीस वृद्धि, परीक्षाओं का संचालन तथा कॉलेज या विश्वविद्यालय के अधिकारियों और अध्यापकों के विरोध में प्रदर्शन किये जाते हैं। शिक्षा आयोग (1964) ने शिक्षा व्यवस्था से संबंधित कुछेक उन कारकों की सूची दी है जो विद्यार्थी अनुशासनहीनता के लिए उत्तरदायी हैं। इस सूची में अग्रांकित कारकों को सम्मिलित किया गया है—(1) अनेक पाठ्यक्रम संबंधी कार्यक्रमों की घिसीपिटी और असंतोषजनक प्रकृति, (2) अनेक शैक्षणिक संस्थाओं में अध्यापन और अधिगम (सीखने) की पूर्णत: अपर्याप्त सुविधाएं, (3) अपर्याप्त विद्यार्थी-अध्यापक सम्पर्क, (4) कई अध्यापकों में अध्यापन कुशलता और विद्वता में कमी और विद्यार्थी समस्याओं में रुचि लेने में उनकी असफलता, (5) शिक्षण संस्थाओं के स्तर पर कल्पनाशीलता और दृढ़ता सहित व्यवहार-कुशलता का अभाव और (6) कुछ महाविद्यालयों और विश्वविद्यालयों के अध्यापकों में राजनीति की व्यापकता। कभी-कभी, विद्यार्थीगण विश्वविद्यालय की स्वायत्तता को सीमित करने की सरकारी कार्रवाई के प्रति भी विरोध प्रदर्शन करते हैं (शॉ, 1970)। कुछ विश्वविद्यालयों में विद्यार्थियों और अधिकारियों के बीच संप्रेषण में गतिरोध भी छात्र आंदोलनों के लिए उत्तरदायी रहा है (सिंह, 1970)। डाय बोना (1970) का कहना है कि अधिकांश विद्यार्थी व्यवस्था के साथ तालमेल बनाने में असमर्थ पाये गये हैं। वे अपनी दयनीय दशा के लिए कुछ करने के लिए सामूहिक कार्रवाई में भाग लेते हैं। वे संस्थाओं की निर्णय लेने की प्रक्रियाओं से अपने आपको कटा हुआ अनुभव करते हैं (अहलुवालिया, 1972)।

कई छात्र आंदोलनों को इस अर्थ में राजनीतिक कहा जा सकता है कि वे सरकार की नीति या कार्रवाई से संबंधित राजनीतिक मुद्दे होते हैं। स्वतंत्रता आंदोलन के दौरान, कुछ विद्यार्थी आंदोलनों ने स्वतंत्रता संग्राम के सिपाहियों की मांगों के समर्थन में राजनीतिक मुद्दों को उठाया था। राजनीतिक दलों ने छात्रों की लामबन्दी करने हेतु अग्रिम मोर्चों का गठन किया है। स्वतंत्रता के बाद कांग्रेस के राजनीतिक अभिजन (एलीट) ने विद्यार्थियों को

वि-राजनीतिकरण की सलाह दी। किन्तु, सभी राजनीतिक दलों ने विद्यार्थियों में अग्रिम संगठनों का गठन किया है। ये संगठन अपने दल या गुटीय राजनीति के लिए विद्यार्थियों को लामबंद करते हैं। वीनर (1963) के अनुसार, दल के नेताओं द्वारा एक विशिष्ट दबाव समूह के रूप में विद्यार्थियों का उपयोग किया जाता है। कई अध्ययनों में छात्र नेताओं की राजनीतिक संलिप्तता को उजागर किया गया है और बताया गया है कि राजनीतिक दल किस प्रकार शिक्षण संस्थाओं के प्रांगणों में गड़बड़ी उत्पन्न करने में उनका उपयोग करते हैं (कबिर, 1958; कॉरमेक, 1961; गसफील्ड, 1970; डाय बोना, 1967; सिंह, 1968; रॉस, 1969; विद्यार्थी, 1976)। विद्यार्थियों ने विश्वविद्यालय स्वायत्तता, राष्ट्र भाषा, राजनीति में भ्रष्टाचार, निरंकुश एवं भ्रष्ट राज्य, व्यवस्था, शोषण आदि जैसे बड़े राजनीतिक मुद्दों के लिए भी आंदोलन किये हैं। हैदराबाद के छात्रों ने तेलंगाना आंदोलन में स्पष्ट और समर्थनकारी भूमिका अदा की है (कस्टर्स, 1987)। उन्होंने 1960 के दशक में पश्चिम बंगाल में नक्सलवादी आंदोलन में भी एक महत्वपूर्ण भूमिका अदा की है। गुजरात में उन्होंने राज्य विधान सभा को 1974 में भंग करने में और बिहार में कांग्रेस को हिलाने में सफलता अर्जित की है (बारिक, 1977; शाह, 1977; ऑस्टरगार्ड, 1985)।

यद्यपि कई छात्र आंदोलनों ने राजनीतिक मुद्दों को उठाया है। कुछ अध्ययन बताते हैं कि अधिकांश विद्यार्थीगण न केवल अ-सैद्धांतिक है, अपितु गैर-राजनीतिक भी हैं (अल्टबैक, 1969; मैट्टा, 1970; विद्यार्थी, 1976; चौपड़ा, 1978)। विद्यार्थीगण मुद्दों को तदर्थ रूप में और भावुकतावश उठाते हैं। उनमें राजनीतिक व्यवस्था के बारे में कोई 'सामान्य दृष्टिकोण' नहीं होता। एडवर्ड शील्स कहते हैं, 'भारतीय विद्यार्थी आंदोलन अपने समाज की कोई आधारभूत आलोचना नहीं करते। अपने विश्वविद्यालयों की पुनर्निर्माण के लिए उनके पास कोई योजनाएं नहीं है (1972: 147)। सागर अहलुवालिया (1972) यह कहते हुए भी नहीं हिचकिचाते कि अभी कुछ वर्षों में युवाओं का व्यवहार बालकों जैसा और अपरिपक्व हो गया है। यह 'साधारण गुंडे के व्यवहार' से अधिक बेहतर नहीं है। किन्तु, अन्य विद्वानों ने ऐसे कथनों का समर्थन नहीं किया है। यह कहा गया कि विद्यार्थी आंदोलन एक नई पहचान और नए मूल्यों की खोज कर रहा है। विश्व युवा केन्द्र ने इस बात पर जोर दिया है कि शील्स का यह तर्क कि भारतीय विद्यार्थियों के आंदोलन में अंतर्वस्तु (ठोस मुद्दे) या दिशा नहीं है, असमर्थनीय है। विभिन्न लक्ष्यों को प्राप्त करने के लिए एक लम्बे और समन्वित आंदोलन के दर्शन किये जा सकते हैं। विद्यार्थी आंदोलन किसी अन्य क्षेत्र की अपेक्षा शैक्षणिक जगत की संस्थागत व्यवस्था में परिवर्तन लाने की जरूरत पर अवश्य जोर देते हैं (1973: 112)।

सहभागिता और नेतृत्व

काफी संख्या में विद्यार्थीगण मध्यम और उच्च वर्ग के हैं। बम्बई विश्वविद्यालय का एक अध्ययन बताता है कि एक संगठन के रूप में विद्यार्थीगण राजनीति में भाग लेना पसंद नहीं करते हैं। बहुसंख्या में विद्यार्थी हड़तालों और प्रदर्शनों का समर्थन नहीं करते। वे कौन से

विद्यार्थी हैं जो आंदोलनों में भाग लेते और नेतृत्व करते हैं? अखिल भारतीय स्तर पर अथवा विभिन्न आंदोलनों का ऐसा कोई तुलनात्मक अध्ययन नहीं है जो उपरोक्त प्रश्न का जवाब दे सके। तथापि, एकल अध्ययनों (केस स्टडीज़) के आधार पर कुछ निष्कर्ष उपलब्ध हैं। ऐलिन डी. रॉस (1969) के अनुसार, वे विद्यार्थी, जिन्हें धन अथवा उनके परिवारों की सुरक्षा प्राप्त होती है, वे आंदोलनों में भाग लेते हैं। नेतृत्व पेशेवर विद्यार्थीगण करते हैं जो विश्वविद्यालय में एक अथवा दूसरे तरीके से विद्यार्थी बने रहते हैं। बम्बई और देहली में विद्यार्थी नेतृत्व अभिजन जातियों, वर्गों से आया है (अल्टबैक, 1968 अ; ऊमून, 1974)। एस.एल. शर्मा का विद्यार्थी कार्यकलापों संबंधी अध्ययन (1971) के भी न्यूनाधिक रूप में ये ही निष्कर्ष हैं। कुछ विद्वानों ने लिखा है कि विज्ञान और अभियांत्रिकी के विद्यार्थियों की अपेक्षा कला और वाणिज्य के विद्यार्थियों की आंदोलनों में अधिक सक्रिय भूमिका होती है (मेट्टा, 1970)। विश्व युवक केन्द्र द्वारा किया गया एक सर्वेक्षण इन निष्कर्षों का समर्थन नहीं करता (1973)।

मेट्टा (1970) ने लिखा है कि वामवादी रुझान के विद्यार्थियों का उनके जन्म स्थान और परिवार की आर्थिक दशाओं के साथ सहसंबंध है। ऐसे विद्यार्थी गरीब और ग्रामीण क्षेत्र से आये थे। किन्तु, इस निष्कर्ष का समर्थन दूसरे लोगों ने नहीं किया है। कलकत्ता के विद्यार्थियों का एक अध्ययन बताता है कि अन्य महानगरीय विद्यार्थियों की अपेक्षा ग्रामीण विद्यार्थीगण न केवल अधिक उग्र (रेडिकल) थे, अपितु वे कई संकेतकों के आधार पर भी अधिक रूढ़िवादी के साथ-साथ अधिक निराशावादी, सनकी और कुण्ठित थे। अत: उपलब्ध अध्ययन हमें केवल एक नगर अथवा विश्वविद्यालय की जानकारी देते हैं। तुलनात्मक आंकड़े उपलब्ध नहीं हैं और विभिन्न अध्ययनों के निष्कर्ष भिन्न हैं। विद्यार्थियों के आंदोलनों के बारे में हमारे ज्ञान में कमी वाला एडवर्ड शील्स का 1968 का निष्कर्ष आज भी तर्कसंगत है। वे लिखते हैं—

> विद्यार्थी आंदोलनों में कौन से विद्यार्थी किस हैसियत, यथा प्रेरक, सहयोगी, उभारने वाले के रूप में भाग लेते हैं, हमें इसके बारे में बहुत कम जानकारी है। हमें यह भी पता नहीं है कि हिंसा की क्रियाओं तथा आक्रमक अथवा अधिकारियों के खिलाफ अवज्ञाओं की किन अन्य क्रियाओं में वे भाग लेते हैं। हम आंदोलन की प्रक्रिया के क्षेत्र और विशेष रूप में इस बारे में की गई कार्रवाई कैसे शुरू हुई और फैली, हम नहीं जानते हैं। कितने विद्यार्थी कार्रवाई में भाग लेते हैं और उनकी सहभागिताओं में कितनी पुनरावृत्ति होती है, हम नहीं जानते हैं। हमारा ज्ञान विशेषत: इस बारे में बहुत कम है कि आंदोलन की शुरुआत कैसे हुई, किस प्रकार यह फैला और विद्यार्थियों को अपनी ओर खींचा जो ऐसे मुद्दों के प्रति पहले उदासीन थे और प्रारंभिक गड़बड़ी के क्या अवसर रहे। (1968: 7–8)

संगठन

विद्यार्थी संघ और विद्यार्थी संगठनों से संबंधित कुछ अध्ययन हुए हैं (रेड्डी, 1947; ऊमन, 1974; विद्यार्थी, 1976)। ये अध्ययन विद्यार्थियों के संगठनों की सदस्यता और कार्यकलापों

की कुछ जानकारी देते हैं। बहुत कम अध्ययनों में इस तथ्य की खोजबीन की गई है कि आंदोलनों के संचालन में विद्यार्थी संगठन किस प्रकार अपनी भूमिका अदा करते हैं। गुजरात और बिहार के 1974 के विद्यार्थी आंदोलनों के अध्ययन यह बताते हैं कि विद्यार्थी संगठन ढीले-ढाले थे तथा विभिन्न इकाइयों के बीच तालमेल और नियोजन का अभाव था। कार्यक्रमों की शुरुआत करने के निर्णयों के बारे में तदर्थवाद था। परिणामत: राजनीतिक दल और अन्य हित समूह उन्हें अपने हिसाब से तोड़मोड़ करते थे (शाह, 1977)।

यद्यपि विद्यार्थी आंदोलनों पर साहित्य काफी है, तथापि गहन अध्ययन बहुत कम हैं और उपलब्ध साहित्य भी छुटपुट निष्कर्षों, आकांक्षी विश्वासों और व्यक्तिगत उपाख्यानों (किस्सों) से भरा पड़ा है। 1980 के दशक, जब से विद्यार्थी आंदोलन विश्वविद्यालय प्रांगणों में लगभग समाप्त से हो गये हैं, समाज वैज्ञानिकों की रुचि भी इस क्षेत्र में घटती जा रही है।

ग्रंथ-सूची

Ahluwalia, Sagar. 1972. *Youth in Revolt.* New Delhi: Young Asia Publishing House.

Aikara, Jacob. 1977. *Ideological Orientation of Student Activism.* Pune: Dastane.

Aiyar, S.P. 'Students and Politics in India'. In *Politics of Mass Violence in India.* Edited by S.P. Aiyar. Bombay: Manaktalas.

Altbach, Philip G. 1966. 'The Transformation of the Indian Student Movement'. *Asian Survey,* 6(8), August.

—. 1968a. *Students' Politics in Bombay.* Bombay: Asia Publishing House.

—. 1968b. *Turmoil and Transition: Higher Education and Students Politics in India.* Bombay: Lalvani Publishing House.

—. 1969. 'Student Politics and Higher Education in India'. In *Students in Revolt.* Edited by S.M. Lipset and P.G. Altbach. Boston: Houghton Mifflin.

—. 1970a. 'India and the World University Crisis'. In *The Student Revolution: A Global Analysis.* Edited by P.G. Altbach. Bombay: Lalvani Publishing House.

—. (ed.). 1970b. *The Student Revolution: A Global Analysis.* Bombay: Lalvani Publishing House.

—. 1972. *The University in Transition: An Indian Case Study.* Bombay: Sindhu Publications.

—.(ed.). 1981. *Student Politics: Perspectives for the Eighties.* Metuchen, NJ: The Scarecrow Press.

Asthana, H.S. and Chitnis, Suma. 1967. 'The Disturbed Campus'. In *Sociology of Education in India.* Edited by M.S. Gore, I.P. Desai and Suma Chitnis. New Delhi: National Council of Educational Research and Training.

Azad, Rashid. 1966. 'Students in Turmoil'. *Seminar,* 88, December.

Balachandra, P.K. 1973. 'Anatomy of Crisis'. *Seminar,* 166, June.

—. 1978. 'The Roots of Student Unrest in India'. *Social Action,* 23(3), July-September.

Bansod, Pushpa. 1963. 'Crisis on the Campus'. *Seminar*, 44, April.

Barik, Radhakanta. 1977. *Politics of the JP Movement*. Delhi: Radiant Publishers.

Baruah, Apurba K. (ed.). 2002. *Student Power in North-East India*. New Delhi: Regency Publications.

Bhatt, P.N. 1972. 'Problems of Student Unrest'. In *Youth Unrest: Conflict of Generations*. Edited by L.M. Singhvi. Delhi: National Publishing House.

Biyani, Brajlal. 1968. 'A Probe into Student Unrest'. In *Youth in Ferment*. Edited by R.C. Gupta. Delhi: Sterling.

Chandra, Prabodh. 1938. *Student Movements in India*. Lahore: All India Student Federation.

Chitnis, Suma. 1971. 'Parents and Students: A Study of Value Orientation'. In *Inter-generational Conflict in India*. Edited by M.P. Sinha and K.D. Gangrade. Bombay: Nachiketa Publications.

Chitra, M.N. 1966a. 'A Student Strike in Mysore: A Sociological Analysis'. *Journal of University Education*, 4(4), March.

—. 1966b. 'Students in Turmoil'. *Seminar*, 88, December.

Chopra, Suneet. 1978. 'Political Consciousness of the Student Movement in India'. *Social Scientist*, 6(10), May.

Clay, Eakin Terry. 1972. *Students and Politics: A Comparative Study*. Bombay: Popular Prakashan.

Copley, Antony. 1974. 'Student Protest: A Sense of Life's Demands'. *South Asian Review*, 7(4), July.

Cormack, Margaret L. 1961. *She Who Rides a Peacock: Indian Students and Social Change*. Bombay: Asian Publishing House.

Custers, Peter. 1987. *Women in the Tebhaga Uprising*. Calcutta: Naya Prokash.

Damle, Y.B. 1971a. 'Youth and Identity'. In *The Indian Youth*. Edited by P. Mehta. Bombay: Somaiya Publications Pvt. Ltd.

—. 1971b. 'Elite Students and Areas of Conflict with Parents'. In *Inter-generational Conflict in India*. Edited by M.P. Sinha and K.D. Gangrade. Bombay: Nachiketa Publications.

Dar, S.L. n.d. *Agitation of 1958*. Banaras: Banaras Hindu University Press.

Di Bona, Joseph. 1967. 'Indiscipline and Student Leadership in an Indian University'. In *Student Politics*. Edited by S.M. Lipset. New York: Basic Books.

—. 1969. *Change and Conflict in the Indian University*. Durham: Duke University South Asia Programme.

—. 1970. 'Elite and Masses in Indian Higher Education: The Case of Allahabad University'. In *The Student Revolution: A Global Analysis*. Edited by Philip G. Altbach. Delhi: Lalvani Publishing House.

Dongerkery, S.R. 1962. 'The Problem of Student Indiscipline'. *The Journal of University Education*, 1(2), December.

Dutt, S. 1998. *Student Movements in Arunachal Pradesh*. Delhi: Himalayan Publications.

Eakin, T.C. 1970. *Students and Politics: A Comparative Study.* Bombay: Popular Prakashan.

Fischer, Joseph. 1963a. 'The University and Political Process in South-East Asia'. *Pacific Affairs,* 36(1), Spring.

—. 1963b. 'The University Students in South and South-East Asia'. *Minerva,* 2, Autumn.

Gangrade, K.D. 1975. *Crisis of Values: A Study in Generation Gap.* New Delhi: Chetna Publications.

Government of India. 1964. *Report of Education Commission.* Delhi: Government of India Press.

Goyal, Subhash. 1966. 'Students in Turmoil'. *Seminar,* 88, December.

Gupta, R.C. (ed.). 1968. *Youth in India.* Delhi: Sterling.

Gusfield, Joseph R. 1970. 'The Academic Milieu'. In *The Student Revolution: A Global Crisis.* Edited by Philip G. Altbach. Delhi: Lalvani Publishing House.

Hazary, S.C. 1987. *Student Politics in India.* New Delhi: Ashish.

Ilchman, W.F. and Dhar, T.N. 1970. 'Student Discontent and Educated Unemployment'. *Economic and Political Weekly,* 5(29–31), Special Number.

Institute of Constitutional and Parliamentary Studies. 1969. *Student Unrest: Problems and Perspectives.* Delhi: ICPS.

Jayaram, N. 1981. 'Sadhus No Longer: Recent Trends in Indian Student Activism' In *Student Politics: Perspectives for the Eighties.* Edited by G. Altbach. Metuchen NJ: The Scarecrow Press.

John, Peter. 1973. *Student Unrest in India.* Munich: Weltforum Verlag.

John, V.V. 1969. 'Student Unrest'. *Quest,* 61, April-June.

Joshi, P.C. 1986. 'Student in Turmoil'. *Seminar,* 88, December.

Joshi, P.M. 1972. *Students Revolt in India.* Bombay: Author.

Kabir, Humayun. 1955. *Student Indiscipline.* Delhi: Ministry of Education, Government of India.

—. 1958. *Student Unrest: Causes and Cure.* Calcutta: Orient Book Company.

Kakar, Sudhir and Chowdhary, Kamala. 1969. 'The Student Leader and the Strike'. *Quest,* 61, April-June.

—. 1970. *Conflict and Choice: Indian Youth in a Changing Society.* Bombay: Somaiya Publications Pvt. Ltd.

Kaldate, S.V. 1973. 'Movement for a Separate Agricultural University at Parbhani Maharashtra: A Case Study in Students' Unrest'. *North Eastern Research Bulletin,* 4, Summer.

Karat, Prakash. 1975. 'Student Movement at Jawaharlal Nehru University'. *Social Scientist,* 3(10).

Kennistone, Kenneth. 1967. 'The Sources of Student Dissent'. *Journal of Social Issues,* 23, July.

Koplin, Robert E. 1968. 'A Model of Student Politicization in the Developing Nations'. *Comparative Political Studies,* 1(3), October.

Krishnamurthy, J. 1963. 'Crisis on the Campus'. *Seminar*, 44, April.

Kumar, Anand. 1989. 'The Student Movement Since Independence: An Overview'. In *Higher Education in India: The Institutional Context*. Edited by Amrik Singh and G.D. Sharma. Delhi: Konark.

Lipset, S.M. 1971. *Rebellion in the University*. Boston: Little Brown and Company.

Lipset, S.M. and Altbach, P.G. (eds.). 1969. *Students in Revolt*. Boston: Houghton Mifflin.

Malik, V.K. and Marquette, J.F. 1974. 'Changing Social Values of College Students in the Punjab'. *Asian Survey*, 14(9), September.

Mansukhlal, G.S. (ed.). 1972. *Crisis in Indian Universities*. New Delhi: Oxford and Indian Book House.

—. 1975. *Student Power in India*. New Delhi: Oxford and Indian Book House.

Mehta, Prayag (ed.). 1971a. *The Indian Youth: Emerging Problems and Issues*. Bombay: Somaiya Publications Pvt. Ltd.

—. 1971b. 'Some Perceived Needs and Problems of University Youth'. In *The Indian Youth: Emerging Problems and Issues*. Edited by Prayag Mehta. Bombay: Somaiya Publications Pvt. Ltd.

Mehta, Sushila. 'Student Movement in Gujarat'. In *Student Power in India*. Edited by G.S. Mansukhlal. New Delhi: Oxford and Indian Book House.

Metta, Spencer. 1970. 'The Partisan Student in India'. In *The Student Revolution: A Revolution: A Global Analysis*. Edited by P.G. Altbach. Delhi: Lalvani Publishing House.

Mishra, Udayan. 1987. 'All-Assam Students' Union: Crisis of Identity'. *Economic and Political Weekly*, 22(13), March 28.

Nagla, Bhupendra K. 1983. 'Youth Unrest in Contemporary Indian University'. *Journal of Higher Education*, 8.

Nandy, Ashish. 1981. 'Students and Politics'. In *A Survey of Research in Political Science*. Edited by ICSSR. Delhi: Allied Publishers.

Neelsen, John Peter. 1973. *Students in India*. Munich: Weltforum Verlag.

Oommen, T.K. 1971. *Student Unions in India*. Delhi: Vishwa Yuvak Kendra.

—. 1974. 'Student Politics in India: The Case of Delhi University'. *Asian Survey*, 14(9), September.

—. 1975. 'Student Power in India: A Political Analysis'. *Political Science Review*, 14(1-2).

Ostergaard, Geoffrey. 1985. *Non-Violent Revolution in India*. Sevagram: J.P. Amrit Kosh.

Perkins, James. 1968. 'The Restless Student'. *Minerva*, 6(4), Summer.

Prasad, R. and Solanki, C. 1978. 'Student Organisation in India: A Review of Student Movement from 1830–1942'. *Agra University Journal of Research*, 26(1), January.

Rai, Anil Baran. 1978. 'Secularism and Political Protest: The Case of Banaras Hindu University (BHU) Students Agitation of 1966'. *The Indian Journal of Political Science*, 39(4), October-December.

Raj, K.N. 1966. 'Students in Turmoil'. *Seminar*, 88, December.

Rajaraman, R. 1967. 'Rampant Disorder Continues'. *Minerva*, 6, Autumn.

—. 1972. 'Higher Education: To Set the House in Order'. *Economic and Political Weekly*, 7(10), March 4.

Rajimwale, Anil. 2001. *History of Student Movement In India: Origins and Development*. New Delhi: Manak.

Ray, Anil Baran. 1977. *Students and Politics in India: The Role of Caste, Language and Region in an Indian University*. Delhi: Manohar.

Ray, Punya Sloka. 1966. 'Students in Turmoil'. *Seminar*, 88, December.

Reddy, M. Muni. 1947. *The Student Movement in India*. Lucknow: K.S.R. Acharya.

Reddy, P.H. 1967. 'Indian Youth and Identity Crisis'. *Education and Psychology Review*, 8(2).

—. 1969. 'Indian Student Rebellion: Some Neglected Factors'. *Economic and Political Weekly*, 4(7), February 15.

Reddy, Yadagiri N. and Reddy, Narayan, N. 1963. *The Problem of Student Indiscipline: A Psychological Study*. Hyderabad: The State Teachers' Union.

Rege, M.P. 1971. 'Inter-Generational Conflict: A Theoretical Perspective'. In *Inter-generational Conflict in India*. Edited by M.P. Sinha and K.D. Gangrade. Bombay: Nachiketa Publications.

Ross, Aileen D. 1969. *Student Unrest in India*. London: McGill-Queen's University Press.

Roy, Amrendra Nath. 1967. *Students Fight for Freedom*. Calcutta: Anandabazar Patrika.

Rudolph, L.I., Rudolph, S.H. and Ahmad, Karuna. 1971. 'Student Politicals and National Politics in India'. *Economic and Political Weekly*, 6(30-32), Special Number.

Rudolph, Lloyd and Rudolph, Susanne (eds.). 1972. *Education and Politics in India*. Delhi: Oxford University Press.

Ruhela, Satya Pal. 1971. 'Student Unrest in India: A Sociological Analysis'. *Agra University Bulltien*, 2(1), January.

Sarkar, Chanchal. 1960. *The Unquiet Campus*. Delhi: The Stateman Press.

—. 1969. 'A Variety of Student Discontents'. *Round Table*, *59*. April.

Sarkar, S.N. 1974. *Student Unrest: A Socio-Psychological Study*. Calcutta: India Book Exchange.

Satya, Sundaram Immami. 1976. *Student Unrest in India*. Machhalipatnam: Sireesta.

Schlesinger, Benjamin. 1963. 'Student Unrest in Indian Universities'. *Comparative Education Review*, 6(2), February.

Shah, A.B. 1971. 'The Nature of Inter-Generational Conflict'. In *Inter-Generational Conflict in India.* Edited by M.P. Sinha and K.D. Gangrade. Bombay: Nachiketa Publications.

Shah, B.V. 1964. *Social Change and College Students of Gujarat.* Baroda: The Maharaja Sayajirao University of Baroda.

—. 1968. 'Students' Unrest: A Sociological Hypothesis'. *Sociological Bulletin,* 17, March.

Shah, Ghanshyam. 1977. *Protest Movements in Two Indian States.* Delhi: Ajanta Publications.

Sharma, Dev. 1971. 'Campuses and Youth in Turmoil: A Perspective. In *The Indian Youth: Emerging Problems and Issues.* Edited by Prayag Mehta. Bombay: Somaiya Publications Pvt. Ltd.

Sharma, S.L. 1971. 'Social Background and Outlook of Student Activists: Its Bearing on Disquiet Campus'. In *The Indian Youth: Emerging Problems and Issues.* Edited by Prayag Mehta. Bombay: Somaiya Publications Pvt. Ltd.

—. 1975. 'Student Politics and Protest: A Comparative Study of Two Universities'. *Social Action,* 25(1), January-March.

—. 1978. 'Political Orientation and Protest Participation: A Comparative Study of Activist Students Leaders in Two Indian Universities'. *Political Science Review,* 17(1-2), January-June.

Shaw, Robert C. 1970. 'Student Politics and Student Leadership in an Indian University: The Case of Osmania'. In *The Student Revolution: A Global Analysis.* Edited by P.G. Altbach. Bombay: Lalvani Publishing House.

Shils, Edwards. 1968. 'Students, Politics and Universities in India'. In *Turmoil and Transition: Higher Education and Student Politics in India.* Edited by P.G. Altbach. Bombay: Lalvani Publishing House.

—. 1970. 'Indian Students'. In *The Student Revolution: A Global Analysis.* Edited by P.G. Altbach. Delhi: Lalvani Publishing House.

—. 1972. 'Plentitude and Scarcity: The Anatomy of an International Cultural Crisis'. In *Youth Unrest: Conflict of Generations.* Edited by L.M. Singhvi. Delhi: National Publishing House.

Shukla, S. 1971. 'The Two Campuses'. *Seminar,* 148, December.

Singh, Amar Kumar. 1970. 'Academic Politics and Student Unrest: The Case of Ranchi University'. In *The Student Revolution: A Global Analysis.* Edited by P.G. Altbach. Delhi: Lalvani Publishing House.

—. 1972. 'Academic Politics and Student Unrest'. In *Youth Unrest: Conflict of Generations.* Edited by L.M. Singhvi. Delhi: National Publishing House.

Singh, Edward. 1968. 'Indian Students: Rather Sadhus than Philistines'. In *Turmoil and Transition.* Edited by P.G. Altbach. Bombay: Lalvani Publishing House.

Singh, N.K. 1973. 'Students Can be Pawns'. *Economic and Political Weekly,* 8(14), April 7.

Singhvi, L.M. (ed.). 1972. *Youth Unrest: Conflict of Generations.* New Delhi: National Publishers.

Sinha, A.C. 1995. *Youth Movements in North East India.* New Delhi: Har-Anand Publications.

Sinha, Durganand. 1975. 'Dimensions of Student Agitations in India'. *Journal of Social and Economic Studies,* 3(2), September.

—. 1980a. 'Student Unrest: A General Cross Cultural Perspective'. *Journal of Social and Economic Studies,* 8(1), March.

—.1980b. 'Student Unrest: Emergency and Post-Emergency Phases'. *Journal of Social and Economic Studies,* 8(2), September.

Sinha, M.P. and Gangrade, K.D. 1971. *Inter-Generational Conflict in India.* Bombay: Nachiketa Publications.

Srinivas, M.N. 1966. 'Student in Turmoil'. *Seminar,* 88, December.

—. 1972. 'Our Angry Young Men: Troubled Social Background'. In *Youth Unrest: Confllict of Generations.* Edited by L.M. Singhvi. Delhi: National Publishing House.

Takulia, H.S. 1969. 'Student Unrest'. *Seminar,* 116, April.

Tukel, T.K. 1971. *Student' Unrest in India.* Banglore: Indian Institute of World Culture.

Vidyarthi, L.P. 1976. *Students Unrest in Chhotanagpur, 1960–70.* Calcutta: Punthi Pustak.

Viswa Yuvak Kendra. 1973. *The Dynamics of Student Agitations.* Bombay: Somaiya Publications Pvt. Ltd.

Weiner, Myron. 1963. *The Politics of Scarcity.* Bombay: Asia Publishing House.

Wood, J.R. 1975. 'Extra Parliamentary Opposition in India: An Analysis of Populist Agitations in Gujarat and Bihar'. *Pacific Affairs,* 48(3), Fall.

9

मध्यम वर्ग के आंदोलन

(Middle Class Movements)

मध्यम वर्ग का स्थान श्रम और पूंजी के बीच का है। यह वर्ग न तो प्रत्यक्षत: उत्पादन के साधनों का मालिक होता है जो कि वेतन भोगी श्रमिक शक्ति द्वारा उत्पन्न आधिक्य को हड़प लेता है , और न ही यह, अपने श्रम से आधिक्य को उत्पन्न करता है जिसका उपयोग और विनिमय मूल्य होता है। कुल मिलाकर इस वर्ग में छोटे बुर्जुआ और सफेदपोश कर्मचारी आते हैं। इनमें से पहले वाले लोग (छोटे बुर्जुआ) स्व-नियोजित अथवा वस्तुओं के वितरण में संलग्न होते हैं और बाद वाले (सफेदपोश कर्मचारीगण) गैर-शारीरिक श्रम वाले कर्मचारी, निरीक्षक और पेशेवर लोग होते हैं। अत: मध्यम वर्ग में व्यवसाय की दृष्टि से दुकानदार, दलाल, विक्रेता, सरकारी और गैर-सरकारी दफ्तर में काम करने वाले कर्मचारी, लेखक, अध्यापक तथा स्व- नियोजित पेशेवर जैसे इंजीनियर, वकील, डॉक्टर आदि आते हैं। इनमें से अधिकांश व्यवसायों के लिए कम से कम किसी प्रकार की औपचारिक शिक्षा की डिग्री की जरूरत होती है।

मध्यम वर्ग मुख्यत: उन्नीसवीं और बीसवीं सदी के पूंजीवादी विकास और राज्य के कार्यों में विस्तार की उपज है। यद्यपि छोटे बुर्जुआ और व्यवस्थापक पूर्व पूंजीवादी समाज में भी उपस्थित थे, किन्तु उनका बहुत छोटा सा वर्ग था। औद्योगिक विकास तथा बाजार के विस्तार के लिए पहले की अपेक्षा न केवल एक बड़े व्यवस्थापक वर्ग की जरूरत पड़ती है, अपितु राज्य को बाजार-प्रतिस्पर्धा को नियंत्रित करने और पूंजीवादी विकास के विरोधों को सुलझाने के दायित्वों को उठाने के लिए प्रेरित भी करती है। इसमें समाज के तनाव को कम करने के लिए कल्याण कार्यक्रमों की योजना बनाने और उन्हें कार्यान्वित करने को भी सम्मिलित किया जाता है। इन कार्यों को करने के लिए राज्य को भी व्यवस्थापक वर्ग की जरूरत पड़ती है। औपचारिक शिक्षा इस वर्ग के विस्तार में योगदान करती है।

आधुनिक भारत में इस वर्ग की संख्या का अनुमान लगाना कठिन है। निश्चित तौर पर यह एक बड़ा वर्ग है। रणजीत साहू (1986) की गणना के अनुसार, औद्योगिक कामगारों की अपेक्षा सफेदपोश कर्मचारियों की संख्या अधिक है[1]। मध्यम वर्ग के सदस्यों की एक बड़ी संख्या उच्च और मध्यम जातियों से संबंधित है। इस विषय पर साहित्य की छानबीन करते समय मध्यम वर्ग के आंदोलनों संबंधी अध्ययनों के अभाव को देख कर एक व्यक्ति को निराशा होती है, जबकि कृषक, कामगार-वर्ग और जनजातीय आंदोलनों पर वह ढेर सारे अध्ययनों को पाता है। यह इसलिए नहीं है कि मध्यम वर्ग आंदोलनों की बहुत छोटी संख्या है, और न ही विद्वानों की मध्य वर्ग के प्रति कोई विमुखता है। उन्होंने विभिन्न आंदोलनों में मध्यम वर्ग की भूमिका का उल्लेख किया है। किन्तु इन आंदोलनों का मुख्यत: उन मुद्दों के आधार पर विश्लेषण किया गया है जो उन्होंने उठाये हैं, जैसे सामाजिक सुधार आंदोलन, राष्ट्रवादी आंदोलन, मानव अधिकार आंदोलन, पारिस्थितिकीय आंदोलन, आदि और उन्हें जन आंदोलन कहा जाता है, क्योंकि उठाये गये मुद्दे किसी वर्ग विशेष से संबंधित नहीं होते और न ही ये मुख्यत: मध्यम वर्ग को प्रभावित करते हैं। इन मुद्दों को समाजगत समस्याओं के रूप में प्रस्तुत किया जाता है। ऐसे आंदोलनों के नेतागण जो कि मध्यम वर्ग से संबंधित होते हैं समर्थन के लिए अन्य वर्गों की लामबन्दी करते हैं। इस खंड में, मैं उन आंदोलनों संबंधी अध्ययनों का विश्लेषण करूंगा जिनमें, मैं सोचता हूं कि, मध्यम वर्ग ने अगुआओं के रूप में एक प्रमुख भूमिका अदा की है और जिनमें अधिकांश प्रतिभागी मध्यम वर्ग के लोग रहे हैं। यद्यपि विद्यार्थीगण भी इस वर्ग से संबंधित हैं किन्तु हमने उनके आंदोलनों का पृथक से विश्लेषण किया है।

उन्नीसवीं शताब्दी में ब्रिटिश शासन ने एक पूंजीवादी व्यवस्था, एक नवीन शासन व्यवस्था और इंग्लिश शिक्षा की शुरुआत और स्थापना की। परिणामत: नगरीय क्षेत्रों में एक छोटे से शिक्षित वर्ग का उदय हुआ (देसाई, 1957; मिश्रा, 1978)। इस वर्ग के सदस्य उच्च जाति के हिन्दू थे। कई कारणों से मुसलमानों ने अंग्रेजी शिक्षा बाद में ली (सील, 1968)। देश के विभिन्न भागों में कुछ व्यक्तियों ने न केवल प्रश्न उठाये, अपितु हिन्दू सामाजिक व्यवस्था की कुछ प्रथाओं और परम्पराओं के विरुद्ध विद्रोह भी किया। ये व्यक्ति जो सामाजिक और धार्मिक सुधारकों के रूप में जाने जाते हैं, उनमें भी वे ही थे जिन्होंने सामाजिक प्रथाओं में बदलाव की बात की जिससे पारम्परिक रूप से मान्य प्रतिमानों की निरन्तरता में टूटन उत्पन्न हो। ये वे ही लोग थे, जिन्हें स्वयं को यह विश्वास हो गया था कि विचारने और व्यवहार करने के नये परिवर्तित तरीके सकारात्मक मूल्य हैं, उन्होंने संशोधन करने अथवा सम्पूर्ण जीवन शैली में बदलाव लाने के लिए दूसरों को मनवाने का प्रयास किया (हैमसाथ, 1964: 4)।

सुधारकों ने कई मुद्दे उठाये। इनमें जाति के अग्राकिंत कुछ नियमों और कर्मकाण्डों में परिवर्तन अथवा पूर्णत: समाप्ति को सम्मिलित किया गया। सती प्रथा, विधवा विवाह, बाल विवाह, स्त्रियों की प्रस्थिति, बालिका शिक्षा, नशा निषेध आदि। यद्यपि कुछ लोगों ने जाति पदानुक्रम और अस्पृश्यता के विरुद्ध भी बात की, तथापि अधिकांश सुधारकों ने (कुछ एक के

अलावा जिन्होंने ब्राह्मण विरोधी आंदोलन शुरू किया) सामाजिक ढांचे को चुनौती नहीं दी। उन्होंने क्रमिक (धीमे-धीमे) परिवर्तन के उपागम को अपनाया। हेमसाथ कहते हैं, भारत में, सामाजिक सुधार का अर्थ साधारणत: सम्पूर्ण समाज की संरचना का पुनर्गठन नहीं माना गया, जैसा कि पश्चिम में माना गया है, जहां इसे सुविधाहीन (वंचित) सामाजिक-आर्थिक वर्गों के लाभ के लिए माना जाता है। इसके स्थान पर यहां इसका अर्थ विद्यमान सामाजिक ढांचे में नवीन जीवन-शैली और विचारों को अनुप्राणित करना माना गया है, अर्थात्, समाज को यथावत बनाये रखा जाता है, जबकि इसके सदस्यों को बदल दिया जाता है (1964: 5)।

सुधारकों ने या तो व्यक्तिश: रूप में विद्रोह किया या उन्होंने संगठनों का निर्माण किया। ये संगठन (समितियां) तीन प्रकार के थे—(1) साधारण (या ऐच्छिक) संगठन, (2) जाति सुधार संगठन और (3) धार्मिक सुधार समूह (सामान्यत: इन्हें समाज कहा जाता था)। द इंडियन नेशनल सोशल कॉन्फ्रेंस का गठन 1887 में हुआ। सामाजिक सुधार संगठनों की स्थापना राज्य और स्थानीय स्तर पर हुई। इनमें से कुछ संगठन एक मुद्दे के आधार पर बने, जैसे विधवा पुनर्विवाह या विवाह योग्य आयु, बाल विवाह, जबकि अन्य संगठनों ने कुछ सामान्य मुद्दों को उठाया जो समाज सुधार से जुड़े हुए थे, जैसे धार्मिक नेताओं, अंधविश्वासों, समुद्र को लांघने संबंधी जाति प्रतिबंधों आदि के विरोध सहित रूढ़िवादिता का विरोध। ये ढीले-ढाले संगठन थे जिनके कार्यकलाप अधिकांश: कार्यक्रम बनाने, कॉन्फ्रेंस करने और प्रस्ताव पास करने तक सीमित थे। इनमें से कुछ परोपकारी संगठन बन गये और कल्याण कार्य, विशेषत: शिक्षा देने का कार्य करने लगे। कुछ सुधारकों ने अपने कार्यकलाप अपनी जाति तक सीमित रखे। उन्होंने जाति समितियां बनाईं और अपने जाति बंधुओं को इनके सदस्य बनने के लिए प्रेरित किया ताकि उन कुछ अमान्य रीति-रिवाजों में सुधार लाया जा सके जिन्हें वे या तो अमानवीय समझते थे या जो बदलते हुए समय के साथ मेल नहीं खाते थे। अधिकांश प्रमुख समितियां सामाजिक सुधारों से संबंधित थीं। राजा राममोहन राय, जिन्होंने सती प्रथा का विरोध किया, ब्रह्म समाज का गठन किया। यह संगठन बंगाल में सामाजिक सुधार के कार्यकलापों का केन्द्र बन गया (कोफ, 1979)। बम्बई में महादेव गोविंद रानाडे के नेतृत्व में प्रार्थना समाज की स्थापना हुई (टकर, 1977)। दयानन्द सरस्वती द्वारा स्थापित आर्य समाज का अधिकांशत: प्रभाव पंजाब और उत्तरी भारत में रहा (जोन्स, 1968; जोरडेन्स, 1977; वाबले, 1983)। मोटे तौर पर, दक्षिण भारत में पश्चिमी शिक्षा प्राप्त कई व्यक्तियों के होते हुए भी सामाजिक सुधार आंदोलन कमजोर रहा। हेमसाथ लिखते हैं कि इस क्षेत्र ने कोई राष्ट्रीय स्तर के सुधार को पैदा नहीं किया और जो थोड़े बहुत थे उनका प्रभाव स्थानिक स्तर तक ही सीमित था (1964: 253)। यहां इस बात को ध्यान में रखा जाना चाहिए कि ब्राह्मण विरोधी आंदोलन के रूप में पिछड़ी जाति आंदोलन का मद्रास महाप्रान्त में ही दबदबा था जिसने ब्राह्मण विरोधी आंदोलन को चलाये रखा। सामाजिक-धार्मिक सुधार आंदोलनों का मुख्य उद्देश्य हिन्दू समाज और धर्म का पुनरुत्थान और कायापलट करना था। अनेक विद्वानों के अनुसार इसका कारण पश्चिमी संस्कृति के प्रभाव और ईसाई मिशनरियों के धर्म परिवर्तन के

प्रयासों को रोकना था (हेमसाथ, 1964; जोन्स, 1968; भट्ट, 1973; सूरी, 1977; जोरडेन्स, 1977)। के.पी. गुप्ता (1974) ने रामकृष्ण मिशन के अपने अध्ययन में इस बात का खंडन किया है। वे कहते हैं कि हिन्दू धर्म की नवप्रवर्तन की अन्त:शक्ति अन्य धर्मों या संस्कृतियों के प्रभाव अथवा चुनौती की अपेक्षा इसके पुनर्जीवन के लिए अधिक उत्तरदायी है। ए.आर. देसाई के अनुसार पारम्परिक सामाजिक ढांचों और धर्म नई आर्थिक संरचना के साथ तालमेल नहीं बिठा पाया जो कि व्यक्तिवादिता पर आधारित था। अत: समाज सुधारक लोग व्यक्तिगत स्वतंत्रता के सिद्धान्त को धर्म के क्षेत्र में विस्तारित करने के लिए प्रयासरत थे (1957)।

हिन्दू और मुसलमानों में समाज सुधार आंदोलनों ने प्रादेशिक और धार्मिक आधार पर राष्ट्रवाद के विकास में योगदान किया है। राष्ट्रवाद के कई प्रकार के रूप थे जो एक दूसरे से प्रतिस्पर्धा में संलग्न थे। अनिल सील कहते हैं—

> इन विभिन्न रूपों के बीच तीव्र आन्तरिक प्रतिस्पर्धा थी, किन्तु यह प्रतिस्पर्धा जाति और समुदाय में थी। यह वर्ग और वर्ग के बीच नहीं थी। इसके अतिरिक्त वे समूह जिनके बीच हितों की समानता थी, वे स्वयं आर्थिक परिवर्तन की अपेक्षा नौकरशाही पहल का उत्पादन थे। चूंकि इन समूहों की पहचान अधिकांशत: उन व्यक्तियों के आधार पर की जा सकती है जो पश्चिमी शैली में शिक्षित थे, और चूंकि ये वही व्यक्ति थे जिनकी आशाओं और भय ने नवीन संगठनों (समितियों) का निर्माण किया था। जिसका 'इंडियन राष्ट्रीय कांग्रेस' के रूप में उद्‌भव हुआ। यह एक ऐसी वैचारिक व्यवस्था थी जो वर्गों की अपेक्षा श्रेष्ठिजनों पर आधारित थी, और जो अधिक संभावनायुक्त थी। (1968: 341)

ये श्रेष्ठिजन (एलीट) मध्यम वर्ग से थे। यह मानते हुए कि पहल की शुरुआत नौकरशाही से हुई, इसका उद्देश्य सामान्य रूप में पूरे समाज में और विशेष रूप में मध्यम वर्ग में आर्थिक परिवर्तन लाना था।

मध्यम वर्ग ने भारत के स्वतंत्रता आंदोलन के कई स्तरों पर भाग लिया है। उनकी सामूहिक कार्यवाही की प्रमुख घटनाएं थीं: 1906 में बंगाल का विभाजन, 1920 के दशक के प्रारंभिक वर्षों में असहयोग आंदोलन, 1920 के दशक के मध्य में साइमन विरोधी योजना, 1930 के दशक के प्रारंभिक वर्षों में नागरिक अवज्ञा आंदोलन, और 1942 में भारत छोड़ो आंदोलन। यद्यपि स्वतंत्रता पर एक बड़ी संख्या में अध्ययन हुए हैं, किन्तु इनमें से अधिक नेतृत्व और उनके निर्णयों पर मुख्यत: केन्द्रित हैं। सन् 1945 और 1947 के बीच के लोकप्रिय आंदोलनों पर किये गये अपने अध्ययन में सुमित सरकार ने कहा है कि 'आधुनिक भारतीय इतिहास के इस काल के साथ-साथ अन्य कालों में, ब्रिटिश और भारतीय नेताओं के निर्णयों और कार्यकलापों को नीचे से आये दबावों की सुरसंगति के बिना वास्तव में नहीं समझा जा सकता है' (1982: 677)। बंगभंग आंदोलन, नागरिक अवज्ञा आंदोलन और भारत छोड़ो आंदोलन के कुछ अध्ययन बताते हैं कि स्थानिक राजनीति और राष्ट्रीय आंदोलनों के बीच घनिष्ट संबंध होता है (स्टोड्डार्ट, 1975)। धार्मिक और साम्प्रदायिक मुहावरों और हिंसा के

प्रयोग की समीक्षा कुछेक अन्य विद्वानों ने की है (इर्सछिक, 1976; हैन्निंघम, 1979)। इसके अलावा, प्रतिभागियों के साम्प्रदायिक आयाम पर भी कुछ अध्ययनों में प्रकाश डाला गया है।

मुसलमानों में सामाजिक सुधार की शुरुआत सैयद अहमद खां द्वारा प्रवर्तित अलीगढ़ आंदोलन से हुई। इस आंदोलन का मुख्य उद्देश्य मुस्लिम जमींदार कुलीन वर्ग को अंग्रेजी शिक्षा लेने के लिए समझाना था। यह डर था कि बिना अंग्रेजी की शिक्षा के मुस्लिम लोग हिन्दुओं के साथ प्रतिस्पर्धा करने में समर्थ नहीं होंगे और वे पिछड़े बने रहेंगे। एम.एस. जैन (1965) तर्क देते हैं कि अलीगढ़ आंदोलन के पीछे हिन्दुओं पर मुसलमानों की उच्चता की भावना को पुनः थोपना था जो कि वे ब्रिटिश शासन के प्रथम दौर में खो चुके थे। इस आंदोलन ने मुसलमानों में 'एक पृथक और स्वतंत्र प्रस्थिति' की चाह को जगाया। उत्तर प्रदेश के उलेमाओं ने अलीगढ़ आंदोलन का विरोध किया और उन्होंने मुसलमानों के लिये एक पृथक राज्य की अगली मांग रखी (फारूकी, 1963)। खिलाफत आंदोलन (1919-24), जिसकी शुरुआत मुस्लिम बुद्धिजीवियों और उलेमाओं ने की, ने मुसलमानों के विभिन्न वर्गों को उत्तेजित किया। उनका दावा था कि टर्की के सुल्तान पवित्र स्थानों, जो कि जज़िरात-अल-अरब के नाम से जाने जाते हैं, के रखवाले और रक्षा करने वाले संरक्षक हैं। इस आंदोलन का मुसलमानों के सभी समूहों और भारतीय राष्ट्रीय कांग्रेस ने समर्थन किया दीक्षित, 1969; हसन, 1981)। धार्मिक प्रतीकों, जैसे मस्जिद, हाजी, सूफी दरगाह ने भारत में इस्लाम के भाईचारे को एक दूसरे से जुड़ाव का भाव प्रदान किया (हसन, 1981)।

सामान्यतः ब्रिटिश लोगों की 'बांटो और राज करो' की नीति, मुसलमानों की रूढ़िवादिता तथा मुसलमानों की शैक्षणिक एवं आर्थिक पिछड़ेपन ने साम्प्रदायिक मुस्लिम राजनीति को जन्म दिया (देसाई, 1957; स्मिथ, 1963)। प्रभा दीक्षित (1974) ने कहा है कि साम्प्रदायिक राजनीतिक के लिये सत्ता की खोजबीन उत्तरदायी रही है (ब्रूम फील्ड, 1968 को भी देखिये)। कई विद्वानों का यह तर्क रहा है कि राष्ट्रवादी आंदोलन धर्मनिरपेक्ष प्रतीक विकसित करने में असफल रहा है। राष्ट्रीय आंदोलन पर हिन्दुओं का वर्चस्व रहा जिन्होंने स्वतंत्रता आंदोलन के लिये हिन्दू धार्मिक प्रतीकों और मुहावरों का प्रयोग किया (स्मिथ, 1963; अहमद, 1969)।

सील (1968) और ब्रास (1970) ने मुसलमानों के पिछड़ेपन के साधारण तर्क का खंडन किया है। उन्होंने कहा कि मुस्लिम-अल्पसंख्यक राज्यों में वे कहीं भी पिछड़े नहीं थे। गोपाल कृष्ण कहते हैं कि 'ऐसा लगता है कि समाजशास्त्रीय दृष्टि से साम्प्रदायिक आंदोलन मुस्लिम जनसंख्या के वंचित वर्गों की अपेक्षा सम्पन्न लोगों का एक आंदोलन था' (1981: 55)।

स्वतन्त्रता के बाद अनेक हिन्दू और मुस्लिम साम्प्रदायिक संगठन बन गये। विभिन्न कार्यक्रमों के द्वारा ये संगठन एक दूसरे के लिए साम्प्रदायिक पहचान और रूढ़धारणाओं को मजबूत करते रहते हैं। नाजुक संवेदनशील मुद्दों को उठाया और फैलाया जाता है। ये संगठन साम्प्रदायिक भावनाओं को उत्तेजित करने में महत्वपूर्ण भूमिका अदा करते हैं। 1950 के दशक

के बाद साम्प्रदायिक दंगों की संख्या बढ़ गई। पत्रकारों के ढेर सारे लेखन और सरकार द्वारा नियुक्त जांच आयोगों के प्रतिवेदनों के अलावा, समाज वैज्ञानियों और आंदोलनकारियों के द्वारा किये गये एकल अध्ययन भी अब उपलब्ध हैं (शाह, 1970; इंजीनियर और शकीर, 1985; वॉन डेर वीर, 1987; ब्रास, 1996, 1998; होरोविज, 2001)। इन लोगों ने न केवल साम्प्रदायिक शत्रुता को अपितु दोनों समुदायों को एक-दूसरे के खिलाफ लामबन्द करने में आर्थिक कारणों को भी उजागर किया है। कुछ अध्ययनों ने भावनाओं को उत्तेजित कर दंगों को भड़काने में अभिजन (एलीट) की जोड़-तोड़ पर प्रकाश डाला है (पटेल, 1985)। अब हमारे पास साम्प्रदायिक दंगों से संबंधित काफी दस्तावेज हैं जिनमें सरकारी रिपोर्टें, और स्वतंत्र नागरिकों की रिपोर्टों के साथ मानव अधिकार समूह तथा गैर-सरकारी संगठनों (एन.जी.ओ.) के प्रतिवेदन भी सम्मिलित हैं। साम्प्रदायिक आधार पर दंगों की लामबंदी करने पर व्यवस्थित तुलनात्मक अध्ययनों को किये जाने की जरूरत है ताकि घटना की जटिलताओं को समझा जा सके। लोकिकीकरण, राष्ट्रवाद और साम्प्रदायिक राजनीति पर ढेर सारा साहित्य उपलब्ध है। इसकी एक सम्पूर्ण समीक्षा किये जाने की जरूरत है। हमने प्रस्तुत अध्ययन के क्षेत्र से इसे अलग रखा है।

मध्य वर्ग हिन्दू उच्च जातियों ने अनुसूचित जातियों, अनुसूचित जनजातियों और अन्य पिछड़ी जातियों के विरुद्ध बिहार और गुजरात में आंदोलन किया था। उच्च जाति के सरकारी कर्मचारियों ने रोस्टर प्रणाली के विरुद्ध भी आंदोलन किया था जिसके कारण अनुसूचित जाति और अनुसूचित जनजाति के कर्मचारियों को कुछ लाभ मिले थे। ये आंदोलन मुख्यत: उच्च और वंचित जाति समूहों के बीच आर्थिक हितों के टकराव के परिणाम थे। इन आंदोलनों के मध्यम-वर्ग नेताओं ने 'योग्यता', 'धर्मनिरपेक्षता' और 'कार्य कुशलता' के मुद्दे को सामने रखा। गुजरात के 1981 के आरक्षण विरोधी आंदोलन का विश्लेषण करते हुए, आई.पी. देसाई ने कहा है कि आर्थिक ढांचा उच्च जातियों के निम्न स्तृत को रोजगार के अवसर प्रदान नहीं करता है। उनके अनुसार,

> अत: उच्च जातियां नीची जातियों की गतिशीलता को रोकना और उच्च जातियों के नीचे के तबके में छिपी हुई जाति भावना को जगा कर उनमें असंतोष पैदा करना चाहती हैं और वे जातिवाद, सम्प्रदायवाद, आरक्षण और समस्त उन बातों के जो पक्षपात, संकीर्ण और संकुचित हैं, के विरुद्ध खुले आम बोलती हैं। अत: ''योग्यता'' यद्यपि एक प्रगतिवादी नारा दिखाई देता है, किन्तु, वास्तव में, यह मरणासन्न हिन्दू पदानुक्रम की रक्षा करने और सामाजिक-आर्थिक यथास्थिति बनाये रखने का एक हथियार है (देसाई 1985: 135)।

अब, गुजरात के आरक्षण विरोधी आंदोलन पर कुछ लेख हैं (याज्ञनिक, 1981; बोस, 1985; शाह, 1987) जो उच्च जातियों और वंचित समूहों के बीच संघर्ष के सामाजिक-आर्थिक और राजनीतिक आयामों पर जानकारी प्रदान करते हैं। शाह (1987) कहते हैं कि ये दोनों आंदोलन मुख्यत: मध्यम वर्ग के अन्दर संघर्ष के द्योतक हैं। ये एक ओर उच्च और मध्यम जाति के सदस्यों, तो दूसरी ओर निम्न जातियों से आये नये प्रवेशार्थियों के बीच संघर्ष है।'

मध्यम वर्ग के कुछ समूहों—सफेदपोश सरकारी कर्मचारीगण, स्कूल एवं विश्वविद्यालय के अध्यापकगण, आदि ने उन आर्थिक मुद्दों के आधार पर आंदोलन किये जो उनको प्रभावित करते थे, जैसे वेतन मानों में संशोधन, बोनस, नौकरी की सुरक्षा। यद्यपि इन संघर्षों संबंधी कोई व्यवस्थित अध्ययन नहीं हैं, कुछ वर्णनात्मक विवरण और मांगों के विश्लेषण उपलब्ध हैं। मध्यम वर्ग द्वारा प्रारम्भ किये गये अभी हाल के कुछ आंदोलनों की शुरुआत आर्थिक मुद्दों, जैसे मूल्य वृद्धि, जरूरी वस्तुओं की कमी और बेरोजगारी से हुई है। किन्तु इन आंदोलनों के विकास के दौरान, इन मुद्दों को पीछे धकेल दिया गया और ऐसे जनप्रिय मुद्दों को आंदोलनों में उठाया गया जो विभिन्न वर्गों को आकर्षित करते थे। इनमें नैतिक और सांस्कृतिक मुद्दों को उठाया गया। ये आंदोलन कभी-कभी लोकतांत्रिक पूंजीवाद के लिए वैचारिक आधार और कभी-कभी 'गैर-पूंजीवादी विकास की व्यूहरचना' प्रस्तुत करते हैं (खोरोज, 1980)। सन् 1974 के गुजरात के आंदोलन को लीजिये जो लोकप्रिय रूप में 'नव निर्माण' आंदोलन के नाम से और बिहार का आंदोलन 'सम्पूर्ण क्रांति' के नाम से जाने जाते हैं। दोनों ही आंदोलनों की शुरुआत आर्थिक मुद्दों से हुई, किन्तु बाद में इनमें भ्रष्टाचार, लोकतांत्रिक अधिकार और सामाजिक सुधार के मुद्दे भी उठाये गये। इन मुद्दों को खुलासा नहीं किया गया और न ही इन्हें समाज के आर्थिक और राजनीतिक संरचना से जोड़ा गया। ये गुजरात में मुख्यमंत्री को, बिहार में कांग्रेस दल को हटाने में सफल हुए (देसाई, 1974; वुड, 1975; जोन्स एवं जोन्स, 1976; बारिक, 1977; शाह, 1977)। घनश्याम शाह (1977) लिखते हैं कि वे व्यवस्था में कुछ परिवर्तन लाकर अधिक आर्थिक लाभ प्राप्त करना चाहते हैं। 'वे व्यवस्था के आधारभूत पक्षों को बदलने में विश्वास नहीं करते। उनके व्यवस्था में अपने हित हैं। उनके लिए क्रांति एक नारा मात्र है।'

उन्नीसवीं शताब्दी के अंत में, बिहार और उत्तर प्रदेश के शिक्षित मध्यम वर्ग ने उर्दू को हटाने और इसके स्थान पर देवनागरी लिपि में हिन्दी का प्रतिस्थापन करने के लिए अनेक आंदोलन किये। मुस्लिम बुद्धिजनों ने भी उर्दू की रक्षा हेतु प्रति-आंदोलन किये (दास गुप्ता, 1970; ब्रास, 1977)। दक्षिण भारत के मध्यम वर्ग ने 1950 और 1960 के दशकों में हिन्दी को 'आरोपित किये जाने' के खिलाफ और अंग्रेजी को बनाये रखने के लिए आंदोलन किया। वे इसे हिन्दू उपनिवेशवाद के विरोध में संघर्ष मानते थे (हार्डग्रेव, 1965; फॉरेस्टर, 1966; राव, 1979)। मराठी, गुजराती, तेलगु और पंजाबी जैसे मध्यम वर्ग के भाषाई समूहों ने 1950 के दशक में भाषाई आधार पर राज्यों के गठन की मांग की। उन्होंने इन मांगों के लिए आंदोलन किये (फड़के, 1979; निझवान, 1982)। अपनी सांस्कृतिक पहचान को बनाये रखने के लिए, तमिलों, पंजाबियों, नागाओं, मिजो लोगों, छोटा नागपुर की जनजातियों के मध्यम वर्ग ने भारतीय संघ के भीतर और बाहर पृथक राज्यों के गठन के लिए आंदोलनों का नेतृत्व किया है।

हमने नागा, मिजो, छोटा नागपुर और अन्य जनजातियों के लोगों की पृथक राज्यों या जिलों की मांगों का विवेचन अध्याय तीन में किया है।

तमिलनाडु में द्रविड़ आंदोलन एक पिछड़ी जाति या अ-ब्राह्मण आंदोलन था जिसका विवेचन हम पहले कर चुके हैं। यह उत्तर भारतीयों के खिलाफ भी था, और इसमें 'द्रविड़स्तान' नाम से एक पृथक राज्य की मांग की गई थी, अर्थात् भारतीय संघ से बाहर द्रविड़ों का अपना देश (हार्डग्रेव, 1964, 1965, 1979; इस्छिक, 1976; राम, 1979)। पेरियार ई.वी. रामास्वामी, जो कि द्रविड़ आंदोलन के एक नेता थे, ने कहा कि तमिलनाडु शुरू से एक राष्ट्र रहा है और अभी भी एक राष्ट्र है जो 'द्रविड़ियन' के नाम से जाना जाता है। तमिलों की सभ्यता, रीति-रिवाज और व्यवहार बंगालियों और बम्बईवासियों से भिन्न हैं ... हिन्दी भाषा और साहित्य सामान्य रूप में, तमिल लोगों के और विशेष रूप में, अन्यत्र अन्य सभी गैर-ब्राह्मणों के हितों के विपरीत है।'

पंजाब के सिख समुदाय ने भी 'खालिस्तान' नाम से एक अलग राज्य की मांग की थी। श्री आनन्दपुर साहिब प्रस्ताव में यह मांग की गई थी कि अकाली दल के उद्देश्यों में सिख पंथ के एक पृथक स्वतंत्र अस्तित्व की भावना को बनाये रखना और एक ऐसे वातावरण की रचना करना जिसमें सिखों की सम्पूर्ण और संतोषजनक ''राष्ट्रीय अभिव्यक्ति हो सके'' (ढिल्लों, 1974; पुरी, 1981, 1983; कुमार व अन्य, 1984; कुमार, 1984)।

असम आंदोलन, जो 'अखिल असम विद्यार्थी संघ' के साथ सन् 1970 के दशक के आखिर में शुरू हुआ, ने भी आसामी लोग की पहचान और असम के विकास के मुद्दे को उठाया। एक अर्थ में, यह एक 'राष्ट्रियता' आंदोलन था (मीरा, 1982; गोहाइन, 1985; बसु, 1992)। स्वतंत्रता के समय से ही प्रादेशिक अथवा भाषाई पहचान के लिए धार तेज हो गई और यह मध्यम वर्ग को संगठित करने के लिए एक सम्भाव्य शक्ति बन गई जिसे आर्थिक क्षेत्र में अन्य वर्गों से प्रतिस्पर्धा का सामना करना पड़ रहा है।

रॉबर्ट हार्डग्रेव जोर देकर कहते हैं कि—

> भारत की सांस्कृतिक और भाषाई विविधता में प्रादेशिकता की जड़ें गहरी गई हुई हैं। भौगोलिक अर्थ में प्रक्षेपित, राज्य स्तर पर यह नृजातिक और आर्थिक दोनों घटना है। यह प्रबल राजनीतिक चेतना, विस्तारित भागीदारी और अपर्याप्त संसाधनों की एक अभिव्यक्ति है। आर्थिक व्यथाओं की अभिव्यक्ति पक्षपात, भेदभाव या केन्द्र द्वारा उपेक्षा के आरोपों में होती है जो भाषा की स्थिति और नृजातिक संतुलन को लेकर सांस्कृतिक चिन्ता में घुलमिल जाती है। यह विलयन ही प्रदेशवाद को अपनी शक्ति प्रदान करता है। धर्म की भांति, भाषा और संस्कृति एक व्यक्ति की पहचान का केन्द्र होता है और जब इसका राजनीतिकरण हो जाता है तब यह एक संभावित विषाक्त रूप धारण कर लेता है (1983: 1171)।

अधिकांश समाज वैज्ञानिकों ने इन आंदोलनों को 'दुष्प्रकार्यात्मक' अथवा राष्ट्रीय 'एकता' और 'समाकलन' के लिए खतरा माना है। वे मानते हैं कि भारतीय राष्ट्र राज्य को अपनी सीमाएं बनाये रखना और अपने राज्य क्षेत्र को बांधे रखना चाहिए। अत: वे इन आंदोलनों को 'आत्म-निर्णय' के आंदोलन के रूप में देखने में अक्षम हैं (मोहन्ती, 1982)।

देशजवाद

देशजवाद (नेट्विज़्म) और राष्ट्रवाद (नैशॅनलिज़्म) के बीच बड़ी पतली रेखा है। काट्जेन्स्टीन कहते हैं, 'देशजवाद ... नृजातिक, भाषाई या प्रादेशिक उपराष्ट्रवाद के आंदोलनों से भिन्न है और विशेष रूप में यह प्रवासी विरोधी है। उपराष्ट्रवादी आंदोलन, जैसे कि भारत में अकाली दल या द्रविड़ मुनैत्र कषगम, में देशीयता के तत्व हो सकते हैं। इसी प्रकार प्रवासी-विरोधी भावना नृजातिक, भाषाई या प्रादेशिक निष्ठाओं पर आधारित हो सकती है' (1976)। मायरन वीनर के अनुसार, देशजवाद नृजातिक राजनीति का एक रूप है।

> देशजवाद नृजातिक पहचान का वह रूप है जिसमें उन लोगों को उस क्षेत्र में रहने और/अथवा काम करने से अलग रखा जाता है जो स्थानीय या देशज नृजातिक समूहों के सदस्य नहीं हैं—देशजवाद प्रवासी-विरोधी है। जिस सीमा तक डी.एम.के., अकाली दल, आंध्र महासभा और संयुक्त महाराष्ट्र समिति प्रवासी-विरोधी नहीं हैं, उन्हें देशिकता के रूप में वर्गीकृत नहीं किया जाना चाहिये। (1978: 296)

देशजवादी आंदोलन नये नहीं हैं, ऐसे कुछ आंदोलन स्वतन्त्रता के पूर्व भी हुए हैं। उदाहरणार्थ, प्रथम विश्व युद्ध के एकदम बाद उत्पन्न हुआ गैर-मुल्की लोगों के विरुद्ध आंदोलन, जिसमें स्थानीय शिक्षित जनसमूह ने राज्य शासन सेवाओं में उत्तरी भारत के मुसलमानों को नियुक्त करने की सरकार की नीति के प्रति अपनी नाराजगी जाहिर की थी (वीनर, 1978; रेड्डी और शर्मा, 1979)। इसी प्रकार, असम में बंगाली-विरोधी आंदोलन के द्वारा उनकी शैक्षणिक और शासन सेवाओं में बंगाली हिन्दुओं के वर्चस्व के विरोध में प्रदर्शन किये गये (वीनर, 1978; दास, 1982)। स्वतंत्रता के बाद व्यापक रूप से किये जाने वाले ऐसे आंदोलन ये थे: तेलंगाना देशजवादी आंदोलन, महाराष्ट्र में शिव सेना का आंदोलन और असम आंदोलन। तेलंगाना देशजवादी आंदोलन की शुरुआत 1969 में हुई। आंदोलन की शुरुआत तेलंगाना 'रक्षोपाय' और 'मुल्की' नियम, जिनकी रचना 1956 में आंध्र प्रदेश के गठन के समय हुई थी, को यथावत बनाये रखने के उद्देश्य से हुई। बाद में, इस आंदोलन ने बचे हुए आंध्र प्रदेश से तेलंगाना प्रदेश को पृथक करने की मांग की (रेड्डी और शर्मा, 1979)।

शिव सेना (अर्थात् शिवाजी की सेना) आंदोलन की शुरुआत 1966 में बम्बई में हुई थी। उसने यह मांग की कि चूंकि बम्बई महाराष्ट्र की राजधानी है, अत: महाराष्ट्रियों को उनकी राजधानी नगर (बम्बई) को बनाने में सर्वाधिक अवसर दिये जायें। उन्होंने यह मांग की कि बम्बई में समस्त नौकरियों और आर्थिक अवसरों के 80 प्रतिशत को महाराष्ट्रियों के लिए आरक्षित कर दिया जाना चाहिए (जोशी, 1970; काट्जेन्स्टीन, 1976; गुप्ता, 1982)।

असम आंदोलन 1978 में शुरू हुआ। इसकी प्रमुख मांगों में यह सम्मिलित किया गया कि विदेशियों का पता लगाया जाये, उन्हें वापस भेजा जाये तथा चुनावी सूचियों से इनके नामों को हटाया जाये। आंदोलन का मुख्य लक्ष्य बंगाली मध्यम वर्ग को बाहर निकालना था जिनकी सरकारी नौकरियों में काफी संख्या थी (वीनर, 1978; दास, 1982)। इसी प्रकार, 1960 के दशक के अंतिम में कन्नड़ छालुवलिगर (अर्थात् आंदोलन) ने तमिल, मलयाली, और तेलगु

प्रवासियों के बंगलोर आने पर रोक लगाने और स्थानीय कन्नड बोलने वालों को वरीयता देने की मांग की (वीनर, 1978)।

देशजवादी मुद्दों का मूलभूत कारण मूलवासी और प्रवासी व्यक्तियों के बीच सरकारी नौकरियों के लिए प्रतिस्पर्धा का होना रहा है। वे नगर और प्रदेश जहां देशजवादी आंदोलन हुए हैं, उनकी निम्नलिखित विशेषताएं हैं—

1. घटनास्थल पर काफी संख्या में मध्यम वर्ग के प्रवासी पाये गये जो सांस्कृतिक रूप से भिन्न नृजातिक समूहों से संबंधित हैं और जो देश के अन्य भागों से आये हुए हैं;
2. वहां एक देशज मध्यम वर्ग है जिसकी संख्या सैकेण्डरी और उच्च शिक्षा के विकास की प्रेरणा के फलस्वरूप बढ़ रही है;
3. वहां अत्यधिक प्रतिस्पर्धी श्रम बाजार होता है जिसमें देशज मध्यम वर्ग निजी और सार्वजनिक क्षेत्र के संस्थानों और सरकार में नौकरी की तलाश करता है, जहां प्रवासियों और उनके वंशज पहले से ही मध्यम-वर्ग के पदों पर आसीन होते हैं;
4. देशज मध्यम वर्ग के लोगों के लिए अपने स्वयं के स्थानों से बाहर नौकरी के अवसर सीमित होते हैं।

नगरीय मध्यम-वर्ग के बुद्धिजनों के एक छोटे से वर्ग विश्वविद्यालय और कॉलेज के प्राध्यापकों, शोधकर्ताओं और वकीलों ने—'नागरिक' और 'लोकतांत्रिक' अधिकारों की रक्षा के लिए राज्य और राष्ट्रीय स्तर पर संगठनों का गठन किया है। ये संगठन उत्पीड़ित वर्गों सहित, समाज के विभिन्न वर्गों के 'नागरिक' और 'लोकतांत्रिक' अधिकारों के हनन से संबंधित मुद्दे उठाते रहते हैं (देसाई, 1986)। विद्यमान संवैधानिक साधनों, जैसे न्यायपालिका, राज्य विधान सभा और लोकसभा का प्रयोग सरकारी निर्णयों, और निहित स्वार्थों की शक्ति को चुनौती देने के लिए किया जाता है। मुद्दों को उजागर करने और जनमत को निर्मित करने में मीडिया का प्रयोग किया जाता है। तथ्य-अन्वेषण समितियां बनाई जाती हैं। बुद्धिजनों ने पारिस्थितिकीय मुद्दों को भी उठाया है। ये सम्मेलन करते हैं, रिपोर्ट प्रकाशित करते हैं और सरकार को ज्ञापन देते हैं। इन संगठनों और इनके लामबंदी के प्रयासों पर ढेर सारे अध्ययन हैं (रे, 1986)। इन अध्ययनों का विवेचन हम अध्याय 10 में मानवीय अधिकारों के आंदोलन में करेंगे।

प्रतिभागी

विद्यार्थियों और बुद्धिजीवियों ने अधिकांश मध्यम वर्ग आंदोलनों का नेतृत्व किया है। यद्यपि कुछ लोकप्रिय, राष्ट्रीय और देशीयता आंदोलनों को कृषकों और समाज के अन्य वर्गों से भी तब समर्थन मिलता है जब वे भावनात्मक और सामान्य मुद्दों को उठाते हैं, किन्तु इन पर मध्यम वर्ग का अभी भी वर्चस्व बना हुआ है। मायरन वीनर कहते हैं कि 'देशजता मुख्यत: एक मध्यमवर्गीय विचार है। औद्योगिक श्रमिकों या कृषकों में यह आंदोलन नहीं देखने को मिलता, यद्यपि कई नगरों और कुछ ग्रामीण क्षेत्रों में औद्योगिक श्रमिकों में सांस्कृतिक रूप से भिन्न प्रवासी पाये जाते हैं' (1978)।

कुछ विद्वानों ने लिखा है कि राजनीतिक नेतागण अपने राजनीतिक हितों की पूर्ति के लिए प्रादेशिक अथवा देशजवाद की भावना को मध्यम वर्ग में उत्तेजित करते हैं। इकबाल नारायण दावा करते हैं कि राजनीतिक अभिजन (एलीट) प्रादेशिक वंचना (अभाव) और असंतोष की स्थितियों को उकसाते हैं और इन्हें आंदोलन का रूप दे देते हैं ताकि इसके व्यक्तिगत और गुटीय समर्थन आधार को संगठित और मजबूत किया जा सके (1984)। तेलंगाना में प्रादेशिकता का अध्ययन करते समय राम रेड्डी और शर्मा लिखते हैं कि गुटीय राजनीति ने तेलंगाना के लोगों की प्रादेशिकता की भावना को अपनी राजनीतिक स्थितियों को मजबूत करने के लिए शोषण किया है। इसी प्रकार सुब्रामन्यम कहते हैं कि—

> राजनीतिक नेतागण जब यह अनुभव करते हैं कि उन्हें अपना देय हिस्सा नहीं मिल रहा है और उन्हें निष्प्रभ किया जा रहा है और उनकी उपेक्षा की जा रही है, तब वे व्यक्तियों में भावनाएं जगाने के लिए किसी प्रकार का स्वाभाविक तर्क ढूंढते हैं और अपने आपको जनता के हितों के रखवाले के रूप में प्रक्षेपित करते हैं और इस प्रकार लोकतांत्रिक राज्य के एक शान्त समुदाय में तनाव और संघर्ष पैदा करते हैं। (1984: 17)

तथापि, जावेद अलम एक अन्य सिद्धान्त का प्रतिपादन करते हुए कहते हैं कि 'प्रादेशिकतावादी मांगें शासकीय वर्गों में विरोधाभास होने के कारण भड़क उठती हैं ... शासकीय वर्गों का स्थानिक हिस्सा अपने हितों को आगे बढ़ाने के लिए तब अधिक सत्ता की मांग करता है जब वह यह अनुभव करता है कि उनके हित अखिल भारतीय वर्गों द्वारा पूरे नहीं हो पा रहे हैं' (1984: 17)। वे अपने तर्क के पक्ष में कोई साक्ष्य प्रस्तुत नहीं करते हैं। अपने इन अनुमानों के आधार पर कि इन आंदोलनों की शुरुआत राजनीतिक अभिजन (एलीट) द्वारा होती है, विद्वजन आंदोलन की लामबन्दी प्रक्रिया की छानबीन नहीं करते। वे केवल अभिजन के बीच होने वाली निर्णय प्रक्रिया का ही मुख्यत: अध्ययन करते हैं। इस संबंध में वाई.डी. फड़के के 'संयुक्त महाराष्ट्र आंदोलन' (1979) के अध्ययन का उदाहरण दिया जा सकता है। वे व्यक्ति जो इन षड्यंत्र सिद्धान्तों को समर्थन करते हैं, वे यह स्पष्ट नहीं कर पाते हैं कि राजनीतिक नेतागण क्यों कुछ राज्यों में देशजता की भावनाओं को भड़काने में सफल हो जाते हैं और दूसरे राज्यों में असफल हो जाते हैं।

मध्यम वर्ग के आंदोलनों संबंधी अधिकांश अध्ययन जिनका विवेचन ऊपर किया गया है, वह अति संक्षिप्त है। कुछ लोगों ने राजनीतिक निर्णय-प्रक्रिया और आंदोलनों के लिए उत्तरदायी कारकों का भी विश्लेषण किया है। कुछेक आंदोलन 'यकायक' उत्पन्न होते हैं और उनकी आयु लघु अवधि की होती है। उनका कोई संघर्षरत ढांचा नहीं होता जबकि कुछ आंदोलन सुसंघटित होते हैं। दीपांकर गुप्ता द्वारा शिवसेना के नव निर्माण आंदोलन तथा घनश्याम शाह द्वारा बिहार के आंदोलन और पी.एन. सेठ के नव निर्माण आंदोलन के अध्ययनों में इन आंदोलनों के संगठनात्मक ढांचे का विश्लेषण किया गया है। हमारे ज्ञान की वर्तमान अवस्था में मध्यम वर्ग के आंदोलनों के विभिन्न प्रकारों के संगठनात्मक ढांचों में किसी प्रतिमान को ढूंढना कठिन है।

टिप्पणी

1. एक अनुमान के अनुसार, 1990 के दशक के अन्त में इस वर्ग के लगभग 30 करोड़ व्यक्ति थे। (देखिये-हेरिस-व्हाइट, 2003)

ग्रंथ-सूची

Ahmad, I. 1969. 'Secularism and Communalism'. *Economic and Political Weekly*, 6(28-30), Special Number.

Alam, Javeed. 1984. 'Class, Political and National Dimensions of the State Autonomy Movements in India'. In *Regionalism: Developmental Tensions in India*. Edited by Akhtar Majeed. New Delhi: Cosmo Publications.

Anai, Muthu V. 1982. 'Tamil National Question'. In *Nationality Question in India. Seminar Papers*. Hyderabad: Andhra Pradesh Radical Students Union.

Asher, R.E. 1972. 'Dravidian Separateness: Invention or Reality'. *South Asian Review*, 6(1), October.

Bains, J.S. 1962. 'The Gadher Movement: A Golden Chapter of Indian Nationalism'. *Indian Journal of Political Science*, 23(1), January-March.

Barik, Radhakanta. 1977. *Politics of the JP Movement*. Delhi: Radiant Publishers.

Barnstorff, Dagmar. 1979. 'Religion and Nation: The Telangana Agitation's Dual Identity'. In *Political Identity in South Asia*. Edited by David Taylor and Malcott Yapp. London: Curzon.

Basu, Sajal. 1992. *Regional Movements: Politics of Language. Ethnicity-Identity*. Simla: Indian Institute of Advanced Study.

Bhatt, V. 1973. 'Ideological and Socio-Historical Role of Elites in the Brahmo Samaj and Arya Samaj Movements'. In *Studies in Social Change*. Edited by K.S. Mathur et al. Lucknow: Ethnographic and Folk Culture Society.

Bombwall, K.R. 1986. 'Sikh Identity, Akali Dal and Federal Polity'. *Economic and Political Weekly*. 21(20), May 17.

Bose, Pradip Kumar. 1985. 'Social Mobility and Caste Violence: A Study of the Gujarat Riots'. In *Caste, Caste-Conflict and Reservation*. Edited by Centre for Social Studies. Delhi: Ajanta Publications.

Brass, P. 1970. 'Muslim Separation in the United Provinces'. *Economic and Political Weekly*, 5(3-5), Annual Number.

—. 1977. *Language, Religion and Politics in North India*. Delhi: Vikas Publishing House.

—. (ed.). 1996. *Riots and Pogroms*. London: Macmillan.

—. 1998. *Theft of an Idol: Text and Context in the Representation of Collective Violence*. Calcutta: Seagull Books.

Broomfield, J.H. 1968. *Elite Conflict in a Plural Society. Twentieth Century Bengal*. Berkeley: University of Berkeley, California.

Brown, Emily. 1975. *Har Dayal: Hindu Revolutionist and Rationalist*. Delhi: Manohar.

Chaudhary, S.M., Chakraborty, S.M. and De, S.K. 1975. 'An Exploratory Study of Urban Unrest in West Bengal'. *Political Science Review*, 14(1-2), January-July.

Copland, Ian. 1973. 'The Maharaja of Kolhapur and the Non-Brahmin Movement 1902-10'. *Modern Asian Studies*, 7(2).

Das, Amiya Kumar. 1982. *Assam's Agony: A Socio-Economic and Political Analysis*. New Delhi: Lancers Publications.

Das Gupta, Jyotindra. 1970. *Language Conflict and National Development*. Bombay: Oxford University Press.

Dastur, Aloo J. 1970. 'Salt Satyagraha'. *Political Science Review*, 9(1-2), January-June.

Desai, A.R. 1957. *Social Background of Indian Nationalism*. Bombay: Oxford University Press.

—. 1974. 'The Gujarat Struggle and Its Vilifiers'. *Economic and Political Weekly*. 9(6), April 20.

—. (ed.). 1986. *Violation of Democratic Rights in India*. Bombay: Popular Prakashan.

Desai, I.P. 1985. 'Anti-Reservation Agitation and Structure of Gujarat Society'. In *Caste, Caste-Conflict and Reservation*. Edited by Centre for Social Studies. Delhi: Ajanta Publications.

Dharma, Vira. 1980. 'National Integration: Assam Agitation'. *Man and Development*, 2(2), June.

Dhillon, Gurdarshan Singh. 1974. 'Evolution of the Demand for a Sikh Homeland'. *Indian Journal of Political Science*, 35(4), October-December.

Dixit, Prabha. 1969. 'Secularism and Communalism'. *Economic and Political Weekly*, 5(43-44), November 1.

—. 1974. *Communalism: A Struggle for Power*. Delhi: Orient Longman.

Dua, Veena. 1970. 'Arya Samaj and Punjab Politics'. *Economic and Political Weekly*. 5(43-44), October 24.

Dubey, S.M. 1980. 'The Assam Movement: The Preliminary Study in the Sociology of Politics and Development'. *Man and Development*, 2(3), September.

Engineer, Asghar Ali and Shakir, Moin (eds.). 1985. *Communalism in India*. Delhi: Ajanta Publications.

Faruqi, Zia-ul-Hasan. 1963. *The Deoband School and the Demand for Pakistan*. Bombay: Asia Publishing House.

Fickett, Lewis P. 1971. 'Politics of Regionalism in India'. *Pacific Affairs*, 44(2), Summer.

Forrester, Duncan B. 1966. 'The Madras Anti-Hindi Agitation 1955'. *Pacific Affairs*, 39(1 and 2), Spring-Summer.

—. 1970. 'Subregionalism in India: The Case of Telengana'. *Pacific Affairs*, 43(1), Spring.

Frietag, Sandria. 1980. 'Social Symbol as Mobilizing Ideology: The North Indian Search for a "Hindu" Community'. *Comparative Studies in Society and History*, 22(4) October.

Gangadharan. 1972. 'Shiv Sena'. *Seminar*, 151, March.

Gohain, Hirendra Nath. 1985. *Assam: A Burning Question*. Gauhati: Spectrum Publications.

Gray, Hugh. 1971. 'The Demand for a Separate Telangana State in India.' *Asian Survey*, 11(5), May.

—. 1974. 'The Failure of the Demand for a Separate Telangana State in India' *Asian Survey*, 14(4), April.

Greenough, Paur R. 1983. 'Political Mobilization and the Underground Literature of the Quit India Movement, 1942-44'. *Modern Asian Studies*, 17(3), July.

Gupta, Dipankar. 1977. 'The Causes and Constraints of an Urban Social Movement'. *Contributions to Indian Sociology* (New Series), 11(1).

—. 1982. *Nativism in a Metropolis: The Shiv Sena in Bombay*. Delhi: Manohar.

Gupta, K.P. 1974. 'Religious Evolution and Social Change in India: A Study of the Ramkrishan Mission Movement'. *Contributions to Indian Sociology* (New Series), 8.

Hardgrave, Robert L. 1964. 'The DMK and Politics of Tamil Nationalism'. *Pacific Affairs*, 37(4), Winter.

—. 1965. 'The Riots in Tamilnad: Problems and Prospects of India's Language Crists'. *Asian Survey*, 5(8), August.

—. 1979. *Essays in Political Sociology*. Delhi: Usha Publications.

—. 1983. 'The Northeast, the Punjab and the Regionalization of Indian Politics'. *Asian Survey*, 13(11), November.

Haridwar, Rai. 1969. 'Sociology of Satyagraha: Some Developments and Dilemmas'. *Indian Journal of Politics*, 3(1 and 2), January-December.

Harris-White, Barbara. 2003. *India Working: Essays on Society and Economy*. Cambridge: Cambridge University Press.

Hasan, Mushirul. 1979. *Nationalism and Communal Politics in India, 1916-1928*. Dehli: Manohar.

—. 1981. 'Religion and Politics, The Ulama and Khilafat Movement'. *Economic and Political Weekly*, 16(20), May 16.

Heimsath, C.H. 1964. *Indian Nationalism and Hindu Social Reform*. Princeton: Princeton University Press.

Hennigham, Stephen. 1979. 'The Contribution of "Limited Violence" to the Bihar Civil Disobedience Movement'. *South Asia*, 9(1 and 2), March and September.

Hooja, Rakesh. 1971. 'Student Unrest and Indian Politics: Some Reflections on Causes and Correlations'. *Political Science Review*, 10(3 and 4), July-December.

Horowitz, Donalad L. 2001. *The Deadly Ethnic Riot*. Berkeley: University of Calfornia Press.

Irschick, Eugene. 1976. 'Civil Disobedience in Tamil Nadu, 1930–32' *South Asia*, 6(2), December.

Jain, M.S. 1965. *The Aligarh Movement.* Agra: Shri Ram Mehra and Company.

Jha, Hetukar. 1977. 'Lower-Caste Peasants and Upper-Caste Zamindars in the Bihar (1921–1925): An Analysis of Sanskritization and Contradiction between the Two Groups'. *The Indian Economic and Social History Review*, 14(4), October-December.

Johari, J.C. 1975. 'Creation of Nagaland: Triumph of Ebulliant Infra Nationalism'. *Indian Journal of Political Science*, 11(1), January-March.

Johnson, Gordon. 1973. 'Partition, Agitation and Congress: Bengal 1904 to 1908'. *Modern Asian Studies*, 7(3).

Jones, Dawn E. and Jones, Rodney W. 1976. 'Urban Upheaval in India: The 1974 Nav Nirman Riots in Gujarat'. *Asian Survey*, 6(11), November.

Jones, Kenneth W. 1968. 'Communalism in the Punjab: The Arya Samaj Contribution'. *Journal of Asian Studies*, 28(1).

—. 1976. *Arya Dharam: Hindu Consciousness in 19th Century Punjab.* Berkeley: University of California Press.

Jordens, J.T.F. 1977. 'Reconversion to Hinduism, the Shuddhi of the Arya Samaj'. In *Religion in South Asia: Religious Conversion and Revival Movements in South Asia in Medieval and Modern Times.* Edited by G.A. Oddie. Delhi: Manohar.

Joshi, Ram. 1970. 'Shiv Sena: A Movement in Search of Legitimacy'. *Asian Survey*, 10(11), November.

Katzenstein, Mary F. 1976. 'Origins of Nativism: The Emergence of Shiv Sena in Bombay'. In *City in Indian Politics.* Edited by Donald B. Rosenthal. New Delhi: Thomson Press.

Khoros, V. 1980. *Populism: Its Past, Present and Future.* Moscow: Progress Publishers.

Kini, N.G.S. 1970. 'Direct Action in Indian Politics: A Diagnosis'. *Journal of Political Studies*, 3(1), February.

Kopf, David. 1979. *The Brahmo Samaj and the Shaping of the Modern Indian Mind.* Princeton, NJ: Princeton University Press.

Krishna, Gopal. 1981. 'Religion and Politics'. In *A Survey of Research in Political Science.* Vol. 3. Delhi: Allied Publishers.

Krishnaji, N. 1979. 'Agrarian Relations and the Left Movement in Kerala: A Note on Recent Trends'. *Economic and Political Weeekly*, 14(9), March 3.

Kumar, Pradeep. 1984. 'Communal Dimension of Regionalism in Indian Federation: A Study of Trends in Akali Politics'. In *Regionalism: Developmental Tensions in India.* Edited by Akthar Majeed. New Delhi: Cosmo Publications.

Kumar, Pramod, Sharma, Manmohan, Sood, Atul and Handa, Ashwini. 1984. *Punjab Crisis: Context and Trends.* Chandigarh: Centre for Research in Rural and Industrial Development.

Leaf, Murray J. 1976. 'Economic Implications of the Language Issue: A Local View in Punjab'. *Journal of Commonwealth and Comparative Politics*, 24(2), June.

Leonard, L.G. 1967. 'Politics and Social Change in South India: A Study of Andhra Movement'. *Journal of Commonwealth Political Studies*, 5(1), March.

Mahendru, K.C. 1974. 'Public Protests and Civil Liberties in India'. *Political Science Review*, 13 (1 and 4), January-December.

Majeed, Akhtar (ed.). 1984a. *Regionalism: Developmental Tensions in India*. New Delhi: Cosmo Publications.

—. 1984b. 'Sons of the Soil Agitations: Madras Anti-Hindi Agitations, Shiv Sena Phenomenon, Telangana Separatist Movement, Anti-Migrant Agitation in Assam'. In *Regionalism: Developmental Tensions in India*. Edited by Akhtar Majeed. New Delhi: Cosmo Publications.

—. (ed.). 1984c. 'Maldevelopment and Regional Conflict: A General Framwork'. In *Regionalism: Developmental Tensions in India*. Edited by Akhtar Majeed. New Delhi: Cosmo Publications.

Malik, Arjun Das. 1975. *An Indian Guerilla War: The Sikh People's War*. New Delhi: Wiley Eastern Ltd.

Mayer, Baldeo Raj. 1966. 'Sikh Separatism in Punjab'. In *South Asian Politics and Religion*. Edited by Donald E. Smith. Princeton: Princeton University Press.

Menon, Saraswati. 1979. 'Historical Development of Thanjavur Kisan Movement: Inter-play of Class and Caste Factors'. *Economic and Political Weekly*, 14(7–8), February.

Mira, Tilottama. 1982. 'Assam and the National Question'. In *Nationality Question in India. Seminar Papers*. Hyderabad: Andhra Pradesh Radical Students Union.

Mishra, B.B. 1978. *The Indian Middle Classes: Their Growth in Modern Times*. Delhi: Oxford University Press.

Mohanty, Manoranjan. 1982. 'For a New Song of National Liberation'. In *Nationality Question in India. Seminar Papers*. Hyderabad: Andhra Pradesh Radical Students Union.

Morkhandikar, R.S. 1967. 'The Shiv Sena: An Eruption of Sub-Nationalism'. *Economic and Political Weekly*, 2(42), October 21.

Mudholkar, Aruna and Vora, Rajendra. 1984. 'Regionalism in Maharashtra'. In *Regionalism: Developmental Tensions in India*. Edited by Akhtar Majeed. New Delhi: Cosmo Publications.

Narang, A.S. 1983. *Storm over the Sutlej: The Akali Politics*. New Delhi: Gitanjali Publishing House.

Narain, Iqbal. 1977. 'Cultural Pluralism, National Integration and Democracy in India'. In *National Power and Status Economy*. Edited by K.R. Bombwall. Meerut: Meenakshi Prakashan.

—. 1984. 'A Conceptual Analysis in Indian Context'. In *Regionalism: Developmental Tensions in India*. Edited by Akhtar Majeed. Delhi: Cosmo Publications.

Natarajan, S. 1959. *A Century of Social Reform in India.* Bombay: Asia Publishing House.

Nayar, Baldev Raj. 1966. *Minority Politics in Punjab.* Princeton, NJ: Princeton University Press.

Nijhawan, P.K. 1982. 'Genesis of the Punjab Problem: The Language Question'. *Man and Development,* 4(1), March.

Omvedt, Gail. 1973. 'Non-Brahmin and Communists in Bombay'. *Economic and Political Weekly,* 8(16), April 21–28.

—. 1976. *Cultural Revolt in a Colonial Society: The Non-Brahmin Movement in Western India 1873–1930.* Bombay: Scientific Education Trust.

Pandey, Dhanpati. 1972. *The Arya Samaj and Indian Nationalism.* New Delhi: S. Chand & Co.

Patel, Pravin. 1987. 'Violent Protest in India: The Punjab Movement'. *Journal of International Affairs,* 40(2), Winter/Spring.

Patel, Priyavadan. 1985. 'Recent History and Politics of Communalism and Communal Riots in Gujarat.' In *Communalism in India.* Edited by Ashgar Ali Engineer and Moin Shakir. Delhi: Ajanta Publications.

Patrao, A.P. 1932. 'The Justice Movement in India'. *Asiatic Review,* 28(1).

Phadke, Y.D. 1979. *Politics and Language.* Bombay: Himalaya Publishing House.

Puri, Harish K. 1981. 'Akali Politics: Emerging Compulsions'. *Punjab Journal of Politics,* 7(1), January.

—. 1983. 'The Akali Agitation: An Analysis of Socio-Economic Basis of Protest'. *Economic and Political Weekly,* 18(4), January 22.

Rahamathulla, B. 1984. 'Obstacles for Nationalism in North-Eastern India: An Overview'. In *Regionalism: Developmental Tensions in India.* Edited by Akthar Majeed. New Delhi: Cosmo Publications.

Ram, N. 1979. 'Dravida Movement in its Pre-Independence Phases'. *Economic and Political Weekly,* 14(58), February.

Rao, Chandrasekhar R.A.V. 1979. 'Conflicting Roles of Language and Regionalism in an Indian State: A Case Study of Andhra Pradesh'. In *Political Identity in South Asia.* Edited by David Taylor and Malcolm Yapp. London: Curzon.

Rao, M.S.A. 1978. *Sociology Movements and Social Transformation: A Study of Two Backward Classes Movements.* New Delhi: Macmillan.

Rao, Vasant D. 1973–74. 'Shiv Sena: A Case Study in Regionalism in India'. *Quarterly Review of Historical Studies,* 13(1).

Raval, R.L. 1987. *Socio-Religious Reform Movements in Gujarat During the Nineteenth Century.* New Delhi: Ess Ess Publications

Ray, Ashwini. 1986. 'Civil Rights-Movement and Social Struggle in India'. *Economic and Political Weekly,* 21(28), July 12.

Reddy, Ram and Sharma, B.A.V. 1979. *Regionalism in India: A Study of Telengana.* Delhi: Concept Publishing Company.

Rudolph, Lloyd I. 1960. 'Urban Life and Populist Radicalism: Dravidian Politics in Madras'. *Journal of Asian Studies,* 20(2). May.

Sahu, Ranjit. 1986. *Economy Class Society*. Madras: University Press.

Samiuddin, Abida (ed.). 1985. *The Punjab Crisis: Challenge and Response*. Delhi: Mittal Publications.

Sanjayya. 1980. *Assam: A Crisis of Identity*. Gauhati: Spectrum Publications.

Sarhadi, Ajit Singh. 1971. *Punjabi Suba: The Story of the Struggle*. Delhi: U.B. Kapoor and Sons.

Sarin, V.I.K. 1980. *India's North-East in Flames*. New Delhi: Vikas Publication House.

Sarkar, Sumit. 1982. 'Popular Movements and National Leadership, 1945–47'. *Economic and Political Weekly*, 27(14-16), April.

Seal, A. 1968. *The Emergence of Indian Nationalism*. London: Cambridge University Press.

Sen, Mohit. 1970. 'The Telangana Agitation and Politics of Andhra Pradesh'. *Indian Journal of Political Science*, 31(1), January-March.

Seshadri, K. 1970. 'The Telangana Agitation and Politics of Andhra Pradesh'. *Indian Journal of Political Science*, 31(1), January-March.

Shah, Ghanshyam. 1970. 'Communal Riots in Gujarat'. *Economic and Political Weekly*, 5(3-5), Annual Number.

—. 1977. *Protest Movements in Two Indian States*. Delhi: Ajanta Publications.

—. 1987. 'Middle Class Politics: Case of Anti-Reservation Agitations in Gujarat'. *Economic and Political Weekly*, 22 (19-21), Annual Number.

Sharma, B.S. and Sankhdhar. 1970. 'Gandhi and Agitational Politics in India'. *Indian Political Science Review*, 4(1), October.

Sheith, P.N. 1977. *Nav Nirman and Potiltical Change in India*. Bombay: Vora and Company.

Singh, Amrik. 1988. 'The Teachers' Strike and After Emergency: Trends and Issues'. *Economic and Political Weekly*, 23(29). July 16.

Singh, Bhavani. 1984. 'Ethnic Politicization and Religious Mobilization of the Sikhs in Punjab'. In *Regionalism: Developmental Tensions in India*. Edited by Akhtar Majeed. New Delhi: Cosmo Publications.

Singh, Dalip. 1981. *Dynamics of Punjab Politics*. New Delhi: Macmillan.

Singh Gopal. 1984. 'Socio-Economic Bases of the Punjab Crisis'. *Economic and Political Weekly*, 19(1), January 7.

—. 1985. 'Socio-Economic Bases of the Punjab Movement'. In *The Punjab Crisis: Challenge and Response*. Edited by A. Samiudin. Delhi: Mittal Publications.

Singh, Mohinder. 1978. *The Akali Movement*. New Delhi: Macmillan.

Singh, Pritam. 1984. 'Akali Agitation: Growing Separatist Trend'. *Economic and Political Weekly*, 19(4), February 4.

Singh, Swarup. 1946. *Sikhs Demand their Homeland*. Lahore: Sikh University Press.

Smith, Donald E. 1963. *India as a Secular State*. Princeton, NJ: Princeton University Press.

Smith, W.C. 1957. *Islam in Modern History.* Princeton, NJ: Princeton University Press.

Spodak, Howard. 1972. 'Injustice to Saurashtra: A Case Study of Regional Tensions and Harmonies in India'. *Asian Survey,* 12(5), May.

Stoddart, Brian. 1975. 'The Wanted Commission: National Agitation and Local Politics in Madras City, 1928. *South Asia,* 5(1), December.

Subramanyam, M. 1984. 'Intra-Regionalism in Andhra Pradesh'. In *Regionalism: Developmental Tensions in India.* Edited by Akhtar Majeed. Delhi: Cosmo Publications.

Suri, Pushpa. 1977. 'Arya Samaj Movement with Special Reference to Punjab'. In *Dissent, Protest and Reform in Indian Civilisation.* Edited by S.C. Malik. Simla: Indian Institute of Advanced Study.

TDSS. 1987. *Nationality Question in Indian:* Pune: TDSS.

Tucker, Richard P. 1977. *Ranade and the Roots of Indian Nationalism.* Bombay: Popular Prakashan.

Vable, D. 1983. *The Arya Samaj.* Delhi: Vikas Publishing House.

Van der Veer, Peter. 1987. '"God Must be Liberated" A Hindu Liberation Movement in Ayodhya'. *Modern Asian Studies,* 21(2), April.

—. 1996. 'Riots and Rituals: The Construction of Violence and Public Space in Hindu Nationalism'. In *Riots and Pogroms.* Edited by Paul Brass. London: Macmillan.

Weiner, Myron. 1978. *Sons of the Soil: Migration and Ethnic Conflict in India.* Delhi: Oxford University Press.

Windmiller, Marshal. 1954. 'Linguistic Regionalism in India'. *Pacific Affairs,* 37(4). December.

—. 1956. 'Politics of State Reorganisation in India: The Case of Bombay'. *Far Eastern Survey,* 25(2), September.

Wood, John R. 1975. 'Extra-Parliamentary Opposition in India: An Analysis of Populist Agitations in Gujarat and Bihar'. *Pacific Affairs,* 48(3), Fall.

Yagnik, Achyut. 1981. 'Spectre of Caste War'. *Economic and Political Weekly,* 16(13), March 28.

Yang, Anand A. 1980. 'Sacred Symbol and Sacred Space in Rural India: Community Mobilisation in the "Anti-Cow" Killing Riots of 1893'. *Comparative Studies in Society and History,* 22(4), October.

10

मानव अधिकार और पर्यावरणात्मक आंदोलन

(Human Rights and Environmental Movements)

इस अध्याय का उद्देश्य मानव अधिकारों और पर्यावरणात्मक आंदोलनों के अध्ययनों पर प्रकाश डालना है, जैसा कि विद्वानों ने उनका वर्गीकरण किया है। जैसा कि अध्याय प्रथम में लिखा गया है कि कुछ विद्वान-आंदोलनकारी यह विचार रखते हैं कि मानव अधिकार (मानवाधिकार) और पर्यावरणात्मक आंदोलन नये हैं जो समाज के सभी तबकों से जुड़े हुए हैं। ये आंदोलन किसी एक विशिष्ट हिस्से, समुदाय या वर्ग से नहीं अपितु सम्पूर्ण समाज से संबंधित हैं।

'मानव अधिकार' का पद (टर्म) का प्रयोग आजकल सामाजिक और राजनीतिक ऐक्टिविस्ट समूहों द्वारा व्यक्ति के ऐसे अधिकारों के संदर्भ में अक्सर किया जाता है जो नैसर्गिक , हमारे स्वभाव में अन्तर्निष्ठ और जिनके बिना हम मानवीय प्राणी के रूप में नहीं रह सकते। इन अधिकारों का राज्य द्वारा उल्लंघन नहीं किया जाना चाहिए। दूसरे शब्दों में, राज्य की सत्ता के खिलाफ इन अधिकारों की रक्षा किये जाने की जरूरत है। इसके साथ ही, दुर्भाग्यवश, यह आशा की जाती है कि—राज्य द्वारा इनकी रक्षा किये जाने और इनमें बढ़ोत्तरी किये जाने की आवश्यकता है। इन अधिकारों को सामान्यत: 'नागरिक' और 'लोकतांत्रिक' अधिकारों में सम्मिलित किया जाता है। इतिहास के दौर में इनकी विभिन्न दार्शनिक जड़े हैं। उनके अर्थ समय-समय पर और विभिन्न संदर्भों में बदलते रहते हैं। रूढ़िवादियों और यथास्थितिवादियों की दृष्टि में मानवीय अधिकारों में वे सभी अधिकार आ जाते हैं जो धर्म में सन्निविष्ट हैं, जो गुलामी और बंधुआ श्रम की प्रथा सहित निजी सम्पत्ति पर स्वामित्व को न्यायोचित बताते हैं। उदारवादियों और वामपंथियों के लिए मानव जीवन को बनाये रखने के लिए सभी व्यक्तियों के लिए 'समानता' और गरिमा ही मुख्य मानवीय अधिकार हैं। राजनीतिक मानव दार्शनिकों और विधिशास्त्रियों में अधिकारों को लेकर काफी बहस हुई है कि मानवाधिकार क्या हैं और क्या वे नैसर्गिक हैं (टक, 1979; विन्सटन, 1989; बक्सी, 2002)।

भारत में मानव अधिकार संरक्षण अधिनियम, 1993 के अनुसार 'मानव अधिकारों से तात्पर्य संविधान द्वारा प्रत्याभूत अथवा अंतर्राष्ट्रीय प्रसंविदों (समझौतों) में अन्तर्निहित उन अधिकारों से है, जो जीवन, स्वतंत्रता, समानता एवं प्रत्येक व्यक्ति की गरिमा से संबंधित तथा भारत में न्यायालयों द्वारा प्रवर्तनीय है।' मूलभूत अधिकारों में अभिव्यक्ति, मिलने-जुलने की स्वतंत्रता, धार्मिक स्वतंत्रता, कानून के समक्ष समानता, आदि को सम्मिलित किया जाता है और निर्देशक सामाजिक-आर्थिक अधिकार, जैसे शिक्षा, समान वेतन, व्यक्ति की गरिमा, कानून के समक्ष भेदभावहीनता, आदि से संबंधित हैं। पहले वाले न्याय संगत हैं, जबकि बाद वाले विधान के लिए मार्गदर्शक हैं। ये दोनों ही विभिन्न नागरिक और लोकतांत्रिक अधिकारों के एक व्यापक क्षेत्र को सम्मिलित करते हैं। न्यायाधीश पी.एन. भगवती ने संविधान की धारा 21 के क्षेत्र को बढ़ाते हुए इस धारा के पद 'जीवन' में भोजन, कपड़े और आश्रय (मकान) के अधिकार को और जोड़ दिया। यहां प्रश्न उठता है कि क्या जीवन का अधिकार केवल मांशपेशियों, या क्षमता की सुरक्षा तक ही सीमित है या यह इससे आगे भी जाता है... हम सोचते हैं कि जीवन के अधिकार में सम्मान से जीने और वे सभी चीजें आ जाती हैं जो इससे जुड़ी हुई हैं, उनका अधिकार भी इसमें सम्मिलित है। इन सब चीजों में पर्याप्त पोषण, कपड़े और आश्रय स्थल (मकान) जैसी आवश्यकतायें आती हैं (मोदी द्वारा उद्धृत, 2000: 222)। अन्तर्राष्ट्रीय अनुबंध में सामाजिक और आर्थिक अधिकार (1966), नागरिक और राजनीतिक अधिकार (1966) तथा नागरिक अनुबंध की वैकल्पिक परिपाटी (1976)को सम्मिलित किया गया है।

इन विचारों के ईर्द-गिर्द एक व्यक्ति के अधिकारों और आंदोलनों संबंधी विमर्श की जड़ों का पश्चिमी समाज में एक लम्बा इतिहास है। वे आंदोलन जो पश्चिम में अठारहवीं शताब्दी में अमरीकी और फ्रांसीसी क्रांतियों के दौरान उत्पन्न हुए, उन्होंने भारतीय बुद्धिजनों के एक छोटे से हिस्से को प्रभावित किया। विभिन्न समूहों के सामाजिक सुधार और राजनीतिक आंदोलनों के विभिन्न समूहों और कांग्रेस ने अधिकारों का दावा करने और विचार-विमर्श करने के लिए एक मंच प्रदान किया। इन अधिकारों के प्रतिस्थापक सामाजिक सुधारक और उदारवादी राजनीतिक नेतागण थे जो कानून के समक्ष ब्रिटिश लोगों के समकक्ष भारतीयों को 'नागरिक' के रूप में बराबर के अधिकार देने के समर्थक थे। इनके अलावा ऐसे भी समर्थक थे जो मुख्यत: जमींदार वर्ग के आर्थिक हितों की रक्षा चाहते थे। सामाजिक सुधारकों ने सामाजिक रीति-रिवाजों और परम्पराओं में सुधार के प्रयास किये ताकि स्त्रियों और समाज के निम्न तबके की रक्षा की जा सके। उदारवादी अभिव्यक्ति और मेल-जोल की स्वतंत्रता और सभी नागरिकों के लिए कानून के समक्ष बराबरी के अधिकार चाहते थे। भारतीय राष्ट्रीय कांग्रेस का 1885 में गठन के कई कारकों में से एक कारक इल्बर्ट बिल को अपने मूल स्वरूप में पास करवाने में भारतीयों की असफलता थी जिसमें अपराधी प्रकरणों में ब्रिटिश लोगों की जांच करने के लिए भारतीय दण्डाधिकारियों को अधिकार देने का प्रस्ताव किया गया था। शताब्दी के बदलाव के समय, यह चेतना नवीन पीढ़ी में आ गई। एक कांग्रेस नेता के अनुसार 'नये विचारों और धारणाओं, अपनी आश्रित स्थिति के प्रति बेचैन और ब्रिटिश राज्य के स्वतंत्र

नागरिक के रूप में अधिकारों के लिए दावा करने वाली यह नई पीढ़ी थी' (दत्ता द्वारा उद्धृत, 1998: 277)। सीथारम्म ककराला कहते हैं—

> अत: अधिकारों के प्रति चेतना संगठित जमींदार कुलीन वर्ग और मध्यम वर्ग के उदय के साथ उत्पन्न हुई। इन लोगों ने 'नागरिक स्वतंत्रता' को एक ऐसी वस्तु के रूप में अनुभव किया कि मूल निवासियों के केवल उन्नत हिस्से ही इसका आनन्द उठा सकते हैं और इसका महत्व समझ सकते हैं। दूसरे शब्दों में 'अधिकार' ऐसे 'लाभ' बन गये जो उपनिवेशी शासन द्वारा भारत के उन्नत हिस्सों को दिये जाते थे। इस धारणा को भारतीय राष्ट्रीय कांग्रेस (आई.एन.सी.) के नेताओं द्वारा अपने उदय के प्रथम तीन दशकों के दौरान और अधिक मजबूत किया गया। (1994: 135)

कांग्रेस ने 1918 में ब्रिटिश संसद को देने के लिए अधिकारों का एक घोषणा पत्र तैयार किया। इसमें अभिव्यक्ति, भाषण और सभा करने की स्वतंत्रताओं को सम्मिलित करने के साथ-साथ कानून के अनुसार न्यायिक जांच करने के अधिकार और सर्वोपरि नस्ली भेदभाव से स्वतंत्रता को शामिल किया गया (दत्ता, 1998)। बाद में 1928 की मोतीलाल नेहरू समिति ने भारतीयों को वे सभी मूलभूत अधिकार देने की मांग की जो उन्हें नहीं दिये गये थे। यद्यपि ब्रिटिश सरकार द्वारा ये मांगें अस्वीकार कर दी गई थीं, कांग्रेस ने सन् 1931 में अपने कराची अधिवेशन में मूलभूत अधिकारों संबंधी एक प्रस्ताव पास किया। सन् 1936 में जवाहर लाल नेहरू ने प्रथम नागरिक स्वतंत्रता संगठन बनाने की पहल की। भारतीय नागरिक स्वतंत्रता संघ (आई.सी.एल.यू.) का गठन रविन्द्रनाथ टैगोर की अध्यक्षता में सन् 1936 में बम्बई में हुआ। आई.सी.एल.यू. के स्थापना सम्मेलन के अपने भाषण में नेहरू ने कहा, 'नागरिक स्वतंत्रताओं के विचार से तात्पर्य सरकार का विरोध करने के अधिकार से है' (दत्ता द्वारा उद्धृत, 1998: 279)। सन् 1945 में सर तेज बहादुर सप्रू एक संवैधानिक प्रस्ताव लाये जिसमें मूलभूत अधिकारों की महत्ता पर जोर दिया गया। उन्हें भारतीय संविधान में सम्मिलित कर लिया गया। 'अतएव, भारतीय संविधान में जिन स्वतंत्रताओं और अधिकारों को प्रतिष्ठित किया गया है, वे भारत के व्यक्तियों के स्वतंत्रता संग्राम की उपज हैं' (हरगोपाल और बालगोपाल, 1998)। उपनिवेशी काल के दौरान किये गये नागरिक अधिकारों के आंदोलनों का ऐतिहासिक वर्णन अपूर्ण और बहुत संक्षिप्त है। विमर्श के विभिन्न चरणों और ऐसे अधिकारों के दावों में विभिन्न सामाजिक शक्तियों की संलग्नता के गहन विश्लेषण किये जाने की आवश्यकता है।

स्वातंत्र्योत्तर काल में मानव अधिकार आंदोलनों को सामान्यत: दो चरणों में विभाजित किया जाता है, पूर्व- और उत्तर-आपातकाल। राज्य द्वारा साम्यवादियों का दमन के खिलाफ विरोध प्रदर्शन हेतु सन् 1948 में पश्चिमी बंगाल में नागरिक स्वतंत्रता समिति का गठन हुआ (दत्ता, 1998)। आंदोलन की इस अवधि का कोई विवरण उपलब्ध नहीं है। नक्सलवादियों पर राज्य के नृशंस प्रहार के साथ 1960 के दशक के आखिर में मुख्य नागरिक स्वतंत्रता आंदोलन का सूत्रपात हुआ (ककराला, 1994)। इस आंदोलन में न्याय और समानता के लिए समाज के उत्पीड़ित हिस्सों के 'लोकतांत्रिक अधिकारों' के मुद्दे को उठाया गया। इस आंदोलन को प्रलेखित करते हुए ककराला कहते हैं—

> लोकतांत्रिक अधिकारों की उन लोगों को जरूरत है जिन्हें न्याय के लिए संघर्ष करना पड़ता है, जबकि सुविधासम्पन्न व्यक्तियों के लिए मूलभूत अधिकार पर्याप्त हैं ... लोकतांत्रिक अधिकारों के लिए संघर्ष से तात्पर्य मूल रूप में उन अधिकारों के लिए दावा करने के लिए संघर्ष करना है जो औपचारिक में तो पहले से ही दिये हुए हैं किन्तु व्यवहार में जिनका प्रयोग नहीं किया जाता है। लोकतांत्रिक अधिकारों को नकारना अधिकार पर एक प्रहार का रूप ले लेता है ताकि पहले से दिये गये अधिकारों के लिए दावा किया जा सके। (1994: 91-95)

इन्दिरा गांधी द्वारा 25 जून 1975 को आपातकाल लगाने ने नागरिक अधिकार आंदोलन को नये रूप में व्यापक प्रेरणा दी। उसने मूलभूत अधिकारों को यह कहते हुए निलंबित कर दिया कि इनका प्रयोग सुविधासम्पन्न तबके द्वारा अधिकांश व्यक्तियों के हितों के लिए कार्यक्रमों को लागू करने में बाधा डालने के लिए किया जाता है (रूबिन, 1987)। उदारवादी बुद्धिजनों को राजनीतिक व्यवस्था में अन्तर्हित सत्तावादी प्रवृत्तियों और राजनीतिक प्रक्रिया के स्थायित्व के किसी भी अनुमान में जातीय खतरों के बारे में उनकी अनुभूति से उन्हें अब तक काफी आघात लगा है। इसने ऐसे बौद्धिक और राजनीतिक परिवेश का निर्माण किया जिसने नागरिक और लोकतांत्रिक अधिकार आंदोलनों को अपने वर्तमान स्वरूप में जन्म दिया (रे, 1986: 2031)। अधिकांश वर्तमान नागरिक स्वतंत्रता संगठन नागरिक और लोकतांत्रिक अधिकारों के लिए लड़ने के लिए इसी अवधि में अस्तित्व में आये।

वर्तमान में मानव अधिकारों से संबंधित विभिन्न राज्यों में कई समूह हैं। इनमें से सर्वाधिक महत्वपूर्ण और प्रसिद्ध दो संगठन हैं—'पीपल्स यूनियन फॉर सिविल लिबरटीज' (पी.यू.सी.एल.) और 'पीपल्स यूनियन फॉर डेमोक्रेटिक राइट्स' (पी.यू.डी.आर.)। इन दोनों संगठनों की अनेक राज्यों में इसी नाम से अपनी औपचारिक या अनौपचारिक शाखाएं और संगठन का जाल है किन्तु ये शाखाएं स्वायत्तापूर्ण हैं। इनके अलावा, महत्वपूर्ण और सक्रिय राज्य स्तरीय संगठन भी हैं, 'आंध्र प्रदेश नागरिक संघ' (ऐ.पी.सी.एल.सी.), महाराष्ट्र में 'लोकतांत्रिक अधिकारों के रक्षण हेतु संघ' (सी.पी.डी.आर.), पंजाब में 'लोकतांत्रिक अधिकारों हेतु संघ' (ए.एफ.डी.आर.), नागालैण्ड में 'मानव अधिकारों हेतु नागा व्यक्तियों का आंदोलन', गुजरात में 'लोक अधिकार संघ', देहली, मुम्बई तथा अन्य स्थानों पर 'प्रजातंत्र हेतु नागरिकगण' नाम से संगठन हैं। ये संगठन सदस्य आधारित नहीं हैं। इनमें पदाधिकारी हैं, जैसे संयोजक, अध्यक्ष, सचिव, आदि। कुछ स्थानों पर कार्यकारिणी समिति संयुक्त रूप से कार्य करती है। इनके कार्यों को निर्देशित करने के लिए स्पष्ट परिभाषित उद्देश्य या संविधान नहीं है। जब कभी जरूरत होती है, ये कुछ कार्यों को सम्पादित करने के लिए समितियां और उप समितियां बना लेते हैं। कई राज्यों में अलग-अलग मुद्दों को लेकर और अलग-अलग समय पर चिन्तित संवेदनशील नागरिकों की समितियों का गठन किया गया है। कभी-कभी ऐसे व्यक्ति, सरकार और राजनीतिक समूह जो आन्दोलनरत होते हैं, के बीच मध्यस्थता करने का यत्न करते हैं और वे पुलिस अथवा सेना की तथाकथित मुठभेड़ की क्रियाओं का शिकार बन जाते हैं। संगठन और कार्य करने की दृष्टि से इन संगठनों का अस्थाई चरित्र होता है। इस प्रकार

का ढीला-ढाला संगठनात्मक ढांचा इन्हें विभिन्न कार्यकलापों को करने की छूट देता है। किन्तु इसके कारण इनके कार्यों और सदस्यों में निरन्तरता में कमी आ जाती है। सीथारम्म ककराला द्वारा आंध्र प्रदेश में मानव अधिकार आंदोलन के अध्ययन के अलावा, वह भी अभी अप्रकाशित है, हमारे पास राष्ट्रीय अथवा राज्य स्तरीय मानव अधिकार समूहों के संगठनात्मक ढांचे, नेतृत्व और कार्यप्रणाली का कोई व्यवस्थित विश्लेषण नहीं है तथापि, कई प्रेक्षकों ने यह बताया कि ये समूह बहुधा ऐसे व्यक्तियों के छोटे से समूह तक सीमित होते हैं जिसमें अधिकांशतः शिक्षा, मीडिया, लेखकगण, कलाकार, वकील तथा अन्य पेशेवर लोग शामिल होते हैं। आंध्र प्रदेश के अलावा जहां ए.पी.सी.एल.सी. और ए.पी.डी.आर. संगठनों ने अपेक्षाकृत एक अच्छी संख्या में लोगों को आकर्षित किया है। ये मानव अधिकार समूह मुख्यतः मध्यम वर्ग से संबंधित हैं (रे, 1986; ककराला, 1993)।

जयप्रकाश नारायण के नेतृत्व में सन् 1976 में पीपल्स यूनियन फॉर सिविल लिबर्टीज एंड डेमोक्रेटिक राइट्स (पी.यू.सी.एल. और पी.यू.डी.आर.) नामक संगठन का गठन हुआ। थोड़े से समय के बाद ही यह संगठन दो संगठनों में बंट गया। पी.यू.सी.एल. और पी.यू.डी.आर.। यह विभाजन मुख्यतः वैचारिक था। पी.यू.सी.एल. नागरिक अधिकारों और लोकतांत्रिक अधिकारों को बांटता है और यह संगठन सामान्यतः लोकतांत्रिक अधिकारों को अपनी कार्य प्रणाली के घेरे में नहीं लेता है। सामाजिक परिवर्तन के संबंध में इसका व्यापक उदारवादी नजरिया है जिसमें जन आंदोलन के स्थान पर संवैधानिक रास्ते को अपनाने पर जोर दिया गया है। इसके विपरीत, पी.यू.डी.आर. का विश्वास है कि सामाजिक, आर्थिक और राजनीतिक अधिकारों को एक दूसरे से पृथक नहीं किया जा सकता और उन्हें ऐसे आंदोलनों का समर्थन करना चाहिए जो उत्पीड़ित वर्गों के सामाजिक और आर्थिक मुद्दों को उठाते हैं। इस संगठन का मत है कि नागरिक स्वतंत्रताओं के लिए संघर्ष उत्पीड़ित वर्ग के बेहतर जीवन के लिए किये गये सम्पूर्ण संघर्ष का ही एक हिस्सा है। यद्यपि नागरिक स्वतंत्रताओं के लिए किया गया संघर्ष जनसमूह और उनके अधिकारों की दशाओं में सुधार लाने का संघर्ष नहीं है, तथापि यह उनकी मांगों का समर्थन करता है। वे संविधान में वर्णित अधिकारों को लागू किये जाने और समय-समय पर स्वीकृत किये गये उन कानूनों पर अमल किये जाने की मांग करते हैं जो समाज के गरीब तबकों की मदद करने के लिए बनाये गये हैं (हरगोपाल एवं बालगोपाल, 1998)। नन्दिता हक्सर कहती हैं कि नागरिक स्वतंत्रताओं का आंदोलन कोई वैकल्पिक विचारधारा प्रस्तुत नहीं करता। आंदोलन का एकमात्र उद्देश्य एक पहरेदार के रूप में काम करते हुए राज्य पर नियंत्रण रखना है। अन्य जटिल सामाजिक, राजनीतिक, आर्थिक और सांस्कृतिक समस्याएं जिनसे हमारा देश जूझ रहा है, उनका समाधान अन्य राजनीतिक प्रक्रियाओं और आंदोलनों द्वारा किया जाना चाहिए (1991: 5)। दोनों संगठनों में वैचारिक मतभेद होते हुए भी कई अवसरों पर पुलिस द्वारा दमन, कैदियों के अधिकार, साम्प्रदायिकता, आदि जैसे कुछ मुद्दों पर दोनों मिलकर काम करते हैं।

मानव अधिकारों के आंदोलनों के समक्ष कुछ मुद्दों, जैसे एक तरफ संघर्ष करने वालों और आंदोलनकारियों द्वारा हिंसा और दूसरी ओर राज्य द्वारा की जाने वाली हिंसा के बारे में निरन्तर एक असमंजस बना रहता है। सन् 1948 में पश्चिमी बंगाल के नागरिक स्वतंत्रता संघ जिसने राज्य द्वारा साम्यवादी आंदोलनकारियों के दमन के खिलाफ विरोध प्रदर्शन किया, उसे जन आंदोलनकारियों द्वारा प्रयोग की गई हिंसा के प्रश्न का सामना करना पड़ा। दत्ता ने कहा है—

> अधिकांश साम्यवादी आंदोलनकारी जिनके अधिकारों का हनन किया गया था, उन पर हिंसा किये जाने का आरोप लगाया गया और उदारवादी जो सी.एल.सी. में शामिल हो गये थे उन्हें सरकार के इस आरोप कि वे हिंसा की अनदेखी कर रहे थे, का जवाब देना पड़ा। इस मुद्दे पर सी.एल.सी. नेताओं ने जिस स्थिति का अनुसरण किया, वह वास्तव में इस आदर्श का ही विस्तार था कि आंदोलन का प्राथमिक कार्य राज्य की सत्तावादी प्रवृत्तियों का विरोध करना था। साम्यवादियों का बचाव करते समय उनका अनुमान था कि क्रांतिकारियों द्वारा राज्य के खिलाफ की गई हिंसा की अपेक्षा नागरिक समाज के लिए राज्य की हिंसा अधिक नुकसानदायक थी। (1998: 280–81)

दत्ता आगे कहते हैं—

> (हिंसा के) मुद्दे पर पी.यू.सी.एल. तथा अन्य संगठनों को अपनी स्थिति को स्पष्ट किया जाना बाकी था कि इसके पहले ही ए.पी.डी.आर., ए.पी.सी.एल.सी., पी.यू.डी.आर. और सी.पी.डी.आर. ने एक साझे विचार का प्रतिपादन किया कि शक्तिशाली जातियों एवं वर्गों द्वारा उत्पन्न की गई हिंसा सहित राज्य की हिंसा उनके आंदोलनों का मुख्य लक्ष्य होना चाहिए था क्योंकि यह सभी सामाजिक हिंसा की जड़ है। (1998: 285)

1980 के दशक के अंतिम वर्षों से अभी हाल के वर्षों में वे सभी व्यक्ति जो जनसमुदाय के लोकतांत्रिक अधिकारों के लिए चिन्तित हैं, आंदोलनकारियों विशेषतः तथाकथित आतंकवादी समूहों द्वारा फैलाई गई निजी हिंसा का न बचाव करते हैं और न ही उसे क्षमा करते हैं। ए.पी.सी.एल.सी. पीपल्स वार ग्रुप (पी.डब्ल्यू.जी.) के कार्यकर्ताओं द्वारा नागरिकों की मनमाने रूप में की गई हत्याओं का पक्ष नहीं लेता है। किन्तु इसके साथ ही बहुधा उनके सामने एक महत्वपूर्ण प्रश्न यह रहता है कि राज्य द्वारा दमन का प्रयोग किये जाने के समय क्या लोगों को प्रतिरोध करने का अधिकार है? ऐसे आंदोलनों का क्या रूप और कार्यप्रणाली होनी चाहिए? मान लिया जाये कि यदि आंदोलन अवैध और हिंसात्मक हो जाता है, तब इस प्रकार के आंदोलनों के प्रति क्या रुख अपनाया जाये? (हरगोपाल और बालगोपाल, 1998: 366)।

स्वतंत्रता के बाद विभिन्न मानवाधिकार समूहों ने कई मुद्दों को उठाया। ए.आर. देसाई (1986, 1990) ने 1960 के दशक से 1980 के दशक तक गरीबों के मानवाधिकारों के उल्लंघन के कई उदाहरण प्रलेखित किये हैं। बर्नेट रूबिन (1987) ने जिन मानवाधिकारों के उल्लंघन के प्रकरणों का विश्लेषण किया है। वे हैं—भूमि और श्रम विवाद, पुलिस की विधिहीनता, स्वतंत्र अभिव्यक्ति का दमन, नगरीय शरण स्थल, शैक्षिणिक स्वतंत्रता, साम्प्रदायिक, प्रादेशिक संघर्ष, स्त्रियों के साथ बर्ताव, आदि। नन्दिता हक्सर ने इन्हें निम्नलिखित चार श्रेणियों में विभाजित किया है—

1. विचाराधीन, अवैधानिक नजरबन्दी सहित कैदियों के अधिकारों और जेल की दशाओं संबंधी मुद्दे।
2. हिरासत में यातना, अतिरिक्त न्यायिक हत्याएं, अवैधानिक गोली चलाना और छद्म मुठभेड़ सहित पुलिस (बाद में सैनिक बल) द्वारा हिंसा।
3. विभिन्न गड़बड़ी क्षेत्रों के कानूनों सहित टाडा, मीसा, पोटा और उत्पीड़ितों के कुछ लोगों को प्रभावित करने वाले कानून, जैसे वन अधिनियम सहित जन-विरोधी कानून।
4. समाज के विभिन्न असंगठित वर्गों, जैसे बंधक मजदूर, आदिवासी लोग, गंदी बस्तियों के निवासी, भूमिहीन और धार्मिक अल्पसंख्यकों का राज्य द्वारा उत्पीड़न।

अनेक मानवाधिकार समूहों का एक सामान्य क्रियाकलाप पुलिस, सैनिक बलों, राज्य की अन्य संस्थाओं के साथ-साथ शक्तिशाली जातियों , वर्गों के द्वारा मानवाधिकारों के उल्लंघनों के विशिष्ट उदाहरणों का प्रलेखन रहा है। पांच-छह या अधिक सक्रिय कार्यकर्ताओं का तथ्यान्वेशी दल किसी घटना स्थल को देखने जाता है, वहां पीड़ितों, पुलिस अधिकारियों, मीडिया के लोगों तथा समाज के अन्य वर्गों के लोगों से साक्ष्यों को संकलित करते हैं। इन दलों के प्रतिवेदनों को मीडिया और मध्यम वर्ग में व्यापक रूप में प्रचारित किया जाता है। लोकतांत्रिक संस्थाओं जैसे संसद, राज्य विधानसभा, इलैक्ट्रोनिक और प्रिंट मीडिया का अत्याचार के प्रकरणों को उजागर करने के लिए व्यापक रूप में प्रयोग किया जाता है। हस्ताक्षर अभियान (ई-मेल सहित), याचिकाएं, धरने सहित मीडिया में लेखन, जन-सभाएं, रैलियां, प्रदर्शन आदि आयोजित किये जाते हैं ताकि अधिकारियों पर दबाव बनाकर मानवाधिकार के उल्लंघनकर्त्ताओं के खिलाफ कार्यवाही की जा सके। पीड़ितों की पीड़ाओं की क्षतिपूर्ति के लिए न्यायिक सहायता हेतु जनहित याचिकाओं का भी प्रयोग किया जाता है (रे, 1986)। किन्तु, इनकी सीमित उपयोगिता है (रूबिन, 1987)।

संयुक्त राष्ट्र संघ (यू.एन.ओ.) तथा देश में एमनेस्टी इन्टरनेशनल और मानवाधिकार समूहों के दबावों के कारण भारतीय संसद ने सन् 1993 में मानवाधिकार रक्षण को स्वीकार किया, जो सन् 1994 में अधिनियम बन गया। इस अधिनियम के तहत राष्ट्रीय मानवाधिकार आयोग (एन.एच.आर.सी.) का गठन हुआ। इस आयोग के गठन का प्रस्ताव कई मानव एक्टिविस्टों को अच्छा नहीं लगा। न्यायाधीश वी.आर. कृष्णा अय्यर ने लिखा है कि—

> यह भय की एक प्रतिक्रिया है और हमारे लिए लज्जा की बात है कि हमें मानवाधिकारों पर एक आयोग के रूप में इसलिए सोचना पड़ा कि स्वीडन या अमेरिका की कांग्रेस या कोई अन्य देश हमें यह कहता है कि तुम मानव के अधिकारों का सम्मान नहीं करते हो। अत: यदि तुम हमारे से सहायता (आर्थिक सहायता) चाहते हो तो एक आयोग बनाओ (एन.एच.आर.सी.) एक दृष्टि-भ्रम है, प्रसाधनात्मक लीपापोती है, घर के लोगों के लिए यह अफीम है और विदेशियों के लिए यह ब्राऊन शूगर है, एक शाब्दिक आडम्बर है जो उजागर करने की अपेक्षा इसे छुपाता अधिक है। यह एक निश्चेष्ठ देवदूत है जो अपने स्वर्णिम पंखों को व्यर्थ में शून्य में पीटता है। (विजय कुमार द्वारा उद्धृत 2000: 216)

आयोग पीड़ितों और मानवाधिकार समूहों से शिकायतें प्राप्त करता है। यह ऐसे प्रकरणों की खोजबीन करता है। आयोग अखबारों की खबरों के आधार पर स्वयं भी कार्यवाही की पहल करता है। इस अधिनियम के तहत कुछ राज्यों-पश्चिम बंगाल, असम, हिमाचल प्रदेश, मध्य प्रदेश, आदि ने अपने यहां मानवाधिकार आयोग का गठन किया है। राष्ट्रीय और राज्य आयोगों ने कई मामलों में, जो हिरासत में मृत्यु, मुठभेड़ में मृत्यु, बलात्कार प्रकरण, बाल श्रम, शरणार्थियों के साथ बुरा बर्ताव आदि से संबंधित हैं, हस्तक्षेप किया है। अब हमारे पास एन.एच.आर.सी. से संबंधित कुछ प्रकाशित दस्तावेज भी उपलब्ध हैं (पलाई, 1998; विजय कुमार 2000; महापात्रा, 2001)। महापात्रा का विचार है कि एन.एच.आर.सी. की विश्वसनीयता और स्वीकार्यता में देश और विदेश में वृद्धि हुई है। उनके अनुसार, यह दंतहीन शेर नहीं है क्योंकि इसकी अधिकांश सिफारिशों को अधिकारियों द्वारा स्वीकार किया गया है। शिकायतों की संख्या 1993 में 500 से बढ़कर 70,000 तक पहुंच गई है। फिर भी, यह नहीं कहा जा सकता कि मानवाधिकारों के प्रकरणों में कमी आई है। ये अध्ययन द्वितीयक दस्तावेजों—एन.एच.आर.सी. के वार्षिक प्रतिवेदनों पर आधारित हैं। ये एन.एच.आर.सी. की शक्तियों और प्रकार्यों का विवरणात्मक ब्यौरा मात्र है। ये विश्लेषणामक नहीं हैं। सुमान्ता बनर्जी ने कहा है कि कई मामलों में राज्य सरकारें आयोग के आदेशों की अवज्ञा करने के रास्ते निकाल लेती हैं। 'वास्तव में, सन् 1993 में इसके जन्म से ही, एन.एच.आर.सी. मानसिक और शारीरिक रूप में एक अपंग बालक रहा है। इसका क्षेत्राधिकार और हस्तक्षेप के क्षेत्र दोनों ही भारतीय सरकार द्वारा कठोर रूप से सीमित कर दिये गये हैं। इसमें स्वाभाविक सुप्रबंधित प्रतिबंध हैं जो इसे निष्फल बना देते हैं' (2003: 424)।

राज्य ने मानवाधिकारों की रक्षा हेतु भारतीय संविधान और अन्तर्राष्ट्रीय घोषणाओं द्वारा निर्देशित अपने उत्तरदायित्व को स्वीकार किया है। सक्रिय राष्ट्रीय और अन्तर्राष्ट्रीय मानवाधिकार समूहों के होते हुए भी मानव अधिकारों के उल्लघंन किसी न किसी रूप में अक्षुण्ण रूप में जारी हैं। प्रश्न उठता है कि मानव अधिकार समूह उल्लंघन के खिलाफ काफी संख्या में लोगों की क्यों नहीं लामबंदी कर पाते हैं? ये समूह क्यों आधिकारिक रूप में मध्यम वर्ग के एक छोटे से समूह तक सीमित हैं?

पर्यावरणात्मक आंदोलन

मानव पर्यावरण संबंधी संयुक्त राष्ट्रों के सन् 1972 में स्टाकहोम में हुए सम्मेलन ने वर्तमान और भविष्यगत पीढ़ियों पर पर्यावरण की दशाओं और उसके प्रभावों से संबंधित कई अध्ययनों और प्रतिवेदनों के लिए रास्ते का निर्माण किया है। इस सम्मेलन ने वर्तमान और भविष्यगत पीढ़ियों के लिए पर्यावरण की रक्षा और सुधार करने संबंधी चिन्ता व्यक्त की है। 1980 के दशक की शुरुआत में जर्मनी और उत्तरी अमेरिका में 'हरी राजनीति' या 'परिस्थितिकी हरियाली' अथवा 'हरा-आंदोलन' के विकास ने भारत सहित समूचे विश्व में 'हरा तानाबाना' (ग्रीन नेटवर्क) और 'हरा आंदोलन' (ग्रीन मूवमेंट) के गठन को प्रोत्साहित किया। कई क्रिया समूह, शोध

संस्थान, दस्तावेजी केन्द्र पर्यावरणात्मक मुद्दों के प्रति जनमत को लामबन्द करने और अध्ययन करने के लिये स्थापित किये गये (स्प्रेतनाक और कपरा, 1985)। अब पर्यावरणात्मक स्थिति संबंधी सामग्री सामान्य रूप में और कुछ क्षेत्रों में जैसे वायु, भूमि, जंगल, पानी, समुद्री संसाधन, आदि लोकप्रिय साहित्य के विभिन्न रूपों से 'वैज्ञानिक' अध्ययनों तक प्रचुर मात्रा में पहुंच गई है। 'विज्ञान और पर्यावरण केन्द्र' से प्रकाशित भारत के पर्यावरण संबंधी प्रतिवेदन (2003 तक पांच प्रतिवेदन) न केवल पर्यावरण के विभिन्न पहलुओं से संबंधित मूल्यवान सामग्री देती हैं, अपितु इनमें लोगों के आंदोलनों और प्रतिरोध का विवरण भी दिया गया है। भूमि, जल, समुद्री संसाधनों और वन उपजों, आदि के बारे में मीडिया भी लोगों के स्थानीय स्तर पर किये गये आंदोलनों की बहुधा सूचनाएं देता रहा है। फिर भी, पर्यावरणात्मक आंदोलनों संबंधी व्यवस्थित विश्लेषणात्मक शोध पर आधारित मोनोग्राफ बहुत कम हैं और उनमें काफी भिन्नता है। बहुधा व्यक्तियों की अपनी आजीविका और जंगल में प्रवेश तथा अन्य प्राकृतिक संसाधनों से संबंधित मुद्दों को लेकर किये गये जन आंदोलनों को 'पर्यावरणात्मक आंदोलनों' का नाम दे दिया जाता है। कृषक आंदोलनों के ऐतिहासिक अध्ययन जैसा कि अध्ययाय 2 में बताया गया है, मुख्यत: जमींदारों के विभिन्न वर्गों के बीच खेतिहर संबंधों पर प्रकाश डालते हैं। जंगल के संसाधनों को लेकर किये गये आंदोलनों संबंधी अध्ययनों को जनजातीय आंदोलन मान लिया जाता है। गुहा और गाडगिल ने ठीक ही लिखा है कि 'ब्रिटिश भारत के खेतिहर इतिहास में लगभग एक मात्र रूप में भूमि से जुड़े सामाजिक संबंधों और इसकी उपज के वितरण को लेकर हुए संघर्षों पर ही प्रकाश डालते हैं और उनमें कृषि के पारिस्थितिकीय संदर्भ की, उदाहरणार्थ, मछली पकड़ने, जंगलातों, चरागाही भूमि और सिंचाई और इन क्षेत्रों में राज्य के हस्तक्षेप की उपेक्षा करते हैं' (1989: 142)।

आंदोलनों के कई विषयों में से एक महत्वपूर्ण विषय पर प्रकाश डालने वाले अध्ययनों में से कुछ महत्वपूर्ण अध्ययन 'चिपको आंदोलन' पर रामचन्द्र गुहा (1991) का और 'नर्बदा बचाओ आंदोलन' (एन.बी.ए.) पर अमिता बाविस्कर (1995b) का उल्लेखनीय हैं। तथापि, दोनों ही लेखक यह नहीं चाहते कि उनके अध्ययनों को मुख्यत: पर्यावरणात्मक आंदोलनों से संबंधित माना जाये। गुहा अपने अध्ययन को कृषक प्रतिरोध से संबंधित मानते हैं जो पारिस्थितिकीय आयम पर प्रकाश डालती है। यह क्षेत्र का पारिस्थितिकीय इतिहास है जो 'पर्यावरणात्मक परिवर्तनों को बदलते हुए और प्रकृति के 'उपयोगों' को प्रतिस्पर्धी मानवीय अनुभूतियों के साथ जोड़ता है' (1989: xiv)। यह अध्ययन प्रभुत्व की संरचनाओं और सामाजिक विरोध के मुहावरों पर केन्द्रित है। वे हिमालय के क्षेत्र में पारिस्थितिकीय परिवर्तनों और कृषक प्रतिरोध का तुलनात्मक दृष्टि से विश्लेषण करते हैं। बाविस्कर (1995b) ने मध्य प्रदेश की जनजातियों का अध्ययन कर प्रकृति के साथ उनके संबंधों और राज्य द्वारा प्रवर्तित 'विकास' के साथ उनके तनावों को उजागर किया है। वे पर्यावरणात्मक आंदोलनों की सैद्धांतिक दृष्टियों के बारे में प्रश्न करते हुए कहती हैं कि ये भारतीय राज्य द्वारा प्रयोग किये गये प्रभु अभिजन के 'विकास' के पेराडाइम पर जोर देते है। जो पर्यावरणात्मक दृष्टि से

विनाशात्मक है। ये आंदोलन दावा करते हैं कि उनकी आलोचना विकास के द्वारा हासिये पर फेंके गये व्यक्तियों की क्रियाओं में देखे जा सकते हैं। ये व्यक्ति वहां के मूल निवासी हैं जो भूतकाल में प्रकृति के साथ सामंजस्य से रहते थे, जो संसाधनों को जीवनयापन के लिए बनाये रखते हुए प्रकृति के प्रति आदरभाव रखते थे। प्रकृति के साथ सांस्कृतिक रूप से जुड़े होने के कारण मूलनिवासी लोग जमीन के आदर्श खिदमतगार होते हैं (वही: VII)। वे जनजातीय लोगों के सामाजिक-सांस्कृतिक जीवन और 'विकास' के प्रति उनके प्रतिरोध का विश्लेषण करती हैं। वे इस प्रश्न की भी खोजबीन करती हैं कि, 'जनजातीय संसाधनों के उपयोग की यह समस्यात्मक प्रकृति होने के कारण पर्यावरणात्मक आंदोलन में उन बुद्धिजनों द्वारा, जो उनके पक्ष में बोलते हैं, जनजातीय व्यक्तियों के जीवन को कितनी सटीकता से प्रदर्शित किया गया है?' (वही: VII)।

गुहा और गाडगिल ने उपनिवेशी भारत के विभिन्न भागों में वन उत्पादों, वन भूमि और चरागाह से संबंधित संघर्ष के बारे में एक अत्यंत महत्वपूर्ण सार-संक्षेप प्रस्तुत किया है। उन्होंने शिकारी-संग्राहकों और स्थानान्तरित (झूम) खेती करने वालों द्वारा स्थाई खेती करने के लिए राज्य द्वारा किये गये हस्तक्षेप के प्रति प्रदर्शित प्रतिरोध का विश्लेषण किया है। जैसा कि अध्याय 3 में विवेचना की गई है कि जंगलों में रहने वालों ने 1930 के दशक में भूमि के अतिक्रमण के मुद्दे पर वन विभाग के खिलाफ सत्याग्रह किया था उसी प्रकार मुठभेड़ों की आवृत्ति स्वतंत्रता के बाद के काल में खूब बढ़ गई। शिवा और बंधोपाध्याय (1986, 1988) ने बताया है कि लगभग तीन शताब्दी पूर्व राजस्थान के खेजरी गांव के विश्नोइयों ने जोधपुर महाराजा की सेना बल द्वारा हरे पेड़ों को काटने के प्रति अपना निष्क्रिय प्रतिरोध (सत्याग्रह) करते हुए 200 लोगों ने अपनी जिन्दगी न्यौछावर कर दी थी। इस प्रकार के कई अन्य उदाहरण हैं जिसमें किसानों और जंगल में रहने वाले समुदायों ने वन संसाधनों को नष्ट होने से बचाने के लिए प्रतिरोध किया है। ये साक्ष्य अधिकारियों, विशेषत: वन विभाग के अधिकारियों और जंगल में रहने वाले समुदायों के बीच हुए कई प्रकार के संघर्ष को प्रकट करते हैं। शिवा और बंधोपाध्याय कहती हैं कि ये संघर्ष हमेशा जन पारिस्थितिकी आंदोलन का रूप ग्रहण नहीं करते जो संघर्षों को न्यायोचित रूप में समाधान करने की संभावना रखते हैं। ये कभी-कभी विकृत हो जाते हैं और अन्य सामाजिक संघर्षों, जैसे साम्प्रदायिक राजनीति का रूप धारण कर लेते हैं जिनमें भौतिक संघर्षों के समाधान करने की संभावना नहीं हो सकती है। (1986: 85) वन आंदोलनों को दो चरणों में विभाजित किया जा सकता है—(1) वे आंदोलन जो प्रत्यक्षत: वाणिज्यिक दोहन की प्रतिक्रिया होते हैं, और (2) वे आंदोलन जो ऐसे वाणिज्यिक शोषण जिसे 'वैज्ञानिक वाणिकी' के रूप में वैधता प्रदान की गई होती है, की प्रतिक्रिया में किये जाते हैं (1986)। शक्तिशाली तबका वैज्ञानिक वाणिकी का एक राजनीतिक हथियार के रूप में प्रयोग करता है ताकि लाभ के लिए किये गये संसाधनों के अतिदोहन को वैध ठहराया जा सके। लाभकारिता और उत्तरजीविता (जीवन रक्षा) की अनिवार्यता के बीच संघर्ष है। जीवन रक्षा की अनिवार्यता को सक्रियतावादी समूहों ने चुनौती देते हुए जनहित में विज्ञान की पुनर्व्याख्या

करते हए गरीब का समर्थन किया है। वे कहते हैं कि 'चिपको' आंदोलन 1977 में तब एक पारिस्थितिकी (पर्यावरण) आंदोलन बन गया जब चिपको की पर्यावरणात्मक क्रिया को जनहित विज्ञान के द्वारा इस नारे के रूप में मंजूर किया गया—

'जंगल हमें क्या देते हैं?
भूमि, जल और शुद्ध वायु'

इस नारे की रचना अडवानी जंगल की हेनवाल घाटी की महिलाओं ने की है। उन्होंने नारे में अन्ध जंगल विज्ञान पर व्यंग करते हुए कहा है,

'जंगल हमें क्या देते हैं?
राल (रेजिन), लकड़ी और मुनाफा' (1986: 88)

बाविस्कर भारतीय राज्य की विकास की नीति और उसके क्रियान्वयन का विश्लेषण करती हैं। वे बताती हैं कि विकास की नीतियों के कारण पिछले पांच दशकों में प्राकृतिक संसाधनों के नियंत्रण और उनके लाभकर उपयोग करने में गरीब लोगों की क्षमता में कमी आई है। वे कहती हैं—

> स्वतंत्रता के बाद से विकास के जिस मॉडल को स्वीकार किया गया, उसने मूल रूप में उस तरीके को उलट दिया जिसमें विभिन्न समूह प्राकृतिक संसाधनों का उपयोग करते हैं और उनको अपनाते हैं। स्वतंत्र देश द्वारा जो परिवर्तन लाये गये, उसने पर्यावरण संबंधी प्रतिस्पर्धी दावों के बारे में संघर्ष पैदा कर दिये। इन संघर्षों ने—वन विभाग और स्थानीय समुदायों के बीच सतत लड़ाई, भारत के समुद्र के तटीय क्षेत्रों में यंत्रीकृत मछली पकड़ने के जालों और पारम्परिक मछली पकड़ने की नावों के बीच युद्ध, डंकल प्रस्ताव और आनुवंशिक संसाधनों के अधिकारों के बारे में विवाद जैसे कई संघर्षों का रूप धारण कर लिया। ये दावे केवल वस्तुओं के बड़े हिस्से पाने तक सीमित नहीं हैं, अपितु लाभ प्राप्त करने अथवा जीवन जीने हेतु या इन दोनों के किसी मिले-जुले रूप के लिए प्रकृति का मूल्यांकन और उपयोग करने से संबंधित हैं। ये भिन्न विश्व दृष्टियों को भी परिलक्षित करते हैं। एक विश्वदृष्टि वर्चस्व की इच्छा और प्रकृति और मानवता के शोषण द्वारा तथा दूसरी समानुभूति और सम्मान, कभी-कभी दोनों के लिए आदर-भाव से चालित होती है। (1995b: 32–33)

मोटे तौर पर यह कहा जा सकता है कि मानव-प्रकृति के आपसी संबंध पर्यावरणात्मक आंदोलनों के केन्द्र रहे हैं। गुहा और गाडगिल ने पर्यावरणात्मक आंदोलन को परिभाषित करते हुए लिखा है कि ये संगठित सामाजिक क्रियाकलाप हैं जो सजगभाव से प्राकृतिक संसाधनों के संपोषक उपयोग को बढ़ाने, पर्यावरणात्मक क्षय को रोकने और पर्यावरण का पुनरुद्धार करने के लिए किये जाते हैं (1989: 455)। पश्चिम में, पर्यावरणात्मक आंदोलन प्राकृतिक संसाधनों के उपयोग, उत्पादक उपयोग और प्राकृतिक संसाधनों के संरक्षण या बचाव पर जोर देते हैं। भारत में आंदोलन प्राकृतिक संसाधनों के उपयोग और वैकल्पिक प्रयोग के साथ-साथ नियंत्रण पर आधारित हैं। जयंत बंधोपाध्याय और वन्दना शिवा (1988) ने लिखा है कि स्वतंत्र भारत में विकास की प्रक्रिया को पूरी करने के लिए प्राकृतिक संसाधनों के अंधाधुंध दोहन के

खिलाफ पारिस्थितिकी आंदोलनों में वृद्धि हुई है। यह दोहन बाजार शक्तियों द्वारा चालित है। इस प्रक्रिया ने गरीब और शक्तिहीन का जीना कठिन कर दिया है। वे कहती हैं कि भारत में पारिस्थितिकी आंदोलन प्राकृतिक प्रक्रियाओं और बाजार अर्थशास्त्र पर आधारित विकास की अराजकता से बचाव की दो महत्वपूर्ण आर्थिकी के विनाश के प्रति विरोधों की अभिव्यकित है (वही: 1230)। इन आंदोलनों ने तीन भारतों और तीन अर्थतंत्रों- वे जो बाजार, गृहस्थी और प्रकृति के चहुंओर घूमती रहती हैं, के बीच विरोधाभासों को उजागर किया है (शिवा, 1986; सेठी, 1993)।

हर्ष सेठी (1993) पर्यावरण के मुद्दे के प्रति अपनाये गये उनके व्यापक वैचारिक दृष्टिकोण के आधार पर आंदोलनों को तीन श्रेणियों में विभाजित करते हैं—प्रथम, वे आंदोलन जो राजनीतिक आर्थिकी के कार्यक्षेत्र में किये जाते हैं और जो संसाधनों संबंधी अधिकारों और वितरण के मुद्दों को उठाते हैं। द्वितीय, वे आंदोलन जो पर्यावरणात्मक समस्याओं के प्रत्युत्तर और विद्यमान सामाजिक,आर्थिक ताने-बाने और तकनीकी नवाचारों के अन्तर्गत इनके समाधानों को ढूंढने तक सीमित होते हैं। ये आंदोलन कानूनी और संसाधन उपयोग के प्रतिमान में नीति आधारित बदलाव को खोजते हैं। तृतीय, कुछ पर्यावरणात्मक आंदोलन प्रमुख विकास पेराडाइम को अस्वीकार करते हैं और मानव और प्रकृति दोनों के संबंध के वर्गीकरण को ही बदलने का प्रयास करते हैं।

गुहा और गाडगिल ने भागीदारों के आधार पर आंदोलनों को वर्गीकृत किया है। उनके अनुसार, सदस्यों की तीन श्रेणियां हैं—सर्वभक्षी, पारिस्थितिकी व्यवस्था के लोग और पारिस्थितिकी शरणार्थीगण। आंदोलनों की इस बहुलता में एक व्यक्ति सात धाराओं को देख सकता है। इनसे दो एकान्तिक रूप प्रकृति के परिरक्षण पर केन्द्रित हैं, एक का आधार सौन्दर्यात्मक , मनोरंजनात्मक, वैज्ञानिक है और दूसरी का आधार सांस्कृतिक या धार्मिक परम्पराएं हैं। तीसरी धारा अपने आप को तकनीकी परिप्रेक्ष्य तक सीमित रखती है, यह संसाधन उपयोग की कुशलता पर केन्द्रित है। इन विचारकों के अनुसार वर्तमान भारत में पर्यावरणात्मक आंदोलनों का प्रमुख चिन्ता का विषय समता का प्रश्न है। ये लोग निर्धन व्यक्ति से जुड़े हुए 'पर्यावरणवाद' के प्रति चिन्तित हैं। विचारधारा की दृष्टि से इस प्रकार के आंदोलनों की चार धाराएं हैं। ये हैं—आंदोलित गांधीवादी, पारिस्थितिकीय मार्क्सवादी, विनियोजक तकनीकीज्ञ, वैज्ञानिक संरक्षण और अरण्यक उत्साही लोग। समाज, राजनीति, अर्थव्यवस्था संबंधी इनके वैचारिक दृष्टिकोण को सारणी 10.1 में तालिका के रूप में प्रस्तुत किया गया है। आंदोलित गांधीवादियों के अनुसार पश्चिम से भिन्न पूर्वी समाज प्रधानत: अ-भौतिकवादी है। (गुहा, 1998) वे उपनिवेशी शासन द्वारा लाये गये औद्योगिक विकास के खिलाफ हैं। प्रकृति और प्राणियों के प्रति पारम्परिक आदरभाव प्रकट करने के लिए ये लोग बहुधा हिन्दू धर्मग्रंथों के उदाहरण देते हैं।

सारणी 10.1

भारतीय पर्यावरणात्मक आंदोलन की विभिन्न धाराओं की वैचारिक वरीयताएं

	आंदोलित गांधीवादी	*पारिस्थितिकीय मार्क्सवादी*	*विनियोजक तकनीकीज्ञ*	*वैज्ञानिक संरक्षणवादी*	*अरण्यक उत्साहीजन*
राजशासन	अत्यधिक विकेन्द्रित प्रजातन्त्र 'ग्राम गणतंत्र'	सर्वहारा की तानाशाही	महिलाओं, नीची जाति की भागीदारी सहित विकेन्द्रित प्रजातंत्र	कोई निश्चित दृष्टिकोण नहीं	कोई निश्चित दृष्टिकोण नहीं
निर्णय प्रक्रिया	अत्यधिक बिखरी हुई सत्ता की निर्णय प्रक्रिया	केन्द्रीकृत नियोजन	विकेन्द्रित नियोजन	केन्द्रीकृत नियोजन	कठोर केन्द्रीकृत प्रशासन
समाज	कोई निश्चित दृष्टिकोण नहीं	आर्थिक रूप में समान, किन्तु केन्द्रीकृत राजनीतिक सत्ता	आर्थिक, राजनीतिक समता	कोई निश्चित दृष्टिकोण नहीं	कोई निश्चित दृष्टिकोण नहीं
अर्थव्यवस्था	मिश्रित अर्थव्यवस्था	राज्य का अधिकाधिक हस्तक्षेप	मिश्रित अर्थव्यवस्था	मिश्रित अर्थव्यवस्था	कोई निश्चित दृष्टिकोण नहीं
आर्थिक उद्यमों का पैमाना	प्रधानत: लघु, ग्राम स्तर	प्रधानत: वृहत	लघु पर केन्द्रित, वृहत द्वारा सम्पूरक	कोई निश्चित दृष्टिकोण नहीं	कोई निश्चित दृष्टिकोण नहीं
उपभोग के लिये भूख	नैतिक चयन द्वारा सीमित	समता और पारिस्थितिकी केवल दोनों के आधार पर सीमित	असीमित	असीमित	कोई निश्चित दृष्टिकोण नहीं
वैश्विक अर्थव्यवस्था के साथ जुड़ाव	कमजोर	कमजोर	कमजोर	कमजोर	कोई निश्चित दृष्टिकोण नहीं
तकनीकी परिवर्तन की दर	अत्यधिक निम्न	उच्च	मध्यम	कोई निश्चित दृष्टिकोण नहीं	कोई निश्चित दृष्टिकोण नहीं
सेना खर्च के प्रति प्रतिबद्धता	बहुत कमजोर	कठोर	कमजोर	कमजोर	कोई निश्चित दृष्टिकोण नहीं

स्रोत : माधव गाडगिल और रामचंद्र गुहा, 1998। 'टूवर्ड्स ए परस्पेक्टिव ऑन एन्वाइरनमेंटल मूवमेंट्स इन इंडिया', *द इंडियन जर्नल ऑफ सोशल वर्क*, 59 (1)।

पारिस्थितिकीय मार्क्सवादियों की दृष्टि में एक आर्थिक रूप से समता समाज का निर्माण सामाजिक और पारिस्थितिकीय सामन्जस्य के लिए एक तार्किक पूर्वदशा है। अपने व्यावहारिक कार्यकलापों में समाजवादी सक्रिय कार्यकर्तागण गरीब लोगों को सामूहिक कार्यवाही के लिए संगठित करने, आर्थिक और राजनीतिक शक्ति के पुनर्वितरण के अपने महती लक्ष्य के लिए कार्य करने पर जोर देते हैं (वही: 466)। विनियोजक तकनीकीज्ञगण लघु और बड़े के बीच, पूर्वी और पश्चिमी परम्पराओं के बीच समन्वय स्थापित करने में विश्वास करते हैं। इन लोगों द्वारा व्यवस्था को चुनौती देने पर इतना जोर नहीं दिया जाता जितना कि वर्तमान में प्रयोग की जा रही केन्द्रीकरण करने वाली और पर्यावरणात्मक रूप से पतनमूलक प्रौद्योगिकियों के सामाजिक तकनीकी विकल्पों के व्यावहारिक प्रदर्शन पर जोर होता है (वही: 467)। वैज्ञानिक संरक्षणवादियों का चिन्ता का विषय कुशलता और प्रबंधन होता है। अरण्यक उत्साही लोगों की पशुओं, जंगलों, जैविकीय विधिवता आदि में दिलचस्पी होती है। ये लोग प्रकृतिवादी हैं। व्यवहार में वैचारिक स्थितियां एक-दूसरे से घुली-मिली हैं। तथापि, गुहा और गाडगिल ने इस बात की समीक्षा नहीं की है कि मार्क्सवादियों और गांधीवादियों ने अर्थव्यवस्था और समाज के विरोधाभासों और व्यक्तियों की अनुभूतियों और वृहत अर्थव्यवस्था में बदलती हुई यथार्थता के साथ सामंजस्य कैसे किया है। नर्मदा बचाओ आंदोलन के अपने अध्ययन में बाविस्कर ने यह बताया है—

> योजना के खिलाफ कार्य करने की तत्परता के कारण यह आवश्यक हो गया कि इस आंदोलन 'नर्बदा बचाओ आंदोलन' को कुछ सीमा तक एक आंदोलन के रूप में अपने लक्ष्य को निश्चित करते समय गांधीवादी सिद्धान्तों पर आधारित एक वैकल्पिक राजनीतिक संस्कृति की रचना के साथ समझौता करना पड़ा ... विरोधाभास और फलदायक संयोजन ... इसकी समृद्ध जटिलता होते हुए भी घाटी में संघर्ष को ऐसे नगरीयकृत बुद्धिजीवियों द्वारा सर्वथा अलग ढंग से समझा और उचित माना गया जो आंदोलन के प्रतिनिधित्व करने के रूप में चिन्तित है। उन्होंने इसे विकास के पेराडाइम की एक सैद्धान्तिक समीक्षा के रूप में देखा है। इसने आंदोलन के भद्दे हिस्सों को उनके द्वारा दूर कर दिया गया—उदाहरणार्थ, पट्टीदारों की उपस्थिति, या पारिस्थितिकीय संपोषकता की अनुपस्थिति—यह प्रदर्शित करने के लिए कि आंदोलन विकासीय राज्य के लिए एक सैद्धान्तिक दृष्टि से संतोषजक चुनौती होता है, चाहे घाटी में वास्तविकता इससे अधिक अस्पष्ट ही क्यों न रही हो। (1995a: 277)

हर्ष सेठी ने पर्यावरणात्मक संघर्षों को पांच श्रेणियों में विभाजित किया है—(1) वन आधारित वन नीति, वन संसाधनों का उपयोग, आदि, (2) भूमि उपयोग-औद्योगीकरण और खेतिहर भूमि की हानि, अंधाधुंध रासायनिक सामग्री को लोकप्रिय बनाना, परिणामत: भूमि का क्षय तथा जलाक्रांति, खनिज संसाधनों का दोहन, (3) बड़े बांधों के पास ऐसे जनजातीय और गैर-जनजातीय लोगों के अनैच्छिक विस्थापन की समस्या, जो नदी की धारा के प्रतिकूल दिशा में रहते हैं, का विरोध, (4) उद्योगों द्वारा उत्पन्न किये गये प्रदूषण का विरोध और (5) समुद्री संसाधनों का अति दोहन का विरोध। अधारिया और सेनगुप्त (1998) वर्तमान पर्यावरणात्मक आंदोलनों को पांच श्रेणियों में विभाजित करते हैं। उन्होंने उन मुद्दों को मालूम किया जिनके आधार पर ये आंदोलन किये जाते हैं। उन्होंने उन समूहों के भी उदाहरण दिये जो संघर्ष में भाग

लेते हैं। उन्होंने अपने वर्गीकरण को सारणी के रूप में प्रदर्शित किया है जो कि सारणी 10.2 में दर्शाया गया है। उनके अनुसार पर्यावरणात्मक मुद्दे विकास की प्रकृति से संबंधित हैं, और भारत विकास का कार्यक्रम अन्तर्राष्ट्रीय राजनीतिक अर्थशास्त्र से निकट से जुड़ा हुआ है। अत: दोनों को पृथक करके अध्ययन नहीं किया जा सकता। उक्त सारणी से स्पष्ट है कि पर्यावरणात्मक आंदोलन जंगल, खेती, औद्योगिक प्रदूषण, परमाणु परीक्षण, पर्यटन आदि जैसे, ग्रामीण और नगरीय दोनों क्षेत्रों से जुड़े अनेक मुद्दों को उठाते हैं। कई ऐसे गैर सरकारी संगठन (एन.जी.ओ.) हैं जो पर्यावरणात्मक पतन और जोखिमों के खिलाफ विरोध प्रदर्शन करते हैं। राजनीतिक अधिकारियों और उद्योगपतियों, नियोजकों आदि जैसे प्रभु समूहों पर दबाव डालने के अतिरिक्त ये संगठन पर्यावरण के मुद्दों पर लोगों में जागरूकता उत्पन्न करने के लिए अभियान भी चलाते हैं। केरला पीपल्स साइन्स मूवमेंट (के.पी.एस.एम.) जैसे संगठन वैज्ञानिकों के शक्तिशाली समूह द्वारा निर्मित विज्ञान के रहस्यों को उजागर करने का प्रयास करते हैं। यह संपोषक विकास का समर्थन करता है। के.पी.एस.एम. संगठन मानव-अभिमुखी पर्यावरण के लिए लोगों में चेतना का विकास हेतु पदयात्रा का आयोजन करता है। कई अन्य संगठन भी इस प्रकार के कार्यक्रम का अनुसरण करते हैं। ये संगठन प्रदूषण, भूमि के क्षय और प्राकृतिक संसाधनों के नुकसान आदि से संबंधित विषयों पर साहित्य का वितरण करते हैं। कभी-कभी ये संगठन कुछ ऐसी सरकारी और निजी योजनाओं को रोकने के लिए न्यायालयों में जनहित याचिकाएं दायर करते हैं जो न केवल लोगों के स्वास्थ्य और अन्य पक्षों को, अपितु हाशिये पर रहने वाले (गरीब) समूहों के जीवनयापन को भी प्रतिकूल रूप से प्रभावित करते हैं।

सारणी 10.2

मुद्दों और दृष्टान्तों के अनुसार पर्यावरणात्मक आंदोलनों की श्रेणियां

श्रेणियां	*मुद्दे*	*कुछ दृष्टांत*
वन और भूमि आधारित	• वन संसाधनों को पाने के अधिकार। • प्राकृतिक संसाधनों का अ-व्यापारिक उपयोग। • भूमि क्षय को रोकना। • सामाजिक न्याय/मानव अधिकार।	समूचे देश में (उदाहरणार्थ, झारखंड/बस्तर क्षेत्र) चिपको, अप्पिको जनजातीय आंदोलन।
समुद्री संसाधन और मत्स्यपालन, जलकृषि	• महाजाल से मछली मारने पर प्रतिबंध, झींगा और पान मछली के व्यापारीकरण पर रोक। • समुद्री संसाधनों की रक्षा। • तटीय क्षेत्र नियमों को लागू करना।	केरल के पारम्परिक मछुआरों के लिये काम करने वाला राष्ट्रीय मछुआरों का फोरम, चिलका बचाओ आन्दोलन, उड़ीसा।

लगातार...

लगातार...

औद्योगिक प्रदूषण	● कठोर प्रदूषण नियंत्रण उपाय, क्षतिपूर्ति ● उद्योगों के असावधान विस्तार पर रोक जिनमें प्रारूप, स्थानिक कारकों और स्थानीय जनसंख्या के जीवनयापन के मुद्दों की अवहेलना की गई है।	भोपाल में जाहिरो गेस मोरचा, बिहार में गंगा मुक्ति आंदोलन, कर्नाटक में हरिहर पोलीरेशे कारखाने के खिलाफ आंदोलन, मध्य प्रदेश के शहडोल जिले में विदूषक कारखाना समूह द्वारा सोन नदी में किये गये प्रदूषण के खिलाफ आंदोलन; केरल शास्त्र साहित्य परिषद् (के.एस.एस.पी.) द्वारा केरल की चेलियर नदी के जहरीले होने के खिलाफ आंदोलन।
विकास योजनाएं		
(अ) बांध और सिंचाई योजनाएं	● उष्णकटिबन्धी जंगलों की रक्षा। ● पारिस्थितिकीय संतुलन। ● विनाशात्मक विकास। ● विस्थापितों का पुनर्वास और बहाली।	के.एस.एस.पी. द्वारा नि:शब्द आंदोलन, टेहरी विरोधी समिति द्वारा नर्बदा बचाओ आंदोलन, टेहरी; कोशी गंडक बोध घाट और वेदथी; पश्चिम बंगाल में भोपालपटनम और इछामपल्ली;
(ब) ऊर्जा योजनाएं	● पारस्थितिकी संतुलन। ● पुनर्वास और बहाली, ऊंची कीमत।	दक्षिण में तुंगभद्रा, मालप्रभा और घाट प्रभा योजनाएं; एनरॉन के खिलाफ डाबोल में कोयना योजना समिति द्वारा जन आंदोलन। बिहार में कोई-कारो जन
(स) खानें	● प्राकृतिक संसाधनों का नि:शेषण।	संगठन; दून घाटी में खनिज विरोधी योजना, उड़ीसा में बाक्साइट खान विरोधी आंदोलन (बाल्को योजना)।
(द) औद्योगिक कारखाने/ रेलवे की योजनाएं/ विमानतल योजना	● भूमि क्षय। ● पारिस्थितिकी असंतुलन। ● पुनर्बंधन। ● विस्थापकों का पुनर्वास और बहाली। ● पारिस्थितिकी संतुलन।	काकना रेलवे पुनर्बंधन कार्यवाही समिति का विरोध एवं मांगे। डयूपांट नायलोन 6.6 गोआ के खिलाफ नागरिक समूह। एक वृहत रासायनिक संकुल के खिलाफ अमरावती बचाओ अभियान।
(य) सेना के अड्डे	● पारिस्थितिकी असंतुलन। ● पुनर्वास। ● बहाली और सुरक्षा।	बिहार में बालियापाल और नेतृहत में मिसाइल-विरोधी परीक्षण स्थल।
वन्य जीवन शरण्य स्थल, राष्ट्रीय उद्यान	● विस्थापन, पुनर्वास और बहाली, जीविकोपार्जन को नुकसान।	महाराष्ट्र के भीमशंकर क्षेत्र में एकजुट, बम्बई में संजय गांधी राष्ट्रीय उद्यान में श्रमिक मुक्ति आंदोलन।

लगातार...

लगातार...

पर्यटन	• विस्थापन, सांस्कृतिक परिवर्तन, सामाजिक बुराइयां।	हिमालय बचाओ आंदोलन, बैलान्चो साद, गोआ।
समर्थन समूह/व्यक्तिगत अभियान, नागरिक कार्यवाही समूह	• नीति निर्माण, संरक्षित क्षेत्रों के लिए कठोर उपाय। • वन्य जीवन अभयारण्य और राष्ट्रीय उद्यान के संबंध में स्पष्ट नीति, वन्य जीवन, संरक्षण, शिक्षा, सामुदायिक आधारित पर्यावरणात्मक प्रबंधन हेतु प्रचार, शोध, प्रशिक्षण एवं प्रलेखन। पर्यावरणात्मक मुद्दों पर साहित्य प्रकाशन	स्वच्छ नगरों हेतु समाज, बम्बई नेचुरल हिस्ट्री सोसाइटी (बी.एन.एच.एस.) विज्ञान और पर्यावरण केन्द्र, देहली। शोध, प्रशिक्षण और प्रलेखन संगठन जैसे बम्बई पर्यावरणात्मक कार्यवाही समूह, बम्बई बचाओ समिति, पूना बचाओ नागरिक समिति आदि।
उपयुक्त प्रौद्योगिकी जैविक खेती	• अन्तर्राष्ट्रीय बहसें। • संपोषक विकास। • विकास के पर्यावरणात्मक अनुकूल आवासन और प्रौद्योगिकी	रेलेगांव, सिद्धी (अन्ना हजारे गांव)। लाऊरी बेकर का आवसान परीक्षण। जन विज्ञान संस्थान, देहरादून।

स्रोत: जानकी अधांरिया और चंदन सेन गुप्ता, 1998। 'द इन्वाइरन्मेंटल मूवमेंट : ग्लोबल इस्यूज एंड द इंडियन रिअलिटी'। *द इंडियन जर्नल ऑफ सोशल वर्क*, 59।

वन संसाधनों और उनके उपयोग से जुड़े मुद्दों से संबंधित संघर्षों में मुख्य प्रतिभागी जनजातीय और अन्य कृषक समुदायों के लोग ही होते हैं, जो अपने जीवन रक्षा के लिए वन संसाधनों पर निर्भर करते हैं। वे राज्य के हस्तक्षेप का प्रतिरोध करते हैं जो संसाधनों पर उनके अधिकारों और नियंत्रण पर रोक लगाते हैं। प्रतिरोध और कभी-कभी मुठभेड़ के रूप बदलते रहते हैं, ये बहिर्वर्ती प्रवसन, उत्तरदायित्वों से मुखमोड़ना, डाकाजनी से हत्याएं तक हो सकती हैं। गुहा के अनुसार पारम्परिक व्यवस्था में यह माना जाता था कि यह शासकों का दायित्व है कि वे अपने मातहतों के प्रथानुगत अधिकारों और हितों की रक्षा करें। जब कभी शासक अपने इस दायित्व को निभाने में असफल होते हैं और या वे अपने लोगों के दायित्वों पर कुठाराघात करते हैं, तब पारम्परिक रूप से प्रथा के रूप में यह स्वीकृत है कि वे प्रतिरोध और विद्रोह कर सकते हैं। टेहरी गढ़वाल में सामाजिक प्रतिरोध की कार्यविधि के रूप में वहां के लोगों ने प्रतिरोध की स्थानिक देशी परम्परा, जो 'धांड़क' के नाम से जानी जाती है, का खूब प्रयोग किया। फिर भी, इसकी अपनी सभी विशिष्टताएं होते हुए भी 'धांड़क' एक प्रकार के विद्रोह का प्रतिनिधित्व करता है, जो पूर्व-औद्योगिक और पूर्व-पूंजीवादी राजतंत्रों में पाया गया है (वही: 89)। जब प्रतिरोध की पारम्परिक प्रथा बदले हुए यथार्थ के साथ कारगर नहीं रह पाती है, तब लोग मुठभेड़ के लिए उतारू हो जाते हैं। गुहा के अनुसार, यद्यपि मुख्य विचारधारा अभिजन लोगों को अपनी स्थिति को मजबूत करने का अवसर देती है, यह अपनी अस्पष्टता की भी सराहना करती है, यह प्रतिरोध हेतु जोड़-तोड़ करने के लिए व्यक्तियों को अवसर भी

देती है। 'वे कहते हैं कि किसी भी समाज में शासकीय विचारधारा के दावों और वास्तविक दशाओं के बीच विरोधाभास, जैसा कि स्टॉक सोचते हैं, प्रतिरोध का सर्वाधिक बहुधा कारण है। इस कृति का केन्द्रीय विचार है कि प्रतिरोध का स्वरूप, नियंत्रण, संरचना का रूप होता है। सामान्यत: प्रतिरोध नियंत्रण की प्रतिक्रिया और इसे रोकने के प्रयासों के कारण उत्पन्न होता है, अधिकांश नियंत्रण के रूप वास्तविक रूप में प्रतिरोध को जन्म देते हैं' (वही: 98)।

बाविष्कर ने भी विकास की योजनाओं के प्रति जनजातियों द्वारा प्रतिरोध का वर्णन-विश्लेषण किया है। वे मानती हैं कि उनका प्रतिरोध केवल प्रतिक्रिया मात्र नहीं होता, किन्तु सामूहिक कार्रवाई में उनके भाग लेने के द्वारा वे विकास की प्रमुख और विनाशात्मक व्यवस्था के एक ऐसे रचनात्मक विकल्प का निर्माण करते हैं जो प्रकृति के साथ उनके पारम्परिक जीवन को बनाये रख सके (1995b: 47)। इन दोनों ही अध्ययनों में यह माना गया है कि समुदाय, जो विश्लेषण की प्रमुख इकाई है, वह समरूप एवं एकता लिये होता है।

यद्यपि गुहा ने हिमालय के कृषकों का विश्लेषण अर्थव्यवस्था और राजव्यवस्था के वृहत संदर्भ में किया है, तथापि उन्होंने बाहरी लोगों की भूमिका अथवा स्थानिक आंदोलन का वृहत राजव्यवस्था और पर्यावरणवादियों के साथ जुड़ाव की खोजबीन नहीं की है। इसके विपरीत बाविष्कर एन.बी.ए. एक्टिविस्टों के हस्तक्षेप की प्रकृति, जो विकास के मुद्दे से संबंधित है, का विश्लेषण करती हैं। वे आंदोलन के भीतर निर्णय प्रक्रिया की संरचना और तिलोनिया के 'खेत मजदूर चेतना संगठन' के शहर में रहने वाले एक्टिविस्टों की स्थानीय समुदायों की लामबन्दी करने में उनकी भूमिका की समीक्षा करती हैं। उन्होंने ग्राम समितियों का गठन किया और स्थानीय संघर्ष को एन.बी.ए. जैसे एक वृहत संगठन के साथ इसे जोड़ा। 'संगठन ने आदिवासियों के एक कल्पित समुदाय की रचना की दृष्टि से झगड़े की विभाजनकारी राजनीति से लोगों के ध्यान को हटाने का प्रयास किया। इस रूपान्तरणकारी चेतना ने आदिवासियों को एक विशिष्ट पहचान दी, जो संगठन की राजनीति को आगे बढ़ाती है' (1995b)। वे कहती हैं कि गरीब व्यक्तियों के संघर्ष उनके जीवनयापन के मुद्दे पर केन्द्रित होते हैं, जो प्राकृतिक संसाधनों से जुड़े होते हैं।

स्थानीय समुदाय और शहर आधारित एक्टिविस्टों के बीच के संघर्ष एक विवादास्पद मुद्दा रहा है। सेठी कहते हैं—

> जब मुद्दे को स्थानीय परिवेश से बाहर ले जाया जाता है तब इसमें बाद में पेशेवर लोग संघर्ष में अधिक महत्वपूर्ण हो जाते हैं। यह बदलाव न केवल संघर्ष (आंदोलन) की नैतिकता के महत्वपूर्ण प्रश्नों को जन्म देता है, अपितु यह मुख्य प्रश्न, अर्थात सत्ता, से दूर रहने की ओर धकेल सकता है। इस प्रकार के संघर्षों में किसके अधिकार प्रमुख हैं? लगभग निरपवाद रूप में, प्रभावित व्यक्तियों और उनके मध्यवर्ग के प्रवक्ता के बीच सम्मिलन सत्ता के केन्द्र में बदलाव के साथ मुद्दों पर धुंध छा जाती है। इस सारे घटनाक्रम में पत्रकार सही प्रतिलिपि की मांग करते हैं, वकील लोग महत्वपूर्ण कानूनी बिन्दुओं की खोजबीन करते हैं ताकि वे कोर्ट में बहस कर सकें और फिल्म निर्माता दर्शकगणों की रुचि को ध्यान में रखते हैं। इस स्थिति में हम आसानी से यह भूल जाते हैं कि जीवन निर्वाह की कठिन लड़ाई जमीनी स्तर पर लड़ी जा रही है (1993: 139)।

इन अध्ययनों के अलावा, मछुआरों के आंदोलनों संबंधी अनेक दस्तावेज उपलब्ध हैं (मुरिकन, 1998; मेथ्यू, 2001)। शहर-आधारित समूहों द्वारा प्रदूषण के खिलाफ किये गये आंदोलनों की भी कई रिपोर्टें हैं। ये समूह लोगों में चेतना उत्पन्न करने के लिए अभियान चलाते हैं, समर्थन करते हैं और कभी-कभी नगरीय पर्यावरण के जोखिमों से प्रत्यक्षत: प्रभावित पीड़ितों के लिए लामबन्दी करने के लिए प्रदर्शन 'रैली' धरना आदि जैसे कार्यक्रम आयोजित करते हैं। ये समूह न्यायालयों के माध्यम से कानूनी तरीकों के द्वारा राज्य और उद्योगपतियों पर दबाव डालते हैं। फिर भी, अखबारों में पत्रकारों द्वारा की गई टिप्पणियों या विवरणों की खोजबीन के अलावा नगर आधारित पर्यावरणात्मक आंदोलनों का कोई व्यवस्थित अध्ययन अभी तक उपलब्ध नहीं है। यद्यपि यह दावा किया जाता है कि पर्यावरणात्मक आंदोलन गैर-वर्ग और गैर-आर्थिक आधारित मुद्दा है, मुद्दे के प्रति उनका बोध और आंदोलन में संलग्न होने के उनके उद्देश्यों आदि के बारे में अभी तक अध्ययन नहीं किया गया है।

ग्रंथ-सूची

Abraham, C.M. 1995. *Fisherworkers Movement in Kerala.* Bangalore: Books for Change.

Alvares, C. and Billorey, R. 1988. *Damming the Narmada.* Penang: The Third World Network.

Andharia, Janki and Sengupta, Chandan. 1998. 'The Environmental Movement: Global Issues and the Indian Reality'. *The Indian Journal of Social Work,* 59(1).

Baker, D.E.U. 1984. 'A "Serious Time": Forest Satyagraha in Madhya Pradesh, 1930'. *Indian Economic and Social History Review,* 21(2).

Bandopadhyaya, J. and Shiva, V. 1987. 'The Chipko Movement'. *Seminar,* 338, February.

Banerjee, Sumanta. 2003. 'Human Rights in India in the Global Context'. *Economic and Political Weekly,* 37(5), February 1.

Baviskar, Amita. 1995a. 'The Political Uses of Sociology: Tribes and the Sardar Sarovar Project'. *Sociological Bulletin,* 44(1), March.

—. 1995b. *In the Belly of River: Tribal Conflict Over Development in the Narmada Valley.* Delhi: Oxford University Press.

Baxi, Upendra. 2002. *The Future of Human Rights.* Delhi: Oxford University Press.

Centre for Science and Environment. 1985. *The State of India's Environment.* Delhi: CSE.

Chiranjivi, Nirmal (ed.). 2000. *Human Rights in India: Historical, Social and Political Perspectives.* Delhi: Oxford University Press.

Desai, A.R. (ed.). 1986. *Violation of Democratic Rights in India.* Bombay: Popular Prakashan.

—. (ed.). 1990. *Repression and Resistance in India: Violation of Democratic Rights of the Working Class, Rural Poor*. Bombay: Popular Prakashan.

—. (ed.). 1991. *Expanding Governmental Lawlessness and Organized Struggles: Violation of Democratic Rights of the Minorities, Women, Slum Dwellers, Press and Some Other Violations*. Bombay: Popular Prakashan.

D'Monte, Darryl. 1985. *Temples or Tombs*. Delhi: CSE.

Dutta, Nilanjan. 1998. 'From Subject to Citizen: Towards a History of the Indian Civil Rights Movement'. In *Changing Concepts of Rights and Justice in South Asia*. Edited by Michael R. Anderson and Sumit Guha. Delhi: Oxford University Press.

Dwivedi, O.P. and Tiwari, B.N. 1987. *Environmental Crisis and Hindu Religion*. New Delhi: Gitanjali Publishing House.

Dwivedi, Ranjit. 1998. 'Resisting Dams and "Development": Contemporary Significance of the Campaign against the Narmada Project in India'. *The European Journal of Development Research*, 10(12), December.

Fernandez, W. and Kulkarani, S. (eds.). 1983. *The Forest Policy: A People's Response*. Delhi: Indian Social Institute.

Gadgil, Madhav and Guha, Ramachandra. 1998. 'Towards a Perspective on Environmental Movements in India'. *The Indian Journal of Social Work*, 59(1).

Ganguly, Thukral E. (ed.). 1992. *Big Dams, Displaced People: River of Sorrow, River of Change*. New Delhi: Sage Publications.

Gosling, David L. 2001. *Religion and Ecology in India and South Asia*. London: Routledge.

Guha, Ramachandra. 1985. 'Forestry and Social Protest in British Kumanun, c 1893–1921'. In *Subaltern Studies* IV. Edited by Ranajit Guha. Delhi: Oxford University Press.

—. 1991. *The Unquiet Woods: Ecological Change and Peasant Resistance in the Himalaya* Delhi: Oxford University Press.

—. (ed.). 1994. *Social Ecology*. Delhi: Oxford University Press.

Guha, Ramachandra and Gadgil, Madhav. 1989. 'State Forestry and Social Conflict in British India'. *Past and Present*, 123, May.

Haksar, Nandita. 1991. 'Civil Liberties Movement in India'. *The Lawyers*, June.

Haragopal, G. and Balagopal, K. 1998. 'Civil Liberties Movement and the State in India'. In *People's Rights: Social Movements and the State in the Third World*. Edited by Manoranjan Mohanty, Partha Nath Mukherji and Olle Tornquist. New Delhi: Sage Publications.

Kakarala, Sitharamam. 1993. 'Civil Rights Movement in India'. Unpublished Ph.D. thesis. Surat: Centre for Social Studies.

—. 1994. 'Human Rights Movement in Colonial India'. *National Law School Journal*, 6(1).

Kalland, Arne and Persoon, Gerard. 1998. *Environment Movements in Asia*. Surrey: Curzon Press.

—. 2000. *Environmentalism: A Global History*. Delhi: Oxford University Press.

Kannan, K.P. and Sreekumar, T.T. 1998. 'Rural Labour Movements and Organizations in India: A Case Study of Fish Workers' Struggle in Kerala'. *Labour and Development*, 3(1 and 2).

Kothari, Smitu and Parajuli, Pramod. 1993. 'No Nature without Social Justice: A Plea for Cultural and Ecological Pluralism in India'. In *Global Ecology: A New Arena of Political Conflict*. Edited by Wolfgang Sachs. London: Zed Books.

Krishna, Sumi. 1996. *Environmental Politics: People's Lives and Development*. New Delhi: Sage Publications.

Krishnaswamy, K.S. 2000. 'Organizational Basis of Human Right'. In *Human Rights in India: Historical, Social and Political Perspectives*. Edited by Nirmal Chiranjivi. Delhi: Oxford University Press.

Mallick, Ross. 1998. *Development, Ethinicity and Human Rights in South Asia*. New Delhi: Sage Publications.

Mathew, P.T. 2001. *We Dare the Waters*. Chennai: Department of Chirstian Studies.

Mathew, Murickan. 1998. *Kerala Fishermen's Movement*. New Delhi: Indian Social Institute.

Mody, Nawaz B. 2000. *The Human Rights Agenda in India*. In *Contemporary India: Transitions*. Edited by Peter Ronald deSouza. New Delhi: Sage Publications.

Mohapatra, Arun Ray, 2001. *National Human Rights Commission in India: Formation, Functioning and Future Prospects*. New Delhi: Radha Publications.

Palai, Arub Kumar. 1998. *National Human Rights Commission in India: Formation, Functioning and Future Prospects*. New Delhi: Khame Publications.

Ray, Aswini K. 1986. 'Civil Rights Movement and Social Struggle in India'. *Economic and Political Weekly*, 21(28), July 12.

Rubin, Barnett R. 1987. 'The Civil Liberties Movement in India'. *Asian Survey*, 27(3), March.

Sandbach, Francis. 1980. *Environment: Ideology and Policy*. Oxford: Basil Blackwell.

Sarkar, Sumit. 1980. 'Primitive Rebellion and Modern Nationalism: A Note on Forest Satyagraha in the Non-cooperation and Civil Disobedience Movements'. In *National and Left Movements in India*. Edited by K.N. Panikar. New Delhi:

Sen, Geeti (ed.). 1992. *Indigenous Vision: People's of India Attitudes to the Environment*. New Delhi: Sage Publications.

Sethi, Harsh. 1993. 'Survival and Democracy: Ecological Struggles in India'. In *New Social Movements in the South: Empowering the People*. Edited by Poona Wignaraja. New Delhi: Vistaar Publications.

Shiva, Vandana. 1986. 'Ecology Movements in India'. *Alternatives*, 2, April.

—. 1988. *Staying Alive: Women, Ecology and Survival in India.* Delhi: Kali for Women.

Shiva, Vandana and Bandopadhyaya. J. 1986. 'Environmental Conflicts and Public Interest Science'. *Economic and Political Weekly*, 21(2), January 11.

—. 1988. 'Political Economy of Ecology Movements'. *Economic and Political Weekly*, 33(34), June 11.

Singh, S.A. Kothari and Amin, K. 1992. 'Evaluating Major Irrigation Projects in India'. In *Big Dams, Displaced People: Rivers of Sorrow, River of Change.* Edited by Thukral E. Ganguly. New Delhi: Sage Publications.

Spretnak, Charlene and Fritjof Capra. 1985. *Green Politics.* London: Paladin Grafton Books.

Sreekumar, T.T. and Parayil, Govindan. 2003. 'Democracy, Development and New Social Movements: The Case of Indigenous People's Struggle in Kerala'. *Labour and Development*, 9(1).

Swain, Ashok. 1997. 'Democratic Consolidation? Environmental Movements in India'. *Asian Survey*, 37(9), September.

Thomas Isaac, T.M., Franke, Richard W. and Parmeswaran, M.P. 1997. 'From Anti-Feudalisam to Sustainable Development: The Kerala People's Science Movement'. *Bulletin of Concerned Asian Scholars*, 29(3), July–September.

Tuck, Richard. 1979. *Natural Rights: Theories, Origins and Development.* Cambridge: Cambridge University Press.

Vijayakumar, V. 2000. 'The Working of the National Human Rights Commission: A Perspective'. In *Human Rights in India: Historical, Social and Political Perspectives.* Edited by Nirmal Chiranjivi. Delhi: Oxford University Press.

Wignaraja, Poona (ed.). 1993. *New Social Movements in the South: Empowering the People.* New Delhi: Vistaar Publications.

Winston, Morton (ed.). 1989. *Philosophy of Human Rights.* Belmont: Wadsworth Publishing Company.

Wood, John. 1993. 'India's Narmada River Dams: Sardar Sarovar Under Siege'. *Asian Survey*, 33(10).

11

उपसंहार और भविष्यगत शोध
(Conclusions and Future Research)

पिछले पृष्ठों में औपनिवेशिक काल और स्वतंत्र भारत के पांच दशकों के विभिन्न सामाजिक आंदोलनों संबंधी सामाजिक विज्ञान साहित्य की समीक्षा करने के अलावा, उन कमियों को भी उजागर किया गया है जो वर्तमान शोध में विद्यमान हैं। इस बिन्दु की यहां पुनरावृत्ति किये जाने की जरूरत नहीं है। अब हम कुछ उन प्रमुख मुद्दों पर प्रकाश डालेंगे जो सामाजिक आंदोलनों के अध्ययनों से संबंधित हैं और जिन पर ध्यान दिया जाना आवश्यक है।

भारत के साथ-साथ यूरोप और अमेरिका में राजनीति और राजनीतिक विज्ञान की संकीर्ण अवधारणा धन्यवाद की पात्र है क्योंकि सामान्यत: इसमें राजनीतिक आंदोलनों से संबंधित अध्ययनों की अवहेलना की गई है। लोगों की सामूहिक कार्रवाई को बहुधा मानकशून्य (एनॉमिक), विरसन के रूप में और राजतंत्र से बाहर माना जाता है। राजनीतिक विज्ञानी अभिजन (एलीट) की राजनीति और राजनीतिक-कानूनी निर्णय प्रक्रिया संबंधी संस्थाओं के अध्ययनों में खोये रहते हैं। यह माना जाता है कि जनसमूह की स्वयं की कोई राजनीति नहीं है और वे शासक वर्गों द्वारा गुमराह किये जाते हैं। अधिकाधिक वे राजनीतिक अभिजन द्वारा लिये गये निर्णयों पर विचार-विमर्श करते हैं और राजनीतिक दलों और नेताओं द्वारा किये गये विकल्पों को स्वीकार करते हैं। यह न केवल राजनीतिक स्थिति का एक अतिसरलीकरण है, अपितु कुछ सीमा तक यह गलत और सामाजिक व्यवस्था को एक प्रजातांत्रिक समतावादी बनाने के प्रयासों के लिए घातक भी है। जनसमूह (मासेज) की अपनी खुद की राजनीति होती है। अभिजन (एलीट) की राजनीति और जनसमूह की राजनीति सामान्यत: समान नहीं होती। जनसमूह की राजनीति सरकारों के और राज्य के भाग्य का भी निर्णय करती है। किसी भी समाज की राजनीति की हमारी समझ तब तक सतही होगी, चाहे एक व्यक्ति का सैद्धान्तिक दृष्टिकोण कुछ भी हो जब तक जनसमूह की राजनीति को हम नहीं समझते हैं। जनसमूह की सामूहिक प्रत्यक्ष कार्रवाई जन समूह और प्रजातांत्रिक राजनीति का

केवल एक पहलू है। यही नहीं, वैश्वीकरण के वर्तमान राजनीतिक संदर्भ में जन आंदोलनों का अध्ययन आवश्यक है जब भारत और अन्यत्र राजनीतिक परिवर्तन तीव्र गति से तथा अक्सर होते रहते हैं। नव-उदारवादी अर्थव्यवस्था के अन्तर्गत, एक तरफ राज्य पीछे हट रहा है, और दूसरी ओर उत्पीड़ित वर्गों के पास सीमित राजनीतिक अवसर उपलब्ध हैं। यद्यपि, पहले से वे अब अधिक असंगठित हैं, फिर भी वे अपनी पहचान के साथ-साथ सामाजिक और आर्थिक न्याय के लिए निरन्तर प्रयासरत हैं। स्वतंत्रता के पूर्व से लेकर न केवल स्वतंत्रता के बाद के काल में अपितु पिछले तीन दशकों के दौरान आंदोलन के रूपों में परिवर्तन आया है।

राजनीतिक समाजशास्त्र भारत में अभी हाल में अस्तित्व में आया है। राजनीतिक समाजशास्त्रियों, समाजशास्त्रियों और इतिहासकारों ने सामाजिक आंदोलनों का अध्ययन किया है। इस क्षेत्र के साहित्य के प्रति राजनीतिक सक्रियतावादियों (एक्टिविस्ट) और पत्रकारों का योगदान भी काफी महत्वपूर्ण है। इस साहित्य में दिन-प्रतिदिन वृद्धि हो रही है और उसने उन संरचनात्मक दशाओं के बारे में हमारे ज्ञान में वृद्धि की है जो विभिन्न आंदोलनों के उदय में योगदान करती है। विद्वान लोग आंदोलनों का उस समय अध्ययन करने का यत्न करते हैं जब आंदोलन शुरू होते हैं। किन्तु, अधिकांशत: आश्चर्यचकित रह जाते हैं जब कोई दूसरा आंदोलन उत्पन्न हो जाता है। हमें अभी भी किसी समय विशेष पर उत्पन्न हुई सामजिक, आर्थिक और राजनीतिक स्थिति का विश्लेषण करने के प्रयास की जरूरत है जब किसी समाज विशेष में किसी आंदोलन के उत्पन्न होने की संभावना बनती है। चलते हुए आंदोलनों के अध्ययन करने के प्रयास भी बहुत कम हुए हैं। चलते हुए आंदोलनों का अध्ययन न केवल आंदोलन की प्रक्रिया के बारे में हमें अधिक अंतर्दृष्टि प्रदान करता है, अपितु प्रतिभागियों की अनुभूतियों की भी जानकारी देता है। कुछ विद्वानों को इस प्रकार के अध्ययन किये जाने के लिए प्रोत्साहित करना चाहिए।

सामाजिक आंदोलनों पर कुछ सैद्धान्तिक अध्ययन हुए हैं। ये अध्ययन यूरोपीय विद्वानों द्वारा किये गये हैं जो उनके सैद्धान्तिक परिप्रेक्ष्यों और अपने स्वयं के समाजों के अनुभवों पर आधारित हैं। कुछ भारतीय राजनीतिक समाजशास्त्रियों ने सामाजिक आंदोलनों का अध्ययन करने के लिए एक सैद्धान्तिक और वैचारिक ढांचा विकसित करने का प्रयास किया है। प्रतिभागियों की रूढ़िगत श्रेणियों के बारे में सही प्रश्न उठाये गये हैं। समाज को देखने के वैचारिक खांचों (पेराडाइम्स) और सामाजिक परिवर्तन के परिप्रेक्ष्यों में परिवर्तन आ रहा है। नये वैचारिक ढांचे विकसित हो रहे हैं। अभी शुरुआत है और हमें इस दिशा में आगे बढ़ने के लिए एक लम्बा रास्ता तय करना है। सर्वप्रथम सामान्य रूप में नागरिक समाज में सामाजिक आंदोलनों और विशेष रूप से संसदीय प्रजातांत्रिक व्यवस्था में इनकी भूमिका के बारे में गंभीर बहस किये जाने की जरूरत है। जिन प्रश्नों के उत्तर दिये जाने की आवश्यकता है, वे हैं—क्या राजनीतिक व्यवस्था में उत्पीड़ित जनसमूहों की आकांक्षाओं को संतुष्ट करने की क्षमता है? राजनीतिक व्यवस्था उन लोगों की मांगों को कैसे पूरा करती है जिन्होंने आंदोलन प्रारंभ किया है? आंदोलनकर्ताओं के साथ सहयोजन करने में राज्य क्या व्यूहरचना अपनाता है? ये

व्यूहरचनाएं (योजनाएं) व्यवस्था को बनाये रखने में किस सीमा तक सफल रही हैं? राज्य और नागरिक समाज के विभिन्न अंग और कर्त्तागण जनसमूह के आंदोलनों को किस प्रकार देखते हैं? किस प्रकार राज्य कुछ वर्गों और समुदायों द्वारा विशिष्ट मुद्दों को लेकर चलाये गये कुछ आंदोलनों को सहज बना देता है? और किस आंदोलन को राज्य दबाने का प्रयत्न करता है? द्वितीय, कौन से आंदोलनों में दूसरों की अपेक्षा व्यवस्था को बदलने और वंचित समूहों के लिए अधिक लोकतांत्रीकरण और न्याय के लिए समाज में क्रांतिकारी परिवर्तन लाने की क्षमता है? कैसे और किस प्रकार स्त्रियों, जनजातियों, दलितों, ग्रामीण और नगरीय गरीबों, आदि के उत्थान के समूह समतावादी सामाजिक व्यवस्था के लिए सामाजिक रूपान्तरण की प्रक्रिया में अपना योगदान करते हैं? अपने तात्कालिक और दूरगामी उद्देश्यों को प्राप्त करने के लिए इन आंदोलनों को किस कार्य-योजना को अपनाना चाहिए? विभिन्न वर्गों, समुदायों द्वारा शुरू किये गये आंदोलनों की क्या बाध्यताएं हैं। विभिन्न वर्गों, समुदायों द्वारा शुरू किये गये आंदोलनों के बीच क्या समानताएं और विभिन्नताएं हैं? किस सीमा तक प्रतिभागीगण नेताओं के उद्देश्यों और वैचारिक प्रक्रिया से सहमत हैं? इसी के साथ, विभिन्न आंदोलनों के राजनीतिक ढांचों और नागरिक समाज पर पड़ने वाले प्रभाव के भी अध्ययन किये जाने की जरूरत है। विभिन्न आंदोलनों से संबंधित अध्ययनों में जिन अवधारणाओं का प्रयोग किया गया है, उनकी भी समीक्षा करने के साथ ही उन्हें सटीक रूप में परिभाषित किया जाना चाहिए। इन अवधारणाओं में मुख्य ये हैं—आंदोलन, सामाजिक आंदोलन, राजनीतिक आंदोलन, उपद्रव, विरोध, क्रांति। विभिन्न विद्वानों द्वारा इन आंदोलनों का जो वर्गीकरण किया गया है या प्रकार बताये गये हैं, उनकी भी सूक्ष्म समीक्षा की जरूरत है।

व्यक्ति क्यों विद्रोही होता है? यह प्रश्न सामाजिक आंदोलन के अध्ययन के लिए प्रमुख है, किन्तु यह अपूर्ण प्रश्न है। यह मुख्यत: प्रतिभागियों के मनोवैज्ञानिक आयामों से संबंधित है। यह अपर्याप्त है। आगे का प्रश्न है—व्यक्तिगण क्यों और कैसे राजनीतिक उद्देश्यों को प्राप्त करने के लिए सामूहिक कार्यवाही में भाग लेने हेतु एक-दूसरे से जुड़ते हैं—इसकी भी जांच-पड़ताल किये जाने की जरूरत है। पहला प्रश्न मुख्यत: व्यक्तिगत विद्रोह की क्रियाओं से संबंधित है। यह सामूहिक कार्यवाही और सामूहिकता की प्रकृति और कारणों को स्पष्ट नहीं कर पाता। यह दंगों से सबंधित है, न कि उन उद्देश्यपूर्ण आंदोलनों से जो सामाजिक बदलाव लाने के लिए शुरू किये गए हैं। इसी प्रकार, सापेक्षिक वंचन का सिद्धान्त महत्वपूर्ण हैं, किन्तु यह अपने आप में विभिन्न प्रकार के आंदोलनों की व्याख्या नहीं कर पाता है। हमें इस सिद्धान्त के परे जाना चाहिए। यह केवल एक प्रकार के आंदोलन की ही व्याख्या करता है और जन क्रान्तिकारी आंदोलनों पर विचार नहीं करता जिनमें राजनीतिक दल और विचारधाराएं वंचना को मुखर करने में महत्वपूर्ण भूमिका अदा करती हैं। इसके अतिरिक्त, एक ऐसी स्थिति में जब राजनीतिक दल व्यक्तियों द्वारा अनुभव की गई समस्याओं को उजागर करने में अपनी वैधता खो देते हैं, तब आंदोलनों में वे कितनी प्रभावक होती है? क्या लोग, विशेषत: वंचित लोग, प्रजातिक-धर्म, भाषा, जाति, प्रदेश आदि—और आर्थिक स्तृतों, वर्गों के आधार पर

अधिकाधिक विखंडित होते जा रहे हैं जिसके कारण अनेक छोटे-छोटे जमीनी संघर्ष जन्म लेते हैं जिनका राजनीतिक व्यवस्था पर सीमित प्रभाव पड़ता है।

राजनीतिक विज्ञान में तुलनात्मक विश्लेषण करने की एक लम्बी परम्परा रही है। यह महती उपागम हमें समानताओं और विभिन्नताओं को मालूम करने, चर और स्थिर घटनाओं का निर्धारण करने, और सामान्य से अजूबा में अन्तर करने में हमारी सहायता करता है। सामाजिक आंदोलनों संबंधी अध्ययनों में इस उपागम की उपेक्षा की गई है। विभिन्न प्रदेशों या विभिन्न कालों में हुए एक ही प्रकार के आंदोलनों का तुलनात्मक विश्लेषण करना काफी महत्वपूर्ण होता है। विभिन्न वर्गों/खंडों के आंदोलनों का तुलनात्मक अध्ययन करना भी महत्पूर्ण है। यह भारत के सामाजिक-राजनीतिक आंदोलनों की सैद्धान्तिक रचना करने की ओर एक आगे का कदम होगा। आंदोलनों से संबंधित अधिकांश अध्ययन उन मुद्दों की हमें जानकारी देते हैं जिनके कारण लोगों में रोष उत्पन्न हुआ और उन्होंने आंदोलन शुरू किया। घटना के कालक्रम के बारे में काफी जानकारी उपलब्ध है कि आंदोलनों के दौरान क्या-क्या हुआ। यह महत्वपूर्ण है। किन्तु सामूहिक कार्रवाई के लिए केवल मुद्दे प्रर्याप्त नहीं होते। दीर्घकालीन आंदोलनों के लिये मुद्दों को मुखर करने , लोगों को संगठित करने और संघर्ष की व्यूहरचना बनाने के लिए राजनीतिक दलों और नेतृत्व का हस्तक्षेप महत्वपूर्ण है। अधिकांश अध्ययनों में औपचारिक अथवा अनौपचारिक संगठनात्मक संरचना, आंदोलनों को संगठित करने में इसकी प्रभावकता और संप्रेषण धाराओं जो आंदोलन की विभिन्न इकाइयों और नेताओं तथा सहभागियों को जोड़ती है, की पर्याप्त पड़ताल नहीं की गई है। इसी प्रकार, विभिन्न वर्गों/समुदायों से लोगों को लामबन्द करने हेतु विचारधारा, राजनीतिक दलों और नेतृत्व की भूमिका का भी प्रर्याप्त रूप में अध्ययन नहीं किया गया है।

भारतीय अध्येताओं ने विभिन्न आंदोलनों के अध्ययन में पद्धतिशास्त्रीय मुद्दों पर भी आवश्यक ध्यान नहीं दिया है। पद्धतिशास्त्रीय मुद्दे दो प्रकार के होते हैं—प्रथम, तथ्य-संकलन की तकनीकों से जुड़े हुए हैं और द्वितीय, प्रेक्षण (अवलोकन) के माप और स्तरों से जुड़े हुए हैं। आंदोलनों संबंधी अधिकांश अध्ययन अपूर्ण और वर्णनात्मक हैं और वे द्वितीयक स्रोतों से प्राप्त, मुख्यत: अखबारों से प्राप्त तथ्यों पर आधारित हैं। इतिहासकारों ने मुख्यत: पुरालेखीय सूचनाओं का उपयोग किया है। इन स्रोतों से प्राप्त सूचनाओं का प्रयोग करते समय एक व्यक्ति को बड़ा सतर्क रहना पड़ता है। कुछ इतिहासकारों ने ऐसे पुरालेखीय तथ्यों की अवैधता के बारे में प्रश्न किया है जो सरकारी अधिकारियों द्वारा लिखे गये हैं। उनके व्यक्तिगत पक्षपात तथ्यों को प्रभावित कर देते हैं। इसी प्रकार, अखबारों के विवरणों में लामबंदी की मात्रा को बढ़ा-चढ़ा कर या उसे कम बताने की प्रवृत्ति होती है। यह इस बात पर निर्भर करता है कि किस विशिष्ट आंदोलन के प्रति उनका सकारात्मक या नकारात्मक रुख है। यहां यह भी बताया जा सकता है कि कई जमीनी स्तर के आंदोलनों के बारे में अखबारों में कोई रिपोर्ट नहीं छपती। अधिकांशत: अखबारों में जो रिपोर्ट छपती है, वह सरकारी विवरण, आंदोलन के नेताओं द्वारा तैयार किये गये पत्रकार-विवरण या सुनी-सुनाई बातों पर आधारित होती है।

बहुत कम ही संवाददाता ऐसे होते हैं जो उस स्थान पर तब जाते हैं जब आंदोलन चल रहा होता है। बहुत कम अध्येताओं ने प्रेक्षण (अवलोकन) और गहन साक्षात्कार की विधियों का प्रयोग किया है। नेताओं के भाषणों और लिखित सामग्री के विषय-वस्तु विश्लेषण विधि का प्रयोग तो बिरले ही किया गया है।

राजनीतिक विज्ञानी और समाजशास्त्री आंदोलन में भाग लेने वाले लोगों के विचारों को जानने के लिए संरचित और असंरचित साक्षात्कारों के माध्यम से सूचना संकलित करते हैं। इस प्रकार की विधि शोधकर्ताओं को न केवल तथ्यों के परीक्षण और पुनर्परीक्षण का अवसर देती है, अपितु यह मुद्दों के प्रति प्रतिभागियों की अनुभूतियों और आंदोलन में उनकी भूमिका की जानकारी भी प्रदान करती है।

राजनीतिक सक्रियतावादियों (एक्टिविस्ट) द्वारा किये गये अध्ययन, जो आंदोलनों में भाग लेते हैं, सामूहिक कार्रवाई की जटिलताओं को समझने में हमारे ज्ञान में वृद्धि करते हैं। अभी हाल, कुछ इतिहासकारों ने शेष बचे प्रतिभागियों के साक्षात्कारों और जनवार्ताओं द्वारा आंदोलन की घटनाओं और प्रक्रियाओं की पुनर्रचना करने का प्रयास किया है। ये वास्तव में महत्वपूर्ण नवाचार हैं। तथापि, न तो इतिहासकारों ने और न ही राजनीतिक विज्ञानियों या समाजशास्त्रियों ने एक दीर्घ अवधि में विभिन्न प्रकार के आंदोलनों के अनेक आयामों से संबंधित परिमाणात्मक तथ्यों का संकलन और उसका विश्लेषण करने का प्रयास किया है। आंदोलनों के प्रतिमानों और राजनीतिक प्रक्रियाओं को समझने हेतु समयक्रमिक तथ्यों की पड़ताल महत्वपूर्ण होती है। इस प्रकार के प्रयास विभिन्न प्रदेशों में सामूहिक कार्रवाई की चक्रिक प्रकृति, यदि कोई है, को भी हमें समझने योग्य बनाती है।

एक अन्य महत्वपूर्ण पद्धतिविज्ञानीय प्रश्न है, आंदोलनों की माप। किसी आंदोलन में भाग लेने वाले लोगों की कितनी संख्या उसे हमें जन आंदोलन कहने के योग्य बनाती है। इस प्रश्न को कठिनतः ही विद्वानों ने विवेचित किया है। कई अध्ययनों में, अध्ययन किये जाने वाले आंदोलन को बिना उसका परिमाणात्मक विश्लेषण किये उसे जन आंदोलन के रूप में परिभाषित कर दिया गया है। यहां तक कि प्रतिभागियों की संख्या का एक कच्चा अनुमान भी अध्ययनों में नहीं दिया जाता है। चूंकि कई अध्ययन घटनोत्तर और अखबारों के विवरणों पर आधारित होते हैं ('आंदोलन' शब्द का प्रयोग पत्रकारों, राजनीतिक एक्टिविस्टों और औसत व्यक्ति द्वारा बड़े ढीले-ढाले अर्थ में किया जाता है), अतः आंदोलन की शक्ति को कम अथवा अधिक आंकने का खतरा रहता है। यह सही है कि सहभागिता की सीमा को समय और सामाजिक परिवेश के संदर्भ में देखा जाना चाहिए जिसमें आंदोलन होता है। इसी प्रकार, आंदोलन की तीव्रता और सीमा का अनुमान लगाने के लिए भौगोलिक क्षेत्र और समाज के संबंधित खंडों के अर्थ में आंदोलन का स्तर महत्वपूर्ण है। यह विभिन्न आंदोलनों के तुलनात्मक अध्ययन करने में सहायक होगा।

अधिकांश आंदोलन जिनका विवेचन पिछले पृष्ठों में किया गया है, वे कुछ दिनों से लेकर कुछ वर्षों की छोटी सी अवधि तक चले। इनमें से कई उद्देश्यों की प्राप्ति के बाद

विखंडित हो गये। तथापि, कुछ आंदोलनों ने दबाव समूहों, संघों या राजनीतिक दलों के रूप में संस्थात्मक रूप ले लिया। कोई आंदोलन क्यों और कैसे एक संस्थात्मक रूप ले लेता है? संस्थात्मक रूप लेने के बाद वे अपने उद्देश्यों की प्राप्ति करने में कितने प्रभावक रहते हैं?

यद्यपि, सामाजिक आंदोलनों संबंधी साहित्य में वृद्धि हो रही है, किन्तु अभी तक जो अध्ययन छपे हैं, वे विषय-वस्तु की दृष्टि से अव्यवस्थित हैं। विद्वानों की काफी संख्या ने कृषक आंदोलनों पर काम किया है, जबकि औद्योगिक वर्ग अथवा स्त्रियों द्वारा किये गये आंदोलनों के अध्ययनों पर अपेक्षाकृत बहुत कम साहित्य है। खेतिहर मजदूरों, मछुआरों, वन-कर्मियों जैसे कमजोर समूहों द्वारा किये गये आंदोलनों के बारे में अखबारों और सक्रियतावादियों के विवरणों के अलावा कोई व्यवस्थित अध्ययन नहीं है। यहां तक कि कृषक आंदोलनों पर भी विषय-वस्तु की दृष्टि से काफी असमानता है। कुछ प्रदेशों पर अधिक काम हुआ है, जबकि गुजरात, मध्यप्रदेश, उड़ीसा और कर्नाटक के कृषक आंदोलनों का पर्याप्त रूप से अध्ययन नहीं हुआ है। इसी प्रकार, उड़ीसा, राजस्थान, गुजरात और उत्तरी पूर्वी सीमांत राज्यों के जनजातीय आंदोलनों पर बहुत कम अध्ययन हुए हैं। पिछले तीन दशकों के दौरान गरीब और समाज के उत्पीड़ित वर्गों द्वारा किये गये आंदोलनों की संख्या में वृद्धि हुई है। कुछ आंदोलनों के गहन विवरण *इकॉनॉमिक एंड पॉलिटिकल वीकली* जैसी प्रतिष्ठित पत्रिकाओं और विभिन्न राजनीतिक समूहों की अनियमित पत्रिकाओं में छपे हैं। किन्तु, इन आंदोलनों के विश्वविद्यालयों और शोध संस्थानों में काम करने वाले विद्वानों द्वारा किये गये व्यवस्थित अध्ययन बहुत कम हैं। राजनीतिक विज्ञानियों और अन्य समाज विज्ञानियों द्वारा इस क्षेत्र पर ध्यान दिये जाने की जरूरत है। समकालीन आंदोलनों के विस्तृत अध्ययनों सहित आई.सी.एस.एस.आर. के द्वारा प्रत्येक राज्य में पिछले दस वर्षों में हुए आंदोलनों की एक निर्देशिका तैयार करने के लिए संबंधित विद्वानों द्वारा प्रलेखन कार्य का प्रवर्तन किया जाना चाहिए। यह राजनीतिक विज्ञानियों और भविष्य के इतिहासकारों को महत्वपूर्ण स्रोत सामग्री प्रदान करेगी।